工程经济学

主编 范钦满 姜 晴
副主编 张永成 张蔚伟 常亚锋

清华大学出版社
北京

内 容 简 介

本书系统、全面介绍工程经济学的基本理论、基本方法及其在工程项目投资决策中的应用。全书共分10章,内容包括工程经济学概述、资金时间价值及等值计算、工程经济分析基本要素及其估算、工程项目经济评价、工程项目风险与不确定性分析、工程项目可行性研究、工程项目财务评价、工程项目国民经济评价、设备更新经济评价、价值工程等,并选用了大量的应用实例。本书兼顾了方法理论的系统性和实用性,并尽量反映当今工程经济学的新进展和先进工具、方法的应用,既适合高校教学及课程思政的要求,又满足实际工作的需要。

本书可作为高等院校交通工程、道路桥梁与渡河工程、交通运输工程、土木工程、工程管理、物流工程、工业工程、车辆工程、汽车服务工程专业以及其他理工科的工程经济学教材,也可供工程领域的技术人员、项目管理人员和政府管理人员参考使用。

版权所有,侵权必究。举报: 010-62782989,beiqinquan@tup.tsinghua.edu.cn。

图书在版编目(CIP)数据

工程经济学/范钦满,姜晴主编. —北京:清华大学出版社,2022.2(2023.7重印)
ISBN 978-7-302-60045-9

Ⅰ. ①工… Ⅱ. ①范… ②姜… Ⅲ. ①工程经济学 Ⅳ. ①F062.4

中国版本图书馆 CIP 数据核字(2022)第 022806 号

责任编辑:许　龙
封面设计:傅瑞学
责任校对:王淑云
责任印制:曹婉颖

出版发行:清华大学出版社
网　　址:http://www.tup.com.cn,http://www.wqbook.com
地　　址:北京清华大学学研大厦 A 座　　邮　编:100084
社 总 机:010-83470000　　邮　购:010-62786544
投稿与读者服务:010-62776969,c-service@tup.tsinghua.edu.cn
质量反馈:010-62772015,zhiliang@tup.tsinghua.edu.cn

印 装 者:三河市君旺印务有限公司
经　　销:全国新华书店
开　　本:185mm×260mm　　印　张:20.25　　字　数:489 千字
版　　次:2022 年 3 月第 1 版　　印　次:2023 年 7 月第 3 次印刷
定　　价:58.00 元

产品编号:094965-01

FOREWORD

前言

工程经济学是工程与经济的交叉学科,是研究工程技术实践活动经济效果的学科。在我国经济领域,工程与经济的联系日益密切。因此,工程经济学成为高等学校交通工程、交通运输工程、土木工程、工程管理、物流工程专业学生的主干技术基础课程,也是工业工程、车辆工程、汽车服务工程专业以及其他工程技术专业学生的重要专业基础课程。

本书参照国家发改委、建设部颁布的《建设项目经济评价方法与参数(第三版)》、建设部高等学校工程管理学科专业指导委员会提出的《工程经济学课程大纲》和造价师(造价员)考试用书的工程经济学部分内容编写。

全书编写集中体现了系统性、实用性、时代性的特点。系统性指体系完整地介绍了工程经济学的基本原理与基本方法,既包括西方工程经济学的经典理论,又包括价值工程原理与方法。实用性指本书介绍的工程经济分析方法,如技术方案、工程项目的投资效益分析方法决策等,可以直接用于工程技术方案和项目方案的比较与选择。时代性指本书的编写吸取了国内外工程经济学的最新进展。

此外,本书每章都编有本章学习目标、课程思政、本章小结和思考与练习,有的章节还编有案例,帮助读者学习与掌握知识重点。另外,以交通项目案例(主要包括道路的新建和改扩建、桥梁建设、汽车站改造、港站、物流、车辆更新,也包含一定的建筑工程、机械工程等项目)进行工程经济理论介绍,既适合高校教学的要求,又能满足实际工作的需要。

本书可作为高等院校交通工程、道路桥梁与渡河工程、交通运输工程、土木工程、工程管理、物流工程、工业工程、车辆工程、汽车服务工程专业以及其他理工科32课时和48课时工程经济学教材。同时,结合造价师(造价员)考试用书的内容进行编排,方便参加造价师(造价员)资格考试的学生使用,也可供工程领域的技术人员、项目管理人员和政府管理人员参考使用。

本书由淮阴工学院范钦满和姜晴任主编,淮阴工学院张永成和常亚锋、江苏省建筑设计研究院股份有限公司张蔚伟任副主编,参加编写的还有昆明理工大学交通工程学院施锦浩。其中,范钦满、姜晴和施锦浩编写了第1、5、6、9、10章及附录;张永成、常亚锋和张蔚伟编写了第2、3、4、7、8章。全书由姜晴统稿,范钦满定稿。

本书在编写过程中得到了许多专家和工程领域的技术人员和管理人员的大力支持,使得编写工作得以顺利完成并在内容上更加新颖、丰富,在此表示衷心的感谢。

由于时间仓促和编者水平所限,本书在章节安排和内容上难免存在不足和错误,恳请使用本书的师生和读者批评指正,以便今后进一步完善。

编 者

2021年10月

目录

第1章 概述 ·· 1
  1.1 工程经济学概述 ·· 1
  1.2 工程经济学产生与发展 ·· 5
  1.3 工程经济学分析的基本原理 ···································· 8
  1.4 工程经济学的研究方法 ··· 13
  本章小结 ·· 17
  思考与练习 ·· 17

第2章 资金时间价值及等值计算 ·································· 18
  2.1 现金流量与现金流量图 ··· 18
  2.2 资金时间价值 ·· 20
  2.3 资金等值计算公式及其应用 ··································· 25
  2.4 Excel 应用 ·· 34
  本章小结 ·· 41
  思考与练习 ·· 41

第3章 工程经济分析基本要素及其估算 ······················· 42
  3.1 工程项目投资构成及估算 ······································· 43
  3.2 工程项目成本费用估算 ··· 51
  3.3 工程项目税费和收益估算 ······································· 59
  本章小结 ·· 68
  思考与练习 ·· 68

第4章 工程项目经济评价 ·· 69
  4.1 项目评价指标分类 ·· 70
  4.2 静态评价指标 ·· 71
  4.3 动态评价指标 ·· 74
  4.4 基准折现率讨论 ··· 87
  4.5 项目方案评价与决策 ·· 92
  本章小结 ·· 103
  思考与练习 ·· 103

第5章 工程项目风险与不确定性分析 ... 105
- 5.1 概述 ... 105
- 5.2 盈亏平衡分析法 ... 111
- 5.3 敏感性分析 ... 123
- 5.4 概率分析 ... 130
- 本章小结 ... 142
- 思考与练习 ... 143

第6章 工程项目可行性研究 ... 144
- 6.1 工程项目建设程序 ... 144
- 6.2 项目可行性研究概述 ... 161
- 6.3 可行性研究基本程序 ... 163
- 6.4 可行性研究内容 ... 165
- 本章小结 ... 170
- 思考与练习 ... 170

第7章 工程项目财务评价 ... 171
- 7.1 工程项目财务评价概述 ... 172
- 7.2 工程项目财务评价 ... 176
- 7.3 新建项目财务评价 ... 205
- 7.4 改扩建项目财务评价 ... 214
- 7.5 工程项目财务评价软件应用 ... 215
- 本章小结 ... 215
- 思考与练习 ... 216

第8章 工程项目国民经济评价 ... 219
- 8.1 项目国民经济评价概述 ... 220
- 8.2 项目国民经济评价费用与效益 ... 225
- 8.3 国民经济评价参数及计算 ... 231
- 8.4 国民经济评价指标与报表 ... 241
- 8.5 国民经济评价及案例分析 ... 246
- 本章小结 ... 253
- 思考与练习 ... 254

第9章 设备更新经济评价 ... 255
- 9.1 设备磨损及其补偿 ... 255
- 9.2 设备折旧 ... 260
- 9.3 设备更新经济评价 ... 268
- 本章小结 ... 274
- 思考与练习 ... 274

第 10 章　价值工程 ·· 276
10.1　价值工程概述 ·· 277
10.2　价值工程对象选择与资料搜集 ····························· 282
10.3　功能分析和评价 ·· 288
10.4　方案创新与评价 ·· 295
10.5　案例分析 ·· 300
本章小结 ·· 302
思考与练习 ·· 303

附录　离散复利利息和年金表 ·· 304

参考文献 ·· 315

第 1 章 概 述

学习目标：通过本章学习，了解"工程经济学"学科的产生和发展情况，理解"工程经济学""工程""技术""经济"的含义和工程经济分析的重要意义，掌握工程经济学的研究对象、内容体系、学科特点，熟练掌握工程经济分析的重要意义、基本原则、原理、方法和一般过程步骤。

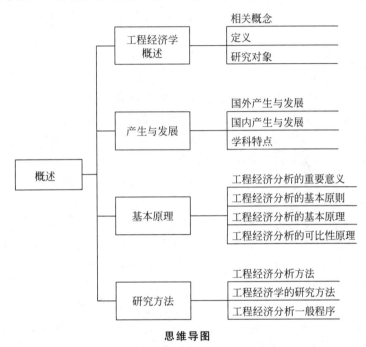

思维导图

课程思政：要求深刻领会社会主义市场经济对于提高社会经济效益水平、提高社会经济发展质量的重要性，把握社会主义市场经济的核心要义、特征，理解市场调节与计划干预的辩证关系，增强社会主义市场经济的理论自信、行为自觉。领会技术的大国精神、工匠精神，技术和经济结合，实现工程可持续发展。

1.1 工程经济学概述

工程经济学属于应用经济学的一个分支，是工程与经济的交叉学科，它研究问题的出发点、分析方法和主要指标内容都与经济学一脉相承。首先要了解工程、经济等概念，同时要清楚工程经济学的研究对象。

1.1.1 工程经济学的相关概念

1. 工程

按照《辞海》和《大百科全书》的解释，工程是指提供生产、服务、消费，满足社会需求的建设项目,这是狭义的概念。从广义上讲,工程是按一定计划进行的工作,是人们在国民经济和社会发展中,综合应用自然科学的理论和技术的手段去完成改造客观世界较大而复杂的具体实践活动,形成所有学科以及它所取得的实际成果的总称。一项工程被接受须具备两个条件:一是技术可行,二是经济合理。工程经济学中的工程既包括工程技术方案、技术措施,也包括工程项目。在长期的生产和生活实践中人们根据数学、物理学、化学、生物学等自然科学和经济地理等社会科学的理论,并应用各种技术的手段,去研究、开发、设计、制造产品、解决工艺和使用等方面的问题,逐渐形成了门类繁多的专业工程,如土木工程(道路工程、桥梁工程、建筑工程)、交通工程、物流工程、车辆工程、石化工程、纺织工程、航天工程等。这里,我们更为关注的是与交通运输相关的土木工程、交通工程、物流工程、车辆工程等内容。

在我国的历史上出现过享誉全球的建设工程,如万里长城、都江堰、明十三陵、赵州桥等。其中,万里长城起于辽东虎山,终于嘉峪关,总长 8851.8km,是我国古代军事的最主要堡垒。改革开放以来,我国也完成了许多举世闻名的建设工程项目,如杭州湾跨海大桥,北起浙江省嘉兴市海盐郑家埭,南至宁波市慈溪水路湾。杭州湾跨海大桥是继上海浦东南浦大桥之后,中国改革开放后第二座跨海跨江大桥。此外,青藏铁路、苏通大桥、北京奥运场馆工程、上海世博会工程、京沪高铁工程等都是我国著名的工程。这些古往今来、大型且有影响力的工程项目的建设,使我们从事相关行业的专业人员倍感骄傲与自豪,更为我们今后肩上的重任而产生压力和动力。

工程学是研究如何将自然资源转变为有益于人类的产品的学科。它的任务是应用科学知识解决生产和生活问题来满足人们的需求。要实现自然资源向产品的转变,必须依赖于技术,但是并非先进的技术都能生产出市场需要而又物美价廉的产品。因此上述转变还必须依赖于经济因素的考虑。

工程不同于科学,工程也不同于技术。科学是人类探索自然和社会现象并取得认识的过程和结果。这里的"过程"是指研究和探索的活动,即认识过程;"结果"是研究和探索得出的科学的理论体系,即理论化的知识。科学本质上属于认识世界的范畴。

2. 技术

技术是人类在认识自然、改造自然和解决社会问题过程中积累起来的,并在实践中所运用的劳动方法、手段与知识的总和。它本质上属于改造世界。它分为硬技术和软技术两类。所谓硬技术即物质形态的技术,或称物化的科学技术,泛指人们在劳动过程中用以改变或影响劳动对象的一切物质资料,其基础与核心是劳动工具。而软技术即非物质形态技术,亦即知识形态的技术,包括生产技术、管理技术等应用技术,具体表现为工艺、技能,以及管理方法、决策方法等。

3. 经济

经济一词在我国古代有"经邦济世""经国济民"之意,是治理国家、拯救庶民的意思。与现在所用的"经济"含义不同,"经济"一词在西方语言中,原意指家庭管理。古希腊哲学家亚里士多德定义"经济"为谋生手段的意思。19世纪后半叶,日本学者借用古汉语中的"经济"一词,将英文 Economy 译成汉语"经济",以后一直沿用。人们对经济的理解多种多样,概括起来有以下四种含义：

(1) 指生产关系、经济制度、经济基础，是指人类社会发展到一定阶段的经济制度，是生产、分配、交换和消费关系的总和，是上层建筑赖以存在的基础；

(2) 国民经济的总称及其各个部门，如工业经济、农业经济、交通运输经济等；

(3) 经济活动，指社会的物质生产和再生产过程，即物质资料的生产、交换、分配、消费的现象和过程，如经济效益、经济规模；

(4) 节约、节省的意思，如经济小吃、经济实惠。

(1)和(2)两点属于宏观经济的范畴，(3)和(4)两点主要属于微观经济的范畴。经济概念既有宏观含义又有微观含义，但更多的是指微观方面。工程经济学研究应用较多的是后一种含义，指资源的节约即社会活动中的经济合理有效使用，以有限的投入获得最大的产出。这里谈到的经济问题既涉及工程节约问题，又涉及工程技术方案和技术措施对企业、国民经济影响的问题，还涉及工程经济活动的组织与管理等问题。

经济学是关于经济发展规律的科学。从1776年亚当·斯密的《国富论》开始奠基，现代经济学经历了200多年的发展，已经有宏观经济学、微观经济学、政治经济学等众多专业方向，并应用于各垂直领域，指导人类的财富积累与创造。

1.1.2　工程经济学定义

工程经济学是以工程项目技术为主体，以工程项目技术-经济分析系统为核心，以提高经济效益为目的，以各种成本效益分析方法为手段，为现实社会经济活动提供科学的分析方法和决策方法的一门应用性经济学科。一方面保证顺利实现工程规划与设计目标，另一方面尽量使消耗的资源达到最少，以取得最佳的工程经济效益。工程经济学是研究工程技术实践活动经济效果，应用市场经济理论、分析方法和技术手段，研究工程、技术、生产和经营领域的工程经济决策问题与经济规律，并提出分析原理与具体方法的工程性或技术性经济科学。

工程经济学的实质是寻求工程技术与经济效果的内在联系，着重研究工程、技术与经济的相互关系，揭示它们协调发展的内在规律，谋求工程、技术与经济的最佳结合，促使工程技术的先进性与经济的合理性的统一。工程经济学的任务是以现有资金为基础，对工程项目及其相应环节进行经济效益分析；对各种备选方案进行分析、论证、评价，从而选择技术上可行、经济上合理的利用有限资源的活动最佳方案，从而取得最大的经济效益。工程经济学的目的在于培养工程技术人员的经济意识，增强经济观念，运用工程经济分析的基本理论和经济效益的评价方法，从可持续发展的战略高度以市场为前提、经济为目的、技术为手段，确保工程项目有较高的质量，并以最少的投入达到最佳的产出，为人类创造更多的幸福。

工程经济学在西方称"工程经济""经济性分析"，在日本称"经济工程学"，在苏联和东欧国家称"技术经济计算"或"技术经济论证"。

1.1.3　工程经济学的研究对象

任何一门学科都必须有特定的研究对象，工程经济学研究各种工程(项目)方案的经济分析的基本方法和经济社会的评估方法。这些工程项目(或投资项目)，包括公共项目和企业投资项目。而这些项目可以是现有(已建)项目、新建项目、扩建项目、技术引进项目、技术改造项目等。归纳起来,对于工程经济学的研究对象主要有以下几种观点:①工程经济学是研究技术方案、技术政策、技术规划、技术措施等经济效果的学科,通过经济效果的计算以求找到最好的技术方案;②工程经济学是研究技术与经济的关系以达到技术与经济的最佳结合;③工程经济学是研究生产、建设中各种技术经济问题的学科;④工程经济学是研究技术因素与经济因素的最佳结合。

一般认为,工程经济学是研究技术与经济的关系以及技术经济活动规律的科学,它是利用经济学的理论和分析方法,研究如何有效地在各种技术之间配置资源,寻求技术和经济最佳结合的新兴学科。工程经济学主要内容包括资金的时间价值理论、工程项目的可行性研究理论、投资项目经济评价指标体系与多方案择优理论、不确定性分析、设备更新的经济分析、生产经济、价值工程理论等。因此,工程经济学的研究对象主要应包括如下方面:

1. 技术创新理论

技术创新理论曾在世界经济学发展史上产生了革命性的影响。经济体制改革成功的标志在于企业能否主动地推动技术创新。因此,必须研究技术创新和经济高质量增长、技术创新的激励机制及技术创新的转移与扩散、技术创新的测度等。

2. 技术进步与经济增长

科技革命导致了产业革命,技术进步促进了经济增长。因此,需要定性甚至定量地考察技术进步速度、技术水平、技术进步对经济增长的贡献,以及技术进步的发展环境和作用机制。

3. 技术市场

技术市场是社会主义市场经济体系的有机组成部分,是将技术作为商品交易并使之变为现实生产力的一种交换关系的总和。技术作为商品具有什么样的特点?如何确定技术商品价格?技术贸易和技术招、投标是怎样进行的?这些都需要认真研究。

4. 技术引进

在信息社会中,人们生产和交换的国际化及其不断发展和深化的过程表明,一国的经济问题已经不再是该国自身的现象,必须联系到国际关系来考察。因此,需要分析和比较技术引进方式,进行技术引进的经济效果评价。

5. 技术选择

为了实现一定的经济目标,要考虑客观因素的制约,对各种可能得到的技术手段进行分析比较,选取最佳方案。因此,需要研究各种客观条件如何影响技术选择,怎样通过对技术手段进行分析比较,从而选取最佳方案。

6. 筹资分析

随着社会主义市场经济体系的逐渐建立,建设项目资金来源多元化已成为必然。因此,要研究在市场经济体系下,如何建立筹资主体和筹资机制,怎样分析各种筹资方式的成本和风险。

7. 企业经济评价和国民经济评价

任何一项投资都必须讲求经济效益,经济效益包括企业经济效益和国民经济效益。因此,要对企业经济和国民经济进行科学评价。

8. 投资环境分析

由于同一投资在不同地域内可能取得各不相同的经济效益,投资环境就成为获得投资效益的外部因素而变得日益重要。因此,需要分析投资环境的特征和影响因素,正确评价投资环境。

9. 风险和不确定性分析

任何一项经济活动,由于各种不确定性因素的影响,会使期望的目标与实际状况发生差异,可能造成经济损失。为此,需要识别和估计风险,进行不确定性分析。

10. 投资方案选择

投资项目往往具有多个方案,分析多个方案之间的关系,进行多方案选择是工程经济学研究的重要内容。

11. 可行性研究与项目决策分析

在市场经济体系下,企业如何根据市场结构和需求变化来作出最佳的项目决策是工程经济学研究的重要内容。

12. 建设项目后评估

项目后评估是在项目建成后,衡量和分析项目的实际情况与预测情况的差异,为提高项目投资效益提出对策措施。因此,需要研究怎样进行建设项目后评估,采用什么样的方法和指标。

1.2 工程经济学产生与发展

1.2.1 国外工程经济学产生与发展

1. 工程经济学的萌芽与形成(1887—1930 年)

工程经济学是根据现代科学技术和社会经济发展的需要,在自然科学和社会科学的发展过程中相互渗透,相互促进,逐渐形成和发展起来的。

19 世纪以前,技术相当落后,其推动经济发展的速度极为缓慢,人们看不到技术对经济的积极促进作用,只能就技术论技术。

19 世纪以后,科学技术迅猛发展(蒸汽机、发电机、计算机等的兴起和普及),带来了经济繁荣。马克思在《资本论》中以很大篇幅总结了资本主义发展过程中技术进步对经济所起的作用,指出科学技术创造一种生产力,会生产较大量的使用价值,减少一定量效果上的必要劳动时间。

工程经济学正规的历史渊源则可追溯到1887年美国惠灵顿《铁路布局的经济理论》的出版,开创性地展开了工程领域中的经济评价。

作为一名建筑工程师,惠灵顿认为,资本化的成本分析法可应用于铁路最佳长度或路线曲率的选择,从而开创了工程领域中的经济评价工作。工程经济(学)也从此破土萌芽。什么是工程经济呢？惠灵顿认为,不把工程学简单地理解和定义为建造艺术是很有好处的。在他看来,工程经济并不是建造艺术,而是一门少花钱多办事的艺术。

惠灵顿的精辟见解被后来的工程经济学家所承袭。20世纪初,斯坦福大学教授菲什出版了第一部直接冠以《工程经济学》(1915年第1版,1923年第2版)名称的著作。他将投资模型与证券市场联系起来,分析内容包括投资、利率、初始费用与运营费用、商业组织与商业统计、估价与预测、工程报告等。1920年,提出了用复利法确定方案的比较值。与此同时,戈尔德曼教授在其著作《财务工程学》一书中提出了决定相对价值的复利模型,从而为工程经济学中许多基本理论的产生奠定了基础。另外,他还颇有见地地指出:"有一种奇怪而遗憾的现象就是许多作者在他们的工程著作中,没有或很少考虑成本问题。实际上,工程师的最基本的责任是考虑成本,以便取得真正的经济效益,即赢得最大可能数量的货币,获得最佳的财务效率。"

然而,真正使工程经济学成为一门系统化科学的学者,则是美国工程经济学家格兰特教授。他在1930年发表了被誉为工程经济学经典之作的《工程经济原理》。格兰特不仅在该书中剖析了古典工程经济的局限性,而且以复利计算为基础,讨论了判别因子和短期评价的重要性以及资本长期投资的一般方法,首创了工程经济的评价理论和原则。他的许多理论贡献获得了社会公认,故被誉为"工程经济学之父"。

从惠灵顿到格兰特,历经43年的曲曲折折,一门独立的系统化的工程经济学终于形成。

2. 工程经济学的发展（1950—2000 年）

第二次世界大战之后,各国都很重视技术进步对经济增长的促进作用,据测算,20世纪50—70年代发达国家中技术进步对国民收入增长速度的贡献为50%～70%。同时,工程经济学受凯恩斯主义经济理论的影响,研究内容从单纯的工程费用效益分析扩大到市场供求和投资分配领域,加之数学和计算技术的发展,特别是运筹学、概率论、数理统计等方法的应用,以及系统工程、计量经济学、最优化技术的飞跃发展,工程经济学取得重大进展。当然这和工程经济学密切相关的两门学科的重大发展有关,一是1951年由乔尔·迪安（Joel Dean）教授开创的新应用经济学——管理经济学；另一是"二战"前就已存在,但在20世纪50年代发生了重要变化的公司理财学(企业财务管理学)。二者对研究公司的资产投资,把计算现金流量的现值方法应用到资本支出的分析上起了重要作用。更重大的转折发生于1961年,因为乔尔·迪安的《资本预算》一书不仅发展了现金流量的贴现方法,而且开创了资金限额分配的现代分析方法。

20世纪60年代以来,工程经济学(包括公司理财学)研究主要集中在风险投资、决策敏感性分析和市场不确定性因素分析三个方面。主要代表人物是美国的德加莫、卡纳达和塔奎因教授。而提供投资分析和公司理财一般理论基础和方法的是4位先后获诺贝尔经济学奖的大经济学家——莫迪里安尼、马克维茨、夏普和米勒。德加莫教授偏重于研究工程企业的经济决策分析,他的《工程经济》(1968年)一书以投资形态和决策方案的比较研究,开辟了工程经济学对经济计划和公用事业的应用研究途径。布西出版了《工业投资项目的经济分析》(1978年),全面系统地总结了工程项目的资金筹集、经济评价、优化决策以及项目的风险和不确定性分析等。卡纳达教授的理论重视外在经济因素和风险性投资分析,代表作为《工程经济》(1980年)。塔奎因教授等人的理论则强调投资方案的选择与比较,他们提出的各种经济评价原则(如利润、成本与服务年限的评价原则、盈亏平衡原则和债务报酬率分析等)成为美国工程经济学教材中的主要理论。工程经济学集大成者则是美国俄勒冈州立大学工业和通用工程系主任里格斯教授(曾任世界生产力科学联合会主席)1982年出版的《工程经济学》,系统阐明了货币的时间价值、货币管理、经济决策和风险与不确定性分析等。

近20年来,西方工程经济学理论研究出现了宏观化趋势,工程经济中的微观部分效果分析正逐渐同宏观的效益研究、环境效益分析结合在一起,国家的经济制度和政策等宏观问题成为当代工程经济学研究的新内容。

1.2.2 国内工程经济学产生与发展

我国的工程建设在前期虽然也有经济的概念,但多从微观上关注成本的节约,而比较缺乏整体效益的追求。作为一门学科,工程经济学在我国的真正起步是从改革开放开始的,西方经济学的理论逐步被国内学术界所认同和接受,工程经济学原理也逐渐成为我国工程建设的经济分析评价的重要工具。

20世纪50年代,我国主要编译出版了苏联的建筑经济著作,并开始着手本国的工程经济类教材建设。这一时期主要是从新结构、新材料、新设备、新工艺等技术经济方面进行分析,尚未形成完善的知识体系,对重点项目进行技术经济论证,取得了较好的经济效益,但此时的论证是静态的。

1962年,将技术经济列入十年科学技术规划六个重大科研课题(资源、工业、农业、医药卫生、基础科学、技术经济)之一,技术经济研究较为活跃。20世纪60年代开始,我国陆续开展技术定额、计划管理、运筹理论、设计经济性分析、劳动管理与调配、施工组织等课题研究,比较重视工程技术中经济效果的评价,既进行理论研究,又强调与生产实际相结合,这为改革开放后的工程经济理论及实践水平提升打下了良好基础。

进入20世纪70年代,我国建筑经济研究开始关注西方经济学与管理学的发展动向,引进现代化管理理论,加上计算机技术的发展普及,在我国开始提出企业管理、生产要素管理、目标管理、预测技术、决策方法等。1978年将其列入108项全国重点科研项目,并从学术角度正式成立中国建筑学会属下的建筑经济经济学术委员会,国务院也成立了技术经济研究中心,为工程经济学在我国的迅猛发展提供了理论指导平台。

20世纪80年代开始,国内许多高等学校在工程建设相关专业为学生开设经济管理课程,强调经济效益和管理的重要性,培养工科学生掌握一定的经济分析知识。

经过60多年的持续努力,工程经济学已经发展成为我国工程界专业人才知识体系中的必备组成部分之一。

1.2.3 工程经济学学科特点

(1) 工程经济学是一门与自然科学、社会科学密切相关的边缘学科。

要组织生产,进行预测、决策和对技术方案作出分析、论证,都离不开科学技术和现代化管理；进行工程项目的投资决策，需要运用数学优化方法和现代计算手段；从事和做好某一行业的企业管理和技术经济工作，也必须了解该行业的生产技术等。因此，自然科学是本课程的基础。进行工程经济分析，目的就是获得更高的经济效果，而经济效果的取得离不开管理的改进以及职工积极性和创造性的发挥，因此，本课程与社会学、心理学等社会科学相联系。

(2) 工程经济学是工程学和经济学的交叉学科。

直到19世纪末，工程师的工作仍是把科学家的发明转变为有用的商品，他们仅仅关心机器设计、制造和运转，很少注意有限资源的合理配置。随着科学技术的飞速发展，社会投资活动的增加，他们不得不对许多工程问题进行决策，如相互竞争的设计方案应该选择哪一个？正在使用的机器是否应该更新？在有限资金的情况下如何选择投资方案？这些问题都有两个明显的特点：①每个问题都涉及方案的选择；②每个问题都需要考虑经济问题。因此，工程师要在日益复杂的经济环境下做出正确的决策，必须兼有工程学和经济学知识，掌握技术经济的评价方法，这就是现在的工程经济学。

(3) 工程经济学是一门与生产建设经济发展有着直接联系的应用性学科。

无论是工程经济还是企业管理的研究，都要与我国具体情况和生产建设实践密切结合，包括自然资源的特点、物质技术条件和政治、社会、经济状况等。研究所需资料和数据应当来自生产实际，研究目的都是更好地配置和利用社会资源，不断提高经济效果。因此，工程经济学是一门应用性较强的学科。

(4) 工程经济学是一门定性与定量分析并重的学科。

工程经济与企业管理都要求有一套系统全面的研究方法。随着自然科学与社会科学的交叉与融合，系统论、数学、电子计算机进入工程经济和企业管理领域，使过去只能定性分析的因素，现在可以定量化。但是，仍存在大量无法定量化的因素，如技术政策、社会价值、企业文化等。因此，在研究中必须注意定性与定量的结合。

1.3 工程经济学分析的基本原理

要使工程技术能够有效地应用于工程项目，就必须对各种技术方案的经济效益进行综合分析、计算、比较和评价，这就是工程经济分析。下面我们就从工程经济分析的意义、原则、原理和程序步骤等方面进行分析。

1.3.1 工程经济分析的重要意义

任何工程项目(投资项目)都伴随着对资源(材料、能源、信息)的消耗，经历研究、开发、设计、生产、建造、制造、运行、维护、销售、管理、咨询之中的某些过程。这种实践活动必将产生经济效果、社会效果以及对生态、环境的影响。如何以最少的耗费达到更优的经济效果是工程技术人员被赋予的历史使命，也是工程经济分析的最终目的。而工程经济分析是为企业、事业和政府部门工作中的各类工程项目(技术方案)的行动路线提供有效的指导。工程经济分析的重要意义体现在以下三个方面：

(1) 工程经济分析是提高社会资源利用效率的有效途径。

我们生活在一个资源有限的世界上，工程师所肩负的一项重大社会和经济责任就是要合理分配和有效利用现有的资源，包括资金、劳动力、原材料、能源等，来满足人类的需要，所以如何使产品以最低的成本可靠地实现产品的必要功能是工程师必须考虑和解决的问题。而要做出合理分配和有效利用资源的决策，则必须同时考虑技术与经济各方面的因素，进行工程经济分析。

(2) 工程经济分析是企业生产决策的重要保证。

现代社会要求企业的产品具有较高的竞争力，不仅技术上要过硬，价格上也要有吸引力。如果只考虑提高质量，不考虑成本，产品价格很高，产品就卖不出去。如何降低成本，增加利润，是工程师的重要任务，也是经济发展对工程提出的要求。

(3) 工程经济分析是降低项目投资风险的可靠保证。

决策科学化是工程经济分析方法的重要体现。在工程项目投资前期进行各种技术方案的论证评价，一方面可以在投资前发现问题，并及时采取相应措施；另一方面对于技术论证不可行的方案，及时否定，从而避免不必要的损失，使投资风险最小化。如果盲目从事或凭主观意识发号施令，最后只会造成人力、物力和财力的浪费。只有加强工程经济分析工作，才能降低投资风险，从而使每项投资获得预期收益。

1.3.2　工程经济分析的基本原则

工程经济分析的基本原则如下：
(1) 资金的时间价值原则。
(2) 现金流量——投资收益不是会计账面数字，而是当期实际发生的现金流。
(3) 增量分析——从增量角度进行工程经济分析。
(4) 机会成本——排除沉没成本，计入机会成本。
(5) 有无对比——即将有这个项目和没有这个项目时的现金流量情况进行对比。它不是前后对比，前后对比是将某一项目实现以前和实现以后所出现的各种效益费用情况进行对比。
(6) 风险收益的权衡——必须考虑方案的风险和不确定性。
(7) 工程技术与经济相结合的原则。
(8) 宏观经济效益和微观经济效益相结合的原则。
(9) 可持续发展的原则。
(10) 直接经济效益与间接经济效益相结合的原则。
(11) 定量的经济分析与定性的经济分析相结合的原则。
(12) 经济效益评价与综合效益评价相结合的原则。
(13) 可比性原则，这是进行工程经济分析时应遵循的重要原则。

1.3.3　工程经济分析的基本原理

工程经济学的理论基础包括经济学、财务会计学、数学和管理学四方面。有了理论基础，便可以进行工程经济分析。然而实验表明，很多决策失误往往不是具体计算失误，而是由于分析时运用的基本原理选择不当，因此，有必要对这些基本原理做必要的说明。

(1) 工程经济分析的目的是提高工程经济活动的经济效果。

工程经济活动，不论主体是个人还是机构，都具有明确的目标。工程经济活动的目标是通过活动产生的效果来实现的。由于各种工程经济活动的性质不同，因而会取得不同性质的效果，如环境效果、艺术效果、军事效果、政治效果、医疗效果等。但无论哪种技术实践效果，都要涉及资源的消耗，都有浪费或节约问题。由于在特定的时期和一定的地域范围内，人们能够支配的经济资源总是稀缺的，因此工程经济分析的目的是在有限的资源约束条件下对所采用的技术进行选择，对活动本身进行有效的计划、组织、协调和控制，以最大限度地提高工程经济活动的效益，降低损失或消除负面影响，最终提高工程经济活动的经济效果。

(2) 技术与经济之间是对立统一的辩证关系。

经济是技术进步的目的，技术是达到经济目标的手段和方法，是推动经济发展的强大动力。技术的先进性与经济的合理性是社会发展中一对相互促进、相互制约的既有统一又有矛盾的统一体。

① 技术进步促进经济发展，而经济发展则是技术进步的归宿和基础。技术进步是经济发展的重要条件和物质基础，是提高劳动生产率、推动经济发展的最重要的手段和物质基础。经济发展的需要是推动技术进步的动力，任何一项新技术的产生都是经济上的需要引起的；同时，技术发展要受经济条件制约。一项新技术的发展、应用和完善主要取决于是否具备必要的经济条件，是否具备广泛使用的可能性，这种可能性包括与采用该项技术相适应的物质和经济条件。

② 在技术和经济的关系中，经济占据支配地位。技术进步是为经济发展服务的，技术是人类进行生产斗争和改善生活的手段，它的产生就具有明显的经济目的。因此，任何一种技术在推广应用时首先要考虑其经济效果问题。一般情况下，技术的发展会带来经济效果的提高，技术的不断发展过程也正是其经济效果不断提高的过程。随着技术的进步，人类能够用越来越少的人力和物力消耗获得越来越多的产品和劳务。从这方面看，技术和经济是统一的，技术的先进性和它的经济合理性是一致的。

(3) 工程经济分析是科学地预见活动的结果。

工程经济分析的着眼点是"未来"，也就是对技术政策、技术措施制定以后，或技术方案被采纳后，将要带来的经济效果进行计算、分析与比较。工程经济学关心的不是某方案已经花费了多少代价，它是不考虑"沉没成本"（过去发生的，而在今后的决策过程中，我们已无法控制的、已经用去的那一部分费用）的多少，而只考虑从现在起为获得同样使用效果的各种机会（方案）的经济效果。

既然工程经济学讨论的是各方案"未来"的经济效果问题，那么就意味着它们含有"不确定性因素"与"随机因素"的预测与估计，这将关系到工程经济效果评价计算的结果。因此，工程经济学是建立在预测基础上的科学。人类对客观世界运动变化规律的认识使得人们可以对自身活动的结果做出一定的科学预见，根据对活动结果的预见，人们可以判断一项活动目的的实现程度，并相应地选择、修正所采取的方法。如果人们缺乏这种预见性，就不可能了解一项活动能否实现既定的目标、是否值得去做，因而也就不可能做到有目的地从事各种工程经济活动。以长江三峡工程为例，如果我们不了解三峡工程建成后可以获得多少电力，能在多大程度上改进长江航运和提高防洪能力等结果，那么建设三峡工程就成为一种盲目的活动。因此，为了有目的地开展各种工程经济活动，就必须对活动的效果进行慎重的估计和评价。

(4) 工程经济分析是对工程经济活动的系统评价。

因为不同利益主体追求的目标存在差异，因此对同一工程经济活动进行工程经济评价的立场不同，出发点不同，评价指标不同，因而评价的结论有可能不同。例如，很多地区的小造纸厂或小化工厂从企业自身的利益出发似乎经济效果显著,但生产活动却排出了大量废弃物,对有关河流、湖泊和附近的人或组织造成了直接或间接的损害,是国家相关法规所不容许的。因此,为了防止一项工程经济活动在对一个利益主体产生积极效果的同时可能损害到另一些利益主体,工程经济分析必须体现较强的系统性。系统性主要表现在3个方面:①评价指标的多样性和多层性,构成一个指标体系;②评价角度或立场的多样性,根据评价时所站的立场或看问题的出发点的不同,分为企业财务评价、国民经济评价及社会评价等;③评价方法的多样性,常用的评价方法包括定量或定性评价、静态或动态评价、单指标或多指标综合评价等。

由于局部和整体、局部与局部之间客观上存在着一定的矛盾和利益摩擦,系统评价的结论总是各利益主体目标相互协调的均衡结果。需要指出的是,对于特定的利益主体,由于多目标的存在,各方案对各分目标的贡献有可能不一致,从而使得各方案在各分项效果方面表现为不一致。因此,在一定的时空和资源约束条件下,工程经济分析寻求的只能是令人满意的方案,而非各分项效果都最佳的最优方案。

(5) 满足可比条件是技术方案比较的前提。

为了在对各项技术方案进行评价和选优时能全面、正确地反映实际情况,必须使各方案的条件等同化,这就是所谓的"可比性问题"。由于各个方案涉及的因素极其复杂,加上难以定量表达的不可转化因素,所以不可能做到绝对的等同化。在实际工作中一般只能做到使方案经济效果影响较大的主要方面达到可比性要求,包括:①产出成果使用价值的可比性;②投入相关成本的可比性;③时间因素的可比性;④价格的可比性;⑤定额标准的可比性;⑥评价参数的可比性。其中,时间的可比性是经济效果计算中通常要考虑的一个重要因素。例如,有两个技术方案,产品种类、产量、投资、成本完全相同,但时间上有差别,其中一个投产早,另一个投产晚,这时很难直接对两个方案的经济效果大小下结论,必须将它们的效果和成本都换算到同一个时间点后,才能进行经济效果的评价和比较。

在实际工作中,工程经济活动很多是以工程项目的形式出现的。因此,本书对工程经济原理及方法的应用主要针对工程项目展开。

1.3.4 工程经济分析的可比性原理

方案比较是工程经济学中十分重要的内容。方案比较须从满足需求上的可比、消费费用的可比、价格的可比和时间的可比四个方面着手进行。

1. 满足需求上可比

任何一个项目或方案实施都是为了满足一定的社会需求,不同项目或方案在满足相同的社会需求的前提下才能进行比较。

1) 产量可比

这里的产量是指项目或技术方案满足社会需要的产品的数量。例如,煤炭和天然气在化学成分和物理性质等方面差异较大,但却都可以作为原料生产合成氨,在满足社会生产合成氨的需要上,它们的作用是相同的,在这点上它们是可比的。

不同项目或技术方案的产量或完成的工作量的可比是指其净产量或净工作量之间的可比,而不是其额定产量或工作量的可比。所以,仅仅以其额定值分析有时会无法比较,而实际产量、工作量与额定产量、工作量之间往往还相差一定的数额,用公式表达则可写成

$$G = G_b - \Delta G \quad \text{或} \quad G = K_1 \cdot G_b \left(K_1 = 1 - \frac{\Delta G}{G_b} \right) \tag{1-1}$$

式中,G——满足实际需要的产量或工作量;

G_b——额定产量或工作量;

ΔG——两者的差额;

K_1——不足系数。

在比较时应以 G 为准,不以 G_b 为准,不同方案的 G 与 G_b 不能相比。

2) 质量可比

所谓质量可比是指不同项目或技术方案的产品质量相同时,直接比较各相关指标;质量不同时,则需经过修正计算后才能比较。在实际中,由于有些产品的质量很难用数字准确地刻画,即所谓的"软指标",而有些项目或技术方案的产品质量会有所不同,有时针对不同的社会需求会有很大的差异,这样在进行比较时就要进行修正或折算。

另外,在进行满足需要的比较时,对能够满足多方面需要的方案可与满足单一需要方案的联合方案比较;方案规模不同时,应以规模小的方案乘以倍数与规模大的方案进行比较;对产品可能涉及其他部门或造成某些损失的方案,应将该方案本身与消除其他部门损失的方案组合成联合方案进行比较;对具有相同产品,但不具有相同质量和使用价值的替代性技术方案比较时可折算成相同的产品产量进行比较。

2. 满足消费费用可比

比较项目或技术方案消耗的费用,应该从项目建设到产出产品及产品消费的全过程中整个社会的消耗费用来比较,而不是依某个个别国民经济部门或个别环节的部分消耗进行比较,也就是说要从总的、全部消耗的观点出发考虑。例如,建设煤矿的工程方案,就应该考虑建矿的消耗费用以及运输和运行等的消耗费用。但是,在项目企业内部各生产环节之间、在国民经济各部门之间,占用资金、劳动力、资源、运输能力、能源、原材料等均存在着一定的协调关系,某一部门或某一生产环节消耗费用的变化必然会引起其他相关部门或环节的变化。在这种情况下进行方案比较时,可只考虑与方案有直接的、经常性联系的主要部门或环节,而略去关系不密切的部门或环节的消耗费用。

3. 满足价格可比

每一个项目或技术方案都要产出或提供服务,同时消耗物化劳动,既有产出也有投入。要量化投入、产出的大小,就要考虑价格因素、利用价格指标。价格的可比性是分析、比较项目或技术方案经济效益时的一个重要原则。

要使价格可比,项目或技术方案所采用的价格指标体系应该相同,这是价格可比的基础。每个技术方案无论是消耗费用还是产值的增加,均按产品的价格计算。理论上讲,产品的价格与价值是一致的,现实中二者却常常背离。所以,在比较价格时不是采用现行价格,而是按合理价格来比较。这个合理的价格反映了国家的最大利益和用户及消费者的正当利益,由国家主管部门确定。这个价格通常仅供对项目或技术方案进行经济效益分析时参考使用,对现行价格不产生任何意义上的影响,也不暗示其变化的趋势,只作为价格比较时的基本条件。

4. 满足时间因素可比

众所周知,时间因素对项目或技术方案的经济效益有直接的影响。比较不同项目或技术方案的经济效益,时间因素的可比条件应满足:

(1) 计算期相同。不同的项目或技术方案应以相同的计算期作为比较的基础,不能一个长、一个短。

(2) 考虑资金的时间价值。发生在不同时间内的效益和费用,应计算资金的时间价值后再进行比较。

(3) 考虑整体效益。不同的项目或技术方案在投入财力、物力、人力、运力及自然力和发挥经济效益的时间不同,其经济效益会有很大的差别,比较时应考虑这些对社会、环境、资源等及本企业整体项目或技术方案进行经济效益的影响。

1.4 工程经济学的研究方法

1.4.1 工程经济分析方法

工程经济学是工程技术与经济核算相结合的边缘交叉学科,是自然科学、社会科学密切交融的综合科学,是一门与生产建设、经济发展有着直接联系的应用性学科。因此,工程经济学的分析方法主要包括:

1. 理论联系实际方法

工程经济学是西方经济理论的延伸,具体研究资源的最佳配置,许多概念如投资、费用、成本、寿命周期等均来自西方经济学。因此,要正确地运用工程经济学分析方法,必须正确地把握经济学中的基本概念,了解经济学所描述的经济运行过程。当然,每一项工程都有其不同的目标、条件和背景,处在不同的生命周期,因而还要对具体问题进行具体分析。

2. 定量与定性分析相结合

工程经济学对问题的分析过程,是从定性出发,通过定量,再返回到定性。即首先从工程项目的行业特点、分析的目标要求、基本指标的含义出发,通过资料的搜集、数据的计算得到一系列判别指标,最后通过实际指标与基准指标的对比、不同方案之间经济指标的对比,对工程项目各方案做出优劣判断。

3. 系统分析和平衡分析方法

工程项目通常是由许多个子项目所组成,每个项目的运行都有自己的寿命周期,因此,工程经济的分析方法只能是全面的、系统的分析方法。虽然工程经济分析的过程需要计算成本、收益和费用,但是其目的在于寻求技术与经济的最优平衡点。

4. 静态评价与动态评价相结合

对工程项目可以根据需要进行静态评价和动态评价。静态评价就是在不考虑货币的时间价值的前提下,对项目经济指标进行计算和考核,也就是所谓的粗略评价;动态评价就是考虑货币的时间价值,对不同时点上的投入与产出做出不同的核算处理,从而对项目进行更客观的分析和计算,也就是所谓的详细评价。通常在确定投资机会和对项目进行初步选择时只进行静态评价,而为了更科学、更准确地反映项目的经济情况时,则必须采用动态评价。

5. 统计预测与不确定分析方法

在对工程项目实施分析时,它们往往还停留在考察阶段,因此,工程项目中的投资、成本、费用、收益等只有依靠预测来获得,评价结论的准确性与预测数据的可靠性有着密切关系。统计预测方法主要在横向、纵向两个方面提供预测手段。在横向上利用回归分析,对相关的未知数据进行推算,如根据产量与成本的回归模型推算目标成本下的必要产量。在纵向上利用指数平滑等方法,对现象发展的趋势数值进行预测。由于影响未来的因素是众多的,许多因素处在发展变化之中,还需要对项目的经济指标做不确定性分析。

1.4.2 工程经济学的研究方法

工程经济学以工程技术为背景,将经济学、财务学的理论相融合,形成了独特的理论知识体系,去解决工程技术实践中大量出现的技术方案的决策问题。想要掌握它的理论知识,需要了解工程经济学的研究方法。

1. 方案比较法

工程经济学是贯穿工程经济分析的基本方法。任何一项技术项目,如技术开发项目、工艺改进项目、设备更新项目或技术改造项目,都存在替代方案;企业要实现技术进步的目的,总有不同的技术路径、技术措施;工程项目投资也有不同的生产方案。因此,通过方案的比较与选择,才能找到最优解决办法,提高项目决策的科学性。

2. 动态分析方法

动态分析方法主要包括两个方面:①必须考虑工程项目使用资金的时间价值;②考虑工程技术项目本身的发展变化过程,即要考虑到项目发展过程中环境条件的变化。前者是强调评价技术方案的投入资金与产出的收益必须用复利计算,才能真实反映技术方案的效益价值。后者是指对工程项目进行分析时,往往要借助已有的经验,来对技术方案、工程投资项目进行动态分析,不仅考察当前市场环境条件下项目的经济效益,而且要针对未来市场环境价格的变化预测工程项目的效益与可能面对的风险,从而帮助人们做出科学的决策。所以,动态分析方法也是工程经济学研究的最基本方法。

3. 定性定量相结合的方法

工程经济学既要运用定量方法进行工程项目的经济评价、项目不确定性分析、项目财务评价与国民经济评价等,又要运用定性方法对项目后评价、项目可行性研究中的资源评价、建设规模与产品方案、实施进度、无形效果等非经济效果内容进行研究分析。由此可见,定性分析与定量分析是工程经济学不可缺少的两种工具。学习本课程,必须学会运用这两种工具,才能提高工程经济分析和进行工程技术方案决策的能力。

4. 系统分析法

系统分析法是运用系统理论来研究工程经济问题的方法。系统理论是系统的模式、原则、规律及其功能的科学。系统是由相互联系、相互作用的要素组合成为具有一定功能的整体。系统具有目的性、开放性、相互关联性、动态性、总系统功能大于子系统功能之和等特点。系统分析法应用于工程经济分析中,要求我们树立整体观念,即把一个技术项目、工程项目看成一个独立、完整的系统,它由许多子系统构成。如一项企业技术改造项目,包含了若干子项目、生产工艺、机械设备、控制系统、测试检验、车间布置、土建工程等。工程经济的整体观促使人们建立全局意识,把各个局部工作、子项目的工作作为实现项目改造总目标的手段或过程。其次,要将技术项目、工程项目系统视为一个开放的系统,明确它与社会环境的密切关系。再次,在评价一个技术项目、工程项目时,不但要分析项目本身的投资效益,而且要评价它产生的社会效益,考察它对生态环境的影响,从而实现技术项目与人文社会自然环境的和谐发展。由此可见,系统分析法是研究工程经济问题不可缺少的方法。

1.4.3 工程经济分析一般程序

工程经济分析主要是对各种可行的技术方案进行综合分析、计算、比较和评价,全面衡量其经济效益,以做出最佳选择,为决策者提供科学依据。工程经济分析流程见图1-1。

1. 确定分析目标

工程经济分析的目的在于寻求各方案之间的优劣比较,要比较就需有共同的目标。由需求形成问题,由问题产生目标,然后依目标去寻求最佳方案。目标是根据问题的性质、范围、原因和任务的不同而设定,它是工程经济分析中至关重要的一环。如果目标确定错了,就会导致分析的失误或失败,从而造成浪费。目标可大致分为国家宏观、地区或部门中宏观、企业或项目微观目标。目标内容可以是工厂选址或是确定项目规模,也可以是选择设备或技术改造等。确定目标时要做到:①目标要具体、明确;②要有长远观点;③要有总体观点;④要分清主次。

2. 调查研究搜集资料

根据所确定的目标,要对实现目标的需求进行调查研究,分析是否具有实现目标所需的资源、技术、经济和信息等条件,重点搜集与之有关的技术、经济、财务、市场、政策法规等方面资料。资料是分析的基础,资料正确与否,直接影响分析的质量,资料要真实、先进、及时和全面。

3. 设计各种可能的方案

方案是分析比较的对象。为了有利于比较、鉴别和优选,在工程经济分析初期,应集思广益、献计献策,尽可能从多种途径进行充分搜集、挖掘各种可能的方案,而不是先入为主,只设计一两种自己所采纳的方案。较为经典的方法有头脑风暴法和德尔菲法。在占有资料的基础上,对比方案尽可能多一些,提供充分的比较对象,从中筛选出所有可能的方案,以确保方案的质量。

4. 分析比较方案并使其可比化

从国民经济整体利益出发,兼顾企业利益,分析各方案利弊得失,以及影响技术经济效果的内外因素,对比较方案进行分析。

相互比较的方案,由于各方案的指标和参数不同,往往难于直接对比,因此,需要对一些不能直接对比的指标进行处理,使方案在使用价值上等同化,将不同的数量和质量指标尽可能转化为统一的可比性指标。一般来说,可比性指标要转化为货币指标,应该而且必须满足可比性要求。如:若两个方案寿命周期不同,就失去了总量比较的原则,则需要通过更新,使寿命周期相同,或采取年度费用作为比较的基础。

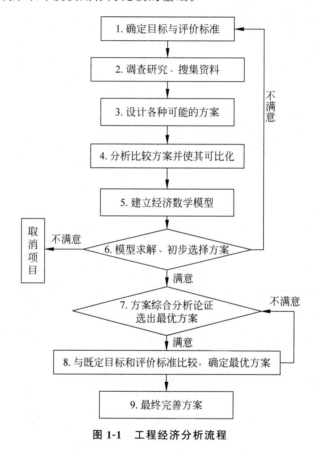

图 1-1　工程经济分析流程

5. 建立经济数学模型

这里主要指拟订方案比较所需采用的指标建立有关各参数变量之间的函数关系,如方程式、公式、表达式等经济数学模型。经济数学模型是工程经济分析的基础和手段。通过经济数学模型的建立,进一步规定方案的目标体系和约束条件,为以后的经济分析创造条件。

6. 模型求解初步选择方案

把各种具体资料和数据代入数学模型中运算,求出各方案主要经济指标的具体数值并进行比较,初步选择方案。若初步方案满意则进行方案综合分析,若不够满意,则检查方案指标的合理性,重新按照此程序进行其他替代方案的分析,或在此时取消项目。

7. 方案综合分析论证选出最优方案

除对方案进行定性分析之外,重点是进行定量计算和求解,而综合分析评价的正确与否关键取决于定性分析的正确与否,以及所引入数据的准确可靠性,切不可臆造,否则就必然影响决策的结果。在对不同方案的指标进行分析计算的基础上,再对其整个指标体系和相关因素进行定量与定性的综合比较,选出最优方案。

8. 与既定目标和评价标准比选最优方案

根据分析评价的结果优选出技术上先进、经济上合理的最佳方案。若优化方案满意则进行方案完善,若不够满意,则检查初步方案,重新按照图 1-1 中第 7 和第 8 步进行其他替代方案的分析。

9. 最终完善方案

对最终选择的方案进行优化和完善。

本 章 小 结

工程经济学是以工程项目技术为主体,以工程项目技术-经济分析系统为核心,提高经济效益为目的,以各种成本效益分析方法为手段,为现实社会经济活动提供科学的分析方法和决策方法。它是在有限资源条件下,运用有效方法,对多种可行方案进行评价和决策,确定最佳方案的科学。工程经济学的任务是以现有资金为基础,对工程项目及其相应环节进行经济效益分析;对各种备选方案进行分析、论证、评价,从而选择技术上可行、经济上合理的利用有限资源的最佳方案,从而取得最大的经济效益。

工程经济分析的一般程序:确定分析目标与评价标准;调查研究搜集资料;设计各种可能的方案;分析比较方案并使其可比化;建立经济数学模型;模型求解;方案综合分析论证;与既定目标和评价标准比较,确定最优方案;最终完善方案。

工程经济分析的基本方法:理论联系实际的方法、定量与定性分析相结合的方法、系统分析和平衡分析的方法、静态评价与动态评价相结合的方法、统计预测与不确定分析方法等。

思考与练习

1-1 名词解释:工程 工程经济学 工程经济分析 工程经济学的学科特点
1-2 简述"工程经济学"的发展。
1-3 工程经济分析的一般过程是什么?
1-4 工程经济分析的方法有哪些?
1-5 为什么说工程经济学中的"工程"比一般所说的"工程"含义更丰富?
1-6 为什么说工程经济学是经济学理论的延伸?
1-7 工程经济分析有哪些重要意义?

第 2 章　资金时间价值及等值计算

学习目标：通过资金时间价值的学习，树立资金时间价值的价值观念，理解资金时间价值的表现以及计量、终值和现值的计算，理解年金的概念，掌握资金时间价值的概念，掌握普通年金、预付年金和递延年金的现值及终值的计算，熟练掌握单利与复利情况下的终值与现值的计算方法。

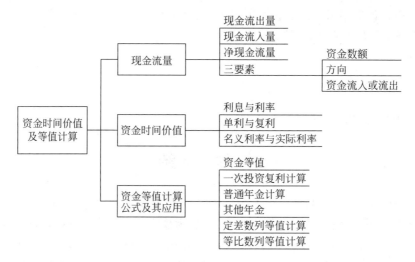

思维导图

课程思政：深刻领会、全面把握资金时间价值的背景、前提、实质及实现条件。理解资本分配的理论依据。深刻理解马克思主义的劳动价值学说，增强劳动光荣、劳动宝贵、尊崇劳动的观念。深刻理解完善市场机制，主要发挥市场配置资源作用，推进政府治理体系和治理能力现代化改革的重要意义。利用利率和利息的基本公式，反推"校园网贷"是如何操作的，从而告诫学生"校园网贷"的危害性有多大，让学生远离"校园网贷"，树立正确的人生观和价值观。对于资金的等值计算部分，可以引入"花呗""信用卡"等案例，让学生通过分期还款利息及其计算，了解分期还款的利息陷阱，从而让学生树立正确的金钱观、消费观和价值观。

2.1　现金流量与现金流量图

2.1.1　现金流量

将投资项目视为一个独立系统，项目系统中的现金流出量(负现金流量)和现金流入量(正现金流量)，称为现金流量。

现金流出量(CO)：在整个计算期内各时间点上所发生的实际现金支出。如固定资产投资、投资利息、流动资金、经营成本、税金及附加、所得税、借款本金偿还等。

现金流入量(CI):在整个计算期内各时间点上所发生的实际现金流入。如产品的销售收入、固定资产报废时的残值以及项目结束时回收的流动资金等。

净现金流量(NCF):同一时间点上的现金流入与现金流出之差(或其代数和)。

这里"现金"的含义是广义的,是指各类货币资金或非货币资产的变现价值。为便于分析,通常将整个计算期分成若干期,并假定现金流入和现金流出是在期末发生的,常以一年为一期,即把一年中所有产生的现金流入和流出累计到相应年末。

2.1.2 现金流量图

在技术经济研究中,为了考察各种投资项目在其整个寿命周期内的各个时间点上所发生的收入和支出,并分析计算它们的经济效果,可以利用现金流量图。所谓现金流量图就是把经济系统的现金流量绘入一时间坐标图中,表示出各现金流入、流出与时间的对应关系,如图 2-1 所示。运用现金流量图,就可全面、形象、直观地表达经济系统的资金运动状态。

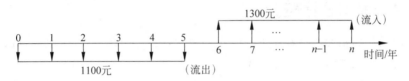

图 2-1 现金流量图

现金流量图是反映资金运动状态的图示,它是根据现金流量绘制的。在现金流量图中,要反映资金的性质(是收入或是支出,流入或流出)、资金发生的时间和数额大小。

注意:现金流量的性质与对象有关,收入与支出是对特定对象而言的。

作图规则:

(1) 以横轴为时间轴,越向右延伸表示时间越长,将横轴分成相等的时间间隔,间隔的时间单位以计息期时间单位为准,通常以年为时间单位;时间坐标的起点通常是资金开始运动的时间点。

(2) 凡属收入、借入的资金等,视为正的现金流量;凡是正的现金流量,用向上的箭头表示,可按比例画在对应时间坐标处的横轴上方。

(3) 凡属支出、归还贷款的资金等,视为负的现金流量;凡是负的现金流量,用向下的箭头表示,可按比例画在对应时间坐标处的横轴下方。

(4) 垂直线与时间轴的交点即为现金流量发生的时间。现金流量的大小(资金数额)、方向(资金流入或流出)和时间点(资金发生的时间点)是现金流量的三要素,也是正确绘制现金流量图的关键。

若不按比例绘制,可在箭头旁标注具体的现金流量值,且一般现金流量大的箭头长度大于现金流量小的。现金流量图绘制与资金分析的角度有关系,即对于同一个现金流量站在不同的角度分析,现金流入或流出方向不同。

例 2-1 某人把 1000 元存入银行,五年到期,年利率为 5%,银行每年年底 12 月 31 日支付当年利息。绘制银行及个人的现金流量图。

解：

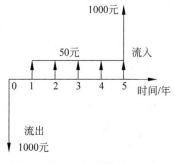

图 2-2 例 2-1 个人的现金流量图

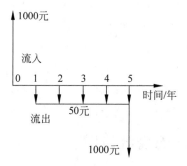

图 2-3 例 2-1 银行的现金流量图

2.2 资金时间价值

2.2.1 资金时间价值概念

资金的时间价值是经济活动中的一个重要概念,是财务管理的一个重要价值观念,也是在资金使用中必须认真考虑的一个标准。

1. 概念

资金的时间价值是资金在扩大再生产及其循环周转过程中,随着时间变化而产生的资金增值和经济效益,即不同时间发生的等额资金在价值上的差别。

资金的时间价值是指资金随着时间的推移而形成的增值,即一定量的货币资金在不同时间点上具有不同的价值,其实质就是资金周转使用后的增值额。

理解资金时间价值应把握以下四点:

(1) 资金具有时间价值必须是一种要素资本。这种要素资本可能是以借贷的形式存在的,也可能是以投资与被投资的形式存在的。如果以借贷的形式存在,资金的时间价值表现为利率或利息;如果以投资与被投资形式存在,资金的时间价值表现为投资报酬率或股息。

(2) 资金必须参与社会资本的周转与循环。如果资金不能参与社会资本的周转与循环,资金的时间价值就无法实现,资金剩余者就不能从资金需求者那里获得利息或股息。

(3) 资金具有时间价值是货币所有者决策选择的结果。资金所有者之所以将资金贷出,是因为他认为贷出资金可以获得比消费更大的效用,这是消费与投资两个方案决策比较的结果。

(4) 资金时间价值是在没有风险和没有通货膨胀条件下的社会平均资本利润率。在市场经济条件下,由于竞争,投资者只能获得社会平均资本利润率。在选择投资项目时,社会平均资本利润率是投资者的最基本要求。

2. 资金发生增值条件

资金时间价值产生的前提条件,是由于商品经济的高度发展和借贷关系的普遍存在,出现了资金使用权与所有权的分离,资金的所有者把资金使用权转让给使用者,使用者必须把资金增值的一部分支付给资金的所有者作为报酬,资金占用的金额越大,使用的时间越长,所有者所要求的报酬就越高。而资金在周转过程中的价值增值是资金时间价值产生的根本源泉。

按照马克思的劳动价值理论,资金时间价值产生的源泉并非表面的时间变化,而是劳动者为社会劳动而创造出来的剩余价值。因为如果将一大笔钱放在保险柜里,随着时间的变化不可能使资金增值,而是必须投入周转使用,经过劳动过程才能产生资金时间价值。马克思的剩余价值观揭示了资金时间价值的源泉——剩余价值。资金需求者之所以愿意以一定的利率借入资金,是因为因此而产生的剩余价值能够补偿所支付的利息。根据剩余价值观点,资金具有时间价值是有条件的,即资金必须用于周转使用,作为分享剩余价值的要素资本参与社会扩大再生产活动。

资金时间价值的概念可以表述为:资金作为要素资本参与社会再生产活动,经过一定时间的周转循环而发生的增值,这种增值能够给投资者带来更大的效用。

对于资金时间价值也可以理解为:如果放弃资金的使用权利(投资、储蓄等),则相对失去某种收益的机会,也就相当于付出一定代价,由此产生的一种机会成本。

综上可得资金发生增值的条件:资金投入生产过程;资金的运动(生产—交换—生产)从而使资金增值。

3. 资金时间价值度量

从投资角度看,资金的时间价值主要取决于以下因素:投资利润率、通货膨胀因素、风险因素。

(1) 投资利润率:单位投资额取得的利润。

(2) 通货膨胀因素:对货币贬值损失所应作的补偿。

(3) 风险因素:对风险的存在可能带来的损失所应作的补偿,风险因素包括商品市场风险、金融市场风险、政治风险以及不可抗力等风险。一般来说,高风险,高收益,即对于投资风险越大的项目,其收益越高。

4. 反映资金时间价值尺度

绝对尺度:包括利息、盈利或纯收益。这些都是使用资金的报酬,是投入资金在一定时间内的增值。一般银行存款获得的资金增值称为利息;把资金投入生产建设产生的增值称为盈利或纯收益。

相对尺度:包括利率、盈利率或收益率。它是一定时间(通常为一年)的利息或收益占原投入资金的比率,或称为使用资金的报酬率,它反映了资金随时间变化的增值率。

2.2.2 利息与利率

1. 利息

在借贷过程中,债务人支付给债权人的超过原借款本金的部分,就是利息,即

$$I = F - P \tag{2-1}$$

式中,I——利息;

F——还本付息总额(终值);

P——本金(现值)。

在工程经济学中,利息常常被看成是资金的一种机会成本。这是因为如果一笔资金投入在某一工程项目中,就相当于失去了在银行产生利息的机会,也就是说,使用资金是要付出一定的代价的,当然投资于项目是为了获得比银行利息更多的收益。从投资者的角度来看,利息体现为对放弃现期消费的损失所作的必要补偿,比如资金一旦用于投资,就不能用于现期消费,而牺牲现期消费又是为了能在将来得到更多的消费。所以,利息就成为投资分析中平衡现在与未来的杠杆,投资这个概念本身就包含着现在和未来两方面的含义。事实上,投资就是为了在未来获得更大的回收而对目前的资金进行某种安排,很显然,未来的回收应当超过现在的投资,正是这种预期的价值增长才能刺激人们从事投资。因此,在工程经济学中,利息是指占用资金所付的代价或者放弃近期消费所得的补偿。

2. 利率

在工程经济学中,利率的定义是从利息的定义中衍生出来的。也就是说,在理论上先承认了利息,再以利息来解释利率。在实际计算中则正好相反,常根据利率计算利息,利息的大小用利率来表示。

利率就是在单位时间内(如年、半年、季、月、周、日等)所得利息与借款本金之比,通常用百分数表示,即

$$i = \frac{I_t}{P} \times 100\% \tag{2-2}$$

式中,i——利率;

I_t——单位时间内的利息;

P——借款本金。

例 2-2 某人年初借本金 1000 元,一年后付息 80 元,试求这笔借款的年利率。

解:根据式(2-2)计算年利率为

$$\frac{80}{1000} \times 100\% = 8\%$$

利率是各国发展国民经济的杠杆之一,利率的高低由下述因素决定:

(1) 社会平均利润率。在通常情况下,平均利润率是利率的最高界限。因为如果利率高于利润率,借款人投资后无利可图,也就不会去借款了。

(2) 金融市场上借贷资本的供求情况。在平均利润率不变的情况下,借贷资本供过于求,利率便下降;反之,利率便上升。

(3) 银行所承担的贷款风险。借出资本要承担一定的风险,而风险的大小也影响利率的波动。风险越大,利率也就越高。

(4) 通货膨胀率。通货膨胀对利率的波动有直接的影响,通货膨胀率越大,要求大的投资收益率来使投资得到保值或得到真正的收益,若投资收益率小于通货膨胀率,那么投资的资金就会贬值。

(5) 借出资本的期限长短。借款期限长,不可预见因素多,风险大,利率也就高;反之,利率就低。

3. 利息和利率在工程经济活动中作用

(1) 利息和利率是以信用方式动员和筹集资金的动力。以信用方式筹集资金的一个重要特点是自愿性,而自愿性的动力在于利息和利率。比如一个投资者,他首先要考虑的是投资某一项目所得到的利息(或利润)是否比把这笔资金投入其他项目所得的利息(或利润)多。如果多,他就可能给这个项目投资;反之,他就可能不投资这个项目。

(2) 利息促进企业加强经济核算,节约使用资金。企业借款需付利息,增加支出负担,这就促使企业必须精打细算,把借入资金用到刀刃上,减少借入资金的占用以少付利息,同时可以使企业自觉压缩库存限额,减少各环节占用资金。

(3) 利息和利率是国家管理经济的重要杠杆。国家在不同的时期制定不同的利率政策,对不同地区不同部门规定不同的利率标准,就会对整个国民经济产生影响。如对于限制发展的部门和企业,利率规定得高一些;对于提倡发展的部门和企业,利率规定得低一些,从而引导部门和企业的生产经营服从国民经济发展的总方向。同样,资金占用时间短,收取低息;资金占用时间长,收取高息。对产品适销对路、质量好、信誉高的企业,在资金供应上给予低息支持;反之,收取较高利息。

(4) 利息与利率是金融企业经营发展的重要条件。金融机构作为企业,必须获取利润。由于金融机构的存放款利率不同,其差额成为金融机构业务收入。此差额扣除业务费后就是金融机构的利润,以此刺激金融企业的经营发展。

2.2.3 单利与复利

利息计算有单利和复利之分。当计息周期在一个以上时,就需要考虑"单利"与"复利"的区别。复利是对单利而言的,是以单利为基础进行计算的。所以要了解复利的计算,必须先了解单利的计算。

1. 单利

单利是仅按本金计算利息,对前期所获得的利息不再计息,其计算的利息与占用资金的数额、占用时间及计算利息的利率成正比,计算公式为

$$I = P \cdot i \cdot n \tag{2-3}$$

$$F_n = P(1 + i \cdot n) \tag{2-4}$$

式中,F_n——期末本利和;

P——本金;

n——计息期数;

i——单利(年)利率;

I——利息。

单利终值:n 年期满时初始本金及各年的利息之和,即单利期末本利和。

例 2-3 企业年初购入 10 万元国库券,年利率为 5%,5 年到期,企业获得多少利息?到期的终值为多少?

解:(1) $I = P \cdot i \cdot n$
$= 10 \times 5\% \times 5 = 2.5$(万元)

(2) $F_n = P(1+i \cdot n)$
$= 10(1+5\% \cdot 5) = 12.5$(万元)

例 2-4 企业销售产品收到对方开来的一张 3 个月到期的商业承兑汇票,票面金额为 15 万元,票面利率为 6%,该票据的到期值为多少?

解:$F_n = P(1+i \cdot n) = 15\left(1+6\% \times \dfrac{3}{12}\right) = 15.225$(万元)

2. 复利

复利是指在计算下一期利息时,要将上一期的利息加入本金中去重复计息,这就是通常所说的"利生利"或"利滚利"。复利推导过程如表 2-1 所示。

计算公式:
$$F_n = P(1+i)^n \tag{2-5}$$

表 2-1 复利推导过程

计息周期	期初本金	本期利息	期末本利和 F_n
1	P	$P \cdot i$	$F_1 = P + P \cdot i = P(1+i)$
2	$P(1+i)$	$P(1+i) \cdot i$	$F_2 = P(1+i) + P(1+i) \cdot i = P(1+i)^2$
3	$P(1+i)^2$	$P(1+i)^2 \cdot i$	$F_3 = P(1+i)^2 + P(1+i)^2 \cdot i = P(1+i)^3$
⋮	⋮	⋮	⋮
n	$P(1+i)^{(n-1)}$	$P(1+i)^{(n-1)} \cdot i$	$F_n = P(1+i)^{(n-1)} + P(1+i)^{(n-1)} \cdot i = P(1+i)^n$

例 2-5 企业以 100 万元投资一个项目,设年平均报酬率为 8%,2 年后企业可以收回的投资额和收益共是多少?

解:$F_n = P(1+i)^n = 100(1+8\%)^2 = 116.64$(万元)

3. 单利与复利的比较

例 2-6 荷属西印度公司的彼得·米努伊特在 1626 年花费 24 美元从印第安人手中买下了纽约曼哈顿岛。假想一下,如果米努伊特拿这 24 美元投资于某储蓄账户,赚取 8% 的利息,到 2016 年值多少钱?

解:已知:$P = 24$ 美元,$i = 8\%$/年,$n = 390$ 年。求 F,分别基于:①8% 单利;②8% 复利。

① 以 8% 单利计息:
$$F = 24(1 + 0.08 \times 390) = 772.8(\text{美元})$$

② 以 8% 复利计息:
$$F = 24(1 + 0.08)^{390} = 260\ 301\ 027\ 000\ 000(\text{美元})$$

评注:在这里复利的重要性很明显。很多人几乎很难理解 260 万亿美元的金额有多大。2016 年,全美国人口大约为 3.23 亿。如果将这些钱平均分配,每人会得到 804 953 美元。当然,没办法准确知道曼哈顿岛现在究竟价值多少,但是绝大多数房地产专家认为这座岛屿的价格无论如何也不会接近 260 万亿美元。(注意,2016 年美国国债大约有 13 万亿美元。)

2.2.4 名义利率与实际利率

在投资项目经济分析中,通常是按年计息的。但有时也会遇到计息周期短于一年的情况,如按半年、季、月计息。当利率的时间单位与计息周期的时间单位不一致时就产生了名义利率与实际利率的区别。

名义利率:如果规定的是一年计算一次的年利率,而计息期短于一年,则规定的年利率称为名义利率。

实际利率:若利率的时间单位与计息期的时间单位相一致时,这时的利率就是实际利率。

设 r 表示年名义利率,i 表示年实际利率,m 表示一年中计息次数,则计息期的实际利率为 r/m,根据复利计息公式,本金 P 在一年后的本利和为

$$F = P\left(1 + \frac{r}{m}\right)^m \tag{2-6}$$

一年中得到的利息 I 为

$$I = F - P = P\left[\left(1 + \frac{r}{m}\right)^m - 1\right] \tag{2-7}$$

则年实际利率为

$$i = (F - P)/P = \left(1 + \frac{r}{m}\right)^m - 1$$

$$i = \left(1 + \frac{r}{m}\right)^m - 1 \tag{2-8}$$

现设年名义利率 $r = 10\%$,则年、半年、季、月、日的实际利率如表 2-2 所示。

表 2-2 实际利率与名义利率的关系

年名义利率	计息期	年计息次数(m)	计息期利率 $i=r/m$	年实际利率 i
10%	年	1	10%	10%
	半年	2	5%	10.25%
	季	4	2.5%	10.38%
	月	12	0.833%	10.47%
	日	365	0.0274%	10.52%

从表 2-2 可以看出,每年计息期 m 越多,年实际利率与年名义利率相差越大。所以,在工程经济分析中,如果各方案的计息期不同,就不能简单地使用名义利率来评价,而必须换算成实际利率进行评价,否则会得出不正确的结论。

例 2-7 某公司向银行借款 2 万元,年利率为 16%,按季复利计息,试计算该公司借款的实际利率及每年应支付的利息。

解:
$$i = \left(1 + \frac{16\%}{4}\right)^4 - 1 \approx 17\%$$

$$I = P \cdot i = 2 \times 17\% = 0.34(万元)$$

2.3 资金等值计算公式及其应用

普通复利计算公式主要表明 P、F、A(A 为等额支付基金)三者间的变换关系,普通复

利基本公式有 6 个,可分为两大类:一次投资复利计算公式、等额支付系列复利计算公式。等值计算的基本类型如图 2-4 所示。

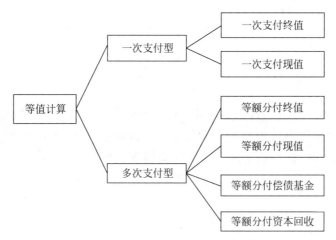

图 2-4 等值计算的基本类型

2.3.1 资金等值计算

1. 资金等值

资金等值是指在时间因素的作用下,在不同时点绝对值不等的两笔或一系列资金,可按某一利率换算至某一相同的时点,使彼此相等。或者说在考虑时间因素的情况下,不同时间、不同数额的资金可能有相等的价值。

影响资金等值的因素有三个:金额的大小、金额发生的时间、利率或贴现率的高低。其中,利率是关键因素。等值计算以同一利率为基准。利用等值概念,可把某一时点的资金按一定利率换算为与之等值的另一时点的资金释放过程称为等值计算。

2. 计息期与支付期相同

例 2-8 要使目前的 1000 元与 10 年后的 2000 元等值,年利率应为多少?

解:$2000 = 1000(F/P, i, 10)$

查附录表,当 $n=10$,i 落于 7%~8% 之间。

$$i = 7\% \text{ 时,} (F/P, 7, 10) = 1.9671$$
$$i = 8\% \text{ 时,} (F/P, 8, 10) = 2.1589$$

用直线内插法可得

$$i = 0.07 + 0.01 \times \frac{2 - 1.9671}{2.1589 - 1.9671} = 0.07 + 0.0017 = 7.17\%$$

例 2-9 某人要购买一处新房,一家银行提供 20 年期年利率为 6% 的贷款 30 万元,该人每年要支付多少?

解:$A = P(A/P, I, N) = 30(A/P, 6\%, 20) = 2.616$(万元)

3. 计息期小于支付期

例 2-10 年利率 12%，每季度计息一次，每年年末支付 500 元，连续支付 6 年，求其第 0 年的现值为多少。

解：现金流量图如图 2-5 所示。

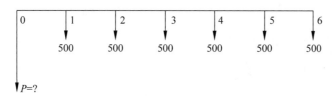

图 2-5 例 2-10 现金流量图

计息期向支付期靠拢，求第 0 年的现值。

$$i = \left(1 + \frac{r}{m}\right)^m - 1 = \left(1 + \frac{12\%}{4}\right)^4 - 1 = 12.55\%$$

$$P = 500(P/A, 12.55\%, 6) = 2024(元)$$

4. 计息期大于支付期

在计息周期内的收付按复利计算，此时，计息期利率相当于实际利率，收付周期利率相当于计息期利率，收付周期利率的计算与已知名义利率求解实际利率情况相反。收付周期利率计算后，按普通复利公式求解。由于计息期内有不同时刻的支付，通常规定存款必须存满一个计息期才计利息，即在计息周期间存入的款项，在该期内不计利息，要在下一期才计算利息。因此，原财务活动的现金流量应按以下原则进行整理：

相对于投资方来说，计息期内的存款（支出）放在期末，提款（收入）放在期初，分界点处的支付保持不变。

例 2-11 已知某项目的现金流量图如图 2-6 所示，计息期为季度，年利率 12%，求 1 年末的金额。

解：由图 2-6 可得
$F = -600(F/P, 3\%, 4) + 400(F/P, 3\%, 3) + (400 + 400 - 400)(F/P, 3\%, 2) - 500(F/P, 3\%, 1) + 600 = 271(元)$

当计息期长于支付期时，在计息期所收（付）的款项按照单利计算时，其计算公式如下：

$$A_t = \sum A_k \left[1 + \left(\frac{m_k}{N}\right) \cdot i\right] \tag{2-9}$$

式中，A_t——第 t 计息期末净现金流量；

N——1 个计息期内收付周期数；

A_k——第 t 个计息期内第 k 期收付金额；

m_k——第 t 计息期内第 k 期收付金额达到第 t 计息期末所包含的首付周期数。

当计息期长于支付期时，在计息期所收（付）的款项不计算利息，也就是在该计息期间存入的款项，相当于

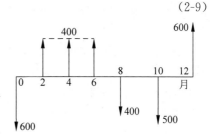

图 2-6 例 2-11 现金流量图

在下一个计息期初存入这笔金额,在计息期内提取的款项,相当于在前一个计息期末提取了这笔金额。

2.3.2 一次投资复利计算公式

资金一次性支付(又称整付),是指支付系列中的现金流量,无论是流出或是流入,均在一个时点上一次性全部发生。资金一次性支付时的等值计算公式如下:

1. 一次性投资终值公式

终值 F:指一定量的货币按规定利率折算的未来价值(本利和)。

现值 P:指一定量未来的货币按规定利率折算的现在价值。

计息次数 n:指从投资项目开始投入资金到项目的寿命周期终止的整个期限除以计息周期期限所得的值,通常以"年"为单位。

如图2-7所示,已知现值为 P,计息期数为 n、复利利率为 i,n 期末的复本利和(终值)F 的计算公式为

$$F_n = P(1+i)^n \tag{2-10}$$

式中,$(1+i)^n$——一次性支付(整付)复本利和终值系数,记为 $(F/P,i,n)$,其值可查附录离散复利利息和年金表。

式(2-10)也可写作

$$F_n = P(F/P,i,n)$$

2. 一次投资的现值

已知 F,求 P,其整付现值现金流量图见图2-8。

$$P = F(1+i)^{-n} = F(P/F,i,n) \tag{2-11}$$

式中,$(P/F,i,n)$——一次性支付现值系数。

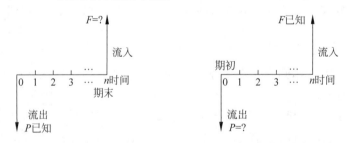

图2-7 一次投资终值的现金流量图　　图2-8 整付现值现金流量图

例2-12 在我国国民经济和社会发展"九五"计划和2010年远景目标纲要中提出"九五"期间我国国民生产总值的年平均增长率不低于8%;按1995年不变价格计算,在2010年实现国民生产总值在2000年的基础上翻一番。问:(1)已知我国国民生产总值在"八五"期末的1995年为5.76万亿元,"九五"期末的2000年的国民生产总值不低于多少万亿元?(2)21世纪的头十年我国国民生产总值的年平均增长率为多少?

解:(1) 设国民生产总值1995年为 P、2000年不低于 F_n 万亿元,取 $i=8\%$,$n=5$,由

复利法的计算公式可得
$$F_n = P(1+i)^n = 5.76(1+0.08)^5 = 5.76 \times 1.4693 \approx 8.5(万亿元)$$

（2）设平均增长率为 i，2000 年和 2010 年的国民生产总值分别为 P 和 F 万亿元，取 $n=10$，由复利法的计算公式可得
$$i = (F/P)^{\frac{1}{n}} - 1 = 2^{\frac{1}{n}} - 1 \approx 1.072 - 1 = 7.2\%$$

例 2-13 某人打算 5 年后购买一套价值 50 万元的住宅，在投资回报率为 6% 时，现在他应该投资多少？

解：$P = F(1+i)^{-n} = F(P/F, i, n) = 50 \times 0.7473 = 37.365(万元)$

2.3.3 普通年金计算公式

在现实经济生活中，还存在一定时期内多次收付的款项，即系列收付的款项。如果每次收付的金额相等，这样的系列收付款项便称为年金。换言之，年金是指一定时期内，每隔相同的时间等额收付的系列款项，通常记为 A。年金的形式多种多样，如保险费、折旧费、租金、税金、养老金、等额分期收款或付款、零存整取或整存零取储蓄等，都可以是年金形式。年金具有连续性和等额性特点。连续性要求在一定时间内，间隔相等时间就要发生一次收支业务，中间不得中断，必须形成系列。等额性要求每期收、付款项的金额必须相等。

年金根据每次收付发生的时点不同，可分为普通年金、预付年金、递延年金和永续年金。

1. 普通年金终值公式

（1）等额系列的未来值，已知 A 求 F，现金流量图如图 2-9 所示。

A 为已知，表示每年年末有等额支出，累计至期末，一次回收的本利和。

（2）计算公式：
$$F = A \times \frac{(1+i)^n - 1}{i} \qquad (2-12)$$

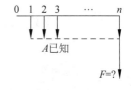

图 2-9 现金流量图 A 已知求 F

注意公式的推导：用数学中的递推法。
$$F = A(F/A, i, n)$$

式中，$(F/A, i, n)$——年金终值系数。

例 2-14 某人连续 10 年每年 10 月存入银行 2000 元，设银行的利率为 6%，每年复利计息一次，10 年后他可获得的总额是多少？

解：$A = 2000, n = 10, i = 6\%$
$$F = A(F/A, i, n) = 2000(F/A, 6\%, 10) = 26\ 362(元)$$

2. 偿还基金公式

（1）等额系列的年金值，已知 F 求 A，现金流量图如图 2-10 所示。

图 2-10 现金流量图 F 已知求 A

如图 2-10 所示，表示为筹集将来的一笔钱，每年应存储金额是多少。

(2) 计算公式：

由 $F = A \times \dfrac{(1+i)^n - 1}{i}$ 可得

$$A = F \times \dfrac{i}{(1+i)^n - 1} \tag{2-13}$$

$$A = F(A/F, i, n)$$

其中，$(A/F, i, n)$——等额支付偿还基金系数。

例 2-15 某人打算 5 年后购买一套价值 50 万元的住宅，在投资回报率为 6% 时，他每年年末应存入银行多少钱？

解：$A = F(A/F, i, n) = 500\,000 \times 0.1774 = 88\,700 (元)$

3. 年金现值公式

(1) 现时投入，以后逐年等额收回，已知 A 求 P，现金流量图如图 2-11 所示。

(2) 计算公式：$A = F \times \dfrac{i}{(1+i)^n - 1}$

$$P = F(1+i)^{-n} = A \times \dfrac{(1+i)^n - 1}{i(1+i)^n} \tag{2-14}$$

记为 $P = A(P/A, i, n)$

式中，$(P/A, i, n)$——等额支付现值系数。

4. 资金还原公式

(1) 现时借入，以后逐年等额还款，已知 P 求 A，现金流量图如图 2-12 所示。

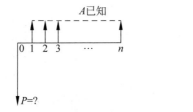
图 2-11 现金流量图 A 已知求 P

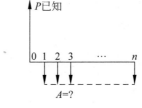
图 2-12 现金流量图 P 已知求 A

图 2-12 表示一次借款，逐年均衡偿还的计算。

(2) 计算公式为

$$A = P(A/P, i, n) \tag{2-15}$$

式中，$(A/P, i, n)$——等额支付偿还基金系数。

注意：应用 A 求 P 及 A 求 F 的公式时，应注意时间上的对应关系：

(1) 第一次 A 永远发生在 P 后的一年；

(2) 最后一次 A 永远与 F 同时发生。

2.3.4 其他年金

1. 预付年金计算

预付年金是指每期收入或支出相等金额的款项是发生在每期的期初，而不是期末，也称先付年金或即付年金。

预付年金与普通年金的区别在于收付款的时点不同,普通年金是在每期的期末收付款项,预付年金是在每期的期初收付款项。

例 2-16 某项目投资期为 5 年,于每年年初投资 100 万元,年利率为 10%。计算投资期初的现值及第五年年末至少应收回多少?

解:(1)已知预付年金 A 求现值 P 和终值 F 的现金流量图如图 2-13 所示。

(2)方法一:把第一年的 A 作为初始投资,得
$$P_0 = A + A(P/A, 10\%, 4) = 417(万元)$$

方法二:把 A 换算到项目开始前一年,再换算到 0 时期,得
$$P_0 = A(P/A, 10\%, 5)(F/P, 10\%, 1) = 417(万元)$$

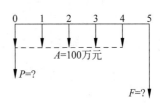

图 2-13 已知预付年金 A 求现值 P 和终值 F

方法三:把从第一年年初至第五年年初的投资都乘以系数 $(F/P, 10\%, 1)$,即把投资换算为第一年年末至第五年年末的投资,然后按年金现值计算。
$$F_5 = P_0(F/P, 10\%, 5) = 671.787(万元)$$
$$P_0 = A + A(P/A, 10\%, 4) = 417(万元)$$

预付年金现值系数与普通年金现值系数相比,期数要减 1,系数要加 1,可记为
$$[(P/A, i, n-1) + 1]$$

利用年金现值系数表可查得 $n-1$ 期的值加 1 得预付年金现值系数。
$$F_5 = P(F/P, 10\%, 5) = 671.787(万元)$$

预付年金的终值是其最后一期期末时的本利和,是各期收付款项的复利终值之和。由于其付款时间不同,n 期预付年金终值要比 n 期普通年金终值多计一期的利息。因此,在普通年金的终值的基础上,乘以 $(1+i)$ 便可计算出预付年金的终值。

虽然 n 期预付年金现值与 n 期普通年金现值的期限相同,但由于其付款时间不同,n 期预付年金现值比 n 期普通年金现值少折现一期。因此,在 n 期普通年金的现值基础上,乘以 $(1+i)$ 便可计算出 n 期预付年金的现值。

2. 递延年金计算

递延年金指不是从第一期末,而是从以后某一年期末才开始支付的年金。

例 2-17 某厂计划将一批技术改造资金存入银行,年利率为 5%,供第六、七、八三年改造使用,每年年初要保证改造费用 2000 万元。问现在应存入银行多少钱?

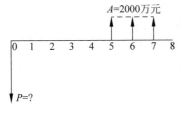

图 2-14 根据例 2-16 题意所得现金流量图

解:(1)现金流量图如图 2-14 所示。

(2)先求 $P_5 = F_4$,后求 P_0。
$$P_0 = F_4(P/F, 5\%, 4)$$
$$= P_5(P/F, 5\%, 5)$$
$$= A(P/A, 5\%, 3)(P/F, 5\%, 4)$$
$$= 4480(万元)$$
$$P = A(P/A, i, n) - A(P/A, i, m)$$

$$P_0 = A(P/A, 5\%, 7) - A(P/A, 5\%, 4) = 4480(万元)$$

永续年金的计算式见式(2-16)。

永续年金是一种无限期等额支付的年金,没有终值,只计算现值。

$$P = A\left[\frac{(1+i)^n - 1}{i(1+i)^n}\right] = \frac{A}{i}\left[1 - \frac{1}{(1+i)^n}\right] \tag{2-16}$$

因为 $\lim_{n \to \infty} \frac{1}{(1+i)^n} = 0$,所以 $P = \frac{A}{i}$。

2.3.5 定差数列等值计算公式

如果每年现金流量的增加额或减少额都相等,则称为定差(或等差)数列现金流量,如图 2-15 所示。

1. 定差数列现值公式

定差数列分为递增定差数列和递减定差数列两种,每种变化数列又分为有限年、无限年两种情况,下面首先推导定差数列现值公式,然后分别对上述情况进行分析。

设有一资金序列 A_t 是等差数列(定差为 G),现金流量图如图 2-15 所示。则有

$$A_t = A_1 + (t-1) \cdot G$$

其中,$t = 1 \sim n$;A_t 可以拆分为等额的普通年金和差额序列现金流量。普通年金现金流量如图 2-16 所示,差额部分现金流量图如图 2-17 所示。

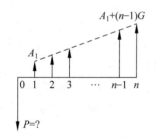

图 2-15 等差数列现金流量图

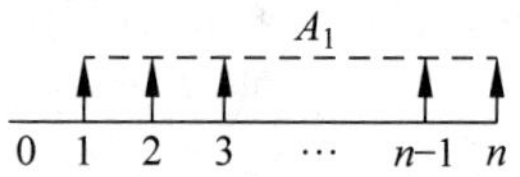

图 2-16 普通年金现金流量图

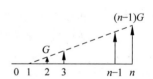

图 2-17 差额部分现金流量图

由图 2-16 和图 2-17 可得

$$P = P_A + P_G \tag{2-17}$$

式(2-17)的推导过程为

$$P_A = A_1 \cdot (P/A, i, n)$$

$$P_G = G\left[\frac{1}{(1+i)^2} + \frac{2}{(1+i)^3} + \cdots + \frac{n-1}{(1+i)^n}\right] \text{两边同乘}(1+i), 得$$

$$P_G(1+i) = G\left[\frac{1}{(1+i)} + \frac{2}{(1+i)^2} + \cdots + \frac{n-1}{(1+i)^{n-1}}\right]$$

$P_G(1+i) - P_G$ 得

$$P_G \cdot i = G\left[\frac{1}{(1+i)} + \frac{1}{(1+i)^2} + \cdots + \frac{1}{(1+i)^{n-1}} - \frac{n-1}{(1+i)^n}\right]$$

$$= G\left[\frac{1}{(1+i)} + \frac{1}{(1+i)^2} + \cdots + \frac{1}{(1+i)^{n-1}}\right] - \frac{G \cdot n}{(1+i)^n}$$

$$= G\left[\frac{(1+i)^n - 1}{i \cdot (1+i)^n}\right] - \frac{G \cdot n}{(1+i)^n}$$

所以

$$P_G = G \cdot \left\{\frac{1}{i}\left[\frac{(1+i)^n - 1}{i \cdot (1+i)^n} - \frac{n}{(1+i)^n}\right]\right\} = G \cdot (P/G, i, n) \tag{2-18}$$

故

$$P = A_1 \cdot (P/A, i, n) + G \cdot (P/G, i, n)$$

式中,$(P/G, i, n)$——定差现值系数。

1) 现金流量定差递增的公式

有限年的公式

$$P = \left(\frac{A_1}{i} + \frac{G}{i^2}\right) \cdot \left[1 - \frac{1}{(1+i)^n}\right] - \frac{G}{i} \cdot \frac{n}{(1+i)^n} \tag{2-19}$$

无限年的公式($n \to \infty$)

$$P = \frac{A_1}{i} + \frac{G}{i^2} \tag{2-20}$$

2) 现金流量定差递减的公式

有限年的公式

$$P = \left(\frac{A_1}{i} - \frac{G}{i^2}\right) \cdot \left[1 - \frac{1}{(1+i)^n}\right] + \frac{G}{i} \cdot \frac{n}{(1+i)^n} \tag{2-21}$$

无限年的公式($n \to \infty$)

$$P = \frac{A_1}{i} - \frac{G}{i^2} \tag{2-22}$$

2. 定差数列等额年金公式

$$A = A_1 + A_G \tag{2-23}$$

$$A_G = P_G \cdot (A/P, i, n) = \frac{G}{i}\left[\frac{(1+i)^n - 1}{i \cdot (1+i)^n} - \frac{n}{(1+i)^n}\right] \cdot \left[\frac{i(1+i)^n}{(1+i)^n - 1}\right]$$

$$= G \cdot \left[\frac{1}{i} - \frac{n}{(1+i)^n - 1}\right] \tag{2-24}$$

所以

$$A = A_1 + G(A/G, i, n)$$

注意:定差 G 从第二年开始,其现值必位于 G 开始的前两年。

2.3.6 等比数列等值计算公式

以现值公式为例简要介绍。分有限年与无限年两种情况,分别计算等比数列现金流量,如图 2-18 所示。

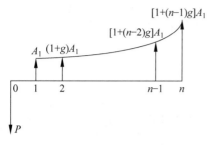

图 2-18 等比数列现金流量图

1. 现金流量按等比递增公式

1) 有限年的公式（分利率与等比比例相等和不相等两种情况分析）

当 $i \neq g$ 时

$$P = \frac{A_1}{i-g} \cdot \left[1 - \left(\frac{1+g}{1-i}\right)^n\right] \tag{2-25}$$

当 $i = g$ 时

$$P = \frac{A_1}{1+i} \cdot n \tag{2-26}$$

式中，A_1——第一年年末的净现金流量；

g——现金流量逐年递增的比率，其余符号同前。

2) 无限年的公式（适用于 $i > g$ 的情况）

$$P = \frac{A_1}{i-g}$$

2. 现金流量按等比递减公式

1) 有限年的公式

$$P = \frac{A_1}{i+g} \cdot \left[1 - \left(\frac{1-g}{1+i}\right)^n\right] \tag{2-27}$$

2) 无限年的公式

$$P = \frac{A_1}{i+g} \tag{2-28}$$

2.4 Excel 应用

2.4.1 利用 Excel 进行复利系数计算

Excel 提供了四个常用的时间价值等值换算函数，即 FV、PV、PMT、NPV 函数，灵活运用这四个函数可以解决各种工程经济评价中的时间等值换算问题。在 Excel 中，对函数中涉及的金额有特别规定，现金流出用负数表示，现金流入用正数表示。

1. FV 函数

FV 函数即终值计算函数，其通用格式为

FV(Rate,Nper,Pmt,Pv,Type)

其中，Rate 表示折算率；Nper 表示项目寿命期或现金流量的时间跨度；Pmt 表示各期现金流量等额情况下的等额值，此时函数值是等额收(付)现金流量的终值，若该参数为 0 或缺省，则函数值为一次收(付)资金的复利终值；Pv 表示现值，也称本金，此时函数值计算的是一次收(付)资金的终值，若该参数为 0 或省略，则函数值为等额收(付)现金流量的终值；

Type 为型式指标,取值有 0 或 1,0 或省略表示现金流量的发生时点在各期的期末,而 1 表示发生在期初。

由函数格式的表示方法可知,该函数既可用于计算一次收(付)资金的终值,只要将函数格式转变为 FV(Rate,Nper,,Pv,Type)即可,也可以用来计算等额收(付)现金流量的终值,只要将函数格式转变为 FV(Rate,Nper,Pmt,,Type)即可。

2. PV 函数

PV 函数,也称现值计算函数,其通用格式为
$$PV(Rate,Nper,Pmt,Fv,Type)$$
其中,参数 Rate,Nper,Pmt 和 Type 的含义与 FV 函数中的对应参数含义相同。Fv 代表未来值或在最后一次收(付)现金流量,或叫终值;在 PV 函数中,若 Pmt 参数值为 0 或缺省,则函数值为一次收(付)资金的复利现值;若 Fv 参数值为 0 或省略,则函数值为等额收(付)现金流量的现值。

因此,该函数既可用于计算一次收(付)资金的现值,只要将函数格式转变为 PV(Rate,Nper,Fv,Type)即可,也可以用来计算等额收(付)现金流量的现值,只要将函数格式转变为 PV(Rate,Nper,Pmt,,Type)即可。

3. PMT 函数

PMT 函数,也称年值函数,其通用格式为
$$PMT(Rate,Nper,Pv,Fv,Type)$$
其中,参数 Rate,Nper,Pmt 和 Type 的含义与 FV 和 PV 函数中对应的参数含义相同。

由于年值的计算主要针对现值的年值和终值的年值两种,所以该函数可以满足各种年值的换算问题。

4. NPV 函数

NPV 函数,也称净现值函数,它本身是工程经济评价中的特有指标计算函数,但也可以用于对一般现金流量时间等值价值的换算。其通用格式为
$$NPV(Rate,Value1,Value2,\cdots,ValueN)$$
其中,Rate 代表折算率;Value1,Value2,…,ValueN 代表 N 个分布在计算期内每期期末的现金流量。

NPV 函数值实际计算的是一般现金流量在第 1 期期初(或第 0 期期末)时点处的价值,即现金流量的现值,如果要计算这些一般现金流量的终值或年值,只要在现值的基础上,再分别利用一次收(付)资金等值换算函数 FV(Rate,Nper,,Pv,Type)和现值的年值换算函数 PMT(Rate,Nper,Pv,,Type)进行换算即可。

2.4.2 在 Excel 中直接套用函数

1. 使用 FV 函数计算一次收(付)资金终值

一次收(付)资金复利终值公式为

$$F_n = P(1+i)^n$$

例 2-18 利率为 5%,现值为 1000,计算 5 年后的终值。

解:计算过程如下。

(1) 启动 Excel 软件。单击主菜单栏上的"插入"命令,然后在下拉菜单中选择"函数"命令,弹出"粘贴函数"(或"插入函数")选择对话框。在左边的"函数分类"栏中选择"财务",然后在右边的"函数名"栏中选择"FV"。最后单击对话框下端的"确定"按钮,如图 2-19 所示。

(2) 在弹出的 FV 函数对话框中(图 2-20),结合 FV 函数格式,在利率栏键入 5%,支付总期数栏键入 5,现金栏键入 1000,然后单击"确定"按钮。

(3) 单元格 A1 中显示计算结果为 −1276.28,见图 2-21。

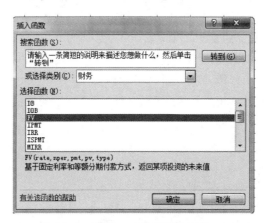

图 2-19 在 Excel 中选择财务函数 FV

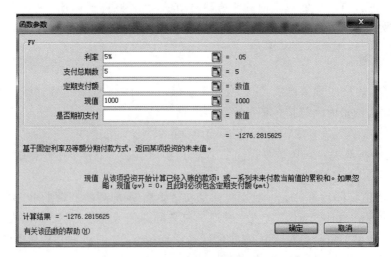

图 2-20 在 Excel 中财务函数 FV 计算步骤

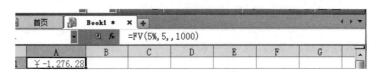

图 2-21 在 Excel 中财务函数 FV 计算结果

上述步骤,也可以直接在单元格 A1 中输入公式:=FV(5%,5,,1000)。在实际操作中,除现金流量系列外,通常在金额值前加上负号,即输入的公式为:=FV(5%,5,,-1000),这样所得的计算结果就转变为所要求的正值,即 1276.28。

2. 使用 FV 函数计算等额收(付)现金流量终值

等额收(付)现金流量的终值公式

$$F = A \cdot \frac{(1+i)^n - 1}{i}$$

例 2-19 年利率为 5%,等额收(付)现金流量的等额值为 500 元,计算这一系列现金流量在 5 年后的年值终值。

解:计算过程如下。

(1) 与例 2-18 同样的步骤选择 FV 函数。

(2) 在弹出的 FV 函数对话框中(图 2-22),Rate 栏键入 5%,Nper 栏键入 5,Pmt 栏键入 500(也可直接在单元格 A1 中输入公式:=FV(5%,5,500))。然后单击"确定"按钮。

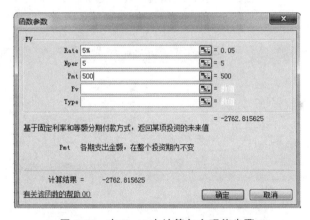

图 2-22 在 Excel 中计算年金现值步骤

(3) 单元格 A1 中显示计算结果为-2762.82,如图 2-23 所示。

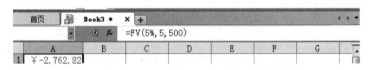

图 2-23 在 Excel 中计算年金现值结果

3. 使用 PV 函数计算一次收(付)资金现值

一次收(付)资金复利的公式为

$$P = F(1+i)^{-n}$$

例 2-20 利率为 5%,终值为 1000 元,计算 5 年期的现值。

解:计算过程如下。

(1) 在"函数名"栏类别中选择 PV 函数,如图 2-24 所示。

(2) 在弹出的 PV 函数对话框中,利率栏键入 5%,支付总期数栏键入 5,终值栏键入 1000(也可直接在单元格 A1 中输入公式:=PV(5%,5,,1000))。然后单击"确定"按钮,见图 2-25。

(3) 单元格 A1 中显示计算结果为 -783.53,见图 2-26。

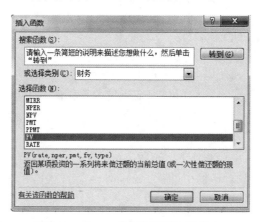

图 2-24 在 Excel 中选择财务函数 PV

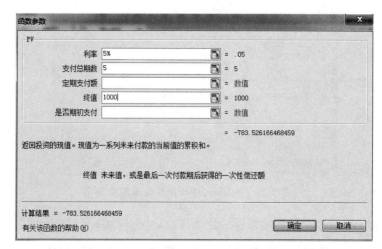

图 2-25 在 Excel 中计算一次收(付)资金的现值步骤

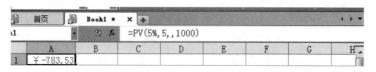

图 2-26 在 Excel 中计算一次收(付)资金的现值结果

4. 使用 PV 函数计算等额收(付)现金流量现值

等额现金流量的现值公式为

$$P = F(1+i)^{-n} = A \times \frac{(1+i)^n - 1}{i(1+i)^n}$$

例 2-21 年利率为 5%,计算等额值为 500 元的等额现金流量 5 年后的现值。

解:计算过程如下。

(1) 与例 2-20 同样的步骤选择 PV 函数。

(2) 在弹出的 PV 函数对话框中,利率栏键入 5%,支付总期数栏键入 5,定期支付额栏键入 500(也可直接在单元格 A1 中输入公式:=PV(5%,5,500,))。然后单击"确定"按钮,见图 2-27。

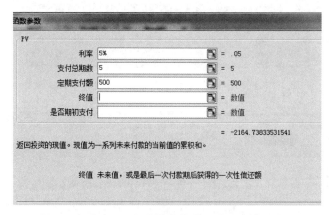

图 2-27 在 Excel 中计算等额现金流量的现值步骤

(3) 单元格 A1 中显示计算结果为 −2164.74,如图 2-28 所示。

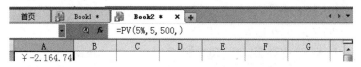

图 2-28 在 Excel 中计算等额现金流量的现值结果

5. 使用 PMT 函数计算一次收(付)资金终值年值

一次收(付)终值的年值公式为

$$A = F \cdot \frac{i}{(1+i)^n - 1}$$

例 2-22 年利率为 5%,终值为 1000 元,计算 5 年内的年值。

解:计算过程如下。

(1) 在"函数名"栏中选择 PMT 函数,如图 2-29 所示。

(2) 在弹出的 PMT 函数对话框中,Rate 栏键入 5%,Nper 栏键入 5,Fv 栏键入 10,在单元格 A1 中输入公式:=PMT(5%,5,,10)。单击"确定"按钮,见图 2-30。

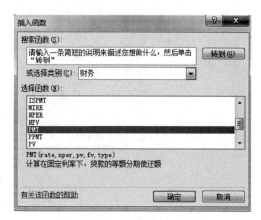

图 2-29 在 Excel 中选择财务函数 PMT

(3) 单元格 A1 中显示计算结果为 −1.8097,如图 2-31 所示。

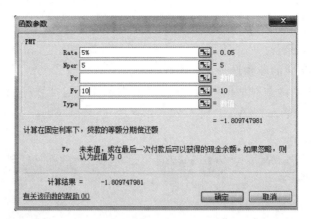

图 2-30 在 Excel 中计算一次收(付)终值的年值步骤

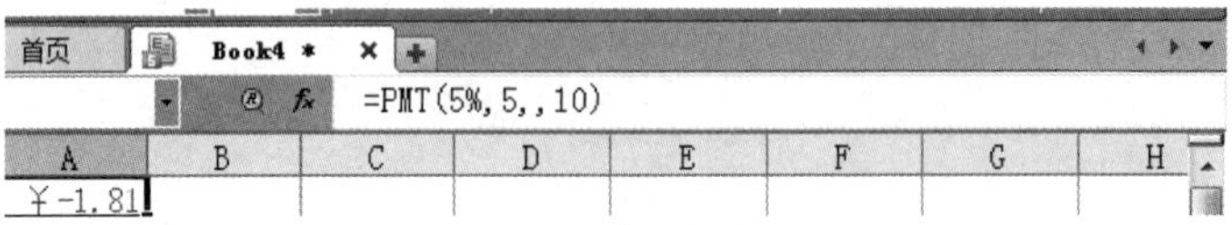

图 2-31 在 Excel 中计算一次收(付)终值的年值结果

6. 使用 PMT 函数计算一次收(付)现值年值

例 2-23 年利率为 5%,现值为 1000 元,计算 5 年期的年值。

解：计算过程如下。

(1) 与例 2-22 同样的步骤选择 PMT 函数。

(2) 在弹出的 PMT 函数对话框中,Rate 栏键入 5%,Nper 栏键入 5,Pv 栏键入 1000(也可直接在单元格 A1 中输入公式:=PMT(5%,5,1000))。然后单击"确定"按钮,见图 2-32。

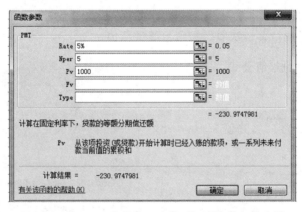

图 2-32 在 Excel 中计算一次收(付)现值的年值步骤

(3) 单元格 A1 中显示计算结果为 −230.97,如图 2-33 所示。

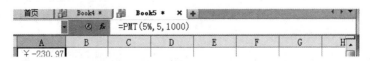

图 2-33 在 Excel 中计算一次收(付)现值的年值结果

本 章 小 结

本章详细地阐述了建设项目现金流入、流出的概念,介绍了资金时间价值的基本含义并阐述了资金时间价值产生的原因;随后,阐述了名义年利率与有效年利率及其关系,由此引入了资金等值的概念,并举例对常见的包括计息周期等于、小于、大于支付周期等各种等值类型进行了计算,着重介绍了资金时间价值的基本公式,即一次支付复利终值现值的计算、普通年金终值现值的计算、其他年金终值现值的计算。上述知识是工程经济动态分析的基础,必须牢固掌握。

思 考 与 练 习

2-1 单利、复利终值和现值的计算公式是什么?

2-2 年金终值和现值的计算公式是什么?

2-3 货币时间价值的本质是什么?

2-4 试述名义利率与实际利率的概念及相互关系。

2-5 多选题:对于货币的时间价值概念的理解,下列表述正确的是( )。

  A. 货币时间价值是指货币经历一定时间所增加的价值

  B. 一般情况下,货币的时间价值应按复利方式来计算

  C. 货币时间价值一般用相对数表示,是指整个社会平均资金利润率或平均投资报酬率

  D. 不同时间的货币收支不宜直接进行比较,只有把它们换算到相同的时间基础上,才能进行大小的比较

  E. 货币时间价值是由时间创造的

2-6 购买一件商品,有两种付款方式。方案一:一次性付款 90 000 元;方案二:每年年末付款 9000 元,支付 10 次。年利率为 10%。请计算采用哪种方案支付最省钱?(年利率为 10%,期限为 10 年的年金现值系数为 6.1446。)

2-7 利率为 8%,你想保证自己通过 5 年的投资得到 10 000 元,那么你当前应投资多少钱?
$$(P/F, 8\%, 5) = 0.681$$

2-8 某人打算 5 年后退休,退休后存活约 10 年,需要在退休时筹足 10 000 元养老费用,银行存款年利率为 10%,则每年末应存入银行多少元钱?
$$(F/A, 10\%, 5) = 6.1051$$

2-9 某人将 1000 元存入银行,年利率为 5%。若一年计息一次,5 年后本利和为多少?若半年计息一次,5 年后本利和又是多少? 此时的实际利率为多少?

2-10 某公司需用一台设备,买价 120 000 元,可使用 10 年;如租赁此设备,则每年末需付租金 18 000 元,连续付 10 年。假设利率为 6%,问该公司是购买设备还是租赁设备更划算?

2-11 某企业为了建一项目,以 12% 的年利率贷到 180 万元,拟按 15 年年末等额支付还清本利。在归还了 10 次后,该企业想把余额一次性还清,问在第 10 年年末企业应准备多少钱才能将余款还清?

2-12 建设期 3 年,共贷款 700 万元,第一年贷款 200 万元,第二年贷款 500 万元,贷款在各年内均衡发生,贷款年利率 6%,建设期内不支付利息,试计算建设期利息。

第3章 工程经济分析基本要素及其估算

学习目标：通过本章学习，能够了解工程项目投资的概念及构成；理解经营成本（固定成本、变动成本、机会成本和沉没成本）的概念；掌握投资的种类及投资估算的方法；掌握成本与费用的概念、构成及估算；熟练掌握工程项目的收入和销售税金及附加的计算。

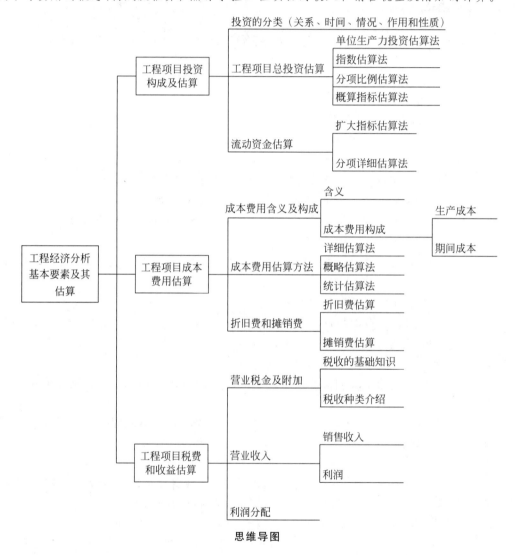

思维导图

课程思政：有投资才会有收入，学习也是这样的，要舍得在时间和精力上的投入才能够收获知识。要让学生明白学习是不能马虎的，一分耕耘一分收获，只有足够的投资才能够获得最终的成功。

3.1 工程项目投资构成及估算

3.1.1 工程项目投资构成

1. 投资的基本概念

投资是指人们的一种有目的的经济行为,即以一定的资源投入某项计划,以获取所期望的报酬。投资是指为获得未来期望收益而进行的资本的投放活动。对于具体的工程经济分析对象——建设项目(或技术方案)而言,投资是维持其存在的基础。通过投资活动使得项目(或方案)具备和维持基本的运营条件,以支撑其作为投资者获益方式的存在。在项目(或方案)的存续期间,投资活动维系着投资者的这种获益方式,并保持使其效果不致劣化。所以,从经济效益的意义上讲,投资是反映劳动占用的耗费类指标。

2. 投资的分类

根据投资者与投资项目等的关系,投资可以分为直接投资和间接投资;根据投资者收回时间的长短,投资可以分为长期投资和短期投资;根据投资使用于项目内外部情况,投资可分为对内投资和对外投资;根据投资在生产过程中的作用,投资可分为初创投资和后续投资;按投资的先后形成的资产性质的不同,投资可分为固定资产投资和流动资产投资;投资活动按其对象分类,可分为产业投资和证券投资两大类。如图3-1所示。下面对各种投资进行详细的介绍。

1) 直接投资和间接投资

(1) 直接投资是指投资者将资金直接投入投资项目,形成企业资产的投资。拥有经营控制权是直接投资的特点,直接投资者通过直接占有并经营企业资产而获得收益。直接投资的形式有开办合资企业、收购现有企业和开设子公司等。国际货币基金组织规定,占有企业股权25%以上的投资,即为直接投资;而美国则规定只要拥有企业股权10%,就可算为直接投资。

直接投资的实质是资金所有者与使用者的统一,是资产所有权与资产经营权的统一。直接投资能扩大生产能力,增加实物资产存量,最终产出社会产品,为增加社会财富和提供服务创造物质基础,它是经济增长的重要条件。

(2) 间接投资是指投资者不直接投资办企业,而是将货币资金用于购买证券(包括股票、债券)和提供信用所进行的投资。间接投资形成金融资产。间接投资的形式主要有证券投资和信用投资两种。

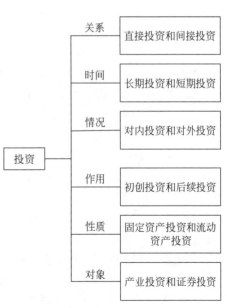

图3-1 投资的分类

证券投资是投资者为了获得预期收益购买资本证券以形成金融资产的经济活动。证券投资的形式大体上分为两类,即股票和债券。股票投资是投资者将资金购买股份公司的股票,并凭借股票持有权从股份公司以股息、红利形式分享投资效益或获取股价差价的投资活动;债券投资是投资者将资金购买直接投资者发行的债券,并凭借债券持有权从直接投资主体那里以利息形式分享投资效益的投资行为。

信用投资是投资者将资金运用于提供信用给直接投资者,并从直接投资主体那里以利息形式分享投资效益的投资活动。信用投资的主要形式可分为两类:信贷和信托。信贷投资是投资者将资金运用于提供贷款给直接投资主体,并从直接投资主体那里以利息形式分享投资效益的投资活动;信托投资是投资者将资金运用于委托银行的信托部或信托投资公司代为投资,并以信托受益形式分享投资效益的投资行为。

间接投资的实质是资金所有者和资金使用者的分离,是资产所有权和资产经营权的分离。间接投资者不直接参与生产经营活动,仅凭有价证券或借据、信托受益权证书获取一定的收益,因而没有引起社会再生产扩大和社会总投资的增加。只有当间接投资被直接投资者运用于直接投资时,才使社会总投资增加和社会再生产规模扩大。而间接投资把社会闲散资金迅速集中起来,从而形成巨额资金流入直接投资者手中,这必然加速和扩大了直接投资的规模,促进了经济的增长。随着商品经济的充分发展,市场经济制度的完善,金融市场越来越成熟,间接投资也越来越显现出其重要性。

2) 长期投资和短期投资

长期投资又称为资本性投资,是指投资者投资回收期限在1年以上的投资以及购入的在1年内不能变现或不准备变现的证券等的投资。这类投资属于非流动资产类,其投资的目的主要是积累资金、经营获利、为将来扩大经营规模做准备、取得对被投资企业的控制权等。用于股票和债券的长期投资,在必要时可以变现,而真正难以改变的是生产经营性的固定资产投资。所以,有时长期投资专指固定资产投资。

短期投资又称流动资产投资,是指能够在一年以内收回的投资,主要指对现金、应收账款、存货、短期有价证券等的投资,长期有价证券如能随时变现亦可用于短期投资。

3) 对内投资和对外投资

对内投资的形式是指将筹集的资金投资于企业内部生产经营活动所形成的各项经济资源的具体表现形式。对内投资是在工程项目内部形成各项流动资产、固定资产、无形资产和其他资产的投资。如果一个公司对内投资的现金流出量大幅提高,往往意味着该公司正面临着新的发展机会或新的投资机会,公司股票的成长性一般会很好。如果一个公司对外投资的现金流出量大幅提高,则说明该公司正常的经营活动没有能充分吸纳其现有的资金,而需要通过投资活动来寻找获利机会。股民在分析投资活动产生的现金流量时,应联系筹资活动产生的现金流量进行综合分析。如果一个公司经营活动产生的现金流量未变,公司投资活动大量的现金净流出量是通过筹资活动大量现金净流入量来解决的,说明公司正在扩张。

对外投资是指企业以购买股票、债券等有价证券方式或以现金、实物资产、无形资产等方式向企业以外的其他经济实体进行的投资。其目的是获取投资收益、分散经营风险、加强企业间联合、控制或影响其他企业。

4) 初创投资和后续投资

初创投资是指取得投资时实际支付的全部价款,包括税金、手续费等相关费用。但实际支付的价款中包含的已宣告但尚未领取的现金股利,或已到付息期但尚未领取的债券利息,应作为应收项目单独核算。初创投资是在建立新企业时所进行的各种投资。它的特点是投入的资金通过建设形成企业的原始资产,为企业的生产、经营创造必备的条件。后续投资是指巩固和发展企业再生产所进行的各种投资,主要包括为维持企业简单再生产所进行的更新性投资,为实现扩大再生产所进行的追加性投资,为调整生产经营方向所进行的转移性投资。公司往往需要多轮投资,如果一家私募股权公司过去投资过某家公司,后来又提供了额外的资金,就是"后续投资"了。初创投资是在建立新企业时所进行的各种投资。它的特点是投入的资金通过建设形成企业的原始资产,为企业的生产、经营创造必要的条件。

后续投资则是指为巩固和发展企业再生产所进行的各种投资,主要包括为维持企业简单再生产所进行的更新性投资,为实现扩大再生产所进行的追加性投资,为调整生产经营方向所进行的转移性投资等。

5) 固定资产投资和流动资产投资

固定资产投资通常是指用于购建新的固定资产或更新改造原有的固定资产的投资。固定资产投资按固定资产再生产的方式可分为基本建设投资和更新改造投资。

基本建设投资是指能够实现扩大生产能力或工程效益的工程建设及其有关工作的投资活动。基本建设投资的结果是形成外延型的扩大再生产。其主要包括通过新建、扩建、改建、恢复、迁建等形式,以实现固定资产的扩大再生产。基本建设投资的具体内容包括:建筑安装工作,即建筑物的建造和机器设备的安装;设备、工具和器具的购置;其他基本建设工作,如勘察设计、征地拆迁、职工培训等。

更新改造投资是指对现有固定资产进行更新和技术改造的投资活动。其结果形成内涵型扩大再生产。它是通过在更新固定资产过程中采取新设备、新工艺、新技术来提高产品质量、节约能源、降低消耗,以提高固定资产技术含量,从而实现固定资产的再生产。更新改造投资的具体内容主要包括:设备更新改造;生产工艺革新;修整和改造建筑物、构筑物;综合利用原材料等。

流动资产投资是指工业项目投产前预先垫付,用于投产后购买原材料、燃料和动力、支付工资、支付其他费用以及被在产品、半成品、产成品占用,以保证生产和经营中流动资金周转的投资活动。流动资产的投资对于社会再生产过程的正常进行是必不可少的。一个企业要组织生产和经营活动,不仅要投入货币资金购买固定资产,还要投入购买劳动对象和支付工资。固定资产是生产的物质条件,而流动资产则是生产过程的对象和活劳动。在生产过程中,活劳动作为推动力,借助于劳动资料作用于劳动对象,生产出半成品、成品,经过销售重新取得货币,完成一次生产过程。在产品生产过程中,流动资金的实物形态不断改变,一个生产周期结束,其价值全部转移到产品中去,并在产品销售后以货币形式获得补偿。所以,流动资金的周转过程就表现为:货币资金—储备资金—生产资金—成品资金—货币资金。这一周转过程循环往复以至无穷。流动资金的内容主要包括储备资金、生产资金、成品资金、货币资金。流动资金周转越快,实际发挥作用的流动资产也就越多。每一个生产周期流动资金完成一次周转,但在整个项目寿命周期内始终被占用。到项目寿命期末,流动资金才能退出生产与流通,以货币资金形式被收回。

6) 产业投资和证券投资

产业投资是指经营某项事业或使真实资产存量增加的投资;证券投资是指投资者用积

累起来的货币购买股票、债券等有价证券,借以获得效益的行为。本书着重研究产业投资。产业投资所投入的可以是资金,也可以是人力、技术或其他资源。具体来说,投资是指人们在社会生产活动中为实现某种预定的生产经营目标而预先垫支的资金。对于一个运输建设项目来说,总投资由建设投资(固定资产投资方向调节税和建设期借款利息)和流动资产投资两部分构成。

3. 建设项目总投资构成

建设项目总投资是指从项目筹建开始到项目运营终止,整个寿命期内所发生的投资总和。项目投资包括建设期投资(主要形成固定资产)、无形资产投资、递延资产投资和流动资产投资四部分。

1) 建设期投资

建设期投资是指项目建设所需要的资金,应在给定的建设规模、产品方案和工程技术方案的基础上估算。建设期投资由工程费用、其他费用、预备费用等组成。通常采用概算法对建设期投资进行估算,详细的投资估算表如表3-1所示。

(1) 工程费用指构成固定资产实体的各项投资,包括生产工程、辅助生产工程、公用工程、服务工程、环境治理工程等。按性质划分,包括建筑工程费、设备购置费和安装工程费。

(2) 其他费用指与工程费用相关的其他费用,包括项目可行性研究与评估费用。

(3) 预备费用是指为工程顺利开展,避免不可预见因素造成的投资估计不足而预先安排的费用,包括基本预备费(比如工程变更等)和涨价预备费。

基本预备费是指在可行性研究阶段难以预料的费用,又称工程建设不可预见费,主要指设计变更及施工过程中可能增加工程量的费用。基本预备费以建筑工程费、设备及工器具购置费、安装工程费及工程建设其他费用之和为基数,按行业主管部门规定的基本预备费率计算。计算公式为

$$基本预备费=(建筑工程费+设备工器具购置费+安装工程费+\\工程建设其他费用)\times 基本预备费率$$

涨价预备费是对建设工期较长的项目,在建设期内价格上涨可能引起投资增加而预留的费用,亦称为价格变动不可预见费。

表 3-1 建设投资估算表

序号	工程或费用名称	建筑工程费	设备购置费	安装工程费	其他费用	合计	其中外币	占建设投资的比例/%
1	工程费用							
(1)	主体工程							
(2)	辅助工程							
(3)	公用工程							
(4)	服务性工程							
(5)	厂外工程							
(6)	其他							
2	工程建设其他费用							
3	预备费用							
(1)	基本预备费用							

续表

序号	工程或费用名称	建筑工程费	设备购置费	安装工程费	其他费用	合计	其中外币	占建设投资的比例/%
(2)	涨价预备费用							
4	建设投资合计							
	比例/%							

2) 项目投资建成后形成的资产

项目投资按建成后形成的资产法分类,可以分为固定资产投资、无形资产投资、递延资产投资和流动资产投资四部分,用资产形成法给出的建设投资估算如表3-2所示。

表3-2 建设投资形成资产估算表

序号	形成资产名称	建筑工程费	设备购置费	安装工程费	其他费用	合计	其中外币	占建设投资的比例/%
1	固定资产							
(1)	工程费用							
(2)	设备购置							
(3)	固定资产其他费用							
2	递延资产费用							
3	流动资产费用							
4	无形资产费用							
5	建设投资合计							
	比例/%							

(1) 固定资产,是指用于建设或购置固定资产所投入的资金。固定资产是指使用期限超过一年、单位价值在规定标准以上,并且在使用过程中保持原有物质形态的资产,包括房屋及建筑物、机器设备、运输工具以及其他与生产经营有关的设备、工具、器具等。固定资产投资由工程费用、其他费用、预备费用等组成。

固定资产构成了项目生产经营的基本条件。固定资产在使用过程中因磨损而性能不断劣化,价值量逐渐减少。为维持项目基本的生产经营条件,用折旧的方式对其贬值的价值量予以弥补。在项目终了时,固定资产的残值被回收。

(2) 递延资产,是指不能全部计入当年损益,应当在以后年度内分期摊销的各项费用,比如筹建人员工资、差旅、办公及注册费、员工培训费等开办费。

(3) 流动资产,是指为维持生产所占用的全部周转资金;它是在生产期内为了保持生产经营的永续性和连续性而垫付的资金,是流动资产与流动负债的差额。流动资产是指在一年或超过一年的一个营业周期内变现或耗用的资产,包括现金及存款、短期投资、应收款及预付款、存货等。流动负债是指将在一年或超过一年的一个营业周期内偿还的债务,包括短期借款、应付票据、应付账款、预收贷款、应付工资、应交税金、应付利润、其他应付款、预提费用等。流动资金在生产经营期间被项目长期占用,在项目终了时被全额回收。

流动资产投资是指项目在投产前预先垫付、在投产后生产经营过程中周转使用的资金,也称流动资金投资。在整个项目寿命期内,流动资金始终被占用并周而复始地流动。到项目寿命期结束时,全部流动资金才退出生产与流通,以货币资金的形式被回收。

流动资产与流动资金之间有以下关系式：

$$流动资金＝流动资产－流动负债（应付账款和预收款）$$

(4) 无形资产,是指能长期使用但没有实物形态的资产,包括专利权、商标权、土地使用权、非专利技术、商誉等。

3.1.2 工程项目总投资估算

1. 投资来源

项目投资的资金来源可划分为自有资金和负债资金两大类。自有资金是投资者缴付的出资额(包括资本金和资本溢价),是企业用于项目投资的新增资本金、资本公积金、提取的折旧费与摊销费以及未分配的税后利润等。负债资金是指银行和非银行金融机构的贷款及银行债券的收入等；因此,负债资金包括长期负债(长期借款、应付长期债券和融资租赁的长期应付款项等)和短期负债(如短期借款和应付账款等)。

2. 投资估算

投资项目(或技术方案)的投资额,是经济分析和评价必不可少的基本数据,是资金筹措的依据,也是项目能否实施的关键因素之一。投资的估算包含建设期投资估算及经营期投资估算。本节重点介绍建设期的投资估算,而建设期投资主要用于固定资产投资,下面详细介绍固定资产投资估算的方法。

固定资产投资估算的方法很多,基本上可分为概略估算和详细估算两类。概略估算的方法主要有单位生产能力投资估算法、指数估算法、分项比例估算法和概算指标估算法等。下面分别介绍这4种方法。

(1) 单位生产能力投资估算法。根据类似企业单位生产能力投资指标估算拟建项目的固定资产投资。单位生产能力投资用类似企业的固定资产投资除以生产能力求得。例如每千米铁路投资、每千瓦发电能力的电站投资、每吨煤生产能力的煤矿投资等。计算公式为

$$K_2 = X_2 \left(\frac{K_1}{X_1}\right) P_t \tag{3-1}$$

式中, K_2 ——拟建项目的固定资产投资；

K_1 ——已建成同类项目的固定资产投资；

X_2 ——拟建项目的生产能力；

X_1 ——已建成同类项目的生产能力；

P_t ——物价修正系数,即估算投资年份的物价指数与同类项目投资数据取得年份的物价指数之比。

例 3-1 假定某地拟建一座250套客房的豪华宾馆,另有一座豪华宾馆最近在该地刚竣工,且掌握了以下资料：它有200套客房,有门厅、餐厅、会议室、游泳池、夜总会、网球场等设施,总造价为820万美元。试估算新建项目的总投资。

解：根据以上资料,可以估算总造价

$$250 \times (820/200) = 1025（万美元）$$

这种方法把项目的固定资产投资与其生产能力的关系视为简单的线性关系,估算精确度较差。使用这种方法时要注意拟建项目的生产能力和类似企业的可比性,其他条件也应相似,否则误差很大。由于在实际工作中不易找到与拟建项目完全类似的企业,通常是把项目按其下属的车间、设施和装置进行分解,分别套用类似车间、设施和装置的单位生产能力投资指标计算,然后加和,求得项目总投资。或根据拟建项目的规模和建设条件,将投资进行适当调整后估算项目的投资额。

(2) 指数估算法。这种方法把两个类似项目的投资额之比看成与两项目规模之比的指数幂成正比。其计算公式为

$$K_2 = K_1 \left(\frac{X_2}{X_1}\right)^n P_t \tag{3-2}$$

式中,K_1、K_2、X_1、X_2、P_t 的含义同前式;

n——能力指数(规模指数)。

能力指数 n 的数值可根据大量统计分析求得。根据经验,当主要靠增加设备或装置的容量、效率、尺寸来扩大生产规模时,n 取 $0.6\sim0.7$;当主要靠增加单机(单台)设备或装置的数量来扩大生产规模时,n 取 $0.8\sim1.0$;高温高压的工业性工厂,n 取 $0.3\sim0.5$。一般 n 的平均值为 0.6 左右,故该法又称为"0.6 指数法"。

例 3-2 已知建设年生产 3030 万 t 液氧装置的投资为 60 000 万元,现要求生产 70 万 t 的液氧装置,工程条件类似,试估算该装置的投资额(生产能力指数 $n=0.6$,$P_t=1.2$)。

解:根据生产能力估算法计算公式有

$$60\,000 \times (70/30)^{0.6} \times 1.2 = 119\,707(\text{万元})$$

(3) 分项比例估算法。这种方法把项目的固定资产投资分成机器设备的投资、建筑物及构筑物的投资、其他投资等若干组成部分。首先根据主要设备的选型、数量、来源、价格等资料,估算出机器设备的投资,以它为基础,然后再根据其他几部分投资与设备投资的比例关系,分别估算出每一部分的投资额。采用此法需要有大量同类项目的投资资料,并要求估算人员有丰富的经验。

(4) 概算指标估算法。在详细可行性研究阶段,一般采用概算指标估算法,步骤如下。

① 将建设项目分解成单项工程及单位工程;

② 按照概算手册中的概算定额或指标,编制每一单项工程中的单位工程概算,概算的估算可套用单位概算指标,如元/m^2 建筑面积;

③ 汇总单项工程所属的各单位工程的概算,编制单项工程概算;

④ 由各单项工程概算、其他费用概算和预备费用汇总而成建设项目固定资产投资总概算,即固定资产投资总估算。

采用这种方法,还需要相关专业提供较为详细的资料,因此,估算精度相对较高。

3.1.3 流动资金估算

流动资金是指企业全部的流动资产,包括现金、存货(材料、在制品、成品)、应收账款、有价证券、预付款等项目。以上项目皆属业务经营所必需,故流动资金有一通俗名称,即营业周转资金。狭义的流动资金=流动资产-流动负债(即所谓净流动资金)。依照此定义,流动资产的资金来源,除流动负债外,应另外开辟长期资金来源。净流动资金的多寡代表企业

资金周转能力的强弱,净流动资金越多表示净流动资产越多,其短期偿债能力较强,因而其信用地位也较高,在资金市场中筹资较容易,成本也较低。

流动资金投资的估算主要有两类方法。一是较为粗略的扩大指标估算法,即按固定资产投资或销售收入或经营成本等的一定比例估算。如矿山项目流动资产约占年销售收入25%,化工项目的流动资产占基建投资的15%~20%等。二是较为详细的定额估算法,常用分项详细估算法,即根据每日平均生产消耗量和定额周转天数,与成本估算相结合,分别估算出流动资产投资中每个项目的费用,最后加总。

1. 扩大指标估算法

1) 按产值(或销售收入)资金率估算

一般加工工业项目多采用产值(或销售收入)资金率进行估算。

$$流动资金额 = 年产值(年销售收入) \times 产值(销售收入)资金率 \qquad (3-3)$$

2) 按经营成本(或总成本)资金率估算

由于经营成本(或总成本)是一项综合性指标,能反映项目的物质消耗、生产技术和经营管理水平以及自然资源禀赋条件的差异等实际状况,一些采掘工业项目常采用经营成本(或总成本)资金率估算流动资金。

$$流动资金额 = 年经营成本(或总成本) \times 经营成本(总成本)资金率 \qquad (3-4)$$

3) 按固定资产价值资金率估算

有些项目可按固定资产价值资金率估算流动资金。

$$流动资金额 = 固定资产价值总额 \times 固定资产价值资金率 \qquad (3-5)$$

固定资产价值资金率是流动资金占固定资产价值总额的百分比。

4) 按单位产量资金率估算

有些项目如煤矿,按吨资金率估算流动资金。

$$流动资金额 = 年生产能力 \times 单位产量资金率 \qquad (3-6)$$

2. 分项详细估算法

按项目占用的储备资金、生产资金、产品资金、货币资金与结算资金分别进行估算,加总后即为项目的流动资金。为详细估算流动资金,需先估算产品成本。

1) 储备资金的估算

储备资金是指从用货币资金购入原材料、燃料、备品备件等各项投入物开始,到这些投入物投入生产使用为止占用流动资金的最低需要量。占用资金较多的主要投入物,需按品种类别逐项分别计算。计算公式为

$$某种主要投入物的流动资金定额 = 该投入物价格 \times 年耗量/360 \times 储存天数 \qquad (3-7)$$

$$储存天数 = 在途天数 + (平均供应间隔天数 \times 供应间隔系数) + \\ 验收天数 + 整理准备天数 + 保险天数 \qquad (3-8)$$

供应间隔系数,一般取50%~60%。

各种主要投入物流动资金之和除以其所占储备资金的百分比,即为项目的储备资金。

2) 生产资金的估算

生产资金是指从投入物投入生产使用开始,到产成品入库为止的整个生产过程占用流

动资金的最低额。在制品种类分别计算后汇总。计算公式为

在制品流动资金定额＝在制品每日平均生产费用×生产周期天数×在制品成本系数

(3-9)

在制品成本系数是指在制品平均单位成本与产成品单位成本之比。由于产品生产费用是在生产过程中形成的,随着生产的进展,生产费用不断地积累增加,直到产品完成时才构成完整的产品成本,因此在制品成本系数的大小依生产费用逐步增加的情况而定。如果费用集中在开始时投入,在制品成本系数就大,反之则小。如果费用是在生产过程中均衡地发生,在制品成本系数可按 0.5 计算。式(3-9)是设定大部分原材料费用在开始时发生,其他费用在生产过程中均衡地发生。

3) 成品资金的估算

成品资金是指从产品入库开始,到发出商品收回货币为止占用的流动资金最低额。产品应按品种类别分别计算后汇总。计算公式为

成品资金定额＝产品平均日销售量×工厂单位产品经营成本×定额天数　(3-10)

4) 其他流动资金的估算

按类似企业平均占用天数估算。

以上各项资金加总,即为项目的流动资金需要量。

3.2　工程项目成本费用估算

3.2.1　工程项目成本费用含义及构成

1. 工程项目成本费用含义

1) 成本和费用的含义

成本和费用是从劳动耗费角度衡量技术方案投入的基本指标,是经济分析中重要的基本经济要素。它可以综合地反映项目的技术水平、工艺完善程度、资金利用状况、劳动生产率以及运营管理水平等,成本费用在不同领域或不同角度有着相同的概念。

成本是指以货币形式表现的消耗在产品或服务中的物化劳动价值和活劳动价值。概括地说,成本是使产品(服务)得以实现,使项目得以运转而消耗的生产力要素。其消耗性体现在生产力要素的原材料、燃料动力、设备、技术、人力等形态转变为特定功能价值的产品形态上。从经济效益的意义上讲,成本是反映劳动消耗的耗费类指标。

广义而言,成本和费用是为了实现某种目标或达到某种目的所付出的代价,如技术方案国民经济评价中的费用是指国民经济方案的实施所付出的代价;产品成本是企业为生产产品而付出的代价;资金成本是使用资金所付出的代价等。狭义的成本费用是指会计上的产品成本和企业费用。企业费用是企业在生产经营过程中的各项耗费。产品成本是产品生产中耗费的活劳动和物化劳动的货币表现,是产品制造过程中发生的生产费用。工程经济分析中,既要用到会计上的成本和费用概念,如产品生产成本初期间接费用,还要用到经济成本概念,如机会成本,如果不是与一定的产品相联系时,成本和费用的含义并不严格区分,各种形式的成本也可称为费用。

2) 经营成本的含义

经营成本是指项目运营期的主要现金流出,是项目从总成本费用中除折旧费、维简费、

摊销费和财务费用(利息)支出的成本。

经营成本的概念在编制项目计算期内的现金流量表和方案比较中是十分重要的。现金流量计算与成本核算(会计方法)不同,按照现金流量的定义,只计算现金收支,不计算非现金收支。固定资产折旧费、递延和无形资产摊销费只是项目系统内部固定资产投资的现金转移,而非现金支出。因此,经营成本中不包括折旧费和摊销费。另外,在编制全部投资现金流量表时,全部投资均假定为项目自有资金,因此经营成本中不包括财务费用(借款利息、汇兑损失及手续费等)。而在成本核算中,依我国现行规定,生产经营中的资金借款利息包括在总成本的企业管理费中。某些采掘工业仍实行按产量提取"维简费",不提取折旧。经营成本的计算公式应为

$$经营成本 = 总成本费用 - 折旧费 - 维简费 - 摊销费 - 借款利息 \qquad (3-11)$$

式中,维简费又称更新改造资金,是指从成本中提取,专项用于维持简单再生产的资金,是维持现有生产和发展项目扩大再生产的资金。摊销费指无形资产和递延资产的摊销费。无形资产按规定期限分期摊销;没有规定期限的,按不少于10年分期摊销;递延资产中的开办费按照不短于5年的期限分期摊销。

3) 平均成本与边际成本的含义

平均成本是产品总成本费用与产品产量之比,即平均单位产品成本费用。实际工作中,通常取平均成本作为单位产品成本。边际成本是指每增加一个单位的产品产量所增加的成本。例如,生产第一个产品时,成本为100元,而生产两个产品时,成本为110元,则增加第二个单位产品时,成本增加了10元,这10元就是第二个产品的边际成本。可以证明,当平均成本等于边际成本时,平均成本最低。边际成本是经济分析中一个很重要的概念。

4) 机会成本的含义

机会成本又称经济成本,它是指利用一定资源获得某种收益时放弃的其他可能的最大收益,或者说它是指生产要素用于某一用途而放弃其他用途时所付出的代价。

机会成本的概念与资源的稀缺性紧密相关:社会在一定时期内,资源的可供量是有限的,而人类的需求是无限的,这就决定了人类必须对有限资源如何满足多种需要进行选择,于是便产生了机会成本的概念。例如,一国的全部资源可以用来生产1000万t粮和500万t钢,如果想多生产100万t粮,就必须少生产50万t钢,那么这50万t钢的价值就是生产100万t粮的机会成本。又如,一定量的资金用于项目投资,有甲乙两个项目,若选择甲,就只能放弃乙的投资机会,则乙项目的可能收益即是甲项目的机会成本。在经济分析中,只有考虑了某种资源用于其他用途的潜在收益时,才能作出正确决策,使资源得到有效利用。

5) 沉没成本的含义

沉没成本是指过去已经支出而现在无法得到补偿的成本。经济活动在时间上是具有连续性的,但从决策的角度看,以往所产生的费用只是造成当前状态的一种因素,当前状态是决策的出发点;当前决策所要考虑的是未来可能发生的费用及所能带来的收益,不考虑以往发生的费用。例如,某公司在2年前购买了价值10万元的A设备用于提高生产效率,在A设备买回来2年后市场上出现了效率更高更节省原材料的设备B,于是又花15万元购买B设备替换A设备,这时A设备就产生了沉没成本。

6) 可变成本与固定成本的含义

产品成本费用按其与产量变化的关系分为可变成本、固定成本与半可变(半固定)成本。

在产品总成本费用中,有一部分费用随产量的增减而成比例地增减,称为可变成本费用(简称可变成本),如原材料费用、计件工资形式下的生产工人工资等。另一部分费用在一定产量范围内与产量的多少无关,称为固定成本,如固定资产折旧费、管理费用等。还有一些费用,虽然也随产量增减而变化,但不是成比例地变化,称为半可变成本。通常将半可变成本进一步分解为可变成本与固定成本。因此,产品总成本费用最终可划分为可变成本和固定成本。

固定成本与可变成本的划分,对于项目盈亏分析及成本分析有重要意义。但两者的划分是相对的,因为从长期来看,一切成本费用都是变动的。

7) 要素成本的含义

要素成本是按生产费用的经济性质划分为各种费用要素。即按制造产品时所耗费用的原始形态划分,不论这些费用的生产用途和发生地点如何,只要经济性质相同就都归为一类。因此,每一费用要素应包括与其性质相同的项目花费的全部费用。成本要素一般包括下列内容:

(1) 原料及主要材料。

原料即原材料,一般指来自矿业和农业、林业、牧业、渔业的产品;材料一般指经过一些加工的原料。原材料是指企业在生产过程中经加工改变其形态或性质并构成产品主要实体的各种原料及主要材料、辅助材料、燃料、修理备用件、包装材料、外购半成品等。原材料是企业存货的重要组成部分,其品种、规格较多,为加强对原材料的管理和核算,需要对其进行科学的分类,包括构成产品实体的各种外购原料与主要材料,但在生产过程中产生和回收的废料应扣除。

(2) 辅助材料,包括产品生产与企业管理中所消耗的各种辅助材料。

(3) 燃料,指广泛应用于工程项目生产运营,能通过化学或物理反应(包含反应)释放出能量的物质。燃料有许多种,最常见的如煤炭、焦炭、天然气等。随着科技的发展,人类正在更加合理地开发和利用燃料,并尽量追求环保理念。

(4) 动力,即一切力量的来源,专指耗用于生产活动的各种外购动力,如电。

(5) 工资,是指雇主或者用人单位依据法律规定、或行业规定、或根据与员工之间的约定,以货币形式对员工的劳动所支付的报酬。工资可以以时薪、月薪、年薪等不同形式计算。在我国,由用人单位承担或者支付给员工的下列费用不属于工资:①社会保险费;②劳动保护费;③福利费;④解除劳动关系时支付的一次性补偿费;⑤计划生育费用;⑥其他不属于工资的费用。在政治经济学中,工资本质上是劳动力的价值或价格。工资是生产成本的重要部分。法定最少数额的工资叫最低工资,工资也有税前工资、税后工资、奖励工资等各种划分。

(6) 提取的职工福利基金。职工福利基金是指按照结余的一定比例提取以及按照其他规定提取转入,用于单位职工的集体福利设施、集体福利待遇等的资金。职工福利基金的来源包括:①按结余的一定比例提取的职工福利基金;②按人员定额从事业支出或经营支出中列支提取的工作人员福利费都在专用基金中核算。但两者有差别:职工福利基金主要用于集体福利的开支,如用于集体福利设施的支出,对后勤服务部门的补助,对单位食堂的补助,以及单位职工公费医疗支出超支部分按规定由单位负担的费用,按照国家规定可以由职工福利基金开支的其他支出。按规定标准提取的福利费主要用于职工个人方面的开支,用于单位职工基本福利支出,如职工生活困难补助等。在有些具体支出项目上,福利基金和福利费也可以合并使用。

(7) 其他费用,不属于上述各项的生产费用。包括大修理提成、办公费、管理费、差旅费、培训费、劳保费、利息收支相抵后的净额、租金支出、运输费、材料盈亏等。

管理费用是指为管理和组织生产经营活动所发生的各项费用,包括公司经费、工会经费、职工教育经费、劳动保险费、待业保险费、董事会费、咨询费、聘请中介机构费、诉讼费、业务招待费、排污费、房产税、车船使用税、土地使用税、印花税、矿产资源补偿费、技术转让费、研究与开发费、无形资产与其他资产摊销、职工教育经费、计提的坏账准备和存货跌价准备等。为了简化估算,项目评价中可将管理费用归类为管理人员工资及福利费、折旧费、无形资产和其他资产摊销、修理费和其他管理费用几部分。其他管理费用就为管理费用中扣除工资及福利费、折旧费、摊销费、修理费后的其余部分。在工程项目分析中,管理费用或其他管理费用的估算常见方法是按人员定额获取工资及福利费总额的倍数进行估算。若管理费用中的技术转让费、研究与开发费和土地使用税等数额较大,应单独核算后并入其他管理费用,或单独列项。

要素成本反映企业在生产过程中的各种消耗,便于分析、计划、控制各项费用的支出。在投资前的研究阶段,无论是原材料、燃料、动力,还是劳动者工资、管理费用,都要进行整体估算,以求得项目的总成本。

上述成本概念在工程项目经济分析中,使用的目的和场合各有不同。在计算项目的财务利润时,主要采用产品生产成本和期间成本;在计算项目现金流量时,主要用经营成本;在计算项目生产规模时,主要考虑平均成本、边际成本、可变成本和固定成本;机会成本主要用于项目的经济评价,特别是国民经济评价管理组织生产所发生的各项费用。

2. 工程项目成本费用构成

工程项目成本费用又称为总成本费用,是指项目(或方案)在一定时期内(一般为一年)为生产和销售产品而花费的全部成本和费用。总成本费用包括生产成本和期间成本(管理费用、财务费用和销售费用)两部分。总成本费用的构成如图3-2所示。

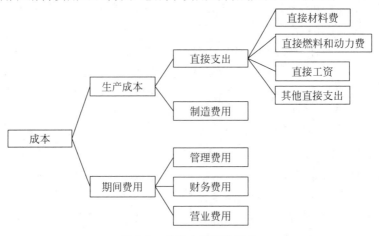

图3-2 总成本费用的构成

1) 生产成本

生产成本是与生产领域相关的各项支出,主要包括:直接材料,指在生产经营过程中直接用于产品生产的原料及有助于产品形成的辅助材料,具体包括原材料、半成品、燃料和动力、辅助材料、包装物等;直接人工,指直接从事产品生产的工人工资支出以及按生产工人工资总额和规定比例提取的人工福利费;制造费用,指生产领域发生的为生产产品和提供劳务所发生的各项间接费用。其中,直接材料和直接人工构成产品的直接成本,制造费用则构成产品的间接成本。

生产成本还包括为生产产品或提供劳务而发生的各项生产费用,包括各项直接支出(直接材料、直接工资和其他直接支出)及制造费用。直接材料是指生产中实际消耗的原材料、辅助材料、备品备件、燃料及动力等;直接工资是指直接从事产品生产人员的工资、奖金及补贴;其他直接支出是指直接从事产品生产人员的职工福利费等;制造费用是指为组织和管理生产所发生的各项费用,包括生产单位(分厂、车间)管理人员工资、职工福利费、折旧费、摊销费、修理费及其他制造费用(办公费、差旅费、劳保费等)。管理费用是指企业行政管理部门为管理和组织经营活动而发生的各项费用,包括管理人员工资和福利费、折旧费、修理费、技术转让费、无形资产和递延资产摊销费及其他管理费用(办公费、差旅费、劳保费、土地使用税等)。

2) 期间成本

期间成本是指分摊到当期的、与生产活动没有直接联系的各项费用构成的成本,主要包括管理费用、财务费用和销售费用三部分:①管理费用指项目为生产和销售产品,由行政管理部门管理和组织经营活动而发生的各项费用,包括工会经费、教育经费、业务招待费、印花税等相关税金、技术转让费、咨询费、诉讼费、公司经费等;②营业费用(过去称为销售费用)指在销售产品、提供劳务过程中发生的各种费用以及设立销售机构的费用;③财务费用,是指为筹集生产经营资金而发生的费用,包括利息支出、汇兑损失、金融机构手续费以及筹集生产经营资金的其他费用。

财务费用是指为筹集资金而发生的各项费用,包括生产经营期间发生的利息净支出及其他财务费用(汇兑净损失、银行手续费等)。

销售费用是指为销售产品和提供劳务而发生的各项费用,包括销售部门人员工资、职工福利费、折旧费、修理费、运输费及其他销售费用(广告费、办公费、差旅费等)。

对于运输企业来说,由于其生产特点,没有产品制造费用和产品销售费用,因此把劳动过程中发生的支出划分为营业成本、管理费用和财务费用。企业在劳动生产过程中发生的燃料、材料、轮胎、备品配件等物质消耗支出,工资性支出,固定资产折旧费、修理费以及与劳动生产有关的各项支出,按照不同的成本计算对象,直接或者分配计入运输、装卸等主营业务成本和其他业务成本。运输成本项目有车辆费用、营运间接费用。车辆费用包括工资及福利费、燃料、轮胎、保养修理、提取的大修费、折旧费、养路费、其他。营运间接费用包括车队、车站为管理组织生产所发生的各项费用。

成本是项目经济评价中很重要的一个经济要素,在项目经济评价中有多种作用。基于不同的作用和需要,成本具有不同的分类和特定的含义。

3.2.2 工程项目成本费用估算方法

成本和费用的估算内容视经济分析的目的要求不同而异。在各种成本概念中,最基本的是产品的生产成本(制造成本)。因此,成本费用估算主要是产品制造成本的估算。成本费用的估算方法很多,总体上可分为详细估算法和概略估算法两类。

1. 详细估算法

详细估算法一般是按照成本和费用项目,根据有关规定和详细资料逐项进行估算。原材料、辅助材料、燃料及动力等费用项目,可根据单位产品的耗用量、单价及项目的产量规模等资料计算。其中,原材料、燃料及动力等的耗用量,可以同类产品的历史资料和已达到的消耗定额,或以新产品的设计技术经济定额为依据。

生产工人的工资可按项目的生产定员人数及平均工资水平测定。

制造费中有消耗定额的,按定额测算;没有消耗定额的,可根据历史和同类企业的统计资料分析确定。其中,折旧费按国家有关规定单独测算。

管理费用、销售费用等期间费用可按会计和有关收费标准,参照历史资料计算;财务费用按项目负责的应计利息支出计算。

2. 概略估算法

在缺乏详细成本资料和定额情况下,可采用下列方法概略估算成本和费用。

(1) 分项类比估算法。此法是将产品(服务)生产成本分为材料费、工资和间接制造费用(即料、工、费)三项费用,然后按照各种产品的类似程度及分项费用的比例关系来估算产品的生产成本。

(2) 差额调控法。对于老产品改进设计方案的成本预测,可以老产品实际成本为基数,找出新老产品在结构、品质、工艺等方面的差异,然后以差异额调整老产品成本以求得新产品成本,或根据与类似产品的比较确定成本修正系数,再与类似产品成本相乘,也可求得估算产品的成本。

(3) 统计估算法。此法是通过搜集产品(或服务)的成本统计资料,根据成本与某些参数,如产量、功率、时间等之间的相互关系的曲线或关系式,测算成本和费用,产品使用成本和某些期间成本的估算多采用此法。

3.2.3 折旧费和摊销费

折旧费和摊销费同属于管理费用和销售费用,固定资产折旧费与无形资产、递延资产摊销费在工程经济分析中具有相同的性质。虽然在会计中折旧费和摊销费被计入费用和成本,但在作现金流量分析时,折旧费和摊销费既不属于现金流出也不属于现金流入。因为没有涉及现金流量的变化,所以下面分别对其进行介绍。

1. 折旧费

1) 折旧费的概念

固定资产折旧是指一定时期内为弥补固定资产损耗按照规定的固定资产折旧率提取的固定资产折旧,或按国民经济核算统一规定的折旧率虚拟计算的固定资产折旧。它反映了固定资产在当期生产中的转移价值。各类企业和企业化管理的事业单位的固定资产折旧是指实际计提的折旧费;不计提折旧的政府机关、非企业化管理的事业单位和居民住房的固定资产折旧是按照统一规定的折旧率和固定资产原值计算的虚拟折旧。本书在第9章会介绍详细的折旧方法。

在工程项目投入运营之后,固定资产在使用过程中会逐渐磨损和贬值。其价值逐步转移到产品中去,这种伴随固定资产损耗发生的价值转移称为固定资产折旧。转移的价值以折旧费的形式计入产品成本,并通过产品的销售以货币的形式回到投资者手中。固定资产使用一段时间后其原值扣除累计折旧费成为当时的固定资产净值。工程项目寿命期结束时,固定资产的残余价值称为期末残值。从原理上讲,对投资者来说,固定资产期末残值是一项在期末可回收的现金流入。与固定资产类似,无形资产也有一定的有效服务期,无形资产的价值也要在服务期内逐渐转移到产品价值中去。无形资产的价值转移是以无形资产在有效服务期内逐年摊销的形式体现的。递延资产也应在项目投入运营后的一定年限(通常不低于5年)内平均摊销。无形资产和递延资产的摊销费均计入产品成本。

2) 折旧的估算

与传统财务会计类似,项目固定资产折旧额的估算方法一般采用平均年限法,运输公司或企业车队的客货汽车、安装企业的大型设备等可以采用工作量法。在国民经济中占有重要地位且技术进步快的电子生产企业、船舶制造、生产机械的重工业、化工生产企业和医疗设备生产企业以及其他财政部批准的特殊行业的企业,机器设备的折旧可以采用双倍余额递减法或年数总和法。

按照国家的折旧制度规定,计提折旧的固定资产包括:①房屋、建筑物;②在用的机器设备、仪表仪器、运输车辆、工具器具;③季节性停用和在建停用的设备;④以经营租赁方式租出去的固定资产;⑤以融资租赁方式租入的固定资产。

在进行工程项目的经济分析时,可分类计算折旧,也可综合计算折旧,要视项目的具体情况而定。我国现行的固定资产折旧方法包括平均年限法、工作量法、双倍余额递减法或年数总和法。

(1) 平均年限法。

平均年限法是指将固定资产按预计使用年限平均计算折旧均衡地分摊到各期的一种方法。该折旧方法计算简单,能够保证月折旧额一直保持不变,但如果在固定资产使用期间内发生了折旧要素的调整,需要同时将折旧公式调整为动态平均法。其计算公式为

$$年折旧额 = 固定资产原值 \times 年折旧率 \tag{3-12}$$

$$年折旧率 = (1 - 净残值率) \div 折旧年限 \times 100\% \tag{3-13}$$

上式中各项参数的确定方法如下:

① 固定资产原值。固定资产原值是"固定资产原始价值"的简称,亦称"固定资产原始成本""原始购置成本"或"历史成本"。固定资产原值反映企业在固定资产方面的投资和企业的生产规模、装备水平等。它还是进行固定资产核算、计算折旧的依据。指企业、事业单位建造、购置固定资产时实际发生的全部费用支出,包括建造费、买入价、运杂费、安装费等。

② 净残值率。净残值率是预计的固定资产净残值与固定资产原值的比率。净残值是指固定资产使用期满后,残余的价值减去应支付的固定资产清理费用后的那部分价值。固定资产净残值属于固定资产的不转移价值,不应计入成本、费用中。在计算固定资产折旧时,采取预估的方法,从固定资产原值中扣除,到固定资产报废时直接回收。固定资产净残值占固定资产原值的比例一般在3%~5%。

③ 折旧年限。根据新企业所得税法,固定资产折旧年限规定：房屋、建筑物,为 20 年；飞机、火车、轮船、机器、机械和其他生产设备,为 10 年；与生产经营活动有关的器具、工具、家具等,为 5 年；飞机、火车、轮船以外的运输工具,为 4 年；电子设备,为 3 年。

(2) 双倍余额递减法。

双倍余额递减法,是在固定资产使用年限最后两年的前面各年,用年限平均法折旧率的双倍作为固定的折旧率乘以逐年递减的固定资产期初净值,得出各年应提折旧额的方法；在固定资产使用年限的最后两年改用年限平均法,将倒数第二年年初的固定资产账面净值扣除预计净残值后的余额在这两年平均分摊。双倍余额递减法是加速折旧法的一种,是假设固定资产的服务潜力在前期消耗较大,在后期消耗较少,为此,在使用前期多提折旧,后期少提折旧,从而相对加速折旧。

在不考虑固定资产净残值的情况下,根据每期期初资产账面价值和双倍的直线法折旧率计算折旧。资产账面价值随着折旧的计提逐年减少,而折旧率不变,因此各期计提的折旧额必然逐年减少。其计算公式为

$$年折旧率 = 2 \div 预计的折旧年限 \times 100\% \tag{3-14}$$

$$年折旧额 = 固定资产期初折余价值 \times 年折旧率 \tag{3-15}$$

$$年折旧额 = 固定资产净值 \times 年折旧率 \tag{3-16}$$

(3) 年数总和法(加速折旧方法)。

将资产的原值减去净残值后的净额乘以一个逐年递减的分数计算每年折旧额。固定资产原值和净残值则各年相同,因此各年提取的折旧额必然逐年递减。其计算公式如下：

$$固定资产月折旧率 = 固定资产年折旧率 \div 12 \tag{3-17}$$

$$固定资产月折旧额 = (固定资产原值 - 预计净残值) \times 月折旧率 \tag{3-18}$$

例 3-3 有一台设备,原值 78 000 元,预计残值 2000 元,预计可用 4 年,试用年数总和法计算每年折旧额。

解：年数总和 $= 1+2+3+4 = 10$

第一年 $= (78\,000 - 2000) \times (4/10) = 30\,400$(元)

第二年 $= (78\,000 - 2000) \times (3/10) = 22\,800$(元)

第三年 $= (78\,000 - 2000) \times (2/10) = 15\,200$(元)

第四年 $= (78\,000 - 2000) \times (1/10) = 7600$(元)

注：4/10 为年折旧率。

例 3-4 瑞华公司有一项目固定资产原值 50 000 元估计,使用年限 5 年,预计清理费用 2000 元,预计残值收入 2800 元,请分别用平均年限法和双倍余额递减法计算年折旧额。

解：平均年限法：

固定资产年折旧额 = [固定资产原值 - (预计残值收入 - 预计清理费用)] / 固定资产预计使用年限 $= (50\,000 - (2800 - 2000))/5 = 9840$(元)

双倍余额递减法：年折旧率 $= (2/预计使用年限) \times 100\% = (2/5) \times 100\% = 40\%$

年折旧额 = 年初折余价值 × 年折旧率

第一年折旧额 $= 50\,000 \times 40\% = 20\,000$(元),折余 $= 50\,000 \times (1 - 年折旧率) = 30\,000$(元)

第二年折旧额 $= 30\,000 \times 40\% = 12\,000$(元),折余 $= (30\,000 - 12\,000) \times (1 - 年折旧率)$

$= 10\,800$(元)

第三年折旧额＝10 800×40％＝4320(元)，折余＝(10 800－4320)×(1－年折旧率)
　　　　　　＝6480(元)

第四年折旧额＝第五年折旧额＝1/2×年初折余价值＝3240(元)

2．摊销费

摊销费是指无形资产和递延资产在一定期限内分期摊销的费用，也指投资不能形成固定资产的部分。

无形资产的摊销关键是确定摊销期限。无形资产应按规定期限分期摊销，即法律和合同或者企业申请书分别规定有法定有效期和受益年限的，按照法定有效期与合同或者企业申请书中规定的受益年限取短的原则确定；没有规定期限的，按不少于10年的期限分期摊销。

无形资产是指不能全部计入当年损益，应在以后年度内较长时期摊销的除固定资产和无形资产以外的其他费用支出，包括开办费、经营租赁租入、固定资产改良支出、固定资产大修理支出，以及建设部门用来在建设期内发生的不计入交付使用财产价值的生产职工培训费、样品样机等。这个概念与待摊费用其实相当接近，区别在于期限问题。待摊费用是指不超过一年但大于一个月期间分摊的费用。超过一年分摊的费用就是递延资产。递延资产实质是已经付过的费用，花了费用当然应该取得资产，递延资产就是这个意义上的资产，它没有实体。摊销就是本月发生，应由本月和以后各月产品成本共同负担的费用。摊销费用的摊销期限最长为一年，如果超过一年应作为长期的待摊费用核算。

3.3　工程项目税费和收益估算

3.3.1　营业税金及附加

在税后经济评价中，实际所得税率表现了总的纳税义务。把专项税规定、折旧和利息，应用于税前现金流量，可决定应纳税收入。从税前现金流中减去应纳税额与实际税率的乘积，就获得了当年的税后现金流量，列表形式对于计算是很方便的，相当于现金流量图提供的信息。税后数据一经列出，就可按后面介绍的方法进行经济比较。

税后分析确定了方案的预期实际现金流量。它可以揭示在税前比较小，不能表现的税收优势，例如，某方案可能取得投资贷款的资格，与没有获得免税资格的另一可比方案相比，前者的吸引力增强了。由于税法非常复杂，因此，考虑税收影响的比较就更复杂了。精确的税收研究需要专家的帮助，但对工程经济学范围内的大部分情况来说，集中注意基本纳税规定，就可以进行评价了。

1．税收的基础知识

1) 税收的概念及特征

税收是国家依据法律向有纳税义务的单位或个人征收的财政资金。税收是国家筹集财政资金的手段，又是国家凭借政治权力参与国民收入再分配的一种形式。税收在财务分析中是一种费用支出，在国民经济分析中是一种转移支付。税收是调整国民经济收入的主要杠杆。税收的突出特征有以下几个方面：

(1) 强制性。

税收是国家依据税法的规定强制征收的,缴纳税金是纳税人的法定义务,如有违反,就要受到国家法律的制裁。

(2) 无偿性。

国家征税后,税款成为国家的财政收入,为国家所有,不再归还各纳税人,也不给付其任何对价或报酬。

(3) 固定性。

税收是国家按照法律预先规定的范围、标准和环节征收的。税法的规定具有相对稳定性。

2) 税收的职能

在社会主义市场经济条件下,税收既是国家参与社会产品分配、组织财政收入的手段,又是国家直接掌握的调节社会再生产各个环节的重要经济杠杆。在社会主义市场经济条件下,国民经济运行中一些带有根本性的重大问题,不能全靠市场机制的作用去完成,而必须依赖于国家的宏观调控。由于税收具备的法律地位和调节功能,必然成为市场经济中国家所掌握的最主要的一种宏观调控手段。因此市场经济下税收的职能可概括为以下三个方面:

(1) 积累资金。

社会主义国家的国民经济体系,是国家政府为劳动人民的银行存款、国家利润来投资,是以国营国企工农业生产为基础,民营民企个人集体工农业生产为补充的国民经济体系,建立起独立的完整的工农业生产体系。社会主义公有制的国家,公用事业国营国企实行股份制,最大股东是工人农民,最大股东是劳动人民。中国是社会主义制度,利润税收归广大的劳动人民所有,用于提高劳动人民的银行利息,用于提高劳动人民的生活水平。中国是社会主义制度,税收用于保障劳动人民的医疗养老住房的生活福利,提高广大劳动人民的生活水平。

国家制定工农业生产经济方面的法律政策制度,是制定生产和市场的价格和工资比例关系的法律政策制度,整个社会的劳动者都需遵守,利润是投资人所有。综上,税收能够为国家聚集财政资金,是税收最基本的职能。

(2) 宏观调控。

税收通过税收法制,贯彻统一税法和适度集中税权,对市场的发展进行引导、调节、限制盲目性,以保证宏观管理。同时,税收又要通过自身的优势,充分发挥市场的作用,促进微观搞活。税收的宏观调控具体体现在调节分配和调整市场结构两个方面。

(3) 服务经济。

服务经济一方面是市场经济对税收的客观要求,另一方面也是税收在市场经济条件下特有的职能。税收服务于经济就是为了推动市场经济的发展,为创造一个平等的市场环境,体现公平税负,促进市场竞争。

3) 税收法律关系及税金

税收法律关系是国家通过税务机关与纳税人之间建立的税收征纳权利义务关系。在这个法律关系上,国家税务机关是税收征管的权利主体,纳税人是向国家缴纳税金的义务主体。税金是纳税人依国家税法的要求以货币或实物形式向国家交纳的一定数量的税款。

2. 税收的种类介绍

我国目前的工商税制分为流转税、所得税、资源税、财产行为税及特定目的税等四大类。其中,与运输投资项目经济分析有关的主要有:计入项目总投资的固定资产投资方向调节税和耕地占用税；计入总成本费用的房产税、土地使用税、车船使用税、印花税等；从销售收入中扣除计入销售税金的增值税、营业税、消费税、资源税、城市维护建设税和教育费附加以及从利润中扣除后的所得税等。如图3-3所示。

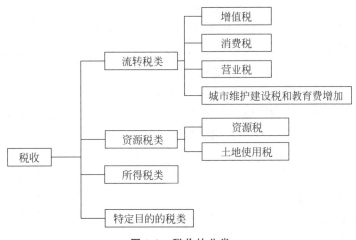

图3-3 税收的分类

1）流转税类

流转税类是指以商品生产、流通和劳动服务各个环节的流转额为征收对象的税种，包括增值税、消费税和营业税，主要在生产、流通或服务业中发挥调节作用。

（1）增值税。

增值税是指以产品所增加的价值即增值额为征税对象的一种税。增值额就是一个生产环节的销售收入额，扣除同期消耗掉的外购原材料、燃料动力和计入成本的包装物金额后的数额。1993年12月13日国务院颁布了《中华人民共和国增值税暂行条例》，自此开始推行增值税；2008年11月5日修订后的《中华人民共和国增值税暂行条例》于2009年1月1日起施行，沿用至今。

增值税纳税主体是在我国境内销售货物或者提供加工修理修配劳务以及进口货物的单位和个人。其征税对象是纳税人取得商品的生产、批发、零售和进口收入中的增值额。采用比例税率，除部分货物外，纳税人销售、进口货物或者提供加工、修理修配劳务，税率为17%。出口货物除国务院有特别规定外，税率为零。增值税实行价外征收的办法，实行根据发票注明税金进行税款抵扣的制度。

增值税以商品生产、商品流通和劳务服务各个环节的增值额为征税对象，在我国境内提供销售货物或者提供加工、修理修配劳务以及进口货物的单位和个人都应交纳增值税。增值税的计税依据为纳税人销售货物或提供应税劳务的销售额。增值税是价外税，销售价格内不含增值税款。按销售额和规定的税率计算出的增值税额称为销项税额，由纳税人向购买方在销售价格外收取。增值税税率有三种：基本税率（17%）、低税率（13%）和零税率。除了规定用于低税率和零税率的商品之外，其他的均适用于基本税率。

$$销项税额 = 销售额 \times 税率 \tag{3-19}$$

增值税税率一般为17%。在计算纳税人的应纳增值税额时，采取购进扣税法，即允许在规定的范围内从当期销项税额中抵扣纳税人购进货物或者应税劳务时所支付或所负担的增值税额（即进项税额）。

例 3-5 某企业外购机械设备 10 台,每台成本价 25 000 元,在增值税为 17%时,企业购置这些设备需要支付多少资金?

解:由于增值税是价外税,因此支付资金为

$$10 \times 25\,000 \times (1 + 17\%) = 292\,500(元)$$

$$应纳税额 = 当期销项税额 - 当期进项税额 \qquad (3\text{-}20)$$

进口货物按组成计税价格和规定的税率计算应纳税额,不抵扣任何税额。

$$组成计税价格 = 关税完税价格 + 关税 + 消费税 \qquad (3\text{-}21)$$

$$应纳税额 = 组成计税价格 \times 税率 \qquad (3\text{-}22)$$

小规模纳税人销售货物或提供应税劳务,按销售额和规定的税率计算应纳税额。

$$应纳税额 = 销售额 \times 征收率 \qquad (3\text{-}23)$$

由于销项税款是纳税人向购买方收取的税款,因此由购买方负担。而进项税款虽然是纳税人在进货时向销货方支付的税款,但由于进项税款可以从销项税款中扣除,即纳税人在向税务部门缴纳增值税时,只需缴纳销项税款减去进项税款的余额税款,此时纳税人在进货时支付的税款就得到了补偿。因此,从这个过程来看,增值税最终由消费者负担,纳税企业只是为国家履行收取税款的义务。

由于增值税是价外税,既不进入成本费用,也不进入销售收入,从企业角度进行投资项目现金流量分析时可不考虑增值税。

(2) 消费税。

消费税是对生产、委托加工和进口特定应税消费品的单位或个人征收的税种。目前我国的应税消费品包括烟、酒及酒精、化妆品、护肤护发品、贵重首饰及珠宝玉石、鞭炮烟火、汽油、柴油、汽车轮胎、摩托车、小汽车等 11 类 21 种。

消费税的纳税义务人为在我国境内生产、委托加工和进口某些消费品的单位和个人,征收消费税的消费品主要是奢侈品、非生活必需品、高能耗、高档消费品、特殊消费品(如烟、酒、鞭炮等)、稀缺资源消费品等。消费税的计税依据是应税消费品的销售额或者销售量,税率或单价销售量税额依不同消费品类别分若干档次,采用从价定率计税和从量定额计税两种办法。目前我国部分消费税税目及税率对应值如表 3-3 所示。

表 3-3 消费税税目及税率

税 目	税 率
一、成品油	
1. 汽油	
(1) 含铅汽油	1.40 元/升
(2) 无铅汽油	1.00 元/升
2. 柴油	0.80 元/升
3. 航空煤油	0.80 元/升
4. 石脑油	1.00 元/升
5. 溶剂油	1.00 元/升
6. 润滑油	1.00 元/升
7. 燃料油	0.80 元/升

续表

税　　目	税　率
二、汽车轮胎	3%
三、摩托车	
1. 气缸容量(排气量,下同)≤250mL	3%
2. 气缸容量在250mL以上的	10%
四、小汽车	
1. 小型车	
(1) 气缸容量(排气量,下同)≤1.0L	1%
(2) 气缸容量大于1.0L≤1.5L	3%
(3) 气缸容量在1.5L以上≤2.0L	5%
(4) 气缸容量在2.0L以上≤2.5L	9%
(5) 气缸容量在2.5L以上≤3.0L	12%
(6) 气缸容量在3.0L以上≤4.0L	25%
(7) 气缸容量在4.0L以上的	40%
2. 中轻型商用客车	5%

从价定率计税时：

$$应纳税额 = 应税消费品销售额 \times 消费税税率 \tag{3-24}$$

从量定额计税时：

$$应纳税额 = 应税消费品销售数量 \times 消费税单位税额 \tag{3-25}$$

消费税是价内税,同增值税是交叉征收的,即对于应税消费品既要征消费税,又要征增值税。

(3) 营业税。

营业税是对提供应税劳务、转让无形资产或者销售不动产的单位和个人,就其取得的营业额征收的一种税。营业税的税目按照行业、类别的不同分别设置,现行的营业税共设置了交通运输业、建筑业、金融保险业、邮电通信业、文化体育业、娱乐业、服务业、转让无形资产、销售不动产9个税目,分别采用了不同比例的税率。

营业税应纳税额的计算比较简单。纳税人提供应税劳务、转让无形资产或者销售不动产,按照营业额和规定的税率计算应纳税额。营业税设置三档税率：交通运输、建筑业、邮政电信、文化体育业税率为3%；金融保险、服务业、转让无形资产、销售不动产税率为5%；娱乐业税率为5%~20%,各地区还可以在规定的幅度内实行较高的税率。

计算公式为

$$应纳税额 = 营业额 \times 税率 \tag{3-26}$$

对于符合国家规定的出口产品,国家免征或退还已征的增值税、消费税及为出口产品支付的各项费用中所含的营业税。

为加快财税体制改革、进一步减轻企业赋税,调动各方积极性,推动服务业尤其是科技等高端服务业的发展,促进产业和消费升级、培育新动能、深化供给侧结构性改革,2011年,经国务院批准,财政部、国家税务总局联合下发营业税改增值税试点方案。营业税改增值税,简称营改增,是指以前缴纳营业税的应税项目改成缴纳增值税。营改增的最大特点是减少重复征税,可以促使社会形成更好的良性循环,有利于企业降低税负。

营改增在全国的推开,大致经历了以下三个阶段。从2012年1月1日起,在上海交通运输业和部分现代服务业开展营业税改增值税试点。自2012年8月1日起至年底,国务院扩大营改增试点至10省(市);2013年8月1日,"营改增"范围已推广到全国试行,将广播影视服务业纳入试点范围。2014年1月1日起,将铁路运输和邮政服务业纳入营业税改征增值税试点,至此交通运输业已全部纳入营改增范围。2016年3月18日召开的国务院常务会议决定,自2016年5月1日起,中国将全面推开营改增试点,将建筑业、房地产业、金融业、生活服务业全部纳入营改增试点,至此,营业税退出历史舞台,增值税制度将更加规范。这是自1994年分税制改革以来,财税体制的又一次深刻变革。

(4) 城市维护建设税和教育费附加。

城市维护建设税就是为了改善和维护城市建设筹集专项资金,依据纳税人实际缴纳的增值税、消费税、营业税(以下简称"三税")税额而征收的一种税。教育费附加是为加快发展地方教育事业、扩大地方教育经费的资金来源,依据纳税人实际缴纳的增值税、营业税、消费税税额而征收的一种税。城市维护建设税及教育费附加的征收情况如表3-4所示。

表3-4 城建税及教育费附加的征税依据及税率

税种	征收对象	计税依据	税率或征收率	申报缴纳日期
城建税	缴纳增值税、消费税、营业税的单位和个人	实际缴纳的增值税、消费税、营业税税额	省辖市、地辖市市区为7%;县城、建制镇为5%;不在市区、县城或建制镇的为1%	随同"三税"在每月15日内缴纳
教育费附加			3%	

例3-6 某市印刷厂为增值税一般纳税人,2010年1月发生以下业务:①接受某杂志社委托为其印刷增刊(有统一刊号),印刷厂自行购买纸张,取得的增值税专用发票上注明价款40 000元,向杂志社开具的增值税专用发票上注明金额100 000元;②为某学校印刷复习资料1000册,普通发票上注明的印刷费为4000元;③接受某出版社委托,印刷图书5000册,纸张由出版社提供,每册书不含税印刷费12元,另收运输费1000元;④为免税产品印刷说明书收取含税加工费5000元;⑤向废旧物资回收单位销售过期的报刊、印刷过程中产生的边角废料纸张,开具普通发票,共取得收入3510元;⑥购买一台设备,取得增值税专用发票上注明税金17 000元;购进税控收款机取得的增值税专用发票上注明增值税为1020元,相关发票已经通过认证;⑦上月购进的价值30 000元(不含税价)的纸张因管理不善浸水,无法使用;⑧取得乙公司的一栋房产用于抵偿货款,双方作价30万元。当月印刷厂将该项房产以50万元的价格转让给丙企业。要求:根据上述资料,按下列序号计算回答问题,每问需计算出合计数:

(1) 杂志社印刷杂志业务的增值税销项税为( )元。
    A. 13 000   B. 17 000   C. 6800   D. 0

(2) 计算该企业当月销项税额合计( )元。
    A. 29 162.99   B. 25 410   C. 25 261.79   D. 25 162.99

(3) 计算该企业当月应纳增值税税额( )元。
    A. 9442.99   B. 5442.99   C. 742.78   D. 412.16

(4) 该印刷厂应纳城建税及教育费附加为( )元。
    A. 1544.30   B. 1435.52   C. 1435.44   D. 1944.30

解：(1) 图书及农副产品采用低税率13%，杂志社印刷杂志业务的增值税销项税：

$$销项税 = 100\,000 \times 13\% = 13\,000(元)$$

(2) 向废旧物资回收单位销售货物的增值税销项税：

$$销项税 = 3510 \div (1+17\%) \times 17\% = 510(元)$$

该企业当月销项税额：

$$\begin{aligned}销项税 &= 13\,000 + 510 + 4000 \div (1+17\%) \times 17\% + 5000 \times 12 \times 17\% + \\ & \quad (5000+1000) \div (1+17\%) \times 17\% \\ &= 25\,162.99(元)\end{aligned}$$

(3) 该企业当月进项税额：

当月可以抵扣进项税 $= 40\,000 \times 17\% + 17\,000 + 1020 - 30\,000 \times 17\% = 19\,720(元)$

该企业当月应纳增值税税额：

$$\begin{aligned}当月应纳增值税 &= 当月销项税 - 当月进项税 \\ &= 25\,162.99 - 19\,720 = 5442.99(元)\end{aligned}$$

(4) 将抵债房产转让应缴纳营业税 $= (500\,000 - 300\,000) \times 5\% = 10\,000(元)$。

该印刷厂应纳城建税及教育费附加 $= (5442.99 + 10\,000) \times (7\% + 3\%) = 1544.30(元)$。

2) 资源税类

资源税类是以被开发或占用资源为征收对象的税种，如资源税、城镇土地使用税，主要针对因开发和利用自然资源而形成的级差收入发挥调节作用。

(1) 资源税。

资源税对在我国境内开采原油、天然气、煤炭、其他非金属矿原矿、黑色金属矿原矿、有色金属矿原矿及生产盐的单位和个人征收。征收资源税的主要目的在于调节因资源条件差异而形成的资源级差收入，促进国有资源的合理开采与利用，同时为国家取得一定的财政收入。资源税的应纳税额按照应税产品的课税数量和规定的单位税额计算：

$$应纳税额 = 课税数量 \times 单位税额$$

国家依照产品类别和不同的资源条件规定相应的单位税额。对于矿产品，征收资源税后不再征收增值税；对于盐，除征收资源税外，还要征收增值税。

(2) 土地使用税。

土地使用税是国家在城市、农村、县城、建制镇和工矿区，对使用土地的单位和个人征收的一种税。土地使用税以纳税人实际使用的土地面积为计税依据，按大、中、小城市和县城、建制镇、工矿、农村分别规定单位面积年税额。

国家规定对农、林、牧、渔业的生产用地，国家机关、人民团体、军队及事业单位的自用土地免征土地使用税。对一些重点发展产业也有相应的减免税规定。

3) 所得税类。

指以单位(法人)或个人(自然人)在一定时期内的纯所得额为征税对象的各个税种，包括企业所得税(包括国内企业、外商投资企业、外国企业所得税)和个人所得税。纳税人应纳税额，按应纳税所得额乘以适用税率计算。企业所得税税率一般为25%。该税种主要对生产经营者的利润和个人纯收入发挥调节作用。

4) 特定目的的税类。

特定目的税指国家为达到某种特定目的而设立的各种税，主要指城乡维护建设税。

城市维护建设税是为保证城市维护和建设有稳定的资金来源而征收的一种税。凡有经营收入的单位和个人,除另有规定外,都是城市维护建设税的纳税义务人,城市维护建设税以纳税人的产品销售收入额、营业收入额及其他经营收入额为计税依据,税率由各省、市、自治区根据当地经济状况与需要确定不同市县的适用税率。

对于工业企业来说,土地使用税、房产税、印花税以及进口原材料和备品备件的关税等均可计入成本费用中。计算企业销售利润(或营业利润)时,从销售(营业)收入中减除的销售税金是指消费税、营业税、城市维护建设税以及教育费附加。投资方向调节税最终计入固定资产原值。所得税从销售利润中扣除。

3.3.2 营业收入

销售过程是项目再生产过程的重要一环,也是实现项目目标必不可少的一部分,其主要作用就是收回投资、成本费用和获利的货币资金,是工程项目财务收益的主要来源。

项目经济评价中,营业收入包括销售产品或提供服务所获得的收入,它是工程项目财务收益的主要来源,其估算的基础数据包括产品和服务的数量和价格。因此,营业收入估算是以对目标市场进行有效需求分析、项目产品或服务的市场预测、项目建设规模、产品或服务方案为基础,分析产品和服务的价格,采用价格基点、价格体系、价格预测方法,论证采用价格的合理性。各期运营负荷(产品和服务的数量)应根据技术的成熟度、市场开发的成熟度、产品的寿命期、需求量的增减变化等因素,结合行业和项目特点,合理确定。

营业收入包括产品销售收入和其他收入,产品销售收入包括销售产成品、自制半成品、提供工业性劳务等取得的收入。其他收入包括材料销售、资产出租、外购商品销售、无形资产转让及提供非工业性劳务等取得的收入。

1. 销售收入

销售收入是企业销售产品或提供劳务等取得的货币收入,它是投资项目财务收益的主要来源。

销售收入是以货币形式表现的项目销售产品或提供服务取得的收入。它是反映项目总量劳动成果的效益类指标,是销售数量和价格的乘积。

$$销售收入 = 销售数量 \times 价格 \tag{3-27}$$

价格是进行项目经济评价的基础数据,其选取是否合理,将直接影响评价结果。

1) 市场价格和影子价格

在对项目进行国民经济评价时,基于社会资源合理配置的原则,从国家整体角度考察项目的效益和费用,价格采用影子价格,包括影子工资、影子汇率和一般商品影子价格(影子价格、影子工资、影子汇率的内容请参阅第8章)。影子价格反映了对商品价值的真实度量。

在对项目进行财务评价时,基于考察项目自身的财务盈利能力、清偿能力和外汇平衡的目的,采用市场价格,即现行价格体系基础上的预测价格。

2) 绝对价格和相对价格

绝对价格反映了用货币的绝对值表示单个商品的价值,相对价格表示的是一种商品用另一种商品表示的价值。在项目的寿命期内,由于通货膨胀或生产效率的变化,绝对价格的水平可能会有变化,这种变化不一定会导致相对价格的变化。预测价格应考虑价格变动因素,即各种商品相对价格变动和价格总水平的变动(通货膨胀或通货紧缩)。由于建设期和生产经营期的投入产出不同,应区别对待。建设期因为在投资估算中已经预留了涨价预备费,因此可采用固定价格计算投资费用。

3) 固定价格和变动价格

固定价格是指在项目生产经营期不考虑价格相对变动和通货膨胀影响的不变价格,即在整个生产经营期内都用这一预测的固定价格,作为计算销售收入的预测价格。变动价格是考虑在项目运营期内价格相对变动和通货膨胀的价格。它又分两种情况:一是只考虑价格相对变动因素引起的变动价格;二是既考虑价格相对变动,又考虑通货膨胀因素引起的变动价格。变动价格原则上在生产经营期内每年都是变动的,为了简便有些年份可采用同一价格。

进行项目财务盈利能力分析时,计算期内各年采用的预测价格,是在基年(或建设期初)物价总水平的基础上预测的,只考虑相对价格变化,不考虑物价总水平的上涨因素,以消除通货膨胀因素对盈利性指标的影响。

进行项目财务清偿能力分析时,计算期内各年采用的预测价格,除考虑相对价格的变化外,还要考虑物价总水平的上涨因素,以反映通货膨胀因素对偿债能力的影响。

财务评价计算销售收入及生产成本所采用的价格,可以是含增值税的价格,也可以是不含增值税的价格,在评价时应予以说明。

2. 利润

营业收入是项目盈利的基础,但利润才是企业或项目经济目标的集中体现,利润是一定时期内,项目生产经营活动的净成果。利润的构成有不同的层次,根据经济分析的不同需要可分为营业利润、利润总额和税后利润等。

销售利润是销售收入扣除成本、费用和各种流转税及附加税费后的余额。计算公式为

$$销售利润 = 产品销售利润 + 其他销售利润 - 管理费用 - 财务费用 \tag{3-28}$$

$$\begin{aligned}产品销售利润 = &产品销售收入 - 产品销售成本 - \\&产品销售费用 - 产品销售税金及附加\end{aligned} \tag{3-29}$$

$$其他销售利润 = 其他销售收入 - 其他销售成本 - 其他销售税金及附加 \tag{3-30}$$

利润总额是企业在一定时期内实现盈亏的总额,是企业最终的财务成果。计算公式为

$$利润总额 = 销售利润 + 投资净收益 + 营业外收入 - 营业外支出 \tag{3-31}$$

式中,投资净收益是企业对外投资收入减去投资损失后的余额。

税后利润是企业利润总额扣除应交所得税后的利润。

根据我国税法规定,我国任何企业凡来源于生产和经营的所得在取得利润后,均应先向国家缴纳所得税,在利润总额中扣除所得税后就获得净利润,计算公式为

$$净利润 = 利润总额 - 所得税 \tag{3-32}$$

可分配利润是指在公司的净利润中扣除职工福利及奖金后,再加上上一年度未分配利润。

3.3.3 利润分配

利润分配体现形式主要是利润分配表。利润分配表是反映企业一定期间对实现净利润的分配或亏损弥补的会计报表,是利润表的附表,说明利润表上反映的净利润的分配去向。通过利润分配表,可以了解企业实现净利润的分配情况或亏损的弥补情况,了解利润分配的构成,以及年末未分配利润的数据。

我国利润分配有一定的顺序,具体分配顺序如下:

(1) 计算可供分配的利润。将本年净利润(或亏损)与年初未分配利润(或亏损)合并,

计算出可供分配的利润。如果可供分配的利润为负数(即亏损),则不能进行后续分配;如果可供分配的利润为正数(即本年累计盈利),则进行后续分配。

(2) 计提法定盈余公积金。按抵减年初累计亏损后的本年净利润计提法定盈余公积金。提取盈余公积金的基数,不是可供分配的利润,也不一定是本年的税后利润。只有不存在年初累计亏损时,才能按本年税后利润计算应提取数。这种"补亏"是按账面数字进行的,与所得税法的亏损后转无关,关键在于不能用资本发放股利,也不能在没有累计盈余的情况下提取盈余公积金。

(3) 计提公益金。即按上述步骤以同样的基数计提公益金。

(4) 计提任意盈余公积金。

(5) 向股东(投资者)支付股利(分配利润)。

公司股东大会或董事会违反上述利润分配顺序,在抵补亏损和提取法定盈余公积金、公益金之前向股东分配利润的,必须将违反规定发放的利润退还公司。

本 章 小 结

本章介绍了有关投资、成本费用的构成及估算,主要包括以下内容。

工程经济分析的要素主要包括投资、营业收入、生产经营成本费用、利润以及税金。

项目投资包括建设投资、建设期利息和流动资金,其中建设期投资后形成固定资产、无形资产和其他资产。建设投资的估算方法包括单位生产能力投资估算法、指数估算法、分项比例估算法和概算指标估算法。流动资金估算方法包括扩大指标估算法和分项详细估算法。

工程项目生产期发生的全部费用称为总成本费用,等于生产成本加期间成本。费用的估算方法有详细估算法和概略估算法。

工程经济分析中的税金主要包括增值税、营业税、消费税、所得税、资源税、城市维护建设税和教育附加费。在税金的计算时应注意取费的基础和税率。

思 考 与 练 习

3-1 何谓投资?简述投资的组成。

3-2 简述固定资产投资、流动资产投资在工程经济分析中的特征。

3-3 简述投资估算的方法。

3-4 成本的含义及意义是什么?

3-5 为什么在工程经济分析中要使用经营成本?

3-6 机会成本的概念及其意义是什么?

3-7 什么是营业税?哪些行业或行为需缴纳营业税?

3-8 某国有工业企业,今年度生产经营情况如下:

(1) 销售收入 5000 万元,销售成本 3600 万元,主营业务税金及附加 140 万元。

(2) 其他业务收入 70 万元,其他业务支出 50 万元。

(3) 发生营业费用 300 万元,管理费用 500 万元,财务费用 200 万元。

(4) 发生营业外支出 160 万元。

(5) 投资收益 9 万元。

试计算该企业今年应缴纳的所得税。

第4章 工程项目经济评价

学习目标：通过本章学习，了解工程项目方案经济性评价的核心内容是经济效果评价；理解工程项目方案的类型，掌握各个静态评价指标的定义和静态评价指标的计算，以及各个动态评价指标的定义和动态评价指标计算。熟练掌握独立方案、互斥方案、相关方案等的经济效果及评价比选。

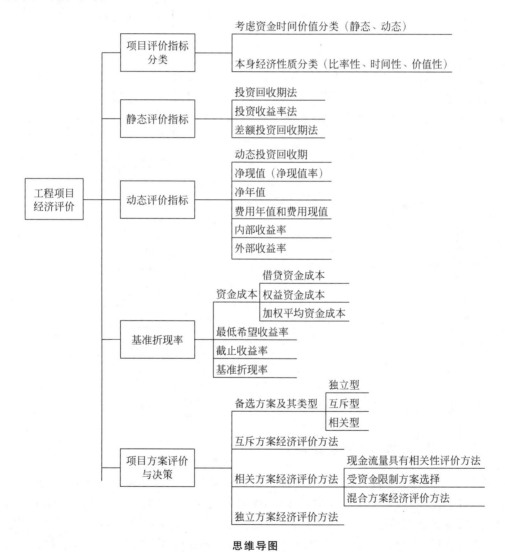

思维导图

课程思政：独立方案、互斥方案、相关方案等的选择，互斥方案的选择原则为非彼即此，如鲁迅弃医从文的故事，有舍才有得，让学生树立人生理想，激励自己不断超越自己，感受实现自身价值的喜悦,选择了自己的人生道路后应脚踏实地、全力以赴地为实现自己的理想付出努力。

4.1 项目评价指标分类

4.1.1 按指标是否在计算中考虑资金时间价值分类

根据是否考虑资金的时间价值,项目的评价方法可分为静态评价和动态评价两大类,如图 4-1 所示。

静态评价是指在进行项目方案效益和费用的计算时,不考虑资金的时间价值,不计利息。因此,静态评价比较简单、直观、使用方便,但不够精确。静态评价常用于项目的初步可行性研究,对方案进行粗略分析评价和初选。

动态评价是指在计算项目方案的效益和费用时,考虑资金的时间价值,采用复利计算方法,把不同时间点的效益和费用折算为同一时间点的等值价值,为项目方案的经济比较确立相同的时间基础。动态评价主要用于项目详细可行性研究阶段,是项目经济评价的主要方法。

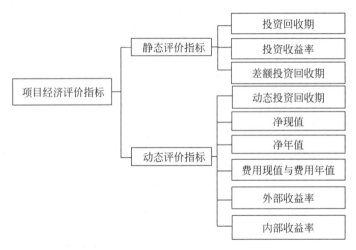

图 4-1 项目经济评价指标体系(按时间价值分类)

4.1.2 按指标本身的经济性质分类

在工程项目经济评价中,项目经济评价指标按本身的经济性质一般可以分为三大类:第一类是以时间单位计量的时间性指标,如投资回收期;第二类是以货币单位计量的价值性指标,如净现值、净年值、费用现值、费用年值等;第三类是反映资金利用效率的效率性指标,如投资收益率、内部收益率、净现值指数等。这三类指标从不同角度考察项目的经济性,在对项目方案进行经济效益评价时,应当尽量同时选用这三类指标以利于较全面地反映项目的经济性。项目的经济评价指标分类如图 4-2 所示。

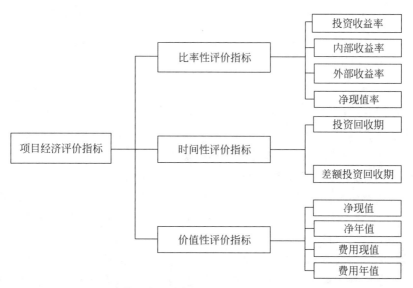

图 4-2 项目的经济评价指标体系(按指标的经济性质分类)

4.2 静态评价指标

静态评价指标是不考虑资金时间价值的,因此主要用于对项目进行粗略评价的项目初选阶段,或是用于对短期投资项目的经济评价。这类指标大多简明易算。

4.2.1 投资回收期法

投资回收期(T),又称为反本期,是指项目投产后,以项目的净收益(包括利润和折旧)将项目全部投资(固定资产投资和流动资金)收回所需要的时间。通常以"年"为单位,从投资开始年算起,如果从投产年算起时,应予注明。投资回收期是考察项目在财务上的投资回收能力的重要静态评价指标。其表达式为

$$\sum_{t=0}^{T_P}(CI-CO)_t=0 \tag{4-1}$$

式中,CI——现金流入量;
CO——现金流出量;
$(CI-CO)_t$——第 t 年的净现金流量;
T_P——静态投资回收期。

按式(4-1)计算所得的项目投资回收期 T_P 还要与行业的基准投资回收期 T_0 比较,判别准则为:若 $T_P \leqslant T_0$,表明项目投资能在规定的时间内收回,故项目可以考虑接受;$T_P > T_0$,则表示项目未满足行业项目投资盈利性和风险性要求,应予拒绝。投资回收期可根据现金流量表中累计净现金流量计算求得。

$$T_P = T - 1 + \frac{第\ T-1\ 年累计净现金流的绝对值}{第\ T\ 年的净现金流量} \tag{4-2}$$

式中,T——累计净现金流量开始出现正值的年份。

当投资为期初一次性投资,每年净收益相同或基本相同时,投资回收期的公式为

$$T_P = \frac{K}{R} \tag{4-3}$$

式中,K——总投资;
R——年净收益。

静态投资回收期指标的主要优点是:
(1) 概念清晰,简单易算;
(2) 在资金短缺的情况下,它能显示收回原始投资的时间长短;
(3) 它能为决策者提供一个未收回投资以前承担风险的时间。

因为项目决策面临着未来不确定因素的挑战,这种不确定性所带来的风险随着时间的延长而增加,为了减少这种风险,就必然希望投资回收越短越好。因此投资回收期指标不仅在一定程度上反映项目的经济性,而且反映项目的风险大小。

投资回收期指标的不足之处是:
(1) 它不能提供返本期以后企业收益的变化情况,对于寿命较长的工程项目来说,这是一个不完整的评价结论;
(2) 它反映了项目的偿还能力,但反映不出投资的可盈利性;
(3) 它没有考虑投资方案在整个计算期内现金流量发生的时间。

由于存在上述不足,用投资回收期指标来评选方案时,有时会出现决策失误。因此,投资回收期指标被广泛用作项目评价的辅助指标,与其他指标结合使用,以弥补其不足。

例 4-1 某项目的建设期为 2 年,第一年年初投资 100 万元,第二年年初投资 150 万元,第三年开始投产并达 100% 的设计能力。每年销售收入为 200 万元,经营成本为 120 万元,销售税等支出为销售收入的 10%,主管部门规定投资回收期为 $T_0=9$ 年,试用投资回收期法判断该项目是否可行?

解: 项目前 9 年的收入、支出情况如表 4-1 所示。

表 4-1 项目投资及年净收益表　　　　　　　　　　单位:万元

	0	1	2	3	4	5	6	7	8	9
固定资产	100	150								
经营成本				120	120	120	120	120	120	120
销售收入				200	200	200	200	200	200	200
销售税后收入				72	72	72	72	72	72	72
净现金流	−100	−150		72	72	72	72	72	72	72
累计净现金流	−100	−250	−250	−178	−106	−34	38	110	182	254

$$T_P = 6 - 1 + \frac{34}{72} = 5.47 (年)$$

因为 $T_P \leqslant T_0 = 9$ 年,所以方案在经济上合理可行。

例 4-2 某建设项目总投资 1000 万元,建设期三年,第一年年初投资 300 万元,第二年年初投资 500 万元,第三年年初投资 200 万元,项目建成后,开始投产但未立即达到 100% 的设计能力,第一年净收益 100 万元,第二年 100 万元,第三年 300 万元,第四年 300 万元,第五年 400 万元,第六年 400 万元,主管部门规定投资回收期为 $T_0=8$ 年,试用投资回收期

法判断该项目是否可行？

解：项目前 8 年的收入、支出情况如表 4-2 所示。

表 4-2　项目收支情况表　　　　　　　　　　单位：万元

	0	1	2	3	4	5	6	7	8
固定资产	300	500	200						
年净收益				100	100	300	300	400	400
累计净收益	-300	-800	-1000	-900	-800	-500	-200	200	600

$$T_P = 7 - 1 + \frac{200}{400} = 6.5 (\text{年})$$

因为 $T_P \leqslant T_0 = 8$ 年，所以方案在经济上合理可行。

4.2.2　投资收益率法

投资收益率又称投资效果系数，是工程项目在正常生产年份的净收益与投资总额的比值。其表达式为

$$R'_a = \frac{H_m}{K_0} \times 100\% \tag{4-4}$$

式中，R'_a——投资收益率；

H_m——年收益；

K_0——项目总投资。

根据分析目的的不同，表达式中的分子可以是年利润总额，也可以是利税总额或净产值等。所以，根据分子的具体含义，计算出的投资收益率可具体分为投资利润率、投资利税率或投资净产值率等。

由此可见，投资收益率指标是考察项目单位投资的盈利能力的静态指标。其含义是，单位投资所能获得的年净收益，比如，投资利润率为 15%，则说明每 100 元投资每年可获利润 15 元。计算所得的投资收益率，还要与行业或部门的平均投资收益率 R_a 相比较。若 $R'_a \geqslant R_a$，则可以考虑接受项目；若 $R'_a < R_a$，则项目不可取，应予以拒绝。

例 4-3　拟建某条高速公路，总投资 2000 亿元，预计投入运营后每年运营收入 1000 亿元，年运营成本和税金为 400 亿元，高速公路的基准投资收益率 $R_a = 20\%$，试分析该项目是否可行？

解：$R'_a = \frac{H_m}{K_0} \times 100\% = \frac{1000-400}{2000} \times 100\% = 30\%$

因为 $R'_a > R_a = 20\%$，所以方案在经济上合理可行。

4.2.3　差额投资回收期法

投资回收期法和投资收益率法，都是反映工程项目的绝对经济效益，用于评价单方案或独立方案自身的经济效益。但在考察投资活动时，往往需要对互斥方案之间的相对经济效益进行比较，可采用差额投资回收期法。

对于投资不同、产出相同的两个方案，往往有投资大的方案年经营成本低，投资小的方案年经营成本高的情况。这时我们在比较方案优劣时就可以采用差额投资回收期或差额投

资收益率指标,这两个指标只反映方案之间的相对经济性。

差额投资回收期是指一个方案比另一个方案所追加的投资,用年费用的节约额或超额年收益去补偿增量投资所需要的时间。当投资回收期用于评价两个方案的优劣时,通常采用差额投资回收期指标。

设某项目有两个投资方案,投资分别为 I_1、I_2,年费用(成本)分别为 C_1、C_2,年产量相同,且 $I_2 \geq I_1$,$C_2 \leq C_1$,则差额投资回收期 ΔT 计算公式为

$$\Delta T = \frac{I_2 - I_1}{C_1 - C_2} \tag{4-5}$$

将求出的 ΔT 与基准投资回收期 T_b 相比较,其判别准则为:若 $\Delta T \leq T_b$,则投资大、经营费用小的方案为优;若 $\Delta T > T_b$,则投资小、经营费用大的方案为优。

例 4-4 某投资项目有三个方案可供选择,三方案年产量相同,有关数据如表 4-3 所示。若基准投资回收期为 5 年,试选择最优方案。

表 4-3 三方案情况

项目	方案 1	方案 2	方案 3
投资 I/万元	1000	1200	1500
年经营成本 C/万元	1400	1300	1250

解:

$$\Delta T_{21} = \frac{I_2 - I_1}{C_1 - C_2} = \frac{1200 - 1000}{1400 - 1300} = 2(年)$$

$$\Delta T_{31} = \frac{I_3 - I_1}{C_1 - C_3} = \frac{1500 - 1000}{1400 - 1250} = 3.3(年)$$

$$\Delta T_{32} = \frac{I_3 - I_2}{C_2 - C_3} = \frac{1500 - 1200}{1300 - 1250} = 6(年)$$

因为基准投资回收期为 5 年,而 $\Delta T_{21} < \Delta T_{31} < 5$,所以投资大、经营费用小的方案 2 为优;而 $\Delta T_{32} > 5$,所以投资小、经营费用大的方案 2 为优。

综上所述,方案 2 为最优方案。

4.3 动态评价指标

动态评价指标不仅考虑了资金的时间价值,而且考察了项目在整个寿命期内收入与支出的全部经济数据。因此其要比静态评价指标更全面、更科学,多用于项目决策前的可行性研究阶段。

4.3.1 动态投资回收期

$$\sum_{t=0}^{T_p^*} (CI - CO)_t (1 + i_0)^{-t} = 0 \tag{4-6}$$

式中,i_0——基准贴现率;

T_p^*——动态投资回收期。

为了克服静态回收期不考虑资金时间价值的缺点,可采用动态投资回收期,用 T_p^* 表示,则 T_p^* 是能使式(4-6)成立的值。

动态回收期也可以从财务现金流量表(全部投资)中求得,计算公式为

$$T_p^* = 累计折现值开始出现正值的年份数 - 1 + \frac{上年累计折现值的绝对值}{当年净现金流量的折现值} \quad (4-7)$$

4.3.2 净现值

净现值(NPV)是指利用项目方案所期望的基准收益率,把项目寿命期内各年的净现金流量折算到建设期初的现值之和。其表达式为

$$\text{NPV} = \sum_{t=0}^{n}(\text{CI}_t - \text{CO}_t)(1+i_0)^{-t} = \sum_{t=0}^{n}(\text{CI}_t - K_t - \text{CO}'_t)(1+i_0)^{-t} \quad (4-8)$$

式中,NPV——净现值;

CI_t——第 t 年的净现金流入量;

CO_t——第 t 年的现金流出量;

CO'_t——第 t 年,除投资以外的现金流出量;

K_t——第 t 年的追加投资;

n——寿命年限;

i_0——基准折现率。

NPV 净现值的计算结果判断分三种情况:①NPV=0,表示项目方案实施后的投资收益率正好达到基准收益率的水平,即能够达到投资者的期望收益水平;②NPV>0,表示项目方案实施后的投资收益率不仅能够达到基准收益率的水平,而且还能得到超额现值收益;③NPV<0,表示项目方案实施后的投资收益率达不到基准收益率的水平,即投资收益较低,达不到投资者的期望目标。因此,将净现值指标用于方案评价时,对于单方案而言,若 NPV≥0,则方案是可取的;若 NPV<0,则方案应予以拒绝。而在多方案比较时,在 NPV≥0 的前提下,净现值越大的方案相对越优,这就是净现值最大准则。

例 4-5 某项目的建设期为 2 年,第一年年初投资 100 万元,第二年年初投资 150 万元,第三年开始投产并达 100% 的设计能力,项目建成后寿命为 10 年,每年销售收入为 200 万元,经营成本为 120 万元,销售税等支出为销售收入的 10%,在 i_0 为 10% 的情况下求 NPV。

解:根据净现值的计算式求得

NPV(10%) = $-100 - 150(P/F, 10\%, 1) +$

$(200 - 120) \times (1 - 10\%)(P/A, 10\%, 10)(P/F, 10\%, 2)$

$= -100 - 150 \times 0.9091 + 72 \times 6.145 \times 0.8264 = 129.27$(万元)

例 4-6 某项目现金流量如表 4-4 所示,试用净现值指标判断项目的经济性($i=10\%$)。

表 4-4 例 4-6 现金流量表　　　　　　　　　　单位:万元

	0	1	2	3	4~10
1. 投资支出	10	250	50		
2. 投资以外的其他支出				150	225
3. 收入				225	350
4. 净现金流量	−10	−250	−50	75	125

解：
$$NPV = -10 - 250(P/F,10\%,1) - 50(P/F,10\%,2) + 75(P/F,10\%,3) + 125(P/A,10\%,7)(P/F,10\%,3) = 234.99(万元)$$

净现值率在多方案进行比较的情况下，有时不能仅根据净现值的大小来选优。因为净现值是一个绝对值，它的大小只说明方案超出基准收益率水平的超额盈利现值的多少，而不能反映出资金的利用效率。因此单纯用净现值最大作为方案选优的标准，就有可能发生这样的情况：往往会选择盈利多但投资额也大的方案为最优，而忽视盈利额较大投资额较小，但经济效果好的方案。为此，在应用净现值指标于多方案比较时，还应同时计算净现值率(NPVI)指标作为净现值的辅助评价指标，需进一步分析单位投资的净现值。净现值率(NPVI)指的是项目的净现值与投资现值的比值。其计算公式为

$$NPVI = NPV/K_P \tag{4-9}$$

式中，K_P——项目全部投资的现值。

对于单一项目而言，若 NPV≥0，则 NPVI≥0；若 NPV≤0，则 NPVI≤0(因为 K_P>0)。所以，NPVI 项目经济效果与 NPV 相同。所以下面只讨论与 NPV 有关的两个问题：

1. 净现值函数以及 NPV 对 i 的敏感性问题

所谓净现值函数就是 NPV 与折现率 i 之间的函数关系。表 4-5 列出了某项目的净现金流量及其净现值随 i 变化而变化的对应关系。

表 4-5 某项目的净现金流量及其净现值函数

年　份	0	1	2	3	4
净现金流量/万元	-1000	400	400	400	400

表 4-5 净现金流量的净现值 $NPV(i) = -1000 + 400(P/A,i,4)$，见表 4-6。

表 4-6 表 4-5 项目的净现值函数及计算

$i/\%$	0	10	20	22	30	40	50	∞
NPV/万元	600	268	35.6	0	-133.6	-260.4	-358	-1000

若纵坐标表示净现值，横坐标表示折现率，上述关系如图 4-3 所示。

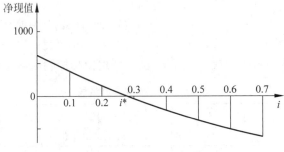

图 4-3 净现值曲线图

从图 4-3 中，可以发现净现值函数一般有如下特点：

(1) 同一净现金流量的净现值随折现率 i 的增大而减少。故基准折现率 i 定得越高,能被接受的方案越少。

(2) 在某一个 i^* 值上,净现值为 0,且当 $i<i^*$ 时,$NPV(i)>0$;$i>i^*$ 时,$NPV(i)<0$。i^* 是具有重要经济意义的折现率临界位,后面还要对它作详细求解分析。

净现值对折现率 i 的敏感性问题是指,当 i 从某一值变为另一值时,若按净现值最大的原则优选项目方案,可能出现前后结论相悖的情况。表 4-7 列出了两个互相排斥的方案 A 与 B 的净现金流量及其在折现率分别为 10% 和 20% 时的净现值。

表 4-7 方案 A、B 在基准折现率变动时的净现值 单位:万元

方案	年份						NPV(10%)	NPV(20%)
	0	1	2	3	4	5		
A	−460	200	200	200	100	100	167.76	49.71
B	−200	60	60	120	120	120	150.76	67.21

由表 4-7 可知,在 i 为 10% 和 20% 时,两方案的净现值均大于零。根据净现值越大越好的原则,当 $i=10\%$ 时,$NPV_A>NPV_B$,故方案 A 优于方案 B;当 $i=20\%$ 时,$NPV_A<NPV_B$,则方案 B 优于方案 A。这一现象对投资决策有重要意义。例如,假设在一定的基准折现率 i_0 和投资总限额 K_0 下,净现值大于零的项目有 5 个,故上述项目均被接受;按净现值的大小,设其排列顺序为 A,B,C,D,E。但若现在的投资总额必须压缩,减至 K_1 时,新选项目是否仍然会遵循 A,B,C,… 的原顺序排列直至达到投资总额为止呢?一般说是不会的。随着投资限额的减少,为了减少被选取的方案数(准确地说,是减少被选取项目的投资总额),应当提高基准折现率。但基准折现率由 i_0 提高到 i_1 后,由于各项目方案净现值对基准折现率的敏感性不同,原先净现值小的项目,其净现值现在可能大于原先净现值大的项目。因此,在基准折现率随着投资总额变动的情况下,按净现值准则选取项目事实上不一定会遵循原有的项目排列顺序。

2. 净现值指标的经济合理性

工程经济分析的主要目的在于进行投资决策,即是否进行投资,以多大规模进行投资。体现在投资项目经济效果评价上,要解决两个问题:什么样的投资项目可以接受?有众多备选投资方案时,哪个方案或哪些方案的组合最优?方案的优劣取决于它对投资者目标贡献的大小,在不考虑其他非经济目标的情况下,企业追求的目标可以简化为同等风险条件下净盈利的最大化,而净现值就是反映这种净盈利的指标,所以,在多方案比选中采用净现值指标和净现值最大准则是合理的。

对于企业投资项目而言,经济效果的好坏与其生产规模有密切关系,确定最佳生产规模一直是工程经济学十分关心的问题。生产规模取决于投资规模,最佳投资规模也就是使企业获得最大净现值的投资规模。

$$NB_P = \sum_{t=1}^{n} NB_t (1+i_0)^{-t} \tag{4-10}$$

净现值的表达式可以写成

$$NPV = NB_P - K_P \tag{4-11}$$

式中，NB_P——各年净收入的现值之和；

K_P——项目投资现值；

NB_t——寿命期内各年净收入。

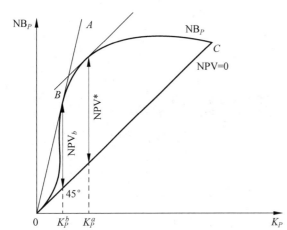

图 4-4 最佳经济规模的曲线图

由于 NB_P 可以看成 K_P 的函数，按照规模经济原理，随着投资规模增大，边际投资带来的净收入现值 NB_P 开始时递增，超过最佳投资规模后递减。NB_P 与 K_P 的关系曲线如图 4-4 所示。要使企业获得的 NPV 最大，必须满足

$$\frac{dNPV}{dK_P}=\frac{dNB_P}{dK_P}-1=0$$

即

$$dNB_P = dK_P \quad (4\text{-}12)$$

在图 4-4 中，NB_P 为纵坐标，K_P 为横坐标，与横坐标成 $45°$ 角的直线是 NPV=0（即 $NB_P = K_P$）的方案集合。

NB_P 曲线上满足式(4-12)的点是 A 点，A 点的切线斜率与净现值为零的直线斜率相同。A 点所对应的投资规模 K_P^* 为最佳规模，这一投资规模下的净现值 NPV^* 最大。

满足式(4-12)表示投资带来的边际净收入现值之和(dNB_P)与边际投资现值(dK_P)相等，对应的 NPV 最大。这实际上是工程经济学中边际原理的一种具体应用。边际原理认为，边际收入等于边际成本时企业实现的利润最大。因此，从经济学原理的角度看，在对投资额不等的备选方案进行比选时，应该采用净现值最大准则。

应该指出，若采用净现值指数指标对投资额不等的备选方案进行比选，可能会导致不正确的结论。由式(4-9)和式(4-11)得净现值指数的表达式为

$$NPVI = \frac{NB_P - K_P}{K_P}$$

要使 NPVI 最大，须满足

$$dNPVI = \frac{1}{K_P}\left(\frac{dNB_P}{dK_P}-1\right)-\frac{1}{K_P^2}(NB_P-K_P)$$

即

$$\frac{dNB_P}{dK_P}=\frac{NB_P}{K_P} \quad (4\text{-}13)$$

图 4-4 中，满足式(4-13)的点是 B 点，这一点的切线 OB 的斜率等于 NB_P/K_P，B 点所对应的投资规模为 K_P^b，小于最佳投资规模 K_P^*，相应的净现值 NPV_b 也小于 NPV^*。因此，在进行多方案比选时，以 NPVI 最大为准则，有利于投资规模偏小的项目。NPVI 指标仅适用于投资额相近的方案比选。

如果将企业投资活动作为一个整体进行考察，往往需要从众多备选投资项目中选出一批项目进行投资。可以将所有备选项目按其 NPV 的大小依次排列，优先选择 NPV 大的项目进行投资。若把每一个项目看成一个边际投资单位，即把 dK_P 看成一个边际项目的投

资现值,把 dNB_P 看成一个边际项目的净收入现值总和,按照边际原理,在资金供应充足的条件下,最后一个被选中的边际项目应近似满足式(4-12)。这时企业从全部投资项目中获取的 NPV 总和最大。这就是以 NPV≥0 作为可接受项目标准的道理。

4.3.3 净年值

净年值(NAV)是通过资金等值换算将项目净现值分摊到寿命期内各年(从第 1 年到第 n 年)的等额年值。其表达式为

$$NAV = NPV(A/P, i_0, n) = \sum_{t=0}^{n}(CI_t - CO_t)(1+i_0)^{-t}(A/P, i_0, n) \quad (4-14)$$

式中,NAV——净年值;

$(A/P, i_0, n)$——资本回收系数;

其余符号意义同式(4-8)。

判别准则:若 NAV≥0,则项目在经济效果上可以接受;若 NAV<0,则项目在经济效果上不可接受。

将净年值的计算公式及判别准则与净现值的作一比较可知,由 $(A/P, i_0, n)>0$ 可知净年值与净现值在项目评价的结论上总是一致的。因此,就项目的评价结论而言,净年值与净现值是等效评价指标。净现值结论的信息是项目在整个寿命期内获取的超出最低期望盈利的超额收益的现值,与净现值所不同的是,净年值给出的信息是寿命期内每年的等额超额收益。由于信息的含义不同,而且由于在某些决策结构形势下,采用净年值比采用净现值更为简便和易于计算(后面再详述),故净年值指标在经济评价指标体系中占有相当重要的地位。

例 4-7 公司考虑用 A、B、C 三种型号的汽车,假设寿命均为 10 年,残值为零,$i_0=12\%$,各车型的投资和等额年净收益见表 4-8,请问选用哪种型号好?

表 4-8 例 4-7 投资和收益数据 单位:万元

车 型	A	B	C
初始投资	20	30	40
年纯收益(1~10 年)	6	8	9.2

解:下面我们分别用净现值法和净年值法进行计算分析。

(1) 净现值法。

因为 $NPV_A = 6.0(P/A, i_0, n) - 20$
$= 6.0 \times 5.6502 - 20$
$= 13.9$(万元)

$NPV_B = 8.0(P/A, i_0, n) - 30$
$= 8.0 \times 5.6502 - 30$
$= 15.2$(万元)

$NPV_C = 9.2(P/A, i_0, n) - 40$
$= 9.2 \times 5.6502 - 40$
$= 12.0$(万元)

$NPV_B > NPV_A > NPV_C$

所以选 B 型好。

（2）净年值法。

因为 $NAV_A = 6.0 - 20(A/P, i_0, n)$
$= 2.46(万元)$

$NAV_B = 8.0 - 30(A/P, i_0, n)$
$= 2.69(万元)$

$NPV_C = 9.2 - 40(A/P, i_0, n)$
$= 2.12(万元)$

$NAV_B > NAV_A > NAV_C$

所以选 B 型好。

从净现值法和净年值法的分析结果可以得出，净年值与净现值在项目评价的结论上是一致的。

4.3.4 费用现值与费用年值

在对多个方案比较选优时，如果诸方案产出价值相同，或者诸方案能够满足同样需要，其产出效益难以用价值形态（货币）计量（如环保、教育、保健、国防）时，可以通过对各方案费用现值或费用年值的比较进行选择。当方案采用费用现值或费用年值比较，方案中存在收益（比如残值等）时，收益应折减。

费用现值的表达式为

$$PC = \sum_{t=0}^{n} CO_t (P/F, i_0, t) \tag{4-15}$$

费用年值的表达式为

$$AC = PC(A/P, i_0, n) = \sum_{t=0}^{n} CO_t (P/F, i_0, t)(A/P, i_0, n) \tag{4-16}$$

式中，PC——费用现值；

AC——费用年值；

其他符号意义同式(4-8)。

费用现值和费用年值指标只能用于多个方案的比选，其判别准则是：费用现值或费用年值最小的方案为优。

例 4-8 运输基础设施寿命较长，可设为永久性工程系统，现这一运输基础设施有两个建设方案：方案 1 分两期建设，第一期投资 1000 万元，年运行费用 30 万元，第二期 10 年末投资建成，投资 1000 万元，建成后全部年运行费用 50 万元；方案 2 一次建成，期初一次性投资 1800 万元，前 10 年半负荷运行，年运行费用 40 万元，10 年后全负荷运行，年运行费用 60 万元。设 $i_0 = 8\%$，问哪一方案最优？

解：根据现金流量图 4-5 得

$$\lim_{n \to \infty}(A/P, i, n) = \lim_{n \to \infty} \frac{i(1+i)^n}{(1+i)^n - 1} = i$$

$$\lim_{n \to \infty}(P/A, i, n) = \lim_{n \to \infty} \frac{(1+i)^n - 1}{i(1+i)^n} = \frac{1}{i}$$

$$PC_1 = 1000 + 30(P/A, 8\%, 10) + [1000 + 50(P/A, 8\%, \infty)(P/F, 8\%, 10)] = 1954(万元)$$
$$PC_2 = 1800 + 40(P/A, 8\%, 10) + 60(P/A, 8\%, \infty)(P/F, 8\%, 10) = 2416(万元)$$

得 $PC_1 < PC_2$，所以方案 1 优于方案 2。

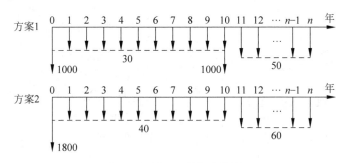

图 4-5 例 4-8 现金流量图

因为费用现值与费用年值的关系，恰如前述净现值和净年值的关系一样，所以就评价结论而言，二者是等效评价指标。二者除了在指标含义上有所不同外，就计算的方便简易而言，在不同的决策结构下，二者各有所长。

4.3.5 内部收益率

在所有的经济评价指标中，内部收益率(Internal Rate of Return, IRR)是最重要的评价指标之一。内部收益率简单说就是净现值为零时的折现率，即 IRR 是 NPV 曲线与横坐标交点处对应的折现率。

在图 4-6 中，随着折现率的不断增大，净现值不断减少。当折现率增至 22% 时，项目净现值为零。对该项目而言，其内部收益率即为 22%。

内部收益率可通过解下述方程求得

$$\text{NPV}(\text{IRR}) = \sum (CI_t - CO_t)(1 + \text{IRR})^{-t} = 0 \tag{4-17}$$

式中，IRR——内部收益率；

其他符号意义同式(4-8)。

判别准则：设基准折现率为 i_0，若 IRR$\geq i_0$，则项目在经济效果上可以接受；若 IRR$<i_0$ 小，则项目在经济效果上不可接受。

式(4-17)为高次方程，不容易直接求解，通常利用试算内插法求 IRR 的近似解。求解过程为：先给出一个折现率 i_1，计算相应的 $\text{NPV}(i_1)$，若 $\text{NPV}(i_1) > 0$，说明欲求的 IRR$>i_1$，若 $\text{NPV}(i_1) < 0$，说明欲求的 IRR$<i_1$，据此信息，将折现率修正为 i_2 求 $\text{NPV}(i_2)$ 的值。如此反复试算，逐步逼近，最终可得到比较接近的两个折现率 i_1 与 $i_2 (i_1 < i_2)$，使得 $\text{NPV}(i_1) > 0, \text{NPV}(i_2) < 0$，然后用线性插值的方法确定 IRR 的近似值。计算公式为

$$\text{IRR} = i_1 + \frac{\text{NPV}(i_1) \times (i_2 - i_1)}{\text{NPV}(i_1) + |\text{NPV}(i_2)|} \tag{4-18}$$

式(4-18)可参看图 4-6。证明如下：在图 4-6 中，当 $(i_2 - i_1)$ 足够小时，可以将曲线段 AB 近似看成直线段 AB，AB 与横坐标交点处的折现率 i^* 被当作 IRR 的近似值。$\triangle Ai_1 i^*$ 相似于 $\triangle Bi_2 i^*$，故有

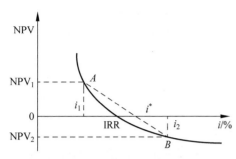

图 4-6 内部收益率的插值计算过程

$$\frac{i^*-i_1}{i_2-i^*}=\frac{NPV(i_1)}{|NPV(i_2)|}$$

等比例变换可得

$$\frac{i^*-i_1}{i_2-i^*}=\frac{NPV(i_1)}{NPV(i_1)+|NPV(i_2)|}$$

展开整理即可得式(4-18)。

上式计算误差与(i_2-i_1)的大小有关，且i_2与i_1相差越大，误差也越大，为控制误差，i_2与i_1之差一般不应超过0.05。

例 4-9 某项目净现金流量如表4-9所示。当基准折现率$i_0=12\%$时，试用内部收益率指标判断该项目在经济效果上是否可以接受。

表 4-9 例 4-9 项目的净现金流量表

年份的年末	0	1	2	3	4	5
净现金流量/万元	-100	20	30	20	40	40

解：设$i_1=10\%$，$i_2=15\%$，分别计算其净现值：

$$\begin{aligned}NPV_1 &= -100+20(P/F,10\%,1)+30(P/F,10\%,2)+20(P/F,10\%,3)+\\ &\quad 40(P/F,10\%,4)+40(P/F,10\%,5)\\ &= 10.16(万元)\end{aligned}$$

$$\begin{aligned}NPV_2 &= -100+20(P/F,15\%,1)+30(P/F,15\%,2)+20(P/F,15\%,3)+\\ &\quad 40(P/F,15\%,4)+40(P/F,15\%,5)\\ &= -4.02(万元)\end{aligned}$$

再用内插法算出内部收益率IRR：

$$IRR=10\%+(15\%-10\%)\times\frac{10.16}{10.16+4.02}=13.5\%$$

由于IRR(13.5%)大于基准折现率(12%)，故该项目在经济效果上是可以接受的。

内部收益率被普遍认为是项目投资的盈利率，反映了投资的使用效率，概念清晰明确。比起净现值与净年值，各行各业的实际经济工作者更喜欢采用内部收益率。

内部收益效率指标的另一个优点是，在计算净现值和净年值时都需事先给定基准折现率，这是一个既困难又易引起争论的问题；而内部收益率不是事先外部给定的，而是自身决定的，即由项目现金流计算出来的。基准折现率i_0不易被确定为单一值，而是落入一个小区间内。假如内部收益率在计算时落在该小区间之外，则使用内部收益率指标的优越性就显而易见了。如图4-7所示，当$i_1\leqslant i_0\leqslant i_2$时，IRR$>i_2$，根据IRR的判别准则，很容易判断项目是可行的；IRR$<i_1$，可以判断项目是不可行的；当$i_1\leqslant$IRR$\leqslant i_2$时，IRR$>i_0$时，项目可行，IRR$<i_0$时，项目不可行。

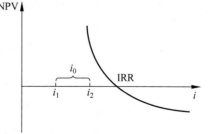

图 4-7 内部收益率 IRR 与折现率 i 的关系

内部收益率的经济含义可以这样理解：在项目的整个寿命期内按利率 $i=$ IRR 计算，在寿命结束时，投资恰好被完全收回。也就是说，在项目寿命期内，项目始终处于"偿付"未被收回的投资的状况。因此，项目的"偿付"能力完全取决于项目内部的现金流量，故有"内部收益率"之称。

在例 4-8 中，已经计算出其内部收益率为 13.5%，且是唯一的。下面按此利率计算收回全部投资的年限，如表 4-10 所示。

表 4-10 以 IRR 为利率的投资回收计算表　　　　　　　　单位：万元

年份	① 净现金流量	② 年初未收回的投资	③ 年初未收回的投资到年末的金额 ②×(1+IRR)	④ 年末未收回的投资 ③−①
0	−100			
1	20	100	113.5	93.5
2	30	93.5	106	76
3	20	76	86.2	66.2
4	40	66.2	75.2	35.2
5	40	35.2	40	0

表 4-10 的现金流量图如图 4-8 所示。

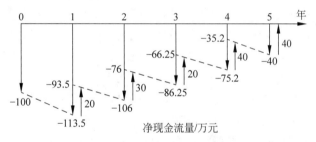

图 4-8 反映 IRR 的现金流量图

由表 4-10 和图 4-8 不难理解内部收益率 IRR 的经济含义的另外一种表达，即它是项目寿命期内没有回收的投资的盈利率。它不是初始投资在整个寿命期内的盈利率，因而它不仅受项目初始投资规模的影响，而且还受项目寿命期内各年净收益大小的影响。

下面讨论项目内部收益率的唯一性问题。

例 4-10 某项目净现金流量如表 4-11 所示。

表 4-11 正负号多次变化的净现金流序列

年　份	0	1	2	3
净现金流量/万元	−100	470	−720	360

解：经计算可知，使该项目净现值为零的折现率有三个：$i_1=20\%$，$i_2=50\%$，$i_3=100\%$。其净现值曲线如图 4-9 所示。实际上，求解内部收益率的方程(4-17)是一个高次方程。为清楚起见，令 $(1+\text{IRR})^{-1}=x$，$(CI_t-CO_t)=a_t$ $(t=0,1,2,\cdots,n)$，则式(4-17)可

写成

$$a_0 + a_1 x + a_2 x^2 + \cdots + a_n x^n = 0 \qquad (4\text{-}19)$$

这是一个 n 次方程,必有 n 个根(包括复数根和重根),故其正实数根可能没有。根据笛卡儿符号法则,若方程的系数序列 $(a_0,a_1,a_2,\cdots,a_n)$ 的正负变化次数为 p,则方程的正根个数(1 个 k 重根按 k 个根计算)等于 p 或者比 p 少一个正偶数,当 $p=0$ 时,方程无正根,当 $p=1$ 时,方程有且仅有一个正根。也就是说,在 $0<\text{IRR}<\infty$ 的域内,若项目净现金流序列 $(\text{CI}_t-\text{CO}_t)(t=0,2,3,\cdots,n)$ 的正负号仅变化一次,内部收益率方程肯定有唯一解,而目前净现金流序列的正负号有多次变化,内部收益率方程可能有多解。

在例 4-9 中,净现金流序列 $(-100, 470, -720, 360)$ 的正负号变化了 3 次,其内部收益率方程恰有三个正数根。

净现金流序列符号只变化一次的项目称作常规项目,如例 4-5 的项目;净现金流序列符号变化多次的项目称作非常规项目,如例 4-9 的项目。

就典型情况而言,在项目寿命期初(投资建设期和投产初期),净现金流量一般为负值(现金流出大于流入),项目进入正常生产期后,净现金流量就会变成正值(现金流入大于流出)。所以,绝大多数投资项目属于常规项目。只要其累计净现金流量大于零,IRR 就有唯一的正数解。

非常规投资项目 IRR 方程可能有多个正实数根,这些根中是否有真正的内部收益率呢?这需要按照内部收益率的经济含义进行检验,即以这些根作为盈利率,看在项目寿命期内是否始终存在未被回收的投资。以例 4-9 中的 $i_1=20\%$ 为例,表示投资回收过程的现金流量图,如图 4-10 所示。在图 4-10 中,初始投资(100 万元)在第 1 年末完全收回,且项目有净盈余 350 万元;第 2 年末又有未收回的投资(300 万元),第 3 年即寿命期末又全部收回。根据内部收益率的经济含义可知,第 2 年初的 350 万元净盈余,其 20% 的盈利率不是在项目之内,而是在项目之外获得的,故这 20% 不是项目的内部收益率。同样,对 $i_2=50\%$, $i_3=100\%$ 作类似的计算,就会发现寿命期内(第 1 年)存在初始投资不但全部收回且有盈余的情况,故它们也不是项目的内部收益率。

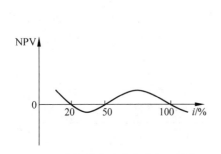

图 4-9 内部收益率方程多解示意图

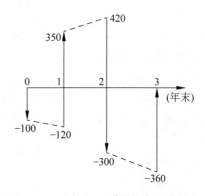

图 4-10 利率为 20% 的投资回收现金

可以证明,对于非常规项目,只要方程(4-19)存在多个正根,则所有的根都不是真正的项目内部收益率。但若非常规项目的 IRR 方程只有一个正根,则这个根就是项目的内部收益率。

在实际工作中，对于非常规项目可以用通常的办法（如试算内插法）先求出一个 IRR 的解，对这个解按照内部收益率的经济含义进行检验，若满足内部收益率经济含义的要求（项目寿命期内始终存在未被回收的投资），则这个解就是内部收益率的唯一解，否则项目无内部收益率，不能使用内部收益率指标进行评价。

对非常规项目 IRR 解的检验，既可以采用类似于图 4-8 的图示法，也可以采用下面的递推公式法。

令：

$$F_0 = (CI_0 - CO_0)$$
$$F_1 = F_0(1+i^*) + (CI_1 - CO_1)$$
$$F_2 = F_1(1+i^*) + (CI_2 - CO_2)$$
$$\cdots$$

$$F_t = F_{t-1}(1+i^*) + (CI_t - CO_t) = \sum_{j=0}^{t}(CI_j - CO_j)(1+i^*)^{t-j} \quad (4-20)$$

式中，i^*——根据项目现金流序列试算出的 IRR 的解；

F_t——项目 0 年至 t 年的净现金流，以 t 年为基准年，以 i^* 为折现率的终值之和。

若 i^* 能满足

$$\begin{cases} F_t < 0, & t = 0,1,2,\cdots,n-1 \\ F_t = 0, & t = n \end{cases} \quad (4-21)$$

则 i^* 就是项目唯一的内部收益率，否则就不是项目内部收益率，这个项目也不再有其他的具有经济意义的内部收益率。

例 4-11 某项目的净现金流如表 4-12 所示，试判断这个项目有无内部收益率。

表 4-12 某项目的净现金流

年份	0	1	2	3	4	5
净现金流量/万元	−100	60	50	−200	150	100

解：该项目净现金流序列的正负号有多次变化，是一个非常规项目。先试算出内部收益率的一个解，$i^* = 12.97\%$，将有关数据代入递推公式(4-20)，计算结果见表 4-13。

表 4-13 IRR 解检验的计算结果($i^* = 12.97\%$)

年份	0	1	2	3	4	5
F_t	−100	−52.97	−9.85	−211.12	−88.52	0

计算结果满足式(4-21)，故 12.9% 就是项目的内部收益率。

4.3.6 外部收益率

对投资方案内部收益率 IRR 的计算，隐含着一个基本假定，即项目寿命期内所获得的净收益全部可用于再投资，再投资的收益率等于项目的内部收益率。这种隐含假定是由于现金流计算中采用复利计算方法导致的。下面的推导有助于看清这个问题。

求解 IRR 的方程可写成下面的形式：

$$\sum_{t=0}^{n}(NB_t - K_t)(1+IRR)^{-t} = 0$$

式中，K_t——第 t 年的净投资；

NB_t——第 t 年的净收益。

上式两端同乘以 $(1+IRR)^n$，也就是说，通过等值计算将式左端的现值折算成 n 年末的终值，可得

$$\sum_{t=0}^{n}(NB_t - K_t)(1+IRR)^{n-t} = 0$$

即

$$\sum_{t=0}^{n}NB_t(1+IRR)^{n-t} = \sum_{t=0}^{n}K_t(1+IRR)^{n-t}$$

这个等式意味着每年的净收益以 IRR 为收益率进行再投资，到 n 年末历年净收益的终值和与历年投资按 IRR 折算到 n 年末的终值和相等。

由于投资机会的限制，这种假定往往难以与实际情况相符。这种假定也是造成非常规投资项目 IRR 方程可能出现多解的原因。

外部收益率（External Rate of Return，ERR）实际上是对内部收益率的一种修正，计算外部收益率时也假定项目寿命期内所获得的净收益全部可用于再投资，所不同的是假定再投资的收益率等于基准折现率。求解外部收益率的方程为

$$\sum_{t=0}^{n}NB_t(1+i_0)^{n-t} = \sum_{t=0}^{n}K_t(1+ERR)^{n-t} \tag{4-22}$$

式中，ERR——外部收益率；

K_t——第 t 年的净投资；

NB_t——第 t 年的净收益；

i_0——基准折现率。

式（4-22）不会出现多个正实数解的情况，而且通常可以用代数方法直接求解。ERR 指标用于评价投资方案经济效果时，需要与基准折现率 i_0 相比较，判别准则是：若 $ERR \geqslant i_0$，则项目可以接受；若 $ERR < i_0$，则项目不可以接受。

例 4-12 某重型机械公司为一项工程提供一套大型设备、合同签订后，买方要分两年先预付一部分款项，待设备交货后再分两年支付设备剩款的部分。重型机械公司承接该项目，预计各年的净现金流量如表 4-14 所示。

表 4-14 例 4-12 某大型项目的净现金流量表

年 份	0	1	2	3	4	5
净现金流量/万元	1900	1000	−5000	−5000	2000	6000

基准折现率 i_0 为 10%，试用收益率指标评价该项目是否可行。

解：该项目是一个非常规投资项目，其 IRR 方程有两个解：$i_1 = 10.2\%$，$i_2 = 47.3\%$，不能用 IRR 指标评价，可计算其 ERR 评价。据式（4-22）列出如下方程：

$$1900(1+10\%)^5 + 1000(1+10\%)^4 + 2000(1+10\%) + 6000$$
$$= 5000(1+\text{ERR})^3 + 5000(1+\text{ERR})^2$$

可解得：ERR＝10.1％，ERR＞i_0，项目可接受。

ERR 指标的使用并不普遍，但是对于非常规项目的评价，ERR 有其优越性。

4.4 基准折现率讨论

基准折现率 i_0 是反映投资决策者对资金时间价值估计的一个参数，恰当地确定基准折现率是一个十分重要而又相当困难的问题。它不仅取决于资金来源的构成和未来的投资机会，还要考虑项目风险和通货膨胀等因素的影响。下面分析影响基准折现率的各种因素并讨论如何确定基准折现率。

4.4.1 资金成本

资金成本指单位资金成本，用百分数表示。

企业投资活动有三种资金来源：借贷资金、新增权益资本和企业再投资资金。

借贷资金是以负债形式取得的资金，如银行贷款、发行债券筹集的资金等。

新增权益资本指企业通过扩大资本金筹集的资金，增加权益资本的主要方式有接纳新的投资合伙人、增发股票等，按照国家规定将法定公积金转增资本金也是新增权益资本的一种方法。

再投资资金是指企业为以后的发展从内部筹集的资金，主要包括保留盈余、过剩资产出售所得资金、提取的折旧费和摊销费以及会计制度规定用于企业再投资的其他资金。

1. 借贷资金成本

$$P_0 = \sum_{t=1}^{n} \frac{I_t + P_t}{(1+i)^t} \tag{4-23}$$

式中，P_0——发行债券所得的实际收入；

I_t——第 t 年支付的利息；

P_t——第 t 年归还的本金；

n——债券到期的年限。

借贷资金的资金成本用年利率表示，如果是银行贷款，税前资金成本即为贷款的年实际利率。如果是发行债券筹集资金，则税前资金成本等于令式(4-23)成立的折现率 i。

通常债券到期才按票面额归还本金，所以式(4-23)中的 P_t 一般情况下除了 P_n 一项外，其余各项皆为零。

借贷资金的利息可以用所得税税前利润支付，所以如果忽略债券发行费用，借贷资金的税后资金成本计算公式为

$$K_d = K_b(1-i) \tag{4-24}$$

式中，K_d——借贷资金税后资金成本；

K_b——借贷资金税前资金成本；

i——所得税税率。

2. 权益资金成本

权益资本指企业所有者投入的资本金,对于股份制企业而言即为股东的股本资金。股本资金分优先股和普通股,优先股股息相对稳定,支付股息需要用所得税税后利润。这种股本资金的税后资金成本估算式为

$$K_t = \frac{D_p}{P_0} \tag{4-25}$$

式中,K_t——优先股股本资金的税后成本;
 D_p——优先股年股息总额;
 P_0——发行优先股筹集的资金总额。

由于普通股股东收入是不确定的,普通股股本资金的资金成本较难计算。从概念上讲,普通股股本资金的资金成本应当是股东进行投资所期望得到的最低收益率。这种期望收益率可以由股东在股票市场根据股票价格、预计的每股红利和公司风险状况所作的选择来反映。普通股股本资金的资金成本可以用下面两种方法近似估算。

第一种估算方法称为红利法。假定普通股账面价值的收益率为 r,公司每年支付红利后的保留盈余在税后盈利中的比例为 b,则普通股股本资金的税后成本计算公式为

$$K_e = \frac{D_0}{P_0} + rb \tag{4-26}$$

式中,K_e——普通股股本资金的税后成本;
 D_0——基期每股红利;
 P_0——基期股票的市场价格。

式(4-26)的一般形式为

$$K_e = \frac{D_0}{P_0} + g \tag{4-27}$$

式中,g——预计每股红利的年增长率。

第二种估算方法即所谓的"资本资产定价模型",其常见的形式为

$$K_e = R_f + \beta(R_m - R_f) \tag{4-28}$$

式中,R_f——无风险投资收益率;
 R_m——整个股票市场的平均投资收益率;
 β——本公司相对于整个股票市场的风险系数。

一般可用国库券利率作为无风险投资收益率。β 是一个反映本公司股票投资收益率对整个股票市场平均投资收益率变化响应能力的参数,$\beta=1$ 表示公司风险相当于市场平均风险,$\beta>1$ 表示公司风险大于市场平均风险;$\beta<1$ 表示公司风险小于市场平均风险。由此可知,用式(4-28)估算的股本资金成本包含了对公司整体风险的考虑。

在投资活动中使用借贷资金意味着企业要承担支付利息归还本金的法定义务,通过增加权益资本筹集投资活动所需资金虽然不必归还本金,但企业经营者有责任尽量满足股东的盈利期望。在这个意义上,对于进行投资决策的企业经营者来说,借贷资金和股本资金的资金成本都是实际成本。

企业再投资资金是企业经营过程中积累起来的资金,它是企业权益资本的一部分。这

部分资金表面上不存在实际成本,但是用这部分资金从事投资活动均考虑机会成本。投资的机会成本是指在资金供应有限的情况下,由于将筹集到的有限资金用于特定投资项目而不得不放弃其他投资机会所造成的损失。这个损失等于所放弃的投资机会小于最佳机会所能获得的风险与拟投资项目相当的收益。例如,某企业若因拟投资项目 A 而不得不放弃与项目 A 风险相当的项目 B 或其他投资机会,在所放弃的投资机会中项目 B 最佳,且项目 B 内部收益率可达 16%,则认为投资项目 A 的资金机会成本为 16%。

这里所说的投资机会成本有两个层次的含义:第一个层次是股东投资的机会成本,是指股东投资于某公司实际上意味着放弃了投资于其他公司的机会和相应的投资收益,所以,股东所期望的最低投资收益率包含了对投资机会成本的考察;第二个层次是企业进行项目投资决策时所考虑的投资机会成本,在资金有限的情况下,选择某些投资项目意味着放弃其他一些投资项目和相应的投资收益。从原理上讲,在进行项目投资决策时,企业再投资资金的资金成本应该是第二个层次意义上的机会成本,但是当再投资资金只是项目总投资的一部分时,为了便于分析,可以将再投资资金视同于新增普通股本资金,即用股东期望的最低投资收益率作为其资金成本,这样做不会影响最终分析结果。

3. 加权平均资金成本

为一项投资活动筹集资金,往往不止一种资金来源,所有各种来源资金的资金成本的加权平均值即为全部资金的综合成本。综合资金成本中各种单项资金成本的权重是各种来源的资金分别在资金总额中所占的比例。税后加权平均资金成本的计算公式为

$$K^* = \sum_{j=1}^{m} P_{dj} K_{dj} + P_S K_S + P_e K_e \tag{4-29}$$

式中,K_{dj}——第 j 种借贷资金的税后成本;

K_S——优先股股本资金的税后成本;

K_e——普通股股本资金的税后成本;

K^*——全部资金税后加权平均成本;

P_{dj}——第 j 种借贷资金在资金总额中所占的比例;

P_S, P_e——优先股和普通股股本资金在资金总额中所占的比例。

例 4-13 某企业的资金结构及各种来源资金的税后成本如表 4-15 所示,求该企业的税后加权平均资金成本。

解:股本资金、银行贷款、发行债券筹资额分别占资金总额的比例为 1/2、1/3、1/6,将各资金占资金总额的比例和资金税后成本代入式(4-29),得全部资金的税后加权平均资金成本为

$$K^* = 15\% \times \frac{1}{2} + 12\% \times \frac{1}{3} + 13\% \times \frac{1}{6} = 13.67\%$$

表 4-15 某企业的资金结构

资金来源	金额/万元	资金税后成本
普通股本资金	900	15%
银行贷款	600	12%
发行债券	300	13%
总计	1800	

4.4.2 最低希望收益率

最低希望收益率又称最低可接受收益率或最低要求收益率。它是投资者从事投资活动可接受的下临界值。

确定一笔投资的最低希望收益率,必须对该项投资的各种条件做深入的分析,综合考虑各种影响因素。主要考虑以下四个方面:

(1) 一般情况下最低希望收益率应不低于借贷资金的资金成本,不低于全部资金的加权平均成本,对于以盈利为主要目的的投资项目来说,最低希望收益率也不应低于投资的机会成本。

(2) 确定最低希望收益率要考虑不同投资项目的风险情况,对于风险大的项目最低希望收益率要相应提高。一般认为,最低希望收益率应该是借贷资金成本、全部资金加权平均成本和项目投资机会成本三者中的最大值再加上一个投资风险补偿系数(风险贴现率)。即

$$\text{MARR} = k + h_r \tag{4-30}$$

$$k = \max\{K_d, K^*, K_0\} \tag{4-31}$$

式中,MARR——最低希望收益率;

K_d——借贷资金成本;

K^*——全部资金加权平均成本;

K_0——项目投资的机会成本;

h_r——投资风险补偿系数。

不同投资项目的风险大小是不同的。下列四个项目风险水平是依次递增的:①在商场稳定的情况下进行技术改造降低生产费用提高产品质量的项目;②现有产品扩大生产规模的项目;③生产新产品开拓新市场的项目;④高新技术项目。投资决策的实质是对未来的投资收益与投资风险进行权衡。在确定最低希望收益率时对于风险大的项目应取较高的风险补偿系数。风险补偿系数反映投资者对投资风险要求补偿的主观判断,由于不同的投资者抗风险能力和对风险的态度可能不同,对于同一类项目,他们所取的风险补偿系数也可能不同。

值得指出,风险补偿系数是确定最低希望收益率时在资金成本的基础上根据项目风险大小进行调整的一个附加值。在式(4-31)中,如果 k 所代表的资金成本没有考虑任何投资风险,h_r 就应该反映项目投资全部风险所要求的补偿;如果 k 所代表的资金成本已经考虑了企业整体风险,h_r 所反映的就仅是项目投资风险与企业整体风险之间差异部分所要求的补偿。

(3) 在预计未来存在通货膨胀的情况下,如果项目现金流量是按预计的各年即时价格估算的,据此计算出的项目内部收益率中就含有通货膨胀因素。通货膨胀率对 IRR 的影响可用下式表示:

$$\text{IRR}_n = (1 + \text{IRR}_r)(1 + f) - 1 = \text{IRR}_r + f + \text{IRR}_r \cdot f \tag{4-32}$$

式中,IRR_n——内部收益率名义值,即含通货膨胀的内部收益率;

IRR_r——内部收益率实际值,即不含通货膨胀的内部收益率;

f——通货膨胀率。

因为 IRR_r 与 f 一般均为小数,其乘积 $IRR_r \cdot f$ 更小,若将其忽略,则式(4-32)可改写成

$$IRR_n = IRR_r + f \quad (4\text{-}33)$$

所以,在这种情况下,在确定最低希望收益率时就必须考虑通货膨胀因素。

考虑通货膨胀因素不等于在式(4-33)的右端简单地加上一个通货膨胀率 f,要根据具体情况作具体分析。通常,在计算资金成本的银行贷款利率、债券利率和股东期望的最低投资收益率中已经包含了对通货膨胀的考虑,但可能不是通货膨胀影响的全部。因此,在确定最低希望收益率时,如果项目各年现金流量中含有通货膨胀因素,应在式(4-30)的右端再加上资金成本 k 中未包含的那部分通货膨胀率 f。

如果项目现金流是用不变价格估算的,则据此计算出的项目内部收益率就是实际值,相应的最低希望收益率也不应包含通货膨胀因素。

(4)企业的单项投资活动是为企业整体发展战略服务的,所以单项投资决策应服从于企业全局利益和长远利益。出于对全局利益和长远利益的考虑,对于某些有战略意义的单项投资活动(如出于多元化经营战略的考虑对某些项目的投资,为增强竞争优势对先进制造技术项目的投资等)来说,取得直接投资收益只是投资目标的一部分(甚至不是主要目标)。对这类项目,有时应取较低(甚至低于资金成本)的最低希望收益率。

4.4.3 截止收益率

截止收益率是指由资金的需求与供给两种因素决策的投资者可以接受的最低收益率。而在有众多投资机会的情况下,如果将筹集到的资金优先投资于收益率高的项目,一般情况下,对于一个经济单位(企业、行业、地区或整个国家)而言,则随着投资规模的扩大,筹资成本会越来越高,新增投资项目的收益率会越来越低。当新增投资带来的收益仅能补偿其资金成本时,投资规模的扩大就应停止,使投资规模扩大得到控制的投资收益率就是截止收益率。截止收益率是资金供需平衡时的收益率,它是图4-11中的资金需求曲线和资金供给曲线交点所对应的收益率。

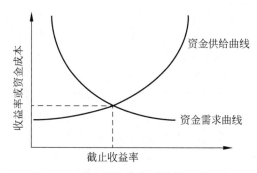

图 4-11 资金供需平衡时的截止收益率

从经济学原理的角度看,当最后一个投资项目的内部收益率等于边际收益率时,边际投资收益恰好等于边际筹资成本,企业获得的净收益总额最大。此时资金的机会成本与实际成本也恰好相等。

截止收益率的确定需要两个条件:

（1）企业明确全部的投资机会，能正确估算所有备选投资项目的内部收益率，并将不同项目的收益率调整到同一风险水平上。

（2）企业可以通过各种途径筹集到足够的资金，并能正确估算出不同来源资金的资金成本。

4.4.4 基准折现率

基准折现率是投资项目经济效果评价中的重要参数，可以分别从两个角度提出确定基准折现率的原则：一是基于具体项目投资决策的角度，所取基准折现率应反映投资者对资金时间价值的估计；二是基于企业（或其他经济单位）投资计划整体优化的角度，所取基准折现率应有助于作出使企业全部投资内收益最大化的投资决策。从前面的分析可以看出，最低希望收益率主要体现投资者对资金时间价值的估计，截止收益率则主要体现投资计划整体优化的要求。如果企业追求投资净收益总额最大化的假定成立，由于在确定最低希望收益率时考虑了投资的机会成本，在信息充分、资金市场发育完善的条件下，对于企业全部投资项目选择的最终结果来说，在项目评价中以最低希望收益率为基准折现率和以截止收益率为基准折现率效果是一样的。

在实际的投资项目评价活动中，要满足确定截止收益率所需要的两个条件并非易事，所以通常以最低希望收益率作为基准折现率。

还要说明的是，最低希望收益率是针对具有特定资金结构和投资风险的具体项目而言的。在投资项目评价实践中常有人用行业平均投资收益率或企业历史投资收益率作为基准折现率，严格讲是不适当的。但行业平均投资收益率和企业历史投资收益率可以在某种程度上反映企业投资的机会成本（并非严格意义上的边际投资机会成本），当企业难以确定具体项目的投资机会成本时，如果行业平均投资收益率或企业历史投资收益率高于项目筹资成本，也可以作为确定基准折现率的参考值。

4.5 项目方案评价与决策

项目投资决策的复杂性，要求评价者掌握正确的评价方法，针对不同的决策问题运用经济评价指标进行项目的评价与决策。项目方案经济性评价中，除了采用投资回收期、净现值、内部收益率等指标分析各方案相应的指标值是否达到了标准的要求（如 $T_P \leqslant T_b$，$NPV(i_0) \geqslant 0$，$IRR \geqslant i_0$）之外，往往需要在多个备选方案中进行比选。对多方案进行比选的方法确定，与备选方案之间关系的类型有关。因此，本节在分析备选方案及其类型的基础上，讨论如何正确运用各种评价指标进行备选方案的评价与决策。

4.5.1 备选方案及其类型

在项目技术经济分析中，人们经常会遇到决策问题，因为设计或计划通常总会面对几种不同情况，又可能采取几种不同的方案，最后总要选定某一个方案，所以，决策是工程和管理过程的核心。

合理的决策过程包括两个主要的阶段：一是探寻备选方案，这实际上是一项创新活动；

二是对不同备选方案作经济衡量,称为经济决策。由于经济效果是评价和选择的主要依据,所以决策过程的核心问题就是对不同备选方案经济的衡量和比较问题。

备选方案是由各级的操作人员、管理人员以及研究开发人员制定的。在搜集、分析和评价方案的同时,分析人员也可以提出实现目标的备选方案。备选方案不仅要探讨现有工艺技术,还应在有些情况下,探讨新工艺技术的研究和开发,或者改进现有工艺技术。比如某种专用零件常规采用铝或黄铜制作,此时的备选方案有两个,即比较使用铝的方案和使用黄铜的方案就可以了。

对备选方案经济差别的认识,可加强探求备选方案的能力。事实上,经济差别正是创造备选方案的一种动力。工程或管理人员在观察某项工程或业务时,必定会不断地练习观察其中的一些经济差别,有计划地寻求备选方案。

只有在已经建立了一些备选方案条件下,才能进行经济决策。同时,也只有了解备选方案之间的相互关系,才能掌握正确的评价方法,达到正确决策的目的。

通常,备选方案之间的相互关系可分为如下三种类型:

1. 独立型

独立型是指各个方案的现金流量是独立的,不具有相关性,且任一方案的采用与否都不影响其他方案是否采用的决策。比如个人投资,可以购买国库券,也可以购买股票,还可以购房增值等。可以选择其中一个方案,也可选择其中两个或三个,方案间的效果与选择互相独立。

独立方案的特点是具有"可加性"。比如,A与B两个投资方案,只选择A方案时,投资30万元,净收益36万元;只选择B方案时,投资40万元,净收益47万元。当A与B一起选择时,共需投资30+40=70万元,得到净收益共为36+47=83万元。那么,A与B具有可加性,在这种情况下,认为A与B之间是独立的。

2. 互斥型

互斥型是指各方案之间具有排他性,在各方案当中只能选择一个。比如,同一地域的土地利用方案是互斥方案,是建居民住房,还是建写字楼等,只能选择其中之一;厂址问题,也是互斥方案的选择问题;建设规模问题也是互斥方案的选择问题。

3. 相关型

在多个方案之间,如果接受(或拒绝)某一方案,会显著改变其他方案的现金流量,或者接受(或拒绝)某一方案会影响对其他方案的接受(或拒绝),我们说这些方案是相关的。方案相关的类型主要有以下五种:

(1) 完全互斥型。由于技术的或经济的原因,接受某一方案就必须放弃其他方案,那么,从决策角度来看这些方案是完全互斥的,这也是方案相关的一种类型。

(2) 相互依存型和互补型。如果两个或多个方案之间,某一方案的实施要求以另一方案(或另几个方案)的实施为条件,则这两个(或若干个)方案具有相互依存性,或者说具有完全互补性。例如,在两个不同的军工厂分别建设生产新型火炮和与之配套的炮弹的项目,就是这种类型的相关方案。紧密互补方案的经济效果评价通常应放在一起进行。

(3) 现金流相关型。即使方案间不完全互斥,也不完全互补,如果若干方案中任一方案的取舍会导致其他方案现金流量的变化,这些方案之间也具有相关性。例如,有两种在技术上都可行的方案,一个是在某大河上建一座收费公路桥(方案 A),另一个是在桥址附近建收费轮渡码头(方案 B),即使这两个方案间不存在互不相容的关系,但任一方案的实施或放弃都影响另一方案的收入,从而影响方案经济评价的结论。同样,也存在互补性的现金流相关方案。

(4) 资金约束导致的方案相关。如果没有资金总额的约束,各方案具有独立性质,但在资金有限的情况下,接受某些方案则意味着不得不放弃另外一些方案,这也是方案相关的一种类型。

(5) 混合相关型。在方案众多的情况下,方案间的相关关系可能包括多种类型,称为混合相关型。

4.5.2 互斥方案经济评价方法

对于互斥方案决策,要求选择方案组中的最优方案,且最优方案要达到标准的收益率,这就需要进行方案的比选。比选的方案应具有可比性,主要包括计算的时间、价格具有可比性,计算的收益与费用的范围、口径一致。

互斥方案的比选可以采用不同的评价指标和方法,其中,通过计算增量净现金流量评价增量投资经济效果,也就是增量分析法,是互斥方案比选的基本方法。

例 4-14 现有 A、B 两个互斥方案,寿命相同,各年的现金流量如表 4-16 所示,试评价选择方案($i_0=10\%$)。

表 4-16 互斥方案 A、B 的净现金及评价指标

	0 年	(1~10)年(每年)	NPV/万元	IRR/%
方案 A 的净现金流/万元	−200	39	39.64	14.5
方案 B 的净现金流/万元	−100	20	22.89	15.0
增量净现金流(A−B)/万元	−100	19	16.75	13.8

解:分别计算 A、B 方案和增量投资的 NPV 和 IRR,计算结果列于表 4-16。

$$NPV_A(10\%) = -200 + 39(P/A, 10\%, 10) = 39.64(万元)$$

$$NPV_B(10\%) = -100 + 20(P/A, 10\%, 10) = 22.89(万元)$$

由式(4-17) $NPV(IRR) = \sum(CI_t - CO_t)(1+IRR)^{-t} = 0$ 可得

$$-200 + 39(P/A, IRR_A, 10) = 0$$
$$-100 + 20(P/A, IRR_B, 10) = 0$$

可求得

$$IRR_A = 14.5\%, \quad IRR_B = 15\%$$

由于 NPV_A、NPV_B 均大于零,IRR_A、IRR_B 均大于基准收益率 10%,所以方案 A、B 都达到了标准要求,就单个方案评价而言,都是可行的。

问题在于 A 与 B 是互斥方案,只能选择其中一个,按 NPV 最大准则,由于 $NPV_A > NPV_B$,则 A 优于 B。但如果按 IRR 最大准则,由于 $IRR_A < IRR_B$,则 B 优于 A。两种指标评价的结论是矛盾的。

实际上,投资额不等的互斥方案比选的实质是判断增量投资的经济效果,即投资大的方案(可以看成投资额小的方案与增量投资方案的组合)相对于投资小的方案多投入的资金能否带来满意的增量收益。显然,若投资额小的方案达到了标准的要求,增量投资又能带来满意的增量收益(也达到标准的要求),那么增加投资是有利的,投资额大的方案为优;反之,增量投资没有达到标准的要求,则投资额小的方案优于投资额大的方案。

从表 4-16 也给出了 A 相对于 B 方案的增量现金流,同时计算了相应的增量净现值(ΔNPV)与增量内部收益率(ΔIRR)。

$$\Delta \text{NPV}_{A-B}(10\%) = -100 + 19(P/A, 10\%, 10) = 16.75(万元)$$

由式 $-100 + 19(P/A, \Delta \text{IRR}, 10) = 0$,可解得

$$\Delta \text{IRR} = 13.8\%$$

从表 4-16 可见,$\Delta \text{NPV}_{A-B}(10\%) > 0$,$\Delta \text{IRR} > 10\%$,因此,增加投资有利,投资额大的 A 方案优于 B 方案。

例 4-14 说明了互斥方案比选的基本方法,即采用增量分析法。计算增量现金流量的增量评价指标,通过增量指标的差别准则,分析增量投资的有利与否,从而确定两方案的优劣。净现值、内部收益率、投资回收期等评价指标都可用于增量分析。实际上,增量分析法是经济学中边际原理的一种具体应用。边际原理认为,边际收入等于边际成本时企业实现的利润最大。

例 4-15 某公司为了增加生产量,计划进行设备投资,是三个互斥的方案,寿命均为 6 年。不计残值,基准收益率为 10%,各方案的投资及现金流量如表 4-17 所示,试进行方案选优。

表 4-17 互斥方案的现金流及评价指标

	0	1~6(每年)	NPV/万元	IRR/%
A	−200	70	104.9	26.4
B	−300	95	113.7	22.1
C	−400	115	100.9	18.2

解:分别计算各方案的 NPV 与 IRR,计算结果列于表 4-17,由于各方案的 NPV 均大于零,IRR 均大于 10%,故从单个方案看均是可行的。互斥方案比选采用增量分析,分别采用增量净现值(ΔNPV)和增量内部收益率 ΔIRR 来分析,计算过程及结果列于表 4-18。

表 4-18 增量现金流与评价指标

	0	1~6(每年)	NPV/万元	IRR(%)
A−0	−200	70	104.9	26.4
B−A	−100	25	8.8	13
C−B	−100	20	−12.8	5.5

注:0 方案是假如不投资的方案

对于投资额不等的互斥方案比选时,常常习惯用投资额大的现金流量减去投资额小的现金流量,根据计算结果,由 $\Delta \text{NPV}_{A-0} > 0$,$\Delta \text{NPV}_{B-A} > 0$,$\Delta \text{IRR}_{A-0} > 10\%$,$\Delta \text{IRR}_{B-A} > 10\%$ 可知,A 优于 0,B 优于 A;由 $\Delta \text{NPV}_{C-B} < 0$,$\Delta \text{IRR}_{C-B} < 10\%$,可知,B 优于 C。因此,B 方案较优。从而还得出结论:ΔNPV 的判别准则与 ΔIRR 的判别准则,其评价结论是一致的。

实际上,ΔNPV 判别准则可以简化。设 A、B 为投资额不等的互斥方案,A 方案比 B 方

案投资额大,则

$$\Delta \mathrm{NPV}_{\mathrm{A-B}} = \sum_{t=0}^{n} [(\mathrm{CI}_\mathrm{A} - \mathrm{CO}_\mathrm{A})_t - (\mathrm{CI}_\mathrm{B} - \mathrm{CO}_\mathrm{B})_t](1+i_0)^{-t}$$

$$= \sum_{t=0}^{n} (\mathrm{CI}_\mathrm{A} - \mathrm{CO}_\mathrm{A})_t (1+i_0)^{-t} - \sum_{t=0}^{n} (\mathrm{CI}_\mathrm{B} - \mathrm{CO}_\mathrm{B})_t (1+i_0)^{-t}$$

$$= \mathrm{NPV}_\mathrm{A} - \mathrm{NPV}_\mathrm{B}$$

如上例计算 $\Delta \mathrm{NPV}_{\mathrm{A-B}} \geqslant 0$ 时,$\mathrm{NPV}_\mathrm{A} \geqslant \mathrm{NPV}_\mathrm{B}$,则 A 优于 B;D;当 $\Delta \mathrm{NPV}_{\mathrm{A-B}} < 0$ 时,$\mathrm{NPV}_\mathrm{A} < \mathrm{NPV}_\mathrm{B}$,则 B 优于 A。显然,用增量分析法计算 $\Delta \mathrm{NPV}$ 进行互斥方案比选,与分别计算 NPV,根据 NPV 最大准则进行互斥方案比选,其结论是一致的。

因此,采用净现值指标比选互斥方案时,判别准则为:净现值最大且大于零的方案为最优方案。

类似的等效指标有净年值,即净年值最大且大于零的方案为最优方案,当与互斥方案的效果一样或者满足相同的需要时,仅需计算费用现金流,采用费用现值或费用年值指标,其判别准则为:费用现值或费用年值最小的方案为最优方案。

例 4-16 公司计划更新一台设备,有如表 4-19 所示,两方案可选,$i=12\%$,试作决策。

表 4-19 设备更新方案

方案	初投资/元	寿命/年	残值/元	运行费/元
A	34 000	3	1000	20 000
B	65 000	6	5000	18 000

解:计算两方案费用年值

$\mathrm{AC}_\mathrm{A} = 34\,000(A/P, 12\%, 3) - 1000(A/F, 12\%, 3) + 20\,000 = 33\,861.2(元)$

$\mathrm{AC}_\mathrm{B} = 65\,000(A/P, 12\%, 6) - 5000(A/F, 12\%, 6) + 18\,000 = 33\,192(元)$

因为 $\mathrm{AC}_\mathrm{A} > \mathrm{AC}_\mathrm{B}$,所以应选设备 B。

对于增量内部收益率指标,由于它并不等于内部收益率之差,所以内部收益率最大准则并不能保证比选结论的正确性。采用 $\Delta \mathrm{IRR}$ 的判别准则是:若 $\Delta \mathrm{IRR} \geqslant i_0$(基准收益率),则投资大的方案为优;若 $\Delta \mathrm{IRR} < i_0$,则投资小的方案为优。当互斥方案的投资额相等时,$\Delta \mathrm{IRR}$ 判别准则失效。

$\Delta \mathrm{IRR}$ 也可用于仅有费用现金流的互斥方案比选(效果相向),此时其他费用的节约看成增量效益。其评价结论与费用现值法一致。

当互斥方案多于两个时,采用 $\Delta \mathrm{IRR}$ 进行比选,其步骤如下:

(1) 对多个方案,按投资额大小排序,并计算第一个方案(投资额最小的 IRR),若 $\mathrm{IRR} \geqslant i_0$,则该方案保留;若 $\mathrm{IRR} < i_0$,则淘汰,依次类推。

(2) 保留的方案与下一个方案进行比较,计算 $\Delta \mathrm{IRR}$,若 $\Delta \mathrm{IRR} \geqslant i_0$,则保留投资大的方案,若 $\Delta \mathrm{IRR} < i_0$,则保留投资小的方案。

(3) 重复步骤(2),直到最后一个方案被比较为止,最后保留的方案为最优方案。

如例 4-14 的表 4-17、表 4-18 所示,其比选的步骤为:

(1) 3 个方案按投资额大小排序为 A、B、C;计算 $\Delta \mathrm{IRR}_\mathrm{A} = 26.4\% > 10\%$,保留方案 A;

(2) 计算 $\Delta IRR_{A-B}=13\%>10\%$，则保留方案 B；

(3) 计算 $\Delta IRR_{C-B}=5.5\%<10\%$，则最后保留的方案 B 为最优方案。

在互斥方案的评价比选分析时，需要考虑各方案寿命周期是否相同，若相同可直接采用净现值、费用现值这样的指标进行比较；若不相同可采用净年值、费用年值指标进行比较，也可采用计算期法，使之具有时间上的可比性。

例 4-17 A、B 两个互斥方案各年的现金流量如表 4-20 所示，基准收益率 $i_0=10\%$，试比选方案。

表 4-20 寿命不等的互斥方案的现金流

方案	投资/万元	年净现金流/万元	残值/万元	寿命/年
A	−10	3	1.5	6
B	−15	4	2	9

解：A 与 B 的寿命不相等，要使方案在时间上可比，常用两种方法：①寿命期最小公倍数作为计算期，采用方案重复型假设；②使用年值法进行比选。

(1) 寿命期最小公倍数作为计算期，采用方案重复型假设。以 A 与 B 的最小公倍数 18 年为计算期，A 方案重复实施 3 次，B 方案 2 次。此时，如果以净现值为评价指标，则 18 年的各方案净现值为

$$NPV_A = -10 \times [1+(P/F,10\%,6)+(P/F,10\%,12)]+3\times(P/A,10\%,18)+$$
$$1.5\times[(P/F,10\%,6)+(P/F,10\%,12)+(P/F,10\%,18)]$$
$$=7.37(万元)$$

$$NPV_B = -15 \times [1+(P/F,10\%,9)]+4\times(P/A,10\%,18)+$$
$$2\times[(P/F,10\%,9)+(P/F,10\%,18)]$$
$$=12.65(万元)$$

因为 $NPV_B>NPV_A>0$，故 B 方案较优。

(2) 用年值法进行比选，此时，用净年值（NAV）作为评价指标，则各方案的 NAV 为

$$NAV_A=3+1.5\times(A/F,10\%,6)-10\times(A/P,10\%,6)=0.90(万元)$$
$$NAV_B=4+2\times(A/F,10\%,9)-15\times(A/P,10\%,9)=1.54(万元)$$

因为 $0<NAV_A<NAV_B$，故方案 B 优于方案 A。

年值法实际上假定了各方案可以无限多次重复实施，使其年值不变。

4.5.3 相关方案经济评价方法

如前所述，相关方案有多种类型，这里就现金流相关型、资金约束导致方案相关和混合相关三种类型相关方案的决策方法作简单介绍。

1. 现金流量具有相关性方案选择

当各方案的现金流量之间具有相关性，但方案之间并不完全互斥时，我们不能简单地按照独立方案或互斥方案的评价方法进行决策，而应当首先用一种"互斥方案组合法"，将各方案组合成互斥方案，计算各互斥方案的现金流量，再按互斥方案的评价方法进行评价选择。

例 4-18 为了满足运输要求,有关部门分别提出要在某两地之间,上一铁路项目和(或)一公路项目。只上一个项目的净现金流量如表 4-21 所示。若两个项目都上,由于货运分流的影响,两项目部将减少净收入,问当基准折现率为 $i_0 = 10\%$ 时应如何决策?

解:为保证决策的正确性,先将两个相关方案组合成 3 个互斥方案,再分别计算其净现值,如表 4-22 所示。

根据净现值判别准则,在 3 个互斥方案中,方案 A 净现值最大且大于零($NPV_A > NPV_B > NPV_{A+B} > 0$),故方案 A 为最优可行方案。

用净年值法和内部收益法对表 4-22 中的互斥组合方案进行评价选择,亦会得出相同的结论。

表 4-21 净现金流量　　　　　　　　　　　　　　　　　　单位:百万元

方案	只上一个项目时各年净现金流量				两个项目都上时各年净现金流量			
	0	1	2	3~32(每年)	0	1	2	3~32(每年)
铁路 A	−200	−200	−200	100	−200	−200	−200	80
公路 B	−100	−100	−100	60	−100	−100	−100	35
A+B								115

表 4-22 组合互斥方案的净现值　　　　　　　　　　　　　单位:百万元

方案	各年净现金流量				净现值 $NPV = \sum_{t=0}^{32}(CI_j - CO_j)_t(1+10\%)^{-t}$
	0	1	2	3~32	
铁路 A	−200	−200	−200	100	231.98
公路 B	−100	−100	−100	60	193.9
A+B	−300	−300	−300	115	75.29

2. 受资金限制方案选择

在资金有限的情况下,局部看来不具有互斥性的独立方案也成了相关方案;如何对这类方案进行评价选择,以保证在给定资金预算总额的前提下取得最大的经济效果(即实现净现值最大化),这就是所谓"受资金限制的方案选择"问题。受资金限制的方案选择使用的主要方法是"互斥方案组合法"。

例 4-19 某公司作设备投资预算,有 6 个独立方案 A、B、C、D、E、F 可供选择,寿命均为 8 年,各方案的现金流量如表 4-23 所示,基准收益率 $i_0 = 12\%$,若资金预算不超过 400 万元,如何选择方案?

表 4-23 独立方案的现金流及 IRR　　　　　　　　　　　　单位:万元

方案	0	1~8	IRR/%
A	−100	34	29.7
B	−140	45	27.6
C	−80	30	33.9
D	−150	34	15.5
E	−180	47	20.1
F	−170	32	10.1

解：此时,不可能接受所有经济合理的方案,即存在资源的最佳利用问题。如果以 IRR 作为评价指标,各方案的 IRR 计算结果列于表 4-23,如对于 E 方案,由式

$$-180+47\times(P/A,\text{IRR}_E,8)=0$$

解得 $\text{IRR}_E=20.1\%$,其他方案的 IRR 由同样方法求得。从表 4-23 可见,$\text{IRR}_F<i_0(12\%)$,其他方案的 IRR 均大于 i_0,由于各方案独立,故应拒绝方案 F。将表 4-23 中的 IRR 按大小排序,排成图 4-12。由图 4-12 可见,当投资额不超过 400 万元时,可接受的方案为 C、A、B 共 3 个,合计投资额 320 万元;进一步分析:

(1) 总资金如果减少 80 万元,即 320 万元时,预选方案不变,可接受方案 C、A、B。

(2) 如果总资金在 400 万元的基础上再融资 100 万元,即到 500 万元,只要融资的资金成本小于 20.1%,预算方案可以增加方案 E。

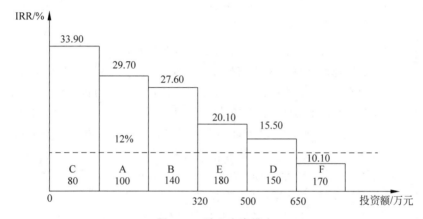

图 4-12 独立方案排序

上述分析并没有保证制约资源(如资金)的最佳利用。当存在着资源约束的条件下,各个独立方案的选择,就不能简单地用一个评价准则(如 NPV、IRR 等)来选择,这是由于方案的不可分性(一个方案只能作为一个整体而发挥效益)决定的。

再比如,独立方案 1、2、3 的投资分别是 I_1、I_2、I_3 且 $I_2=I_1+I_3$,而方案的净现值大小依次是 $\text{NPV}_1>\text{NPV}_2>\text{NPV}_3$,如果投资约束不超过 I_2,那么决策只能在 2 和 1+3(即同时选择方案 1 和 3)两个互斥方案之间选择,要么接受 2 而放弃 1+3;要么接受 1+3 而放弃 2。而不能按 NPV 的大小次序,先接受 1,再选择部分 2,因为 2 是个不可分的。

由此可以受到启发,有资源制约条件下独立方案的比选,可将可行的方案组合列出来,每个方案组合可以看成一个满足约束条件的互斥方案,这样按互斥方案的经济评价方法可以选择一个符合评价准则的方案组合,该方案组合就是独立方案的一个选择。因此,有约束条件的独立方案的选择可以通过方案组合转化为互斥方案的比选,其方法如同前述。

例 4-20 独立方案 A、B、C 的投资分别为 100 万元、70 万元和 120 万元,计算各方案的净年值分别为 30 万元、27 万元和 32 万元,如果资金有限,不超过 250 万元投资,问如何选择方案?

解:3 个方案可能的组合数为 $2^3=8$ 种(包括不投资这一组合),各方案组合的投资净年值计算列于表 4-24。

表 4-24　方案组合及净年值

序号	方案组合	投资	净年值
1	A	100	30
2	B	70	27
3	C	120	32
4	A+B	170	57
5	B+C	190	59
6	A+C	220	62
7	A+B+C	290	89

第 7 种方案组合的投资额超过了资金约束条件 250 万元，不可行；在允许的 1~6 方案组合中，按互斥方案选择的准则，第 6 方案组合（A+C）为最优选择，即选择 A 和 C，达到有限资金的最佳利用，净年值总额为 62 万元。

独立方案的经济评价，除了考虑资源制约这个因素以外，还要区分方案固有的效率与资本效率的评价。选择的标准往往要从自有资金的角度出发。

例 4-21 某公司有三个独立方案 A、B、C 可供选择，A、B、C 的投资额均为 500 万元，寿命均为 20 年，各方案的年净收益不同，A 方案的年净收益为 80 万元，B 为 70 万元，C 为 60 万元。问题是 3 个方案由于所处的投资环境及投资内容不同，各方案融资的成本（资金成本）不一样，其中 A 方案为新设工厂，融资无优惠；B 方案为环保项目，可以得到 250 万元的无息贷款；C 方案为新兴扶持产业，当地政府可以给予 400 万元的低息贷款（年利率 4%）。问在这种情况下，如何选择独立方案（基准收益率 $i_0=13\%$）？

解：按内部收益率作为评价指标，先分析方案固有的效率（即计算备选方案 IRR）。

由式

$$-500+80\times(P/A, \text{IRR}_A, 20)=0$$
$$-500+70\times(P/A, \text{IRR}_B, 20)=0$$
$$-500+60\times(P/A, \text{IRR}_C, 20)=0$$

得 $\text{IRR}_A=15\%$，$\text{IRR}_B=12.7\%$，$\text{IRR}_C=10.3\%$。从方案固有的效率来看，$\text{IRR}_A>i_0$，方案 A 可以接受；$\text{IRR}_B<i_0$，$\text{IRR}_C<i_0$，方案 B、C 不可接受。

但是，从自有资金的角度来看，决定项目选择的标准主要看自有资金的效率，此时，方案 A 的 IRR 没有变化。对于方案 B，500 万元投资当中有 250 万元是无息贷款，到寿命期末只需还本金，所以，B 方案的自有资金的 IRR 由下式求得：

$$-250-250(P/F, \text{IRR}'_B, 20)+70(P/A, \text{IRR}'_B, 20)=0$$

解得 $\text{IRR}'_B=27.6\%$。

对于方案 C，有 400 万属于低息贷款，在项目建设期内等额偿还每年应还本利为

$$400\times(A/P, 4\%, 20)=29.43$$

再计算方案 C 的内部收益率：

$$-100+(60-29.43)\times(P/A, \text{IRR}'_C, 20)=0$$

得到 $\text{IRR}'_C=30.4\%$。

因此，从自有资金的角度来看，3 个方案的 IRR 大于 i_0，都可接受，而且方案 C 的自有资金效率最高，可优先选择方案 C。

3. 混合方案经济评价方法

混合方案的选择,是实际工作中常遇到的一类问题。比如某些公司实行多种经营,投资方向较多,这些投资方向就业务内容而言,是互相独立的,而对每个投资方向又可能有几个可供选择的互斥方案,这样就构成了混合方案的选择问题。这类问题选择方法复杂。下面通过一个设备投资预算分配问题加以说明。

例 4-22 某公司有 3 个下属部门分别是 A、B、C,各部门提出了若干投资方案,见表 4-25。三个部门之间是独立的,但每个部门内的投资方案之间是互斥的,寿命均为 10 年,$i_0=10\%$。试问:①资金供应没有限制,如何选择方案?②资金限制在 500 万元之内,如何选择方案?③假如资金供应渠道不同,其资金成本有差别,现在有 3 种来源分别是:甲供应方式的资金成本为 10%,最多可供应 300 万元;乙方式的资金成本为 12%,最多也可供应 300 万元;丙方式的资金成本为 15%,最多也可供应 300 万元,此时如何选择方案?④当 B 部门的投资方案是与安全有关的设备更新,不管效益如何,B 部门必须优先投资,此时如何选择方案(资金供应同③)?

表 4-25 混合方案的现金流量 单位:万元

部门	方案	0 年	1~10 年	IRR/%
A	A_1	−100	27.2	24
	A_2	−200	51.1	22.1
B	B_1	−100	12.0	3.5
	B_2	−200	30.1	12
	B_3	−300	45.6	8.5
C	C_1	−100	50.9	50
	C_2	−200	63.9	28.8
	C_3	−300	87.8	26.2

解:上述 4 个问题采用内部收益率指标来分析。

① 因为资金供应无限制,A、B、C 部门之间独立,此时实际上是各部门内部互斥方案的比选,分别计算 ΔIRR 如下:

对于 A 部门,由式:

$$-100+27.2\times(P/A,\text{IRR}_{A1},10)=0$$

$$-100+(51.1-27.2)\times(P/A,\text{IRR}_{A2-A1},10)=0$$

解得 $\text{IRR}_{A1}=24\%$,$\text{IRR}>i_0$,$\Delta\text{IRR}_{A2-A1}=20\%>i_0(10\%)$,所以,$A_2$ 优于 A_1,比选择 A_2 方案。

对于 B 部门,同样方法可求得:

$\text{IRR}_{B1}=3.5\%<i_0$,故 B_1 是无资格方案,$\text{IRR}_{B2}=12\%>i_0$,$\Delta\text{IRR}_{B3-B2}=9.10\%<i_0$,$B_2$ 优于 B_3,应选 B_2 方案。

对于 C 部门,求得 $\text{IRR}_{C1}=50\%>i_0$,$\Delta\text{IRR}_{C2-C1}=5\%<i_0$,故 C_1 方案优于 C_2;$\Delta\text{IRR}_{C3-C1}=13.10\%>i_0$,所以 C_3 优于 C_1,应选方案 C_3。

因此,资金没有限制时,3 个部门应分别选择 $A_2+B_2+C_3$,即 A 与 B 部门分别投资 200 万元,C 部门则投资 300 万元。

② 由于存在资金限制,三个部门投资方案的选择过程如图 4-13 所示。

从图 4-13 可见,当资金限制在 500 万元之内时,可接受的方案包括 C_1-0、A_1-0、A_2-A_1、C_3-C_1,因为这 4 个增量投资方案的 ΔIRR 均大于 i_0,且投资额为 500 万,因此,三个部门应选择的方案为 A 部门的 A_2 和 C 部门的 C_3,即 A_2+C_3(A 部门投资 200 万元,C 部门投资 300 万元,B 部门不投资)。

③ 由于不同的资金供应存在资金成本的差别,把资金成本低的资金优先投资于效率高的方案,即在图 4-13 上将资金成本从小到大画成曲线,当增量投资方案的 ΔIRR 小于资金成本时,该方案不可接受。从图 4-13 可见,投资额在 500 万元之前的增量投资方案(即 C_1-0、A_1-0、A_2-A_1、C_3-C_1)的 ΔIRR 均大于所对应资金供应的资金成本(10% 和 12%)。因此,这些方案均可接受,3 个部门的选择方案为 A_2+C_3,而且,应将甲供应方式的资金 200 万元投资于 A_2,甲方式的其余 100 万元和乙方式的 200 万元投资于 C_3。

④ B 部门必须投资,即 B_2 必须优先选择(此时图 4-13 变成图 4-14)。

同样的道理,从图 4-14 可见,两个部门的方案应选择 $B_2+C_1+A_2$,即 B 部门投资 200 万元,A 部门投资 200 万元,C 部门投资 100 万元,而且甲方式的 300 万元投资于 B 部门 200 万元和 C 部门 100 万,乙方式的 200 万元投资于 A 部门。

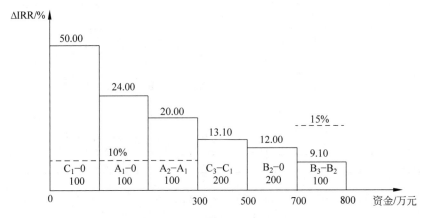

图 4-13 混合方案的 ΔIRR

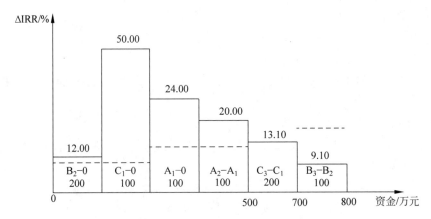

图 4-14 有优先选择条件的混合方案的 ΔIRR

4.5.4 独立方案经济评价方法

独立方案的采用与否,只取决于方案自身的经济性,且不影响其他方案的采用与否。因此,在无其他制约条件下,多个独立方案的比选与单一方案的评价方法是相同的,即用经济效果评价标准(如 $T_P \leqslant T_b$,$NPV(i_0) \geqslant 0$,$IRR \geqslant i_0$ 等)直接判别该方案是否接受。

此方法可以参考例 4-6。参考经济效果评价标准即可对方案进行比较。

本 章 小 结

工程项目方案评价是项目合理化的基础,单一指标往往不能全面反映项目的优劣,对项目的评价需要利用多指标从不同的角度进行分析。

根据是否考虑资金时间价值,可将项目经济评价指标分为静态评价指标和动态评价指标。前者不考虑资金的时间价值,后者考虑资金的时间价值。静态评价指标的特点是计算简便、直观,因而被广泛用于粗略估算。它的主要缺点是没有考虑资金时间价值和不能反映项目整个寿命周期的全面情况,因此在对项目进行经济评价时,应以动态分析为主,必要时可以用静态评价指标进行辅助分析。

静态评价指标包括静态投资回收期指标和静态投资收益率指标。动态评价指标包括动态投资回收期、净现值、净年值、费用现值、费用年值内部收益率等指标。

动态回收期指标的评价准则为:动态回收期 T_p^* 与标准的投资回收期进行比较,当 T_p^* 小于标准的投资回收期时认为方案可行,反之认为不可行。净现值指标评价准则为:$NPV \geqslant 0$,则方案可行;若 $NPV < 0$,则方案不可行。内部收益率指标评价准则为 $IRR > i_0$ 时,项目可行;$IRR < i_0$ 时,项目不可行。净现值、净年值和内部收益率评价同一个单方案时,结论是一致的。

对于多方案的评价首先要分清楚方案之间的关系。多方案可分为互斥型方案、独立型方案、混合型方案以及其他类型方案。不同类型的方案进行评价比选时根据要求和具体的情况采用不同的评价方法。

思 考 与 练 习

4-1 静态投资回收期指标的主要优点是什么?

4-2 投资回收期指标的不足之处是什么?

4-3 简述净现值最大准则。

4-4 什么是内部收益率、外部收益率?

4-5 某企业可以 40 000 元购置一台旧设备,年费用估计为 32 000 元,当该设备在第 4 年更新时残值为 6000 元。该企业也可以 60 000 元购置一台新设备,其年运行费用为 25 000 元,当它在第 4 年更新时残值为 9000 元。若基准收益率为 10%,问应选择哪个方案?

4-6 在某一项目中,有两种机器可以选用,都能满足生产需要。机器 A 买价为 10 000 元,在第 6 年年末的残值为 4000 元,前 3 年的年运行费用为每年 5000 元,后 3 年为每年 6000 元。机器 B 买价为 8000 元,在第 6 年年末的残值为 3000 元,前 3 年的年运行费用为每年 5500 元,后 3 年为每年 6500 元。运行费用增加的原因是,维护修理工作量及效率上的损失随着机器使用时间的增加而提高。基准收益率是 15%,试用费用现值和费用年值法分析选用机器。

4-7 某公司可能用分期付款来购买一台标价 22 000 美元的专用机器,定金为 2500 美元,余额在以后五年内均匀地分期支付,并加上余额 8% 的利息。但现在也可以用一次性支付现金 19 000 美元来购买这台机器。如果这家公司的基准收益率为 10%,试问应该选择哪个方案(用净现值法)?

4-8 某厂生产和销售一种产品,单价为 15 元,单位变动成本为 12 元,全月固定成本 100 000 元,每月销售 40 000 件。由于某些原因其产品单价将降至 13.50 元;同时每月还将增加广告费 20 000 元。试计算:(1)该产品此时的盈亏平衡点;(2)增加销售多少件产品才能使利润比原来增加 5%?

4-9 某企业 U 单位售价 15 元出售产品 1 万件。该产品单位变动成本 10 元,总固定成本 2 万元。现拟变动售价以增加盈利,有两个不同方案;(1)将售价提高到 16 元,估计销售量会下降至 9000 件;(2)将售价降低至 14 元,估计销售量会上升至 14 000 件。问选择何方案为宜?

4-10 某投资项目在建设起点一次性投资 254 580 元,当年完工并投产,投产后每年可获净现金流量 50 000 元,运营期为 15 年。要求:(1)判断能否按特殊方法计算该项目的内部收益率;(2)如果可以,试计算该指标。

第5章 工程项目风险与不确定性分析

学习目标：通过本章学习，了解工程项目风险的定义、特征、因素和事故及风险分析的一般过程和风险与不确定性之间的关系，理解风险与不确定性分析的过程和方法，掌握概率分析的原理与方法（包括蒙特卡罗法在内），熟练掌握盈亏平衡分析的原理与方法、敏感性分析的原理与方法。

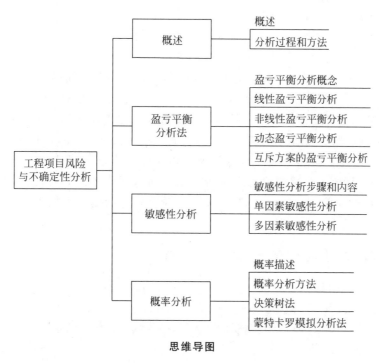

思维导图

课程思政：在有限的资源下如何获得高额的利润？——不能为了追求当前的利益而牺牲有限的资源——习近平30讲第22讲"建设美丽中国""绿水青山就是金山银山"（隐性成本）。进行方案的比选和优化是职业人员的基本动作，是提高工程咨询质量、增强决策科学性的关键工作。做好这项工作既是专业的要求，更是职业的使命。通过学业训练，帮助学生树立钻研奋进的钉子精神、精益求精的品质精神、追求卓越的进取精神等工匠精神。风险无处不在——如何在未来的人生道路中规避风险：正确认识风险，勇于承担风险。

5.1 概　　述

工程经济分析是建立在对经济要素所作的预测的基础上的。由于各经济要素的未来变化带有不确定性，加之预测方法的局限性，经济效果评价时所采用的预测值与未来的实际值可能出现偏差，使得实际经济效果偏离预测值，从而给投资者带来投资风险。本章所介绍的盈亏平衡分析、敏感性分析和概率分析等不确定性分析方法是估计项目风险大小、衡量项目对外部条件变化的承受能力的有效方法。

工程项目的规划、设计和实施，存在不同程度的投资风险与不确定性。因此，对工程项目进行风险与不确定性分析是工程项目进行技术经济分析的重要内容之一。

在进行工程项目决策之前，工程经济分析人员在占有一定信息资料的基础上，对影响投资经济效果的各技术经济变量进行技术经济预测、分析与判断，以此作为投资决策的依据。但是，各方案的技术经济变量（如投资、成本、产量、价格等），受政治、文化、社会因素，经济环境，资源与市场条件，技术发展情况等因素的影响，而这些因素是随着时间、地点等条件改变而不断变化的，这些不确定性因素在未来的变化就构成了项目决策过程的不确定性。同时，项目经济评价所采用的数据一般都带有不确定性，加上主观预测能力的局限性，对这些技术经济变量的估算与预测不可避免地会有误差，从而使投资方案经济效果的预测值与实际值可能会出现偏差。这种情况统称为工程项目的风险与不确定性。

随着市场经济体制的实行，以及经济外向化的发展，风险与不确定性管理必将日益成为工程项目管理的一个重要内容。风险与不确定性分析是项目风险管理的前提与基础。通过分析方案各个技术经济变量（不确定因素）的变化对投资方案经济效益的影响，分析投资方案对各种不确定性因素变化的承受能力，进一步确认项目在财务和经济上的可靠性，这个过程称为风险与不确定性分析。这一步骤作为工程项目财务分析与国民经济分析的必要补充，有助于加强项目风险管理与控制，避免在变化面前束手无策。同时，在风险与不确定性分析基础上做出的决策，可在一定程度上避免决策失误导致的巨大损失，有助于决策的科学化。

5.1.1 工程项目风险与不确定性概述

1901年，美国学者威利特在博士论文《风险与保险的经济理论》中第一次对风险进行了实质性分析，他指出，"风险是关于不愿发生事件的不确定性的客观体现。"在这种学说中对风险的定义有三层含义：①风险是客观的；②风险的发生具有不确定性；③不确定性的程度可以用概率来描述。

1. 风险定义

目前，学术界对风险的内涵还没有统一的定义，由于对风险的理解和认识程度不同，或对风险的研究的角度不同，不同的学者对风险概念有着不同的解释。大致可分为两类：第一类定义强调风险表现为不确定性；第二类定义强调风险表现为损失的不确定性。第一类定义若风险表现为不确定性，说明风险产生的结果可能带来损失、获利或是无损失也无获利，属于广义风险，金融风险属于此类。而第二类定义风险表现为损失的不确定性，说明风险只能表现出损失，没有从风险中获利的可能性，属于狭义风险。风险和收益成正比，所以一般积极性进取的偏向于高风险是为了获得更高的利润，而稳健型的投资者则着重于安全性的考虑。

（1）风险是事件未来可能结果发生的不确定性。

莫沃波艾(1995)称风险为不确定性；威廉(1985)将风险定义为在给定的条件和某一特定的时期，未来结果的变动；玛驰和夏皮艾认为风险是事物可能结果的不确定性，可由收益分布的方差测度；波恩米利认为风险是公司收入流的不确定性；夏普和马科维茨等将证券投资的风险定义为该证券资产的各种可能收益率的变动程度，并用收益率的方差来度量证券投资的风险，通过量化风险的概念改变了投资大众对风险的认识。由于方差计算的方便性，风险的这种定义在实际中得到了广泛的应用。

(2) 风险是损失发生的不确定性。

罗森伯(1972)将风险定义为损失的不确定性；克瑞(1984)认为风险意味着未来损失的不确定性；儒富俐等将风险定义为不利事件或事件集发生的机会。这种观点又分为主观学说和客观学说两类。主观学说认为不确定性是主观的、个人的和心理上的一种观念，是个人对客观事物的主观估计，而不能以客观的尺度予以衡量，不确定性的范围包括发生与否的不确定性、发生时间的不确定性、发生状况的不确定性以及发生结果严重程度的不确定性。客观学说则是以风险客观存在为前提，以风险事故观察为基础，以数学和统计学观点加以定义，认为风险可用客观的尺度来度量。例如，佩费尔将风险定义为风险是可测度的客观概率的大小；奈特认为风险是可测定的不确定性。

风险是某一特定危险情况发生的可能性和后果的组合，是不确定性的一种，但已知不确定状态服从某种概率分布。风险是由于随机原因引起的项目实际值与期望值的差异，其结果可用概率分布描述。通常情况下，人们对意外损失比对意外收益的关切要更多一些，通俗地讲，风险就是发生不幸事件的概率。换句话说，风险是指一个事件产生我们所不希望的后果的可能性。因此，人们在研究风险时，侧重于减少损失，主要从不利的方面来考察风险，经常把风险看成不利事件发生的可能性。

2. 风险特征

风险具有客观性、偶然性、相对性、可测性和可控性、风险与效益共生性、普遍性、必然性、可识别性、损失性、不确定性和社会性。在此我们主要介绍前五种。

(1) 客观性。人们无论愿意接受与否，都无法消除它，而只能通过一定的技术经济手段进行风险分析控制。

(2) 偶然性。风险虽然是一种客观存在，但它的发生是偶然的，是一种偶发事件。事故究竟发生与否，什么时候发生，以怎样的形式发生，其损失将会有多大等都是不确定的。

(3) 相对性。承受风险的主题不同，时空条件不同，则风险的含义也不同。例如，汇率风险对于国际投资者来说可能是较大的风险，而对于国内投资者来说则算不上风险。

(4) 可测性和可控性。所谓可测性是指根据过去的统计资料来判断某种风险发生的频率与风险造成经济损失的程度。风险的可测性为风险的控制提供了依据，人们可以根据对风险的认识和估计，采取不同的手段对风险进行控制。

(5) 风险与效益共生性。人们可以根据对风险的认识和把握，选择适当的手段，实现其效益。风险越大，效益越高。对高效益的追求是现代风险投资蓬勃发展的内在动力。

3. 风险本质

风险本质包括风险定义、风险因素、风险事故、风险损失以及风险因素、风险事故、风险损失之间的关系。

(1) 风险因素是指增加或发生损失频率和损失幅度的要素，是风险事故发生的潜在原因,是造成损失的内在或间接原因。根据性质不同,风险因素可分为物质风险因素、道德风险因素和心理风险因素三种类型。物质风险因素是有形的因素,如劣质的建筑材料、贸易条件的恶化、技术水平低下等。道德风险因素是无形的因素,与人的品德修养有关,是认为故意行为,如不守信用、欺骗行为、以工程项目的质量来换取个人利益等。心理风险因素是一种无形因素,与人的心理状态有关,例如过失、疏忽、无意、心存侥幸心理等。

(2) 风险事故是造成损失的直接的或外在的原因,是损失的媒介物,但应把风险事故和风险因素区分开来。例如,建筑材料劣质导致建成的桥梁倒塌,劣质的建筑材料是风险因素,桥梁倒塌是风险事故。

(3) 在风险管理中,风险损失是指非故意的、非预期的、非计划的经济价值的减少。即风险只有通过风险事故的发生才能导致损失。就某一事件来说,如果它是造成损失的直接原因,那么它就是风险事故;而在其他条件下,如果它是造成损失的间接原因,它便成为风险因素。

举例:下冰雹路滑发生车祸,造成人员伤亡,这时冰雹是风险因素。冰雹直接击伤行人,它是风险事故。

通常我们将损失分为两种形态,即直接损失和间接损失。直接损失是指风险事故导致的财产本身损失和人身伤害,这类损失又称为实质损失;间接损失则是指由直接损失引起的其他损失,包括额外费用损失、收入损失和责任损失。在风险管理中,通常将风险损失分为四类:实质损失、额外费用损失、收入损失和责任损失。

(4) 风险因素、风险事故、风险损失之间的关系。

构成要素间的关系,风险是由风险因素、风险事故和损失三者构成的统一体。风险因素引起或增加风险事故;风险事故发生可能造成损失。

4. 不确定性定义

不确定性是在缺乏足够信息的情况下,估计可变因素对项目实际值与期望值所造成的偏差,其结果无法用概率分布规律来描述。

5. 风险与不确定性之间关系

风险与不确定性是两个不同的概念,风险知道未来可能发生的各种结果的概率;不确定性不知道未来可能发生的结果,或不知道各种结果发生的可能性。但是,这种区分只是形式上、称呼上的方便,并不意味着风险分析一定好于不确定性分析。确切地说,风险具有不确定性,而不确定性不一定就能构成风险。因为从原则上,将来所有可能出现的结果都能用主观概率来加以描述的。我们的任务是选择适当的方法来使风险和不确定性显性化,从而选择更好的方案或采取措施化解和规避风险。

从建设项目经济评价的实践角度看,将两者严格区分开来的实际意义不大。因此,一般情况下,习惯于将二者统称为不确定性分析,其内容和目的在于分析经济因素的不确定所引起的项目经济效益指标的变化方向和变动程度。

6. 风险与不确定性产生的原因

为更准确地对建设项目投资效果进行评价,应对风险与不确定性产生的原因进行全面的分析。一般来说,产生风险和不确定性的原因主要包括项目数据的统计偏差、通货膨胀、技术进步、市场供求结构的变化以及其他外部影响因素。

(1)项目数据统计过程中所产生的偏差。项目数据统计过程中所产生的偏差一般是由于统计样本数量的不足、预测模型或估算方法选择的不合理等因素对数据统计所造成的误差。

(2)通货膨胀。通货膨胀会导致物价的浮动,影响项目评价中所用的价格,从而导致年销售收入、年经营成本等数据与实际发生偏差,影响评价结果的准确性。

(3)技术进步。技术进步会引起新老产品和工艺的替代,如生产工艺和技术装备的发展变化或重大突破,新产品或替代品的突然出现等。这样,根据原有技术条件和生产水平所估计出的年销售收入等指标就会与实际值发生偏差。

(4)市场供求结构发生改变。市场供求结构的改变会对产品的市场供求状况造成一定的影响,会对某些经济指标值产生影响。

(5)其他外部因素。其他外部因素主要是指法律、法规的颁布影响经济关系和经济结构化等因素影响国民收入和人均收入的增长率的变化,家庭消费结构的变化及需求弹性的变化等因素对评价结果都会造成一定的影响。

5.1.2 风险与不确定性分析过程和方法

1. 概念

对工程项目进行经济分析和评价主要是针对拟议中的方案,是在投资前进行的。因此,分析所用的数据,如投资、寿命、销售收入、成本、固定资产残值等,是通过预测和估计取得的。在进行投资方案财务评价和国民经济评价时,我们假定数据是确定不变的,以此得出方案的经济评价结论。而由于项目的内部条件、外部环境的变化,项目在实施中实际发生的数据与分析所用的数据不可能完全一致,甚至有较大的偏差。因此存在影响方案经济性评价结论的不确定性因素,会对项目决策产生不利影响,使投资潜伏风险,所以在进行工程经济分析时,进行不确定性分析是十分必要的。

不确定性分析通常是在对投资方案进行了财务评价和国民经济评价的基础上进行的,旨在用一定的方法考察不确定性因素对方案实施效果的影响程度,分析项目运行风险,以完善投资方案的主要结论,提高投资决策的可靠性和科学性。

所谓不确定性分析,就是分析项目在经济运行中存在的不确定性因素对项目经济效果的影响,预测项目承担和抗御风险的能力,考察项目在经济上的可取性,以避免项目实施后造成不必要的损失。

2. 分析基本过程

对一个工程项目进行风险与不确定性分析,其过程一般可分为四个阶段:风险识别、风险与不确定性估计、风险与不确定性评价、风险与不确定性防范对策。这四个部分是一个完整的整体,相辅相成,不可分割,缺少任何一部分,风险与不确定性分析都不完整。风险与不确定性分析是对风险与不确定性识别、估计、评价和防范做出全面的、综合的分析。其基本流程如图5-1所示。

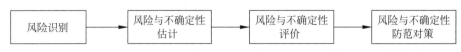

图 5-1 风险分析流程

1) 风险识别

风险识别是指采用系统论的方法对项目进行全面考察综合分析,找出潜在的各种风险因素,并对各种风险因素进行比较、分类,重点要确定各因素间层次关系,论证各个风险因素的独立性,初步判断其发生的可能性及变化程度,必要时按其重要性进行排队,或赋予权重。

风险识别的一般步骤:

(1) 明确所要实现的目标;

(2) 找出影响目标值的全部因素;

(3) 分析各因素对目标的相对影响程度;

(4) 根据各因素向不利方向变化的可能性进行分析、判断,并确定主要风险因素。

2) 风险与不确定性估计

风险与不确定性估计就是对辨识出的风险不确定性进行测量,给定某一风险发生的概率。对风险不确定性进行概率估计的方法有两种:客观概率统计法和主观概率判断法。所谓客观概率统计法,就是根据大量的实验,用统计的方法进行计算,这种方法所得数值是客观存在的,不以人的意志为转移的。但实际可行性研究中进行风险分析时,所遇到的事件经常不可能做实验。又因事件是将来发生的,因而不可能作出准确的分析,很难计算出客观概率。于是由有关专家对事件的概率作出一个合理的估计,这就是主观概率。主观概率是估计者根据合理的判断和当时能搜集到的有限信息以及过去长期的经验所进行估计的结果。主、客观概率统计的使用方法完全一样。

3) 风险与不确定性评价

风险与不确定性评价的方法很多,大致可分为两类:第一类属于规范的决策方法,它能给出方案选择的规则并选出最佳方案;第二类方法只是用来检验各种风险不确定性因素对指标的影响,而不进行方案的选择。现行的各种项目评价规范所采用的方法均属于后一类。而广为应用的是依据统计量的方法,先计算出目标概率分布的统计量,再根据这些统计量并参考其他管理技术评价的方法得出最后结论。常用的统计量包括均值、方差、变异系数等。

4) 风险与不确定性防范对策

根据风险决策的结果,研究规避、控制与防范风险的措施,为项目全过程风险管理提供依据,其四种基本对策包括风险回避、风险控制、风险转移和风险自留。

3. 分析基本方法

(1) 风险识别常用方法:专家调查法(专家个人判断法、头脑风暴法、德尔菲法等)、故障树分析法、幕景分析法等。

(2) 风险与不确定性估计、评价常用方法:专家打分法、风险报酬法、现金流量风险分析法(净现值的期望值、净现值的方差)等。

(3) 风险与不确定性预测常用方法:盈亏平衡分析、敏感性分析、概率分析等。一般来讲,盈亏平衡分析只适用于项目的财务评价,而敏感性分析和概率分析则可同时用于财务评价和国民经济评价。

在具体应用时,要在综合考虑项目的类型、特点,决策者的要求,相应的人力、财力,以及项目对国民经济的影响程度等条件后来选择。

5.2 盈亏平衡分析法

各种不确定因素(如投资、成本、销售量、销售价格等)的变化会影响方案的经济效果,当这些因素的变化达到某一临界值时,就会使方案的经济效果发生质的变化,影响方案的取舍。盈亏平衡分析的目的就是寻找这种临界值,以判断方案对不确定因素变化的承受能力,为决策提供依据。

5.2.1 盈亏平衡分析概念

盈亏平衡是指当年的销售收入扣除销售税金及附加后等于其总成本。在这种情况下,项目的经营既无盈利又无亏损。

盈亏平衡分析是通过盈亏平衡点(Break Even Point,BEP)分析项目成本与收益的平衡关系的一种方法。即根据建设项目正常生产年份的产品产量(销售量)、固定成本、可变成本、税金等,研究建设项目产量(销售量)、成本、售价与利润之间变化与平衡关系的方法。随着产量的变化,当项目的收益与成本相等时,成为盈利与亏损的转折点,即盈亏平衡点。盈亏平衡点标志着项目不赢不亏的生产经营理解水平,反映在一定的生产经营水平时工程项目的收益与成本的一种平衡关系。因为盈亏平衡分析是分析产量(销售量)、成本、售价与利润的关系的,所以又称为量本利分析。

盈亏平衡分析就是要建立项目产量(销售量)、成本、售价与利润之间的函数关系,找出项目的盈亏平衡点,进而评价方案的一种不确定性分析方法,以及进一步突破此点后增加销售数量、增加利润、提高盈利的可能性。通过盈亏平衡分析找出盈亏平衡点,可以考察企业(或项目)对产出品变化的适应能力和抗风险能力。用产量和生产能力利用率表示的盈亏平衡点越低,表示企业适应市场需求变化的能力越大,抗风险能力越强;用产品售价表示的盈亏平衡点越低,表明企业适应市场价格下降的能力越大,抗风险能力越强。盈亏平衡分析还有助于发现和确定企业增加盈利的潜在能力以及各个有关因素变动对利润的影响程度。

盈亏平衡点的表达形式有多种。它可以用绝对量如实际产量(销售量)、单位产品售价、单位产品可变成本以及年固定成本总量表示,也可以用生产能力利用率(盈亏平衡点率)等相对量表示。其中,产量与生产能力利用率,在进行项目不确定性分析时应用较广。根据生产成本、销售收入与产量(销售量)之间是否呈线性关系,盈亏平衡分析可分为线性盈亏平衡分析和非线性盈亏平衡分析。根据是否考虑资金的时间价值,线性盈亏平衡分析可分为静态盈亏平衡分析和动态盈亏平衡分析。

项目的销售收入与产量的关系有两种情况。第一种情况,在没有竞争的市场条件下,产品售价不随销售的变化而变化,是一个固定数,销售收入等于单位产品价格与销售量的乘积。第二种情况是有竞争的市场,产品价格是一个变量,常常因生产量的增长而下降,销售收入与产量在图上的关系是一条曲线。

5.2.2 线性盈亏平衡分析

在企业中,一般将收益看成产品的单价与销售量的乘积,尽管产品产量可以在相当大的范围内变动,但收益基本上是成直线变化的。成本包括可变成本和不变成本,可变成本和产量成正比,不变成本不随产量而变化,则成本与产量就成线性关系。那么,在对项目做盈亏平衡分析时,如果项目的收益与成本均为产量的线性函数,就称为线性盈亏平衡分析,此时,产品的产量、固定成本、可变成本、销售收入、利润之间有如图 5-2 所示的关系。

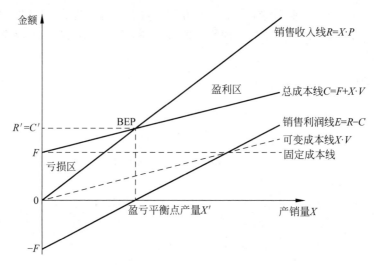

图 5-2 线性盈亏平衡图

1. 总成本费用划分

在进行盈亏平衡分析时,首先应将全部成本费用按其与产量变化的关系划分为固定成本和可变成本两部分。在总成本费用中,有一些费用也随产量的增减而变化,但并不是成正比例变化,称半可变成本。在盈亏平衡分析前,应将半可变成本进一步分解为固定成本和可变成本两部分。将总成本费用划分为固定成本和可变成本的原则是:①凡与产量增减没有直接关系的费用,如辅助人员工资、职工福利费、折旧及摊销费、修理费,应划为固定成本;②凡与产量增减成正比例变化的费用,如原材料消耗、直接生产用辅助材料等,应划分为可变成本;③对于某些辅助材料、非直接生产动力消耗、直接生产人员工资等,虽与产量增减有关,但又非成比例的半可变成本,通过适当方法,可以近似地将其分解后划分为固定成本和可变成本。

当然,对成本的划分不是一成不变的,从长期角度看,不存在任何固定成本,固定成本不受产量变动影响是有条件的,即产量在一定范围内变动,如果产量超过这个范围,固定成本就会发生跳跃性的变动,这些变动是由多种原因造成的,比如规模经济效益、技术进步等。因此,如果产量有很大变化、分析期限比较长时,通过风险与不确定性分析来弥补这一缺陷。

2. 线性盈亏平衡分析基本条件假设

线性盈亏平衡分析的最基本假设是保持分析方程的线性。要做到这一点,线性盈亏平

衡分析主要有下列四个假设:

(1) 产量等于销售量,销售量变化,销售单价不变,销售收入与产量成线性关系;

(2) 项目正常生产年份的总成本可划分为固定和可变成本两部分,其中固定成本不随产量变动而变化,可变成本总额随产量变动成比例变化,总可变成本是产量的线性函数;

(3) 在分析期内,市场价格、生产工艺、技术装备、生产方法、管理水平等均无变化;

(4) 项目只生产一种产品,或当生产多种产品时产品结构不变,且都可以换算为单一产品计算。因此,当假定某一企业的盈利函数为 $Y=F(X)$,上述的假定基本上保证能够建成产量的线性利润函数。

3. 线性盈亏平衡分析基本模型

线性盈亏平衡分析中常用的方法有代数法和图解法相结合,建立项目线性盈亏平衡分析的基本模型,图解法直观性较强,代数法逻辑性较强。

构建总成本 C、销售收入 R、销售利润 E 函数计算公式为

$$C = F + X \cdot V \tag{5-1}$$

$$R = XP \tag{5-2}$$

$$E = R - C = (P - V) \cdot X - F \tag{5-3}$$

式中,C——总成本=固定成本+可变成本=固定成本+单位产品可变成本×产量;

R——总销售收入;

E——盈利;

X——产量(或销售量);

P——产品单位售价;

F——总固定成本;

V——单位产品可变成本。

盈亏平衡分析就是要确定产量的最低值,使工程项目不盈不亏,或者说盈利等于零,并把盈利为零的产量点称为产量盈亏平衡点。记平衡点产量为 X'。代数法就是根据盈亏平衡的定义,令销售利润为零。

盈利为零时,有

$$E = R - C = (P - V) \cdot X - F = O \tag{5-4}$$

得

$$X' = F/(P - V) \tag{5-5}$$

若要使工程项目获取盈利,则应有

$$E = R - C = (P - V) \cdot X - F > 0 \tag{5-6}$$

即

$$X > X' = F/(P - V) \tag{5-7}$$

盈亏平衡点的其他表示方式:

盈亏平衡点价格 $P' = (F/X') + V$ (5-8)

盈亏平衡点单位产品可变成本 $V' = P - (F/X')$ (5-9)

盈亏平衡点固定成本 $F' = X' \cdot (P - V)$ (5-10)

另外,盈亏平衡时的产量占正常生产能力的百分数就是用百分数表示盈亏平衡产量,设

为 η，则

$$\eta = \frac{X_0}{\text{生产能力}} \times 100\% \tag{5-11}$$

图解法即画盈亏平衡图(图 5-2)，其基本步骤如下：

(1) 先根据资料，确定所分析的产品成本与产量关系。画出坐标图，以横轴表示产销量，纵轴表示金额。

(2) 以原点为起点，按照式(5-2)求出 R 后，在坐标图上画出销售收入与产量关系曲线——销售收入线。

(3) 画出固定成本线。由于前面我们假定固定成本不随产量的变化而变动，因此固定成本线是一条与横轴平行的水平线。

(4) 以固定成本与纵轴的交点为起点，绘制生产成本与产量关系曲线——总成本线。

(5) 坐标内的三条线即组成了盈亏平衡图，销售收入线与总成本线的交点即为盈亏平衡点，盈亏平衡点对应的产量即为盈亏平衡产量 X'(图 5-2)。

从线性盈亏平衡图 5-2 可以看出，当产量水平低于盈亏平衡产量 X' 时，R 线在 C 线的下方。项目是亏损的；当产量水平高于盈亏平衡产量 X' 时，R 线在 C 线的上方，项目是盈利的。盈亏平衡点越低，达到此点的盈亏平衡产量和收益与成本也就越少，因而项目的盈利机会就会越大、亏损的风险就越小。

4. 判断项目经营安全率

应用盈亏分析原理可以判断项目经营情况的好坏。根据项目正常生产年份的年产量在盈亏平衡图上是位于盈利区还是亏损区内，就可以判明项目的盈亏状况，并且其大小可以从盈亏平衡图中一目了然。

盈亏平衡点率 η_a 是指盈亏平衡点销售量(额)与预计销售量(额)之比。计算公式为

$$\eta_a = \frac{X_0}{X_n} \times 100\% \tag{5-12}$$

经营安全率 η_b 是反映项目经营状况是否安全可靠的一个重要指标，它是项目预计销售量(额)与盈亏点销售量(额)之间的差额(称为安全边际)与预计销售量之比。计算公式为

$$\eta_b = \frac{X_n - X_0}{X_n} \times 100\% \tag{5-13}$$

根据式(5-12)、式(5-13)，很容易证明：

$$\eta_a + \eta_b = 1 \tag{5-14}$$

经营安全率越大，经营风险越小。盈亏平衡点率数值越小越安全，抗风险能力越强。因此，提高经营安全率(或降低盈亏平衡率)的基本方法主要有两种：一是增大产销量；二是降低盈亏平衡点产量(主要措施便是降低成本)。表 5-1 给出判断项目经营安全状况的参考数值。

表 5-1 经营安全率安全性检验标准

经营安全率/%	40 以上	30～40	20～30	10～20	10 以下
安全等级	很安全	安全	较安全	值得注意	危险

5. 考虑税金后盈亏平衡分析

假定产品税金及附加的综合税率为 t，则税后销售净收入为

$$R = P \cdot X \cdot (1-t) \tag{5-15}$$

税后利润为

$$E_t = R - C = P \cdot X \cdot (1-t) - (F + V \cdot X) = [P(1-t) - V]X - F \tag{5-16}$$

令 $E_t = 0$，求得税后盈亏平衡点产量为

$$X_{0t} = \frac{F}{P(1-t) - V} \tag{5-17}$$

6. 线性盈亏平衡分析应用

例 5-1 某项目生产能力 3 万件/年，产品售价 3000 元/件，总成本费用 7800 万元，其中固定成本 3000 万元，总变动成本与产量成线性关系，请进行盈亏平衡分析。

解：(1) 盈亏平衡点产量 (X')

$$X' = F/(P-V) = 3000 \times 10^4/(3000 - 1600) = 21\,400 (件)$$

其中，$V = (7800 - 3000)/3 = 1600$（元/件）

(2) 盈亏平衡点生产能力利用率

$$\eta = X'/X \times 100\% = 21\,400/30\,000 \times 100\% = 71.3\%$$

(3) 盈亏平衡点价格

$$P' = (F/X) + V = 3000 \times 10^4/(3 \times 10^4) + 1600 = 2600 (元)$$

(4) 盈亏平衡点单位产品可变成本

$$V' = P - (F/X) = 3000 - 3000 \times 10^4/(3 \times 10^4) = 2000 (元)$$

(5) 盈亏平衡点销售收入

$$F' = P \times X' = 3000 \times 21\,400 = 6420 (万元)$$

例 5-2 某项目设计生产能力为 2000 台/年，预计正常销售量为 1800 台/年，预测售价 2.5 万元/台，总固定成本为 800 万元，单位产品变动成本为 15 000 元。若：(1) 因为投资增加使固定成本增加 10%，其他因素不变；(2) 因政策原因使得单价降低 5%，其他因素不变；(3) 单位产品成本价格上升 10%，其他因素不变；(4) 以上三种因素同时变化。试进行盈亏平衡分析。

解：(1) 投资变量不变时，总成本函数为

$$C = 800 + 1.5X$$

销售收入函数为

$$R = 2.5X$$

销售利润函数

$$E = R - C = (P - V)X - F = 2.5X - 800 - 1.5X = X - 800$$

盈亏平衡点产量 (X')，令 $E = 0$

$X' = 800$ 台，$R' = 2000$ 万元，生产能力利用率 $\eta = 800/2000 \times 100\% = 40\%$

(2) 固定成本增加 10%，其他因素不变，则盈亏平衡时，$X_1 = 880$ 台，$R_1 = 2200$ 万元，则生产能力利用率

$$\eta_1 = 880/2000 \times 100\% = 44\%$$

(3) 单价降低5%,其他因素不变,则盈亏平衡时,$X_2 = 914$ 台,$R_2 = 2171.4$ 万元,则生产能力利用率

$$\eta_2 = 914/2000 \times 100\% = 45.7\%$$

(4) 单位产品成本价格上升10%,其他因素不变,则盈亏平衡时,$X_3 = 941$ 台,$R_3 = 2352.5$ 万元,则生产能力利用率

$$\eta_3 = 941/2000 \times 100\% = 47.05\%$$

(5) 固定成本增加10%,单价降低5%,单位产品成本价格上升10%,则盈亏平衡时,$X_4 = 1214$ 台,$R_4 = 2883.25$ 万元,则生产能力利用率

$$\eta_4 = 1214/2000 \times 100\% = 60.7\%$$

上述计算过程见表5-2。

表5-2 盈亏平衡分析表

名称		固定成本	销售单价	单位变动成本	盈亏平衡点产量/台	盈亏平衡点销售收入	盈亏平衡点生产能力利用率/%	安全经营量	盈亏平衡点率/%	经营安全率/%	安全程度
符号		F	P	V	X_0	R_0	η	B	η_a	η_b	
		①	②	③	④=①/(②-③)	⑤=②×④	⑥=④/2000	⑦=1800-④	⑧=④/1800	⑨=100-⑧	
基本方案		800	1.5	2.5	800	2000	40	1000	44.44	55.56	很安全
因素变动	$F \uparrow 10\%$	880	1.5	2.5	880	2200	44	920	48.89	51.11	很安全
	$P \downarrow 5\%$	800	1.5	2.375	914	2171.4	45.7	886	50.78	49.22	很安全
	$V \uparrow 10\%$	800	1.65	2.5	941	2352.5	47.05	859	52.28	47.72	很安全
	$F \uparrow 10\%$ $P \downarrow 5\%$ $V \uparrow 10\%$	880	1.65	2.375	1214	2883.25	60.7	586	67.44	32.56	安全

5.2.3 非线性盈亏平衡分析

1. 非线性盈亏平衡分析概念

线性盈亏分析是在假定销售收入、成本、利润与产销量成线性关系条件下进行的,因此其分析结果只适用于一定的条件。在生产实践中,市场是多变的,销售收入、成本、利润与产销量往往呈现出某种非线性关系,而不是假定的线性关系。由于产量扩大到一定水平,会引起原材料、动力供应价格的上涨,因而造成项目生产成本并非与产量成线性关系;同时,由于市场容量的制约,当产量增长后,产品售价也会引起下降,价格与产量成某种曲线关系,因此,销售收入与产量就成非线性关系(图5-3)。

2. 非线性盈亏平衡分析基本模型

非线性平衡点为销售收入与产品销售量成非线性关系时所对应的盈亏平衡点,如图5-3所示。在求解非线性盈亏平衡时,令利润函数为零,求解一个非线性方程,得出的生产量即为非线性平衡保本点生产量。由于销售收入为曲线,故图中有两个盈亏平衡点。BEP_1、

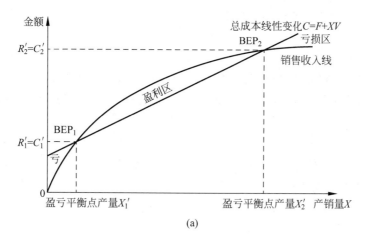

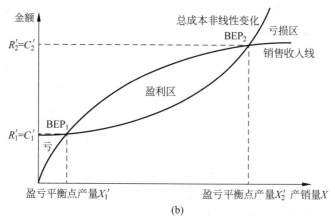

图 5-3 非线性盈亏平衡

(a) 总成本线性变化；(b) 总成本非线性变化

BEP_2 所对应的盈亏平衡产量分别为 X_1' 和 X_2'，当产量 X 低于 X_1' 或高于 X_2' 时，均会因生产成本高于销售收入而使方案亏损；只有在 X_1' 和 X_2' 之间，方案才盈利。因此，方案必须在 X_1' 和 X_2' 之间安排生产与销售。

非线性盈亏平衡分析的步骤：①构建收入函数 $R(X)$；②构建成本函数 $C(X)$；③构建销售利润函数 $E(X)=R(X)-C(X)$；④令 $E(X)=0$，求解盈亏平衡的生产量、平衡点时的价格、销售收入等。

$$当 \frac{\partial E}{\partial X}=0 时， \tag{5-18}$$

$$且 \frac{\partial^2 E}{\partial X^2}<0，项目有极值。 \tag{5-19}$$

关门点即损失等于固定成本时的产量。当 X 等于或小于零时，表示停产；X 大于某一个数值时，停产的损失比生产的损失小（此时可能意味着原有生产设计不能够满足发展需求）。当产量达到关门点产量时，应该关门停产。

$$-E(X)=F \tag{5-20}$$

需要说明的是，销售利润函数是非线性的，最高次方为 n 时，有 n 个根（包括虚根），要根据实际情况进行检验后才能知道是不是有意义的解。

3. 非线性盈亏平衡分析应用

例 5-3 某项目所生产的产品的总固定成本为 10 万元,单位变动成本为 1000 元,产品销售收入(扣除销售税金及附加、增值税)为 $21\,000X^{1/2}$,试确定该项目的经济规模区和最优规模。

解:产品销售收入为 $R = 21\,000X^{1/2}$

总成本 $C = C_F + C_V = 100\,000 + 1000X$

则利润为 $E = R - C = 21\,000X^{1/2} - 1000X - 100\,000$

令 $E = 0$,得 $X^2 - 241X + 10\,000 = 0$

求解得 $X = \dfrac{241 \pm \sqrt{241^2 - 4 \times 10\,000}}{2} = \dfrac{241 \pm 134}{2} = 54$ 或 188

即产销量 X 的盈亏平衡点为 54 和 188,当 X 在 54~188 时,利润 E 大于零,故该项目的经济规模区为 [54,188]。

令 $\dfrac{\partial E}{\partial X} = 0$,得 $\dfrac{\partial E}{\partial X} = \dfrac{10\,500}{X^{1/2}} - 1000 = 0$

求解得 $X = \left(\dfrac{10\,500}{1000}\right)^2 = 110$

$$\dfrac{\partial^2 E}{\partial X^2} = -\dfrac{1}{2} \times 10\,500 X^{-\frac{3}{2}} < 0$$

故该产品的最优规模为 110。

例 5-4 某项目根据统计分析得,X 表示产销量,其总收益为 $100X - 0.001X^2$,总成本为 $200\,000 + 4X + 0.005X^2$,试作盈亏平衡分析。

解:总收益为 $R = 100X - 0.001X^2$

总成本 $C = 200\,000 + 4X + 0.005X^2$

则利润为 $E = R - C = 100X - 0.001X^2 - (200\,000 + 4X + 0.005X^2)$

令 $E = 0$,得 $-0.006X^2 + 96X - 200\,000 = 0$

求解得 $X = \dfrac{-96 \pm \sqrt{96^2 - 4 \times 0.006 \times 200\,000}}{2(-0.006)} = \dfrac{96 \pm 66.45}{0.012} = 2462$ 或 13 537

即产销量 X 的盈亏平衡点为 2462 和 13 537,当 X 在 2462~13 537 时,利润 E 大于零,故该项目的经济规模区为 [2462,13 537]。

令 $\dfrac{\partial E}{\partial X} = 0$,得 $\dfrac{\partial E}{\partial X} = -0.012X + 96 = 0$

求解得 $X_{\max} = 96/0.012 = 8000$

$$\dfrac{\partial^2 E}{\partial X^2} = -0.012 < 0$$

故该产品的最优规模为 8000。

此时的利润 $E_{\max} = -0.006 \times 8000^2 + 96 \times 8000 - 200\,000 = 184\,000$

关门点 $-E = F = 200\,000$,$0.006X^2 - 96X = 0$

$$X_{d1} = 0, \quad X_{d2} = 16\,000$$

X 等于或小于零时,表示停产;X 大于 16 000 时,停产的损失比生产的损失小。

上述非线性盈亏平衡计算,可以通过图 5-4 来表示。

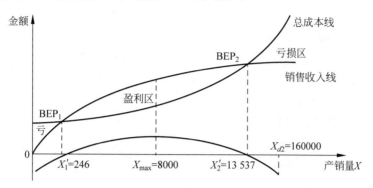

图 5-4 非线性盈亏平衡图解分析

传统盈亏平衡分析的主要不足是,它以盈利为零作为盈亏平衡状态,没有考虑资金的时间价值,是一种静态分析。而建设项目生产经营期是一个长期的过程,资金在其运动过程中具有潜在的随时间推移而产生增值的能力,因此,在进行各种投资时,必须考虑投资的时间机会成本、资金的时间价值,按照投资的具体情况、目标以及所在行业的基准收益水平确定一个基准收益率。传统盈利为零的盈亏平衡实际上意味着项目已经损失了基准收益水平的收益,项目存在着潜在的亏损。为克服静态盈亏平衡分析的不足,进行动态盈亏平衡分析。

5.2.4 动态盈亏平衡分析

1. 动态盈亏平衡分析原理

将项目盈亏平衡状态定义为净现值 NPV 等于零的状态,便能将资金的时间价值考虑在盈亏平衡分析内,变静态盈亏平衡分析为动态盈亏平衡分析。由于净现值的经济实质是项目在整个经济计算期内可以获得的、超过基准收益水平的、以现值表示的超额净收益,所以,净现值等于零意味着项目刚好获得了基准收益水平的收益,实现了资金的基本水平的保值和真正意义的"盈亏平衡"。动态盈亏平衡分析不仅考虑了资金的时间价值,而且可以根据企业所要求的不同的基准收益率确定不同的盈亏平衡点,使企业的投资决策和经营决策更全面、更准确。

2. 动态盈亏平衡点

在动态盈亏平衡分析的实际操作中,盈亏平衡状态定义为净现值 NPV 等于零的状态,计算公式为

$$\mathrm{NPV} = \sum_{t=0}^{n} \mathrm{NCF}_t (P/F, i_c, t) = 0 \tag{5-21}$$

即

$$\sum_{t=0}^{n} (R_T - C_O - T_A - I_L)[1/(1+i_c)^t] + (S_V + I_{RL})[1/(1+i_c)^n] = 0 \tag{5-22}$$

即

$$\sum_{t=0}^{n}(P_Q - C_V Q - C_{FO} - PQ_r - I_F - I_L)[1/(1+i_c)^t] + (S_V + I_{RL})[1/(1+i_c)^n] = 0$$

(5-23)

式中，t ——项目计算期第 t 年；

NCF_t(Net Cash Flow)——所得税前第 t 年净现资金流量；

R_T——年销售收入；

C_O——年经营成本；

C_{FO}——年固定经营成本；

T_A——年销售税金及附加；

I_F——年固定资产投资；

I_L——流动资金本年增加额；

S_V——回收固定资产残值；

I_{RL}——回收流动资金；

i_c——基准收益率；

r——销售税金的税率；

n——项目计算期。

之所以采用所得税前净现值等于零作为动态盈亏平衡状态，是由于所得税前评价指标能够不受资金来源及筹资方案影响，真实反映项目本身的盈利能力，便于不同项目之间的横向对比。而所得税后评价指标受到资金来源和筹措方式的影响，不能真正反映项目本身的盈利能力。

根据净现值等于零可以推导出产量、价格、单位产品可变成本等各个因素的动态盈亏平衡点。如果需要，还可以求出销售收入、经营成本、寿命期等各个指标的盈亏平衡点。

（1）产品产量盈亏平衡点计算公式为

$$Q_{BEP} = \frac{\sum_{t=0}^{n}(I_F + I_L + C_{FO})_t [1/(1+i_c)^t] - (S_V + I_{RL})[1/(1+i_c)^n]}{\sum_{t=1}^{n}[P(1-r) - C_V]_t [1/(1+i_c)^t]}$$

(5-24)

（2）产品价格盈亏平衡点计算公式为

$$P_{BEP} = \frac{\sum_{t=0}^{n}(I_F + I_L + C_{FO} + C_V Q_d)_t [1/(1+i_c)^t] - (S_V + I_{RL})[1/(1+i_c)^n]}{\sum_{t=1}^{n} Q_{dt}(1-r)[1/(1+i_c)^t]}$$

(5-25)

（3）单位产品变动成本盈亏平衡点计算公式为

$$C_{VBEP} = \frac{\sum_{t=0}^{n}(PQ_d(1-r) - I_F - I_L - C_{FO})_t [1/(1+i_c)^t] + (S_V + I_{RL})[1/(1+i_c)^n]}{\sum_{t=1}^{n} Q_{dt} [1/(1+i_c)^t]}$$

(5-26)

3. 动态盈亏平衡的应用

例 5-5 某项目建设期一年,固定资产投资总额 1.5×10^8 元,其中固定资产 1.2×10^8 元,固定资产残值率 10%。项目需要流动资金 3.7×10^7 元,于第二年初投入。项目寿命期 10 年,从第二年起,每年的生产能力为 5×10^5 t,产品销售价格为 700 元/t,销售税金为销售收入的 10%,每年固定经营成本为 1.5×10^7 元,单位产品变动成本为 530 元/t,试进行动态盈亏平衡分析。

解:

$$Q_{BEP} = \frac{15\ 000 + [3000 + 1500(P/A,10\%,9)](P/F,10\%,1) - (1200+3000)(P/F,10\%,10)}{(700\times 0.9 - 530)(P/A,10\%,9)(P/F,10\%,1)}$$

$$= 4.577\times 10^5 (t)$$

假如其他因素不变,当产量降低到每年 45.77 万 t 时,项目刚好实现投资的基本水平的保值和真正意义的"盈亏平衡",如果产量继续降低,项目将不能实现投资的基本水平的保值,存在潜在亏损。

$$P_{BEF} = \frac{15\ 000 + [3000 + (530\times 50 + 1500)(P/A,10\%,9)](P/F,10\%,1) - (1200+3000)(P/F,10\%,10)}{50\times 0.9(P/A,10\%,9)(P/F,10\%,1)}$$

$$= 690.59(元)$$

假如其他因素不变,当价格降低到 690.59 元/t 时,项目刚好实现投资的基本水平的保值和真正意义的"盈亏平衡",如果产量继续降低,项目将不能实现投资的基本水平的保值,存在潜在亏损。

$$C_{VBEF} = \frac{15\ 000 + [(700\times 50\times 0.9 - 1500)(P/A,10\%,9) - 3000](P/F,10\%,1) + (1200+3000)(P/F,10\%,10)}{50(P/A,10\%,9)(P/F,10\%,1)}$$

$$= 538.47(元)$$

假如其他因素不变,当单位产品经营成本上升到 538.47 元/t 时,项目刚好实现投资的基本水平的保值和真正意义的"盈亏平衡",如果继续上升,项目将不能实现投资的基本水平的保值,存在潜在亏损。

根据以上动态盈亏平衡分析,结合预测的产量、产品价格、单位产品可变成本中某一因素可能的变动情况,就可以对项目的风险情况进行大致判断。例如,经预测,项目产品价格降低到 690.59 元/t 的可能性非常大,那么,产品价格变动造成的项目风险就比较大,项目对产品价格变动的承受能力就较弱。

5.2.5 互斥方案的盈亏平衡分析

盈亏平衡分析还可以用在多方案的比选上。若有某一个共有的不确定性因素影响这些方案的取舍,可以利用盈亏平衡分析方法,先求出两方案的盈亏平衡点,再根据盈亏平衡点进行方案的取舍。

设两个方案的净现值(NPV_1, NPV_2)受同一个共有的不确定性因素 x 的影响,且可表示成 x 的函数,即有

$$NPV_1 = F_1(x) \quad 和 \quad NPV_2 = F_2(x) \tag{5-27}$$

当两个方案的净现值相同时,有 $F_1(x) = F_2(x)$,使其成立的 x 值,即为两方案的优劣平衡点,结合对不确定性因素未来取值范围的预测,就可以做出相应的决策。

例 5-6 某房地产开发商拟投资开发建设住宅项目,建筑面积 5000～10 000m²,现有 A、B、C 三种方案,各方案的技术经济数据见表 5-3。现假设资本利率为 5%,试确定各建设方案经济合理的建筑面积范围。

表 5-3 三种方案的技术经济数据

方案	造价/(元/m²)	运营费/万元	寿命/年
A	1200	35	50
B	1450	25	50
C	1750	15	50

解:建筑面积为 x,则各方案的年度总成本分别为

$$AC(x)_A = 1200 \times (A/P, 5\%, 50) + 35\,000$$
$$AC(x)_B = 1450 \times (A/P, 5\%, 50) + 25\,000$$
$$AC(x)_C = 1750 \times (A/P, 5\%, 50) + 15\,000$$

令 $AC(x)_A = AC(x)_B$,求得 $x_{AB} = 7299 \text{m}^2$

令 $AC(x)_C = AC(x)_B$,求得 $x_{BC} = 6083 \text{m}^2$

令 $AC(x)_A = AC(x)_C$,求得 $x_{AC} = 6636 \text{m}^2$

以横轴表示建筑面积,纵轴表示年度总成本,绘出盈亏平衡分析图(图 5-5)。从图中可以看出,当建筑面积小于 6083m² 时,方案 C 为优;当建筑面积为 6083～7299m² 时,方案 B 为优;当建筑面积大于 7299 时,方案 A 为优。

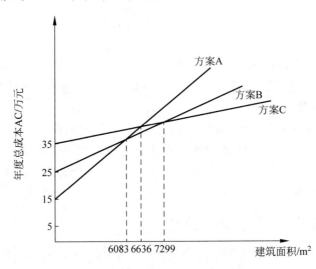

图 5-5 三种方案的盈亏平衡分析图

例 5-7 某企业生产一种产品需用某种设备,现有 A、B 两种设备可供选择。A 设备初始投资 20 万元,预期年运营费 5 万元,B 设备初始投资 30 万元,预期年运营费 3 万元,使用年限均为 8 年,问基准折现率为多少时选 A 设备有利?

解:设基准折现率为 i_c,两种设备的费用现值分别为

$$PC_A = 20 + 5(P/A, i_c, 8); \quad PC_B = 30 + 3(P/A, i_c, 8)$$

令 $PC_A = PC_B$，有 $20+5(P/A, i_c, 8) = 30+3(P/A, i_c, 8)$
$$(P/A, i_c, 8) = 5$$

查复利系数表得 $i_c \approx 12\%$

当基准折现率 $i_c \approx 12\%$ 时，A、B 设备的费用现值相等。当 $i_c < 12\%$ 时，B 设备的费用现值较低，应选用 B 设备。当 $i_c > 12\%$ 时，A 设备的费用现值较低，应选用 A 设备。

例 5-8 某业主委托设计师考虑一幢小的商用建筑，按近期的需要，盖两层就够了，但日后可能有再加两层考虑。建筑设计师提供了两个方案供业主选择：方案 1 是预留以后加两层的基础和结构，总造价为 140 万元；方案 2 是不预留加两层，总造价为 125 万元；日后加层可以加固，但日后的加固费用是 30 万元。如果业主的投资基准贴现率为 10%，求从何时加层考虑，替业主勾画一个选择方案。

解：如果业主最近就要加层，方案 1 较省钱。如果加层是很遥远的事，考虑货币的时间价值，应采取需要时加固的方案 2。因此，以加层的时间（离现在的年份）n 作为临界变量，以总费用的现值作为决策判据。按两个方案费用现值相等，求加层年份的临界值 n'，有
$$P = F(1+i)^{-n} = F(P/F, i, n)$$
$$140 = 125 + 30(P/F, 10\%, n')$$
$(P/F, 10\%, n') = 0.5$ 即 $(1+10\%)^{n'} = 2$ 查表得
$$n' = \frac{\lg 2}{\lg 1.1} = 7.27(年)$$

如果业主在 7 年内就加层，那么建议采用方案 1；否则，建议采用方案 2。

5.3 敏感性分析

敏感性分析又称敏感度分析，它是在确定性分析的基础上，通过进一步分析、预测对项目经济进行决策的一种常用的不确定性分析方法。投资项目评价中的敏感性分析，是通过测定一个或多个不确定性因素的变化所引起的项目经济效果评价指标（如内部收益率、净现值等）的变化幅度，计算项目预期目标受各个不确定性因素变化的影响程度，从中找出敏感因素，确定评价指标对该因素的敏感程度和项目对其变化的承受能力。分析不确定性因素对于项目预期目标的敏感程度，并根据因素的敏感程度大小制定相应的对策，使项目达到预期目标。可能对方案经济效果产生影响的不确定性因素很多，一般有产品销售量、产品售价、主要原材料和动力价格、固定资产投资、经营成本、建设工期和生产期等。其中有的不确定性因素的微小的变化就会引起方案经济效果发生很大的变化，对项目经济评价的可靠性产生很大的影响，则这些不确定性因素称为敏感因素；反之，称为不敏感因素。与不敏感因素相比，敏感性因素的变化给项目带来的风险会更大一些，所以，敏感性分析的核心问题，是从众多的不确定因素中找出影响投资项目经济效果的敏感因素，并提出有针对性的控制措施，为项目决策服务。

一个项目在其建设与生产经营的过程中，由于项目内外部环境的变化，许多因素都会发生变化。一般将产品价格、产品成本、产品产量（生产负荷）、主要原材料价格、建设投资、工期、汇率等作为考察的不确定因素。敏感性分析不仅可以使决策者了解不确定因素对评价指标的影响，从而提高决策的准确性，还可以启发评价者对那些较为敏感的因素重新进行分

析研究，以提高预测的可靠性。

根据每次计算时考虑的变动不确定因素数目多少的不同，敏感性分析有单因素敏感性分析和多因素敏感性分析两种。单因素敏感性分析是对单一不确定因素变化的影响进行分析。每次只考察一个因素，其他因素保持不变，以分析这个可变因素对经济评价指标的影响程度和敏感程度，单因素敏感性分析是敏感性分析的基本方法。多因素敏感性分析是当两个或两个以上相互独立的不确定因素同时变化时，分析这些变化的因素对经济评价指标的影响程度和敏感程度。通常情况下只要求进行单因素敏感性分析。

根据项目经济目标，如经济净现值或经济内部收益率等所做的敏感性分析叫作经济敏感性分析。而根据项目财务目标所做的敏感性分析叫作财务敏感性分析。

5.3.1 敏感性分析步骤和内容

1. 确定敏感性分析指标

敏感性分析指标，就是指敏感性分析的具体对象，即项目的经济指标。反映项目经济效果的指标有很多，如投资回收期、贷款偿还年限、净现值、净年值、净现值率、内部收益率、投资效果系数等，都可以作为敏感性分析指标。经济效果指标都有各自特定的含义，因而分析、评价所反映的问题也有所不同。例如，投资回收期是一个综合指标，在项目有贷款的情况下，能反映建设期和贷款偿还的借贷和利息情况，对投资回收期指标进行敏感性分析，能够了解贷款和资金短缺对投资效果的影响；内部收益率是考虑了资金时间价值的综合指标，对大多数投资项目，特别是对合资、合作经营、股份制改造项目评价分析时，则应以内部收益率指标为敏感性分析的主要对象。

事实上，对于某一个具体的项目而言，不可能也不需要把所有的经济评价指标都作为敏感性分析的指标，因为不同的项目有不同的特点和要求，而应根据项目资金来源、经济评价的深度和具体情况等，选择投资者所关心的几种主要指标进行分析。一般而言，敏感性分析选择的指标应与该项目经济效果评价时所用的指标一致。

选择原则有两点：①敏感性分析的指标应与确定性分析的指标相一致，不应超出确定性分析所用指标的范围另立指标；②确定性经济分析中所用指标比较多时，应选择最能够反映该项目经济效益、最能够反映该项目经济合理与否的一个或几个最重要的指标作为敏感性分析的对象。一般在项目的机会研究阶段，各种经济数据较为粗略，常使用简单的投资收益率和投资回收期指标，而在详细可行性研究阶段，经济指标主要采用内部收益率和净现值等动态指标，并通常以投资回收期为辅助指标。

2. 选择不确定因素设定其变化幅度

影响项目经济效果的不确定因素很多，如产品销售价格、单位产品成本、总投资、生产期、贷款利率（财务分析）、销售量等。上述的任何因素变动，都会引起经济效果评价指标的变动。但是，不可能也不需要对影响经济效果的所有因素进行不确定性分析，而应根据项目特点和经济评价的要求，选择几个变化可能性较大，且对项目经济效果影响较大的因素进行敏感性分析。对于一般的项目而言，常用作敏感性分析的因素有投资额、建设期、产量或销售量、价格、经营成本、折现率等。对于具体的项目来说，还要作具体的选择和考虑。例如，对于产品出口而其原材料主要是由国内供给的项目,外汇兑换率变化对项目经济效果评价影响较大,因此,应选外汇兑换率作为不确定因素加以分析。又如,对于以进口产品为原材料且项目的产成品又主要供应国内市场的项目,进口原料受国际市场供求关系变化影响大,而且这个变化是项目本身难以控制的,因此,原材料价格应作为不确定因素加以分析。另外,在项目投入的主要原料中,对于那些价格严重背离价值、近期又存在调价可能的产品(原料),则需把原材料价格作为不确定性因素加以分析。

在选定了需要分析的不确定性因素后,还要结合实际情况,根据各不确定性因素可能波动的范围,设定不确定因素的变化幅度。

3. 寻找敏感因素

寻找敏感性因素是敏感性分析的主要内容。敏感因素是指其数值变化能显著影响分析指标的不确定因素。判别敏感因素的方法有相对测定法和绝对测定法两种。

(1) 相对测定法：设定各不确定因素一个相同的变化幅度,比较在同一变化幅度下各因素的变动对分析指标的影响程度,影响程度大者为敏感因素。这种影响程度可以用敏感度系数表示。

(2) 绝对测定法：设各个不确定因素均向对方案不利的方向变化,并取其可能出现的对方案最不利的数值,据此计算方案的经济效果指标,视其是否达到使方案无法被接受的程度,如 NPV<0 或 IRR<i_0。如果某个因素可能出现的最不利数值使方案变得不可接受,则表明该因素为方案的敏感因素。并将其与该指标的原始值相比较,从而得出该指标的变化率(也称为敏感度 β),β 是衡量变量因素敏感程度的一个指标,即

$$变化率 \beta = \frac{评价指标变化的幅度(\%)}{不确定性因素变化的幅度(\%)} = \frac{|\Delta Y_j|}{|\Delta X_i|} = \frac{\left|\frac{Y_{j1} - Y_{j0}}{Y_{j0}}\right|}{|\Delta X_i|} \tag{5-28}$$

式中,ΔX_i——第 i 个不确定性因素的变化幅度;

Y_{j1}——第 j 个指标受不确定性因素变化影响后所达到的指标值;

Y_{j0}——第 j 个指标未受不确定性因素变化影响时的指标值;

Y_j——第 j 个指标受不确定性因素变化影响的差额幅度。

4. 不确定因素变动对经济指标影响计算

在确定了分析指标和选定不确定因素之后,就可以计算已选定的不确定因素的变化对分析指标影响的具体数值,即固定其他因素,变动其中某一个不确定因素,分析对指标的影响程度,并逐个计算,直至全部因素。但是,这里实际上隐含着两个基本假设：第一,当计算分析其中一个不确定因素时,假设其他因素不变;第二,每个不确定因素变动的机会均等、变化幅度一样。

在逐个分析计算的基础上,将这些计算结果整理成图表,以直观地表示出不确定因素变动引起分析指标随之变动的对应数量关系。

通过对敏感性分析图中曲线斜率或表中因素变动率的分析,就可以判断影响项目经济效果的敏感因素。

5. 判断项目风险情况

根据敏感因素对方案评价指标的影响程度及敏感因素的多少,判断项目风险的大小,结合确定性分析的结果作进一步的综合判断,寻求对主要不确定因素变化不敏感的项目,为项目决策进一步提供可靠的依据。

5.3.2 单因素敏感性分析

假定其他因素不变,每次只考虑一个不确定因素的变化对项目经济效果的影响,称为单因素敏感性分析。单因素敏感性分析还应求出导致项目由可行变为不可行的不确定因素变化的临界值。临界值可以通过敏感性分析图求得。具体做法是:将不确定因素变化率作为横坐标,以某个评价指标,如内部收益率为纵坐标作图,由每种不确定因素的变化可得到内部收益率随之变化的曲线。每条曲线与基准收益率的交点称为该不确定因素的临界点,该点对应的横坐标即为不确定因素变化的临界点。

例 5-9 设某项目基本方案的基本数据估算值如表 5-4 所示,试就年销售收入 B、年经营成本 C 和建设投资 I 对内部收益率进行单因素敏感性分析(基准收益率 $i_c=8\%$)。

表 5-4 基本方案的基本数据估算表   单位:万元

因素	建设投资 I	年销售收入 B	年经营成本 C	期末残值 L	寿命 n/年
估算值	1500	600	250	200	6

解:(1) 以销售收入、经营成本和投资为拟分析的不确定因素。

(2) 选择项目的内部收益率为评价指标。

(3) 作方案的现金流量图 5-6,计算基本方案的内部收益率 IRR;

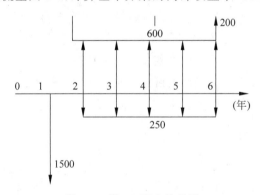

图 5-6 例 5-9 现金流量图

$$-I(1+\text{IRR})^{-1}+(B-C)\sum_{i=2}^{5}(1+\text{IRR})^{-1}+(B+L-C)(1+\text{IRR})^{-6}=0$$

$$-1500(1+\text{IRR})^{-1}+350\sum_{i=2}^{5}(1+\text{IRR})^{-1}+550(1+\text{IRR})^{-6}=0$$

采用试算法得

$$\text{NPV}(i=8\%)=31.08(万元)>0$$

$$\text{NPV}(i=9\%)=-7.92(万元)<0$$

采用线性内插法可求得：$\text{IRR}=8\%+\dfrac{31.08}{31.08+7.92}(9\%-8\%)=8.79\%$

(4) 计算销售收入、经营成本和建设投资变化对内部收益率的影响，结果见表 5-5。

表 5-5　因素变化对内部收益率的影响

内部收益率/% 变化率 不确定因素	-10%	-5%	基本方案	+5%	+10%
销售收入	3.01	5.94	8.79	11.58	14.30
经营成本	11.12	9.96	8.79	7.61	6.42
建设投资	12.07	10.67	8.79	7.06	5.45

内部收益率的敏感性分析图见图 5-7。

(5) 计算方案对各因素的变化率。

$$\text{变化率}\ \beta=\dfrac{\text{评价指标变化的幅度}(\%)}{\text{不确定性因素变化的幅度}(\%)}=\dfrac{|\Delta Y_j|}{|\Delta X_i|}=\dfrac{\left|\dfrac{Y_{j1}-Y_{j0}}{Y_{j0}}\right|}{|\Delta X_i|}$$

$$\text{年销售收入平均变化率}=\dfrac{\left|\dfrac{14.3-3.01}{3.01}\right|}{0.2}=18.75$$

$$\text{年经营成本平均变化率}=\dfrac{\left|\dfrac{6.42-11.12}{11.12}\right|}{0.2}=0.78$$

$$\text{建设投资平均变化率}=\dfrac{\left|\dfrac{5.45-12.70}{12.70}\right|}{0.2}=2.85$$

显然，内部收益率对年销售收入变化的反应最为敏感。

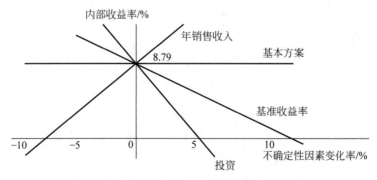

图 5-7　单因素敏感性分析图

5.3.3　多因素敏感性分析

单因素敏感性分析可用于确定最敏感因素，但它忽略了各参数之间的相互作用。在实际中,经常出现同时有两个以上参数具有不确定性的情况,对项目所造成的风险比单因素不确定性造成的风险大。因此,对项目进行风险分析时,还需进行多参数的敏感性分析。

多因素敏感性分析要考虑可能发生的各种因素不同变动幅度的多种组合,计算起来,要比单因素敏感性分析复杂得多。

假定项目其他参数保持不变,仅考虑两个参数同时变化对项目经济效益的影响,称为双参数敏感性分析。其可先通过单参数敏感性分析确定两个敏感性较强的两个参数,然后用双参数敏感性分析判定这两个参数同时变化时对项目经济效益的影响,其具体分析步骤如下:

(1) 建立直角坐标系。其横轴(x)与纵轴(y)分别表示两个参数变化率。
(2) 建立项目经济效益指标与两个参数变化率 x,y 的关系式。
(3) 取经济效益指标临界值,得到一个关于 x,y 函数方程并在坐标图上画出,即为经济指标临界线。
(4) 根据上述敏感性分析图进行敏感性分析。

例 5-10 某项目固定资产投资 I 为 170 000 元,年收入 R 为 35 000 元,年经营费用为 3000 元,该项目的寿命期为 10 年,回收固定资产残值 S 为 20 000 元,若基准收益率为 13%,试就最关键的两个因素:投资和年收入,对项目的净现值指标进行双因素的敏感性分析。

解:

$$\text{NPV} = -I + (R-C)(P/A,13\%,10) + S(P/F,13\%,10)$$
$$= -170\,000 + (35\,000 - 3000)(P/A,13\%,10) + 20\,000(P/F,13\%,10)$$

设投资变化率为 x,同时改变的年收入变化率为 y,则有

$$\text{NPV} = -170\,000(1+x) + [35\,000(1+y) - 3000](P/A,13\%,10) + 20\,000(P/F,13\%,10)$$

如果 NPV≥0,则该项目的盈利在 13% 以上。

令 NPV≥0,即 $9530.2 - 170\,000x + 189\,917y \geq 0$

$$y \geq -0.0512 + 0.8951x$$

当 $x=0$ 时,$y=-5.12\%$,当 $y=0$ 时,$x=5.7\%$,即当投资增加超过 5.7%,收入降低超过 5.12% 时,NPV<0,见图 5-8。根据图 5-8 可看出,$y \geq -0.0512 + 0.8951x$,NPV≥0,即斜线以上区域 NPV≥0,而斜线以下区域 NPV≤0,并显示了两因素同时允许变化的幅度。

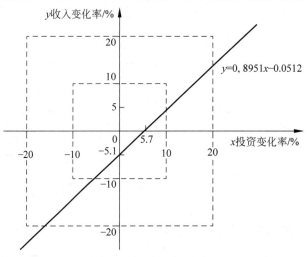

图 5-8 双因素敏感性分析图

若 x 和 y 的变化幅度在 $\pm 10\%$ 或 $\pm 20\%$ 以内(图中方框线),出现的可能性相同时,该投资方案的 NPV<0 的概率等于被临界线截下的右下角的面积与相应方框总面积的比值。根据此值,可以判断出本方案净现值随投资和年收入而变化的敏感性。显然,本投资方案风险较小。

三参数敏感性分析是在项目其他参数不变情况下,研究有三个参数同时变化时对项目经济效益的影响。它是建立在双参数敏感性分析的基础之上。其做法是:在三个参数中选定一个参数,在某一变化范围内令该参数取不同值后得到若干条双参数临界线,然后利用这些临界线组成的敏感性分析图进行具体分析。

例 5-11 根据例 5-9,我们可以继续进行三参因素的敏感性分析。即在投资、收入、经营成本同时变化时进行三因素的敏感性分析。有关数据同上,另设经营成本的变化率为 Z,则根据

$$\begin{aligned}
\text{NPV} &= -170\,000(1+x) + [35\,000(1+y) - 3000(1+Z)](P/A, 13\%, 10) \\
&\quad + 2000(P/F, 13\%, 10) \\
&= -170\,000x + 189\,917y - 16\,278.6(1+Z) + 25\,808.8 \geqslant 0
\end{aligned}$$

当 $Z=0.5$ 时,$y=0.8951x - 0.0073$

当 $Z=1$ 时,$y=0.8951x - 0.0355$

当 $Z=-0.5$ 时,$y=0.8951x - 0.0930$

当 $Z=-1$ 时,$y=0.8951x - 0.1358$

画出图 5-9,得到一组临界线。由图可以看出,不同临界线对应不同经营费用,临界线以上区域 NPV≥0,以下区域 NPV≤0,显示了经营费用以某个幅度变化时,其他两个因素允许变化的幅度。如:$Z=0.5$ 时,$y=0.8951x - 0.0073$;$x=0$,$y=-0.73\%$;$y=0$,$x=0.82\%$,即经营费用增加 50% 时,投资允许增加 0.82%,收入允许减少 0.73%,这时方能盈利,否则亏损。

同理,可求出当经营费用变动幅度为其他时,投资与收入允许变化的最大幅度。

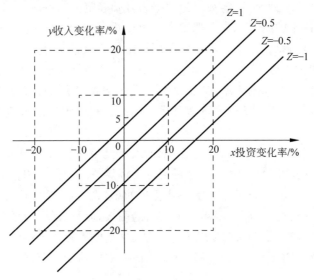

图 5-9 三因素敏感性分析

敏感分析在一定程度上就各种不确定因素的变动对方案经济效果的影响,作了定量描述,得到了维持项目可行所能允许的不确定因素发生不利变动的幅度,从而有助于决策者预测项目风险情况,有助于确定在决策和实施过程中需要重点研究与控制的因素,以提高预测的可靠性。另外,在项目规划阶段,用敏感性分析可以找出乐观的和悲观的方案,从而提供最现实的生产要素组合。

此外,敏感性分析还可以应用于方案选择。人们可以用敏感性分析区别出敏感性大的或敏感性小的方案,以便在经济效益相似的情况下选取敏感性小的方案,即风险小的方案。

但是,敏感性分析也有一定的局限性,即它没有考虑各种不确定因素在未来发生变动的概率。而不同项目,各个不确定因素发生相对变动的概率是不同的。两个同样敏感的因素,在一定的不利的变动范围内,可能一个发生的概率很大,另一个发生的概率很小。显然,前一个因素给项目带来的影响很大,后一个因素给项目带来的影响很小,甚至可以忽略不计。这个问题是敏感性分析所无法解决的,必须借助概率分析方法。

5.4 概 率 分 析

概率分布又称风险分析,是运用概率理论,研究不确定因素和风险因素按一定概率变动时,对项目方案经济评价指标的影响的一种定量分析方法。其目的是为在不确定情况下选择投资项目或方案提供科学依据。大量的社会经济现象都具有概率性质。项目的种种不确定因素的变动及其对项目经济效果的影响也存在概率。在这种情况下,无论是哪一种项目经济效果评价指标,都可将其看成一个随机变量,而且这种随机变量,实际是很多其他随机变量(如产品产量、产品价格、生产成本、投资等)的复杂函数。概率分析利用概率分布研究不确定性。它通过研究不确定的概率分布,确定经济效果评价指标连续概率分布情况,以此判断项目可能发生的损益或风险。

概率分析的关键是确定各种不确定因素变动的概率。确定事件概率的方法有客观概率和主观概率两种方法。通常把以客观统计数据为基础确定的概率称为客观概率;把以人为预测和估计为基础确定的概率称为主观概率。由于投资项目很少重复过去的同样模式,所以,对于大多数技术项目而言,不大可能单纯用客观概率就能完成,尚需要结合主观概率进行分析。但是,确定主观概率时应十分慎重,否则会对分析结果产生不利影响。无论采用何种方法确定不确定因素变动的概率,都需要做大量的调查研究和数据处理工作。只有掌握的信息量足够时,概率分析的结论才科学可靠。因此,信息、情报的搜集和整理工作是概率分析的基础工作。

当不确定性因素的概率分布确定之后,就可以用概率分析方法寻求经济效益这个随机变量的取值范围和取这些值的概率,从而得到对经济效益的全面认识。但在实际问题中,求经济效益这个随机变量的分布函数不是一件容易的事,在一些情况下也不需要全面地考究经济效益的所有变化情况,因而并不需要求出它的函数,而只需知道经济效益随机变量的某些特征,这些特征就是随机变量的期望值和方差。这是概率分析采用的最基本的指标,也就是说,概率分析的核心问题是求出经济效益指标值的期望值和方差,然后利用这两个指标进行各种风险分析。

概率分析是在假定投资项目净现值的概率分布为正态的基础上,通过正态分布图像面积计算净现值下小于零的概率,从而判断项目风险程度的决策分析方法。

5.4.1 随机现金流量概率描述

严格来说,影响方案经济效果的大多数因素(如投资额、销售量、销售价格、生产成本、项目寿命期等)都是随机变量。也就是说,人们可以通过以往的统计资料,预测其未来可能的取值范围,估计各种取值或值域发生的概率,但不可能肯定地预知它们取什么值。投资方案的现金流量序列正是由这些因素所决定的,所以,方案的现金流量序列也是随机变量,称为随机现金流。

要完整地描述一个随机变量,需要确定其概率分布的类型和参数。常见的概率分布类型有均匀分布、二项分布、泊松分布、指数分布和正态分布等,在经济分析与决策中,使用最普通的是均匀分布和正态分布。随机现金流的概率分布通常可以借鉴已经发生过的类似情况的实际数据,并结合对各种具体条件的判断来确定。在某些情况下,也可以根据各种典型分布的条件,通过理论分析来确定随机现金流的概率分布类型。

一般来说,投资项目的随机现金流要受多种已知或未知的不确定因素的影响,可以看成多个独立的随机变量之和,在多数情况下近似地服从正态分布。

描述随机变量的主要参数是期望值和方差。假设某方案的寿命期为 n 个周期,净现金流量序列为 $y_0, y_1, \cdots, y_n$。周期数 n 和各周期的净现金流量 $y_t(t=0,1,\cdots,n)$ 都是随机变量。对于某一特定周期 t 的净现金流量值可能有无限多个取值,我们可将其简化为若干个离散值,这些离散值发生的概率分别为 $y_t^{(1)}, y_t^{(2)}, \cdots, y_t^{(m)}$。则第 t 周期净现金流量 y_t 的期望值,计算公式为

$$E(y_t) = \sum_j^m y_t^{(j)} \cdot P_j \tag{5-29}$$

第 t 周期净现金流量 y_t 的方差,计算公式为

$$D(y_t) = \sum_{j=1}^m [y_t^{(j)} - E(y_t)]^2 \cdot P \tag{5-30}$$

由于各周期的净现金流量都是随机变量,所以把各个周期的净现金流量现值相加得到的方案净现值必然也是一个随机变量,称为随机净现值。大多数情况下,可以认为随机净现值近似服从正态分布。设各周期的净现金流量为独立同分布随机变量 $Y_t(t=0,1,\cdots,n)$,基准收益率为 i_c,则净现值计算公式为

$$\text{NPV} = \sum_{t=0}^n Y_t \cdot (1+i_c)^{-t} \tag{5-31}$$

当方案的寿命周期数 n 为一个常数时,根据各周期随机净现金流量的期望值 $E(Y_t)$,可以求出方案净现值的期望值,计算公式为

$$E(\text{NPV}) = \sum_{t=0}^n E(Y_t) \cdot (1+i_c)^{-t} \tag{5-32}$$

方案净现值的方差的计算公式为

$$D(\text{NPV}) = \sum_{t=0}^n D(Y_t) \cdot (1+i_c)^{-2t} \tag{5-33}$$

净现值的方差与净现值具有不同的量纲,为了便于分析,通常使用与净现值具有相同量纲的参数标准差反映随机净现值的取值的离散程度,也表示与真值的偏差程度,故它可反映

各对比方案所得到的期望值的可靠程度,即所承担风险的大小。其计算公式为

$$\sigma = \sqrt{D(\text{NPV})} = \sqrt{\sum_{t=0}^{n} D(Y_t) \cdot (1+i_c)^{-2t}} \qquad (5\text{-}34)$$

期望值表明在各种风险条件下期望可能得到的经济效益。方差的均方根是标准差,标准差则反映了经济效益各种可能值与期望值之间的差距。它们之间的差距越大,说明随机变量的可变性越大,意味着各种可能情况与期望值的差别越大,风险就越大;如果它们之间的差距越小,说明经济效益指标可能取的值就越接近于期望值,这就意味着风险越小。所以标准差的大小可以看作其所含风险大小的具体标志。因此,利用期望值和标准差可以对项目的经济效益风险情况进行分析和比较。一般来说,简单的概率分析也可以只计算项目方案净现值的期望值以及净现值大于或等于零时的累计概率。

5.4.2 概率分析方法

概率树法分析的一般步骤:

(1) 列出要考虑的各种风险因素,如投资、经营成本、销售价格等(需要注意,所选取的几个不确定因素应是互相独立的)。

(2) 设想各种风险因素可能发生的状态,即确定其数值发生变化个数。

(3) 分别确定各种可能发生情况产生的可能性,即概率。各不确定因素的各种可能发生情况出现的概率之和必须等于1。

(4) 分别求出各种风险因素发生变化时,方案净现金流量各状态发生的概率和相应状态下的净现值 $\text{NPV}^{(j)}$。

(5) 求出方案净现值的期望值(均值)$E(\text{NPV})$。

$$E(\text{NPV}) = \sum_{i=1}^{k} \text{NPV}^{(j)} \cdot P_j \qquad (5\text{-}35)$$

式中,P_j——第 j 种状态出现的概率;

k——可能出现的状态数。

(6) 求出方案净现值非负的累计概率。

(7) 对概率分析结果作说明。

例 5-12 影响某新产品生产项目未来现金流量的主要不确定因素是产品市场前景和原材料价格水平。据分析,项目面临三种可能的产品市场状态(畅销、一般、滞销,分别记作以 θ_{m1}、θ_{m2}、θ_{m3})和三种可能的原材料价格水平状态(高价、中价、低价,分别记作 θ_{r1}、θ_{r2}、θ_{r3})。产品市场状态与原材料价格水平之间是相互独立的,基准收益率为 12%。各种市场状态和原材料价格水平的发生概率如表 5-6 所示,可能的状态组合如表 5-7 所示。计算方案净现值的期望值与方差;方案净现值大于等于 0 的概率。

表 5-6 各种市场状态和原材料价格水平的发生概率

产品市场状态	θ_{m1}	θ_{m2}	θ_{m3}
发生概率	$P_{m1}=0.2$	$P_{m2}=0.6$	$P_{m3}=0.2$
原材料价格水平	θ_{r1}	θ_{r2}	θ_{r3}
发生概率	$P_{r1}=0.4$	$P_{r2}=0.4$	$P_{r3}=0.2$

表 5-7　各种市场状态和原材料价格水平发生概率可能的状态组合

序号	状态组合	发生概率	现金流量		净现值 NPV
			0 年	1～5 年	$i=12\%$
1	$\theta_{m1}=\theta_{r1}$	0.08	-1000	390	405.86
2	$\theta_{m1}=\theta_{r2}$	0.08	-1000	450	622.15
3	$\theta_{m1}=\theta_{r3}$	0.04	-1000	510	838.44
4	$\theta_{m2}=\theta_{r1}$	0.24	-1000	310	117.48
5	$\theta_{m2}=\theta_{r2}$	0.24	-1000	350	261.67
6	$\theta_{m2}=\theta_{r3}$	0.12	-1000	390	405.86
7	$\theta_{m3}=\theta_{r1}$	0.08	-1000	230	-170.90
8	$\theta_{m3}=\theta_{r2}$	0.08	-1000	250	-98.81
9	$\theta_{m3}=\theta_{r3}$	0.04	-1000	270	-26.71

解：（1）对于不同的状态计算净现值，结果如表 5-7 所示

（2）计算方案净现值的期望值和标准差。

方案的期望值为

$$E(\mathrm{NPV}) = \sum_{i=1}^{k} \mathrm{NPV}^{(j)} \cdot P_j = 232.83（万元）$$

净现值的方差为

$$D(\mathrm{NPV}) = \sum_{i=1}^{k} [\mathrm{NPV}^{(j)} - 232.83]^2 \cdot P_j = 60\,710.07$$

标准差为

$$\sigma = \sqrt{D(\mathrm{NPV})} = 246.39（万元）$$

从表 5-7 可知，方案净现值大于等于 0 的概率为

$$P(\mathrm{NPV} \geqslant 0) = 0.08 + 0.08 + 0.04 + 0.24 + 0.24 + 0.12 = 0.8$$

例 5-13　某风险投资项目，其产品年产量 150 万件，设产品销售价格、销售量与经营成本相互独立。投资、产品售价和年经营成本可能发生的数值及概率见表 5-8、表 5-9、表 5-10，设本项目的期望收益率为 15%，标准收益率为 10%。试确定项目的风险程度。

表 5-8　投资状况　　　　　　　　　　　　　　　单位：万元

年份	1		2	
可能情况	Ⅰ	Ⅱ	Ⅰ	Ⅱ
数值	1000	1200	2000	2400
概率	0.8	0.2	0.7	0.3

表 5-9　产品售价状况　　　　　　　　　　　　　单位：万元

年份	3～12		
可能情况	Ⅰ	Ⅱ	Ⅲ
数值	5	6	7
概率	0.4	0.4	0.2

表 5-10　年经营成本状况　　　　　　　　　　　单位：万元

年份	3~12		
可能情况	Ⅰ	Ⅱ	Ⅲ
数值	150	200	250
概率	0.4	0.4	0.2

表 5-11　各年净现金流量期望值与标准差　　　　单位：万元

年份	1 年	2 年	3~12 年
期望值	−1040	−2120	670
标准差	66.78	183.30	107.70

解：净现金流量的期望值计算如下，其余各年见表 5-11。

$$E(y_1) = (-1000) \times 0.8 + (-1200) \times 0.2 = -1040(万元)$$

标准差 $\sigma(y_1)$ 的计算如下，其余各年见表 5-12。

$$\sigma(y_1) = \sqrt{[-1000-(-1040)]^2 \times 0.8 + [-120-(-2120)]^2 \times 0.2} = 66.78(万元)$$

投资项目 12 年内净现金流量净现值的标准差 σ：

$$\sigma = \sqrt{\frac{66.78^2}{(1+10\%)^2} + \frac{183.70^2}{(1+10\%)^4} + \frac{107.70^2}{(1+10\%)^6} + \cdots + \frac{107.70^2}{(1+10\%)^{24}}} = 245.31(万元)$$

净现值的期望值为

$$E(NPV) = -1040 \times \frac{1}{(1+10\%)} - 2120 \times \frac{1}{(1+10\%)} + 670 \times \frac{(1+10\%)^{10}-1}{0.1 \times (1+10\%)^{10}} \times$$

$$\frac{1}{(1+10\%)^2} = 714.02(万元)$$

离差系数 $r = \dfrac{\sigma}{E(NPV)} = \dfrac{245.31}{714.02} = 0.34$

从以上分析可以看出，本项目的投资风险较低，离差系数仅为 0.34，说明就目前的分析看，该项目是可行的。

5.4.3　决策树法

决策树法是方案的一系列因素按它们的相互关系用树状结构表示出来，利用树型决策网络来描述，决策树如图 5-10 所示，它所伸出的线条像大树的枝干，整个图形像棵树，再按一定程序进行优选和决策求解风险型决策问题的技术方法。决策树方法是把各种可供选择的方案和可能出现的自然状态、可能性的大小以及产生的后果简明地绘制在一张图上，便于研究分析。它的优点是能使决策问题形象直观，便于思考与集体讨论。特别在多级决策活动中，能起到层次分明、一目了然、计算简便的作用。

决策树的结构与决策过程。决策树是以方框与圆为节点，由直线连接而形成的一种树型图，如图 5-10 所示。在决策树中，符号"□"表示的方框节点称为决策点；由决策点引出若干条直线，每一条直线代表一个方案，称为方案枝；在每条方案枝的末端有一个圆节点，用符号"○"表示，称为状态点；由状态点引出若干条宣线，每一条直线代表一个客观状态及

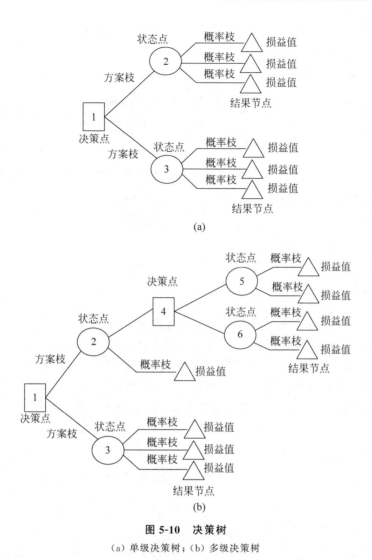

图 5-10 决策树
(a) 单级决策树；(b) 多级决策树

其可能出现的概率，称为概率枝；在每条概率枝的末端为结果节点，用符号"△"表示，标有所在方案在该状态下的损益值，称为可能结果。决策树又分为单级决策树和多级决策树，相应的决策也分为单级决策和多级决策。单级决策，只需要进行一次决策就可以选出最优方案。多级决策，一个决策问题，如果需要进行两次或两次以上的决策，才能选出最优方案，达到决策目的。

风险型决策问题一般都具有多个备选方案，每个方案又有多种客观状态，因此，决策树都是由左向右，由简入深，形成一个树型的网络图。

运用决策树进行决策通常分为两个过程：首先是从左向右的建树过程，即根据决策问题的内容（备选方案、客观状态及其概率、损益值等）从左向右逐步分析，绘制决策树，决策树画完后，应对每一节点进行编号，以便分析；决策树建好后，再从右向左，计算各个方案在不同状态下的期望损益值，然后根据不同方案的期望损益值的大小作出选择，"剪去"被淘汰的方案枝，最后决策点留下的唯一一条方案枝，即代表最优方案。

例 5-14 为了适应市场的需要，某公司提出扩大预制构件生产的两个方案：一个方案是建设大预制厂,另一个方案是建设小预制厂,两者的使用期都是 10 年。建设大预制厂需要投资 600 万元,建设小预制厂需要投资 280 万元,两个方案的每年损益情况及自然状态的概率见表 5-12,试用决策树方法选择最优方案。

表 5-12 建预制厂方案损益情况表　　　　　　　　　　　单位:万元

自然状态	概率	建大预制厂	建小预制厂
需要量较高	0.7	200/年	80/年
需要量较低	0.3	−40/年	60/年

解:(1)根据已知资料画出决策树图,如图 5-11 所示。

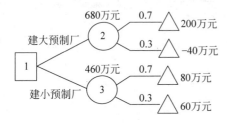

图 5-11　单级决策树解法

(2)计算损益期望值。

节点② $0.7 \times 200 \times 10 + 0.3 \times (-40) \times 10 - 600 = 680$(万元)

节点③ $0.7 \times 80 \times 10 + 0.3 \times 60 \times 10 - 280 = 460$(万元)

比较建大厂、建小厂的损益期望值,可知最优方案是建大预制厂。

例 5-15　假设对例 5-14 中的问题分前 3 年和后 7 年两期考虑。根据对市场的预测,前 3 年预制构件需要量较高的概率为 0.7,如果前 3 年需要量较高,则后 7 年需要量较高的概率为 0.9。如果前 3 年需要量较低,则后 7 年的需要量肯定较低,即概率为 1.0。在这种情况下,建大预制厂和建小预制厂两个方案哪个较好?

解:(1)根据已知资料画出决策树图,如图 5-12 所示。

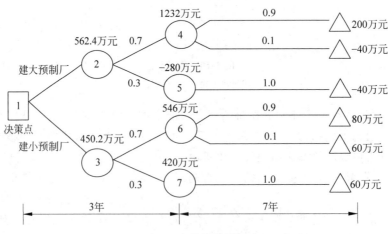

图 5-12　多级决策树解法

(2)计算损益期望值。

点④ $0.9 \times 200 \times 7 + 0.1 \times (-40) \times 7 = 1232$(万元)

点⑤ $1.0 \times (-40) \times 7 = -280$(万元)

点② $0.7 \times 200 \times 3 + 0.7 \times 1232 + 0.3 \times (-40) \times 3 + 0.3 \times (-200) - 600 = 562.4$(万元)

建大预制厂方案的期望值是 562.4 万元。

点⑥ $0.9×80×7+0.1×60×7=546$(万元)
点⑦ $1.0×60×7=420$(万元)
点③ $0.7×80×3+0.7×546+0.3×60×3+0.3×420-280=450.2$(万元)

建小预制厂方案的期望值为 450.2 万元。

由此可见,建大预制厂的方案是最优方案。

概率树法多用于解决比较简单的问题,比如只有一个或两个参数是随机变量,且随机变量的概率分布是离散型的。但若遇到随机变量较多且概率分布是连续型的,采用概率树法将变得十分复杂,而蒙特卡罗法能较方便地解决此类问题。

5.4.4 蒙特卡罗模拟分析法

1. 蒙特卡罗法

蒙特卡罗法又称统计试验法。它是一种用随机模拟(仿真试验)分析不确定性问题的方法,是一种模拟技术,通过对每个随机变量进行抽样,代入数学模型中,确定函数值,这样独立模拟试验多次,得到函数的一组抽样数据,由此便可以决定函数的概率分布特征,包括函数的分布曲线以及函数的数学期望、标准偏差等重要的数学特征,这些特征同时反映了经济效益评价指标的特征。此法最初由 Von Neumanm 和 Ulam 用来模拟核反应堆中子的行为活动而首创。用蒙特卡罗法进行风险分析,计算工作量很大,因为要获得一个随机因素(不确定因素)的概率分布就要进行上百次甚至更多的反复模拟试验。试验次数越多,形成的概率分布就越接近于真实情况。实际工作中可以借助计算机进行模拟计算。

在经济计算中,通常只有很少的量,如目前付出的投资额是比较确定的数值,而其他数据,如产品的销售量、产品的销售价格、产品的成本、设备的使用寿命等基本上都是估计值,都会在一定范围内变动,如果把这些估计值看作确定的值进行计算,就会对方案带来某种风险。因此,分析和研究这种风险的程度和可能性就非常重要,蒙特卡罗法就是解决这类问题的非常有效的分析方法。

2. 蒙特卡罗模拟程序

蒙特卡罗模拟程序如图 5-13 所示。

3. 蒙特卡罗法实施一般步骤

(1) 确定风险分析所采用的评价指标,如净现值、内部收益率等;
(2) 确定影响项目评价指标的主要风险因素,如建设投资、销售价格、经营成本等;
(3) 估计主要风险因素的概率分布,并用数学模型表示;
(4) 通过随机数表或计算机为各风险因素抽取随机数;
(5) 将抽得的各随机数转化为各风险因素的抽样值;
(6) 将抽样值组成一组项目评价基础数据,并根据基础数据计算评价指标值;
(7) 重复步骤(1)~(6),直至达到预定的模拟次数;
(8) 整理模拟结果,计算评价指标的期望值、方差、标准差和它的概率分布及累计概率等,并可绘制累计概率图,计算项目可行或不可行的概率。

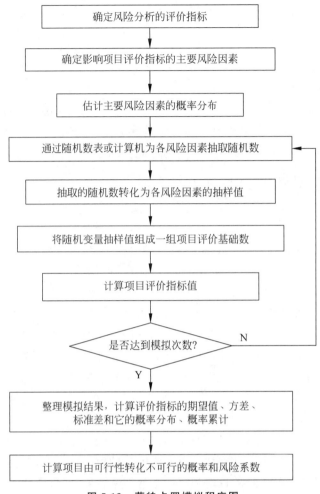

图 5-13 蒙特卡罗模拟程序图

蒙特卡罗法可以定量说明方案各种获利水平发生概率的大小,从而深入研究方案实施的风险,为决策提供科学的依据。

4. 应用蒙特卡罗模拟法需要注意的问题

(1) 蒙特卡罗模拟法假设风险变量之间是相互独立的,在风险分析中会遇到输入变量的分解程度问题。一般而言,变量分解得越细,风险变量个数也就越多,模拟结果的可靠性也就越高;变量分解程度低,变量个数少,模拟可靠性降低,但能较快获得模拟结果。对一个具体项目,在确定风险变量分解程度时,事件与风险变量之间的相关性有关。变量分解过细往往造成变量之间有相关性,例如产品销售收入与产品结构方案中各种产品数量与各种产品价格有关,而产品销售数量往往与售价存在负相关的关系,各种产品的价格之间同样存在或正或负的相关关系,如果风险变量本来是相关的,模拟中视为独立变量进行抽样,就可能导致错误的结论。为避免此问题,采用以下办法处理:

① 限制输入变量的分解程度,例如不同产品虽有不同价格,如果产品结构不变,可采用平均价格。又如销售与售价之间存在相关性,则可合并销售与价格作为一个变量;但是如

果销量与售价之间没有明显的相关关系,还是把它们分为两个变量为好。

② 限制风险变量个数。模拟中只选取对评价指标有重大影响的关键变量,除关键变量外,其他变量认为保持在期望值上。

③ 进一步搜集有关信息,确定变量之间的相关性,建立函数关系。

(2) 蒙特卡罗法的模拟次数。从理论上讲,模拟次数越多越正确,但实际上模拟次数过多不仅费用高,而且整理计算结果也费时费力。因此,模拟次数过多也无必要,但模拟次数过少,随机数的分布就不均匀,影响模拟结果的可靠性,一般应在 200~500 次为宜。

例 5-16 某水电建设公司投标竞争一项水电工程,据预测该工程工期为 5 年、8 年、10 年的概率分别为 0.2,0.5,0.3,为承建此工程需购置一部专用设备。有两个厂家提供了如表 5-13 所示的资料,试用仿真模拟试验来选购设备(假设年折算利率为 8%)。

解：先对工程工期、设备年费用列出其概率和二位随机数范围表,如表 5-14 所示。

进一步对工程工期进行仿真试验,假设做 10 次,即任意指定第一个随机数,然后连续取 9 个随机数(从二位随机数表上按行或列均可),如 70,14,18,48,82,58,48,78,51,28。然后计算两设备购买费费用年金(即投资分摊),现将计算结果列在表 5-15 中。

表 5-13 专用设备报价资料表　　　　　　　　　　　　　　单位：万元

甲配备（购买费 450）$p_甲$		乙配备（购买费 120）$p_乙$	
年费用（运行,修理,管理）	概率	年费用（运行,修理,管理）	概率
35	0.2	60	0.15
45	0.6	80	0.35
65	0.2	100	0.35
		120	0.15

表 5-14 工程工期、设备年费用概率和二位随机数范围表

仿真对象	可能结果	概率	随机数范围
工程工期 n	5 年	0.2	00~19
	8 年	0.5	20~69
	10 年	0.3	70~99
甲设备年费用	35 万元/年	0.2	00~19
	45 万元/年	0.6	20~79
	60 万元/年	0.2	80~99
乙设备年费用	60 万元/年	0.15	00~14
	80 万元/年	0.35	15~49
	100 万元/年	0.35	50~84
	120 万元/年	0.15	85~99

表 5-15 甲、乙两设备购买费费用年金（即投资分摊）　　　　　　单位：万元

试验次数	随机数	工程工期	$(A/P,i\%,n)$	甲设备费用年金$(A/P,i\%,n)$	乙设备费用年金$(A/P,i\%,n)$
1	70	10	0.1490	$450(A/P,8\%,10)=67$	$120(A/P,8\%,10)=17.6$
2	14	5	0.2505	$450(A/P,8\%,5)=112.7$	$120(A/P,8\%,5)=30$

续表

试验次数	随机数	工程工期	$(A/P,i\%,n)$	甲设备费用年金$(A/P,i\%,n)$	乙设备费用年金$(A/P,i\%,n)$
3	18	5	0.2505	$450(A/P,8\%,5)=112.7$	$120(A/P,8\%,5)=30$
4	48	8	0.1740	$450(A/P,8\%,8)=78.3$	$120(A/P,8\%,8)=20.9$
5	82	10	0.1490	$450(A/P,8\%,10)=67$	$120(A/P,8\%,10)=17.6$
6	58	8	0.1740	$450(A/P,8\%,8)=78.3$	$120(A/P,8\%,8)=20.9$
7	48	8	0.1740	$450(A/P,8\%,8)=78.3$	$120(A/P,8\%,8)=20.9$
8	78	10	0.1490	$450(A/P,8\%,10)=67$	$120(A/P,8\%,10)=17.6$
9	51	8	0.1740	$450(A/P,8\%,8)=78.3$	$120(A/P,8\%,8)=20.9$
10	28	8	0.1740	$450(A/P,8\%,8)=78.3$	$120(A/P,8\%,8)=20.9$

在上述基础上,对设备甲进行仿真试验10次,从随机数表中任意抽取一组(10个)随机数,再从表5-13中查出对应的设备年费用,将结果列在表5-16中。同样,对乙设备也可进行类似的仿真试验,将结果也列在表5-16中。由表5-15设备购买费费用年金和表5-16试验年费得表5-17试验费用年金,计算得甲设备总费用年金平均值为124.29万元,乙设备总费用年金平均值为115.73万元。按经济评价准则,应选费用年金小的乙设备。

表5-16　甲、乙仿真试验年费用表　　　　　　　　　　　　单位:万元

试验次数	随机数(甲)	设计年费用(甲)	随机数(乙)	设计年费(乙)
1	29	45	69	100
2	03	35	30	80
3	62	45	66	100
4	17	35	55	100
5	92	60	80	100
6	30	45	10	60
7	38	45	72	100
8	12	35	74	100
9	38	45	76	100
10	07	35	82	100

表5-17　甲、乙两设备仿真试验费用年金　　　　　　　　　　单位:万元

试验次数	甲设备总费用年金	乙设备总费用年金
1	67+45=112	17.6+100=117.6
2	112.7+35=147.7	30+80=110
3	12.7+45=157.7	30+100=130
4	78.3+35=113.3	20.9+100=120.9
5	67+60=127	17.6+100=117.6
6	78.3+45=123.3	20.9+60=80.9
7	78.3+45=123.3	20.9+100=120.9
8	67+35=102	17.6+100=117.6
9	78.3+45=123.3	20.9+100=120.9
10	78.3+35=113.3	20.9+100=120.9

上述计算结果是以 10 次试验为前提的,如果要获得更可靠的成果,应该进行更多次数。

例 5-17 某公司打算购进一种新设备,有两个代理商提出报价资料如表 5-18 所示,假设折算年利率为 10%,试用仿真试验进行决策。

乙设备残值 L 和使用寿命 n 有如下关系:
$$L = 40 - 2.5 \times n (万元)$$

解:首先假定试验次数为 10 次,然后用二位随机数来表示使用寿命的概率,并将分配结果列在表 5-19 中。

现对两种设备分别进行 10 次仿真试验,并按以下公式求其费用年金:
$$A_甲 = P_甲(A/P, i\%, n) + A'_甲 - L_甲(A/F, i\%, n)$$

式中,$A_甲$——甲设备费用年金;

$P_甲$——甲设备一次购买费用;

$A'_甲$——甲设备年运行费(含管理、维修费用);

$L_甲$——甲设备残值。

现将计算结果列在表 5-20 中。

表 5-18　甲、乙两种设备报价资料表　　　　　　　　　　单位:万元

设备指标	甲		乙		
购买费用	75		150		
年运行费	10		5		
使用寿命	3 年	4 年	7 年	8 年	9 年
概率	0.5	0.5	0.4	0.3	0.3
残值	20	12.5	L_n	L_n	L_n

表 5-19　甲、乙两设备使用寿命概率和二位随机数范围表

甲			乙		
使用寿命	概率	随机数	使用寿命	概率	随机数
3	0.5	00~49	7	0.4	00~39
4	0.5	50~99	8	0.3	40~69
			9	0.3	70~99

表 5-20　甲设备费用年金仿真试验计算表　　　　　　　　单位:万元

试验次数	随机数	使用寿命	投资分摊年费用 $P(A/P, i\%, n)$	年运行费	残值分摊年金 $L(A/F, i\%, n)$	总费用年金
1	48	3	$75(A/P, 10\%, 3) = 30.16$	10	$20(A/F, 10\%, 3) = 6.04$	34.12
2	78	4	$75(A/P, 10\%, 4) = 23.66$	10	$12.5(A/F, 10\%, 4) = 2.69$	30.97
3	07	3	$75(A/P, 10\%, 3) = 30.16$	10	$20(A/F, 10\%, 3) = 6.04$	34.12
4	32	3	$75(A/P, 10\%, 3) = 30.16$	10	$20(A/F, 10\%, 3) = 6.04$	34.12
5	83	4	$75(A/P, 10\%, 4) 23.66$	10	$12.5(A/F, 10\%, 4) = 2.69$	30.97
6	01	3	$75(A/P, 10\%, 3) = 30.16$	10	$20(A/F, 10\%, 3) = 6.04$	34.12
7	69	4	$75(A/P, 10\%, 4) 23.66$	10	$12.5(A/F, 10\%, 4) = 2.69$	30.97
8	50	4	$75(A/P, 10\%, 4) 23.66$	10	$12.5(A/F, 10\%, 4) = 2.69$	30.97
9	15	3	$75(A/P, 10\%, 3) = 30.16$	10	$20(A/F, 10\%, 3) = 6.04$	34.12
10	14	3	$75(A/P, 10\%, 3) = 30.16$	10	$20(A/F, 10\%, 3) = 6.04$	34.12

乙设备残值和使用寿命之关系式为
$$L = 40 - 2.5 \times n (万元)$$
故乙设备残值和使用寿命对应关系为

使用寿命：　　7年　　　　8年　　　　9年
残　　值：　22.5万元　20万元　17.5万元

乙设备费用年金计算结果列在表 5-21 中。

表 5-21　乙设备费用年金仿真试验计算表　　　　　　　单位：万元

试验次数	随机数	使用寿命	投资分摊年费用 $P(A/P,i\%,n)$	年运行费	残值分摊年金 $L(A/F,i\%,n)$	总费用年金
1	28	7	$150(A/P,10\%,7)=30.81$	5	$22.5(A/F,10\%,7)=2.37$	33.44
2	89	9	$150(A/P,10\%,9)=26.04$	5	$17.5(A/F,10\%,9)=1.29$	29.75
3	80	9	$150(A/P,10\%,9)=26.04$	5	$17.5(A/F,10\%,9)=1.29$	29.75
4	83	9	$150(A/P,10\%,9)=26.04$	5	$17.5(A/F,10\%,9)=1.29$	29.75
5	13	7	$150(A/P,10\%,7)=30.81$	5	$22.5(A/F,10\%,7)=2.37$	33.44
6	71	9	$150(A/P,10\%,9)=26.04$	5	$17.5(A/F,10\%,9)=1.29$	29.75
7	67	8	$150(A/P,10\%,8)=28.11$	5	$20(A/F,10\%,8)=1.75$	31.36
8	90	9	$150(A/P,10\%,9)=30.81$	5	$17.5(A/F,10\%,9)=1.29$	29.75
9	78	9	$150(A/P,10\%,9)=30.81$	5	$17.5(A/F,10\%,9)=1.29$	29.75
10	18	7	$150(A/P,10\%,7)=30.81$	5	$22.5(A/F,10\%,7)=2.37$	33.44

甲设备费用年金，10 年平均值为 32.86 万元；乙设备费用年金，10 年平均值为 31.02 万元，按经济评价准则应选用费用年金小的乙设备。

在应用蒙特卡罗法进行经济分析时，要注意随机事件的概率描述应当是古典概率型，在仿真试验时，从随机数表上抽取随机数时应当是任意的，不可心存任何偏见，试验次数应该尽可能多，这样试验所得结果才较为可靠。

从分析过程也可以发现，所谓仿真试验也是将不确定的问题转化为确定性问题来处理的，所以在具体分析过程中也还必须要遵循确定性分析方法中各项条件。另外，在仿真试验中也存在一些逻辑上的问题，如果试验次数很大以后，各个互斥事件在试验中出现的频率应十分接近于预报的概率，这样，仿真试验的计算结果将逼近以概率加权的计算结果(期望值)。

蒙特卡罗法可以定量说明方案各种获利水平发生概率的大小，从而深入研究方案实施的风险，为决策提供科学的依据。

本 章 小 结

工程项目不确定分析是项目评价的重要组成部分，通过项目的不确定性分析，可以加深对项目不确定性因素的了解，在项目实施过程中减少不确定性因素对项目经济效果的影响，提高项目抗风险能力，达到科学决策的目的。

盈亏平衡分析通过计算项目盈亏平衡点，分析项目抗风险能力，此法适用于项目的财务评价。

敏感性分析通过计算不确定性因素的敏感度，找出对项目影响大的因素加以重点监控，保证项目正常进行。

敏感性分析和概率分析则可同时用于财务评价和国民经济评价。

概率分析是运用概率理论,研究不确定因素和风险因素按一定概率变动时,对项目方案经济评价指标的影响的一种定量分析方法。其目的是为在不确定情况下选择投资项目或方案提供科学依据。大量的社会经济现象都具有概率性质。项目的种种不确定因素的变动及其对项目经济效果的影响也存在概率。决策树法是方案的一系列因素按它们的相互关系用树状结构表示出来,利用树型决策网络来描述,再按一定程序进行优选和决策求解风险型决策问题的技术方法。决策树又分为单级决策树和多级决策树,相应的决策也分为单级决策和多级决策。单级决策,只需要进行一次决策就可以选出最优方案。多级决策,一个决策问题,如果需要进行两次或两次以上的决策,才能选出最优方案,达到决策目的的。决策树法多用于解决比较简单的问题,比如只有一个或两个参数是随机变量,且随机变量的概率分布是离散型的。但若遇到随机变量较多且概率分布是连续型的,采用决策树法将变得十分复杂,而蒙特卡罗法能较方便地解决此类问题。

思考与练习

5-1 什么是不确定性分析?为什么要进行不确定性分析?不确定分析有哪几种方法?

5-2 简述盈亏平衡分析的概念和特点。应用盈亏平衡分析应注意什么问题?

5-3 什么是敏感性分析?简述敏感性分析的步骤、作用和局限性。

5-4 概率分析的常用方法有哪些?各有什么特点?

5-5 盈亏分析、敏感分析及概率分析各适用于什么范围?分别试述其假设条件。

5-6 什么是不确定性分析的概率风险分析?其作用意义、基本步骤如何?

5-7 某公司计划上一个新项目,生产某种新产品,设计生产能力为年产量1000万件,单位产品售价预计为20元,每年的固定成本为4000万元,单位产品变动成本为12元,总变动成本、总销售收入均与产品产量成正比例关系。不考虑税金,试分别画出年固定成本、年变动成本、单位产品固定成本、单位产品变动成本与年产量的关系曲线,并求以产量、销售收入、生产能力利用率、单位产品销售价格、单位产品变动成本表示的盈亏平衡点。

5-8 某道路施工企业,需要一套大型施工设备。若自己购置需一次性投资30万元,使用寿命15年,折现率10%,年维修费用4000元,运行费用100元/日;如果租赁该种设备,租金300元/日,运行费用100元/日。问应采用哪种方案?

5-9 决策树决策的依据和基本条件是什么?如何运用决策树法进行风险分析?

5-10 某企业为研究一项投资方案,提供了如表5-22所示的参数估计。

表5-22 某企业投资方案

参数名称	初始投资	寿命	残值	年经营收入	年经营费	基准贴现率
数值	160万元	10年	20万元	180万元	100万元	8%

要求:(1)分析当寿命、贴现率和年经营费中每改变一项时,净现值的敏感性,指出最敏感因素,画出敏感性分析曲线。

(2)进行投资和年经营收入的双参数敏感性分析。

(3)进行投资、年经营收入及寿命的三参数敏感性分析。

第6章 工程项目可行性研究

学习目标：通过本章学习，了解可行性研究的定义、特点及分类，理解可行性研究的作用及意义，掌握工程项目的建设程序及可行性研究的基本程序，熟练掌握可行性研究的内容（包括可行性研究报告的编写）。

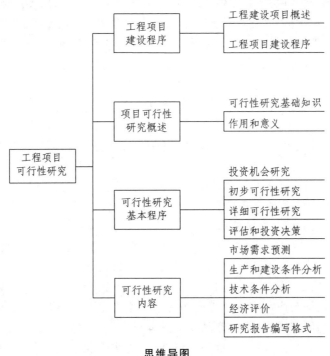

思维导图

课程思政：充分认识做好基础工作既是专业的要求，更是职业的使命。要通过学业训练，帮助学生树立爱岗敬业的职业精神、实事求是的科学精神、协作共进的团队精神等职业道德和职业精神，为委托人提供科学评价结论，为决策提供详实依据。要坚决反对把可行性研究蜕变成可批性研究。

6.1 工程项目建设程序

6.1.1 工程建设项目概述

1. 概念

工程建设项目主要是固定资产投资项目，它以形成固定资产为目的，主要由基本建设项目、更新改造项目以及与此相联系的一系列工作构成。

工程建设项目是以实物形态表示的具体项目,它以形成固定资产为目的。在我国,工程建设项目包括基本建设项目(新建、扩建等扩大生产能力的项目)和更新改造项目(以改进技术、增加产品品种、提高质量、治理三废、劳动安全、节约资源为主要目的的项目)。

基本建设项目一般指在一个总体设计或初步设计范围内,由一个或几个单位工程组成,在经济上进行统一核算,行政上有独立组织形式,实行统一管理的建设项目。凡属于一个总体设计范围内分期分批进行建设的主体工程和附属配套工程、综合利用工程、供水供电工程等,均应作为一个工程建设项目,不能将其按地区或施工承包单位划分为若干个工程建设项目。此外,也不能将不属于一个总体设计范围内的工程按各种方式归算为一个工程建设项目。

更新改造项目是指对企业、事业单位原有设施进行技术改造或固定资产更新的辅助性生产项目和生活福利设施建设项目。

2. 工程建设项目特点

工程建设项目除具备一般项目的特征外,还应具有以下特点:

(1) 投资额巨大,建设周期长。由于建设项目规模大、技术复杂、涉及的专业面宽,因此,从项目设想到施工、投入使用,少则需要几年,多则需要十几年。同时,由于投资额巨大,这就要求项目建设只能成功,不能失败,否则将造成严重后果,甚至影响国民经济发展。

(2) 整体性强。建设项目是按照一个总体设计建设的,是可以形成生产能力或使用价值的若干单位工程的总体。

(3) 具有固定性。建设产品的固定性,使其设计单一,不能成批生产(建设),也给实施带来难度,且受环境影响大,管理复杂。

3. 工程建设项目分类

按照 GB 50300—2021《建筑工程施工质量验收统一标准》规定,工程建设项目可分为基本建设项目、单项工程、单位工程、分部工程和分项工程。

1) 基本建设项目(简称建设项目)

每项基本建设工程就是一个建设项目。建设项目一般是指有计划任务书和总体设计,经济上实行独立核算,行政上具有独立组织形式的建设单位。在我国基本建设项目中,通常以一个企业、事业单位,或一个独立工程作为一个建设项目,如交通建设方面的一条公路、一条铁路、一个港口;工业建筑方面的一个矿井。

2) 单项工程(又称为工程项目)

它是建设项目的组成部分。一个建设项目可以是一个单项工程,也可以包括许多单项工程。所谓单项工程是指具有独立设计文件,竣工后可以独立发挥生产能力或效益的工程,如某公路建设项目中的独立大、中桥梁工程,某隧道工程等。

3) 单位工程

具备独立施工条件并能形成独立使用功能的建筑物及构筑物为一个单位工程。单位工程是工程建设项目的组成部分,一个工程建设项目有时可以仅包括一个单位工程,也可以包括许多单位工程。从施工的角度,单位工程就是一个独立组织施工的工程,在工程建设项目总体施工部署和管理目标的指导下,形成自身的项目管理方案和目标,按其投资和质量的要求,如期建成交付生产和使用。对于建设规模较大的单位工程,还可将其能形成独立使用功能的部分划分为若干子单位工程,如土建、电器照明、给水排水等。

由于单位工程的施工条件具有相对独立性,因此,一般需要单独组织施工和竣工验收。单位工程体现了工程建设项目的主要建设内容,是新增生产能力或工程效益的基础。

4) 分部工程

分部工程是建筑物按单位工程的部位、专业性质划分的,亦即单位工程的进一步分解。一般工业与民用建筑工程可划分为基础工程、主体工程(或墙体工程)、地面与楼面工程、装修工程、屋面工程等六部分,其相应的建筑设备安装工程由建筑采暖工程与煤气工程、建筑电气安装工程、通风与空调工程、电梯安装工程等组成。

当分部工程较大或较复杂时,可按材料种类、施工特点、施工程序、专业系统及类别等划分为若干子分部工程。

5) 分项工程

分项工程是分部工程的组成部分,一般是按主要工种、材料、施工工艺、设备类别等进行划分。例如,钢筋工程、模板工程、混凝土工程等。分项工程是建筑施工生产活动的基础,也是计量工程用工用料和机械台班消耗的基本单元。同时,又是工程质量形成的直接过程。分项工程既有其作业活动的独立性,又有相互联系、相互制约的整体性。

以107国道为例,公路基本建设项目组成(图6-1)。

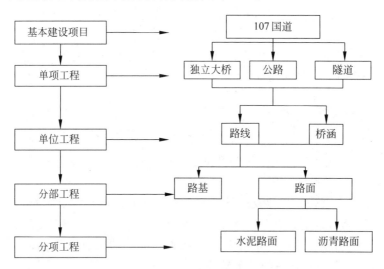

图6-1 基本建设项目组成及示例

6.1.2 工程项目建设程序

工程项目建设程序是指建设项目从最初的酝酿、可行性研究、决策,到工程设计、组织施工、试车投产、竣工验收交付使用全过程中,各个阶段的工作内容及其应遵循的先后次序。工程建设是人类改造自然的活动,建设工作涉及的面很广,完成一项建设工程需要很多方面的密切协作和配合,其中有些工作内容是前后衔接的,有些是互相交叉的,有些则是同步进行的。所有这些工作都必须纳入统一的轨道,遵照统一的步调和次序来进行,才能有条不索,按预定计划完成建设任务,并迅速形成生产能力取得使用效益。一项建设工程,从决定投资兴建到建成后投产和使用,形成新的固定资产,要经过许多阶段和环节,它是由建设领域内的活动所形成的客观规律的反映。研究建设程序,必须充分认识建设领域内各种内容的特点,才能正确地按建设程序办事。

建设工作活动有它固有的特点,概括起来有以下三点:

(1) 任何建设项目,在建成后位置是固定的,在什么地方建设,就在什么地方提供生产能力或使用效益。因此,对准备投资的项目,必须进行充分的可行性研究,认真进行勘察调查,搞清拟建地点的资源情况、工程地质和水文地质情况,以及一切有关的自然条件和社会条件,根据工业的合理布局和有关协作要求,慎重地选择建设地点。

(2) 一切投资项目,不论是生产性建设还是非生产性建设,也不论其规模大小,都是根据特定的用途进行的。每一项工程都是为发挥其特定的用途来设计的。因此,对某项拟建工程都要在事先有明确的概念。即产品或建设的规模多大,选用什么设备、生产流程或标准,建造什么样的建筑物和构筑物等,都要预先设计,才能进行施工和购置。

(3) 建设过程,就是固定资产和生产能力或使用效益的形成过程,根据这一发展过程的客观规律,构成了建设工作程序的主要内容。一般来说,要经过规划、可行性研究、勘察、设计、施工、验收等若干大的阶段,每个大的阶段又都包含着许多环节。这些阶段和环节,各有其不同的工作内容,它们之间互相联系在一起,并有其客观的先后顺序。所谓按程序办事,不仅仅是遵照其先后顺序,更重要的是注意各阶段工作的内在联系,确定各阶段工作的深度、标准,以便为下一阶段工作的开展提供有利条件,才能使整个建设过程的周期有缩短的可能性。例如,在初步设计阶段要为主要设备和材料的预安排订货提供清单,施工图设计按分期交付办理时,必须满足施工的连续性。

建设工程的一切活动虽然属于国民经济的特定领域(与生产领域和流通领域相对而言),却与国民经济的各个部门息息相关,影响到社会生产和人民生活的水平。因此,一切建设项目的投资方向、工程规模、区域布置等重大问题上必须按照各个时期的经济建设方针,服从国家长远规划。国家和地区的各级主管部门对于建设项目的立项、决策、资金筹集、物资分配以及涉外事宜等重要方面要实行有效的宏观控制。根据权限划分为国家、部门和地区(即各省、市、自治区)三级管理,这些管理的内容构成了工程项目建设程序的一个组成部分。由国家统一对有关工程建设程序各个阶段的划分以及内容要点,制定颁发执行,是建设领域内的立法文件。

中华人民共和国成立后,1951年政务院财经委员会颁发了《基本建设工作程序暂行办法》。其侧重点对基本建设计划的核准和先设计、后施工的步骤,作了具体规定,将基本建设的全部过程分为四个阶段,即:①计划的拟订及核准;②设计工作;③施工与拨款;④工程决算与验收交接。

大致的顺序为:首先根据国家计划委员会在国家长期计划范围内规定的各项建设项目与指标,确定建设对象,然后开始草拟设计任务书(或称设计计划任务书);在编制设计任务书之前和进行设计过程中,做好调查勘察和建设地址的选定工作;在设计完成后,制定基本建设年度计划;在拨款施工过程中进行检查监督;竣工之后,进行验收交接,并办理工程决算。

1978年由国家计委、国家建委、财政部联合颁发了《关于基本建设程序的若干规定》,规定中论述一个项目从计划建设到建成投产,一般要经过下述几个阶段:根据发展国民经济长远规划和布局的要求,编制计划任务书,选定建设地点;经批准后,进行勘察设计;初步设计经过批准,列入国家年度计划后,组织施工;工程按照设计内容建成,进行验收、交付生产使用。全部过程包括以下阶段内容:①编制计划任务书;②建设地点的选择;③设计文件;④建设准备;⑤计划安排;⑥施工;⑦生产准备;⑧竣工验收、交付生产。

1991年12月国家计委下发文件明确规定,将现行国内投资项目的设计任务书和利用外资项目的可行性研究报告统一称为可行性研究报告,取消设计任务书的名称。文件还规定今后所有国内投资项目和利用外资的建设项目,在批准项目建议书以后,并在进行可行性研究的基础上,一律编报可行性研究报告,其内容及深度要求与以前的设计任务书相同,经批准的可行性研究报告是确定建设项目、编制设计文件的依据。

根据国民经济发展长远规划,经过初步调查研究,由项目的主办单位编制项目建议书,按照投资管理权限向所属的投资管理部门推荐拟建项目,经批准后列入建设前期工作计划。投资主管部门对所推荐的拟建项目进行综合平衡,在条件成熟时选择一批需要而又有前途的建设项目交与项目的主办单位委托设计或工程咨询单位进行可行性研究。对于可行的项目,在经过预审、修改、复审和评估后,提出可行性研究报告,上报投资主管部门批准后,此项目即算成立,可安排年度建设计划,进行工程设计和建设前期的准备工作。项目的主办单位,应组建或指定建设主管单位,对外进行各类协议和合同的谈判、预约或签订,进行勘察设计、厂址选择、土地征用、资金筹集等一系列准备工作。

根据批准的设计文件(初步设计、技术设计、施工详图设计),组织招标投标,签订工程承包合同,组织设备材料的订货、供应、运输、开展施工,同时进行生产准备工作,到工程结尾时,组织调整试车,办理交工和竣工验收,使建设项目按预定目标进入生产时期。有关各阶段工作内容在以下各节作一般介绍。

1. 工程项目建议书

项目建议书是对拟建设项目的轮廓设想,主要是从建设的必要性来衡量,初步分析和说明建设的可能性。凡列入长期计划或建设前期工作计划的项目,都应该编制项目建议书。

项目建议书一般由项目的主管单位根据国民经济发展长远规划、地区规划、行业规划,结合资源情况、建设布局,在调查研究、搜集资源、勘探建设地点、初步分析投资效果的基础上提出。跨地区、跨行业的建设项目以及对国计民生有重大影响的重大项目,由有关部门和地区联合提出项目建议书。

项目建议书编制一般由投资方委托有相应资质的设计单位或咨询机构承担,并按国家现行规定权限向主管部门申报审批。项目建议书被批准后,即可组建项目法人筹备机构。

项目建议书应包括以下主要内容:

(1) 建设项目提出的必要性和依据。引进技术和进口设备的,还要说明国内外技术差距和概况以及进口的理由。

(2) 产品方案、拟建规模和建设地点的初步设想。

(3) 资源情况、建设条件、协作关系和引进国别、厂商的初步分析。

(4) 投资估算和资金筹措设想。利用外资项目要说明利用外资的可能性,以及偿还贷款能力的大体测算。

(5) 项目的进度安排。

(6) 经济效果和社会效益的初步估计。

大中型项目的项目建议书由国家计委审批,投资在 2 亿元以上的要报国务院审批。小型项目按照隶属关系由主管部门、省、市、自治区审批。项目建议书经审批后,由各级计划部门汇总平衡,就可以列入建设前期工作计划。

2. 可行性研究

项目建议书一经批准,即可着手进行工程可行性研究,在进行全面技术经济预测、计算、分析论证和多种方案比较的基础上,对项目在技术上是否可行和经济上是否合理进行科学的分析和论证。

工程可行性研究报告是在工程可行性研究的基础上编制的一个重要文件。它确定建设项目的建设原则和建设方案,是编制设计文件的重要依据。建设项目工程可行性研究报告的主要内容包括:

(1) 建设项目的依据、历史背景;

(2) 建设地区综合运输现状和建设项目在交通运输网中的地位和作用,原有技术状况和适应程度;

(3) 论述建设项目所在地区的经济特征,研究建设项目与经济发展的内在联系,预测发展水平;

(4) 建设项目的地理位置、地形、地质、地震、气候、水文等自然特征;

(5) 建筑材料来源和运输条件、运输成本;

(6) 论证不同建设方案,对主要控制点、建设规模、标准,提出推荐性意见;

(7) 评价建设项目对环境的影响;

(8) 测算主要工程数量、征地拆迁数量,估算投资,提出资金筹措方案,提出勘察、设计、施工计划安排;

(9) 确定运输成本及相关经济参数,进行国民经济评价、敏感性分析、财务分析;

(10) 提出存在的问题和建议。

工程可行性研究报告是确定建设项目、编制设计文件的重要依据,要求其必须有相当的深度和准确性。工程可行性研究报告批准后,一般不得随意修改和变更。

经批准后的工程可行性研究报告,是项目决策和进行初步设计的依据。工程可行性研究报告由项目法人筹备机构组织编制。项目工程可行性研究报告批准后,应正式成立项目法人,并按项目法人责任制实行项目管理。

可行性研究一般要回答下列问题:①拟议中的项目在技术上是否可行;②经济上效益是否显著;③财务上是否有利;④需要多少人力、物力资源;⑤需要多长时间建成;⑥需要多少投资,能否筹集和如何筹集到这些资金。上述问题概括起来有三个方面,即:①工艺技术;②市场需求;③财务经济。市场需求是投资建设的出发点,工艺技术是进行建设的手段,财务经济则表示预期的投资效益。可行性研究的全部工作都是围绕着这三个方面进行的。

国外的可行性研究,根据研究的任务和深度通常分为三个阶段。

1) 机会研究

机会研究阶段的任务是鉴别投资机会,即寻求能作为投资主要对象的优先发展的部门,并形成项目设想。机会研究应分析下列问题：

（1）在加工或制造方面有潜力的自然资源情况；

（2）作为农工业基础的现有农业格局；

（3）由于人口增长或购买力增长而引起对某些消费品需求的潜力；

（4）在资源和经济背景方面具有同等水平的其他国家获得成功的同类产业部门；

（5）与本国或国际的其他产业部门之间可能的相互联系；

（6）现有生产范围通过向前或向后延伸可能达到的扩展程序，例如，炼油厂延伸到石油化工，轧钢厂延伸到炼钢；

（7）某些联合企业实现多种经营的可能性；

（8）现有生产能力的扩大及其可能实现的经济性；

（9）一般投资趋向；

（10）工业政策；

（11）生产要素的成本和可能性；

（12）用国内商品取代进口商品以及对外出口的可能性。

机会研究又可分为一般机会研究和具体项目机会研究，根据当时条件，两者分别进行，也可以同时进行。

一般性机会研究通常由国家各级政府和有关产业部门进行，主要根据一般的经济指数表示投资的有利方向，做出最初的鉴定，并形成投资项目设想。这种研究分为三种：

（1）地区性研究，谋求和鉴别在某一特定地区，如一个行政省、一个发展区内的各种投资机会；

（2）部门性研究，谋求和鉴别在某一产业部门或某种类加工制造业内的各种投资机会；

（3）资源性研究，谋求和鉴别可能利用的自然、农业或工业资源的各种投资机会，如以原油开采为基础的炼油及其带动的后序石油化工工业。

具体项目机会研究的任务是，将在一般机会研究基础上形成的项目设想发展成为概略的投资建议，它除了以一般经济指数为起点外，必须对所鉴别的产品有所选择，收编与这些产品有关的基本数据，以及这些产品的政策和法规资料。

机会研究所进行的时间很短，费用不多，其内容比较粗略，借助类似项目的有关资料进行估价，不做详细的分析计算。它的主要意图是迅速地表明一个工业项目建议的实施可能性，足以引起投资者的兴趣和反应，以便考虑是否要进行更为详细的可行性研究。

2）可行性初步研究

可行性初步研究的任务是对具体项目机会研究所形成的项目设想或投资建议进行初步的估计。这一研究的目的是要判断：

（1）投资机会是否有前途，是否可以在可行性初步研究阶段详细阐明的资料基础上即可做出投资决策；

（2）项目概念是否正确，有无必要再进行详细的可行性研究；

（3）项目中有哪些关键问题，需要通过如市场调查、实验室试验、实验工厂试验等辅助（功能）研究进行更深入的调查证明；

（4）判明该项目设想是否有生命力，投资建议是否可行。

可行性初步研究处于机会研究和详尽的可行性研究的中间阶段，两者的内容结构基本上是一致的,只是在于所获的资料的细节不同。

3) 辅助研究

辅助研究或称功能研究,主要是在大规模项目中作为可行性初步研究或可行性研究的必要前提或辅助工作而进行的专门的研究,它本身不是一个独立的研究阶段。辅助研究一般不涉及研究项目的所有方面,而只涉及某一个或某几个方面,例如:

(1) 对产品的市场预测的研究,包括市场需求预测及预期的市场渗透情况;

(2) 对投入的原材料、燃料的研究,包括目前及今后预测的可获得性及其价格的趋势;

(3) 为确定某种原料的适用性而进行的实验室和实验工厂的试验;

(4) 工厂坐落地点的研究,特别是原材料运输费用对工厂建设地点起决定作用的项目;

(5) 规模经济研究,即对工厂生产能力规模的研究,研究的主要任务是提供各种可供选择的技术方案、生产规模、投资费用、生产成本,以评价经济的工厂规模;

(6) 设备选择的研究,特别是设备的选择对投资费用和经营成本影响很大的项目必须进行这种研究,包括设备的选型、供应厂商、设备的订货交货状况和价格的研究。

辅助研究关系到研究项目的关键方面,因此要求有十分明确的结论。在多数情况下在可行性研究之前或与可行性研究一道进行,作为全部研究内容的一个重要部分,辅助研究的结论精确程度能大大减轻全部工作的负担。

4) 可行性(详尽的)研究

可行性在最终阶段必须对工业项目是否做出投资决定提供技术和经济上的根据。在此阶段,可行性研究工作应从项目的坐落地点、生产计划、原料投入、生产方法和路线、设备选用、投资费用、生产成本和投资效益等所有各方面进行各种方案的比较、选择和优化,以提供明确规定的可行项目报告,并证明所作的假设和选择的科学合理性;如果在证明了所有可供选择的方案均不可行时,则应在报告中说明并证明之。对项目的任何基本部分和其他费用的计算都不得遗漏,才能对项目的投资费用和生产成本进行最后的估计并做出财务和经济上的各种评价。

大部分可行性研究所包括的范围都相同或类似,但由于项目的特点、性质、规模和复杂程度,以及所需投资费用和其他费用等因素,研究的侧重点或要求的细节会有很大的不同。大型新建项目的可行性研究应包括以下各方面:

(1) 建设的目的和依据。主要说明为什么要兴建该项工程,兴建的必要性;该项工程在地区、部门以及国民经济全局中的地位和作用;提出兴建该项工程的主要依据文件。如国民经济长远规划,生产力配置规划、区域规划、城市规划的要求,以及国家有关文件的决定等。矿区、林区、水利项目的建设依据,还应注明自然资源的开采、开发条件等自然经济状况。

(2) 建设规模、产品方案。建设规模是指建设项目的全部生产能力或使用效益,如工业项目中的主要产品品种、规格、产量;交通运输项目中的铁路、公路、管线的总长度;非工业项目中的建筑面积、医院床位数、冷库储藏量、水库容积等。产品方案主要说明产品结构、中间产品衔接和工艺路线。例如,钢铁联合企业应说明铁矿石开采、选别、烧结系统、焦化系统、炼铁、炼钢系统,钢材初轧、精轧等产品结构、衔接和配套安排。以石油为原料的石油化工联合企业,应说明原料的加工路线,中间产品品种的衔接平衡,最终产品的结构等,改扩建项目应包括原有固定资产的利用程度和现有生产能力的发挥情况。

(3) 生产方法或工艺原则。一般工业项目应说明产品的加工制作工艺方式和要求达到的技术水平。采用重大新技术、新工艺、新设备，要有有关部门审查、鉴定的意见。

(4) 自然资源、水文地质和工程地质条件。自然资源主要指矿藏开发、石油天然气开发、林区开发、水利水电开发项目范围内已经探明的有用资源的储量、质量、储存情况以及开采条件。水文地质条件，应说明拟建工程范围内地下水的形成和分布情况，包括地下水的数量、质量、产状、补给、运动和排泄等条件。工程地质条件，应说明拟建工程区域的地质状况，包括地层、岩性、地质构造、地貌特征、物理地质作用和地震烈度级别等。

(5) 主要协作条件。说明拟建工程建成投产后所需原料、燃料、动力、供水、供热、交通运输、协作产品、配套件等外部条件的要求和同步建设工程的安排意见。上报的可行性研究应附有与有关部门、单位达成的协作条件、协议文件或有关方面的签署意见。

(6) 资源综合利用、环境保护、"三废"治理的要求。资源综合利用应说明资源利用的深度和合理利用程度。例如，矿山工程项目应说明多金属共生物的采、选、冶综合利用情况以及尾矿中矿物的回收利用情况；水利项目应说明发电、灌溉、防洪、运输等综合效益发挥程序；化工项目应说明原料一次加工、二次加工的深度等。新建工业项目，应对环境影响做出评价。凡可能产生污染、影响环境、破坏生态平衡的，必须提出治理"三废"、控制污染、保护环境的措施，以便做到"三废"治理工程能与主体工程同步建成。

(7) 建设地区或地点、占地估算。所有新建工业项目，在上报可行性研究报告时，都应当完成规划性选点工作，并附有有关部门或地区对拟建厂址的倾向性意见；铁路、公路、管线工程、输变电工程，应说明线路(线网)的经由和走向；某些有特殊要求的项目，如水利水电工程、桥梁，应完成工程的选址，确定具体的坝址或桥位；一般民用建筑工程的大体方位，在工程选址阶段，允许在可行性研究报告确定的范围内变动。所有新建、扩建(厂外扩展)项目，在确定地点时，应说明所在地区的地震基本烈度以及建筑防震要求。对建设占土地的数量和质量(耕地、山地、荒地)应加以估算，并附有项目所在地区征地管理部门的原则性意见。

(8) 建设工期。说明从工程正式破土动工到全部建成投产所需的天数，以及对工程建设的起止年限的建议。

(9) 总投资估算。说明按照投资估算指标估算的建设项目本身所需的全部投资费用，作为编制工程设计概算的控制参数。还应说明直接为项目进行配套的相关外部工程所需的投资。说明建设资金的来源或筹集方式，例如国家预算投资、地方预算统筹投资、自筹投资、银行贷款、利用外资、合资经营等。属于银行贷款项目，应附有贷款银行的签署意见。自筹大中型项目应说明建设资金的来源外，还应说明材料、设备的来源，并附有同级财政、物资部门的签署意见。

(10) 劳动定员控制。说明项目正式投产后所需的劳动定员，包括生产技术和经营管理人员和生产操作工人的定员。

(11) 要求达到的经济效益。一般工业生产项目，从财务评价角度(包括静态评价和动态评价)提出销售收入、产品成本、利润、投资利润率、贷款偿还期、投资回收期以及达到设计能力的年限和工程服务年限等经济效益发挥程度的要求。

可行性研究报告按照项目管理的隶属关系，由主管部门组织有关单位或委托设计单位、生产企业(指改、扩建项目)或工程咨询公司进行编制，经主管部门研究审议后上报。

所有大中型项目的可行性研究报告，都应按隶属关系由国务院主管部门或省、市、自治区提出审查意见,由国家计委审批。投资在 2 亿元以上的项目,由国家计委组织初审,提出审核意见,报国务院批准。

3. 设计任务书

工程勘测与设计工作是根据批准的设计任务书进行的,设计任务书由提出计划的主管部门下达或由下级单位编制后按规定上报审批。设计任务书包括以下基本内容:

(1) 建设依据和意义;
(2) 项目建设的规模和修建性质;
(3) 项目路线基本走向和主要控制点;
(4) 工程技术标准和主要技术指标;
(5) 按几个阶段设计,各阶段完成的时间;
(6) 建设期限和投资估算,分期修建的应提出每期的建设规模和投资估算;
(7) 施工力量的原则安排;
(8) 路线示意图、工程数量、"三材"数量及投资估算表等。

设计任务书批准后,如对建设规模、工程技术标准、路线基本走向等主要内容有变更时,应经原批准机关同意。

4. 勘测设计

勘察是指包括工程测量、水文地质勘察和工程地质勘察等内容的工程勘察,是为查明工程项目建设地点的地形地貌、地层土壤、岩性、地质构造、水文条件和各种自然地质现象等而进行的测量、测绘、测试、观察、地质调查、勘探、试验、鉴定、研究和综合评价工作。勘察工作为建设项目厂址的选择,工程的设计和施工提供科学可靠的根据。

勘察工作的主要内容是:

(1) 工程测量。包括平面控制测量、高程控制测量、地形测量、摄影测量、线路测量及其图纸的绘制复制,技术报告的编写和设置测量标志。根据建设项目的需要所选择的测量工作内容、测绘成果和成图的精度,都应充分满足各个设计阶段的设计要求和施工的一般要求。

(2) 水文地质勘察。包括水文地质测绘、地球物理勘探、钻探、抽水试验、地下水动态观察、水文地质参数计算、地下水资源评价和地下水资源保护等方面。

水文地质勘察工作的深度和成果,应能满足各个设计阶段的设计要求。

(3) 工程地质勘察。根据设计各个阶段要求分三个阶段。

① 选择厂址勘察。是对拟选厂址的稳定性和适宜性,做出工程地质评价,以符合确定厂址方案的要求。

② 初步勘察阶段。是对厂内建筑地段的稳定性做出评价,并为确定建筑总平面布置、各主要建筑物地基基础工程方案及对不良地质现象的防治工程方案,提供地质资料,满足初步设计的要求。

③ 详细勘察阶段。是对建筑地基做出工程地质评价,并为地基基础设计、地基处理与加固、不良地质现象的防治工程提供工程地质资料,以符合施工图设计的要求。

此外,对工程地质条件复杂或有特殊要求的重大建筑地基,应根据不同的施工方法,进行施工勘察。对面积不大且工程地质条件简单的建筑场地,或有建筑经验的地区,可适当简化勘察阶段。勘察工作一般由设计部门提出要求,委托勘察单位进行,按签订的合同支付勘察费用,取得勘察成果,通常将勘察设计作为一个阶段安排。

5. 建设准备

当建设项目可行性研究报告经有关部门批准之后,应立即进行建设的一切准备工作,为拟建项目向实施阶段过渡提供各种必要的条件。工程建设准备工作是否及时和充分直接影响到工程项目能否如期展开和完成。

新建的大中型工程项目,建设周期比较长,经主管部门批准,需要组成新的单独机构来进行筹建工作,即建设单位。建设单位代表投资主管部门,对整个建厂时期起到工程建设的组织、协调和监督作用。参加筹建工作的人员必须在专业知识上和数量上满足工程要求,应吸收一部分曾参加该项目可行性研究报告编制的主要工程技术人员参加,或从同类型的老厂抽调一些对工程技术和经济管理有经验的人员作为建设期间的骨干力量。

1989 年建设部制定了《建设监理试行规定》。建设单位在工程建设项目实施阶段,可委托取得监理资质证书、具有法人资格的监理公司进行监理和管理活动。目前大中型工业建设项目和重要的民用建筑工程均实行建设监理制度,并取得了积极的成果。

改、扩建工程,更新改造工程,一般不另设新机构,可由原企业基建部门或指定一部分专职人员组成一个职能机构,来负责筹建工作。建设单位(或委托的监理公司)为建厂准备应做的工作有:

1) 建设场地准备

建设场地准备,包括申请施工执照、征地和拆迁。征地拆迁按照《国家建设征用土地条例》所规定的程序办理。

(1) 申请选址。在可行性研究或设计任务书中对厂址一般只是规划性地选择,一般没有达到确切的界址。建设单位应持设计任务书或有关证明文件,向拟征所在地的县、市土地管理机关申请同意选址。在城市规划区范围的选址,应取得城市规划管理部门同意。

(2) 协商征地数量和补偿、安置方案。建设地址选定后,由所在地县、市土地管理机关组织用地单位、被征地单位及有关单位,商定预计征用的土地面积和补偿、安置方案,签订初步协议。

(3) 核定用地面积。在初步设计批准后,建设单位持有关批准文件和总平面布置图或建设用地图,向所在地的县、市土地管理机关正式申报建设用地面积,按条例规定的权限经县、市以上人民政府审批核定后,在土地管理机关主持下,由用地单位与被征地单位签订协议。

(4) 划拨土地、确定界址。

在以上手续通过后,由所在地的县、市人民政府发给土地使用证书和四面界址图,用地单位即可树立永久性标志,或者建造围墙,准备施工。

2) 委托设计

凡属列入中央和省、市、自治区计划内的建设项目,必须委托有主管部门批准设计证书的设计单位进行设计。在委托设计之前,建设单位应提供下列有关资料:

(1) 经批准的可行性研究报告;

(2) 选厂报告；

(3) 总平面布置图和厂区现状图，在城市建设的项目要有城市规划部门同意设计的1∶500地形图；

(4) 原有的上下水管道、道路、输电线路、煤气管道的图纸；

(5) 当地风向、风荷、雪荷、气温、地震级别；

(6) 水文地质、工程地质资料；

(7) 与外部协作单位签订的有关原料、燃料、供水、供电、交通运输等协议文件。

一般来说，宜选择原负责可行性研究报告编制的设计单位来承担设计。这样可以驾轻就熟，需要提供的基础资料可以限于设计前未曾进行或其深度尚不能满足设计需要的那些资料。

设计单位同意承担设计任务后，应履行签订设计合同手续，明确双方的责任，如委托单位应提出基础资料的清单和时间表，办理各个设计阶段需要审批工作的时间表，按规定应支付的设计费用等。设计单位应明确各阶段设计文件的交付时间表等。此外，建设单位要为设计人员驻现场代表提供工作和生活条件。

3) 物资准备

这里主要是指由建设单位负责提供的设备和国家计划分配材料的准备工作。建设项目需要的设备，包括大型专用设备、一般通用设备和非标准设备，根据初步设计提出的设备清单，可以采取委托承包、按设备费包干或招标投标不同方式委托设备成套公司承包供应。对制造周期长的大型、专用关键设备，应根据可行性研究报告中已确定的设备项目提前进行预安排，待设计文件批准后签订正式承包供应合同。某些在现场制造更为有利的非标准设备（可以节省长途运输费用）尽量委托有制造能力的施工企业在现场或其附近的机械制造厂制造。

建设项目所需的材料品种繁多，有各种供应渠道。按照目前的物资供应体制，由建设单位提供三大材料（钢材、木材、水泥），特种材料、部管统配物资和非成套项目的通用机电产品等。为了不同程度地减轻建设单位的工作负担，通常将上述材料交施工单位提运，也可将分配指标直接移交施工单位订货和提运。

现行物资供应办法的缺点是供料手续繁琐重叠，建设和施工单位各设有一套供应机构和人员，增加了流通环节。根据国家物资供应体制改革精神，有些地区试行将原按隶属关系随投资分配，改由物资部门按统一规定直接向施工企业或用料现场分配，施工企业所需的流动资金实行全额信贷。

国外引进项目的成套设备和材料，按与外商签订的合同，一般是从海运运抵我国港口。由港口码头至施工现场（包括铁路和公路运输），属于国内段的设备材料运输，可以分不同情况委托施工单位承担。近年来在大型引进项目中也采取设备、材料的接运、保管、检验由施工单位总揽到底的办法，实践证明这种办法能减少中间交接手续，减少建设单位风险，在检验过程中发现的设备材料缺陷能及时向外商索赔。

4) 施工前准备

(1) 现场障碍物如原有房屋、构筑物及其基础的拆除，不再使用的上下水道、高压线路的拆除或迁移，施工场地的平整等；

(2) 为建设单位自身需修建的行政办公生活用房，设备、材料仓库或堆置场，汽车库，医

疗卫生、保卫、消防等用房和设施等;

(3) 为施工单位提供水、电源,敷设供水干线,修建变电和配电所及设备安装,通信线路和设备安装,厂区内通行主干道和铁路专用线的修建,防洪沟、截流沟的修建工程等。

上述工程应尽量从设计要求项目内先期建设永久性工程,以节约资金。

5) 确定工程承包单位

重点项目或施工技术复杂的项目一般由上级机关指定;一般项目可直接与施工企业商定;有条件时应根据设计概算或施工图预算制定标底,通过招标方式选择承包单位。重大项目需要两个或两个以上的施工单位来共同完成时,为了统一现场指挥和管理,使在施工过程中,各专业步调一致,衔接合理,以获得较短的总工期,可以采取总分包责任制来进行施工。工业建设项目宜委托设备安装或综合性施工单位承担总包,其他协作单位为分包。总包单位对建设单位负施工全部责任,签订总包合同。总包单位与分包单位签订分包合同,合同中必须将施工项目、施工范围、责任分工划分清楚,特别是总分包双方配合协作要求,与建设单位之间的关系等,通过协商明确条款列入合同之内,以防止开工后责权不明,造成不协调现象。

一般工程承包合同的主要内容有承包工程范围,工程造价,开竣工日期,设备材料供应分工和管理,现场准备工作的分工,技术资料的供应,工程管理,工程质量和交工验收,工程拨款和结算方式,以及其他特殊条款等。

上述准备工作基本就绪,建设单位应向施工单位提交建筑物(构筑物)、道路、上下水管线的定位标桩、水准点和坐标控制点,施工单位填写单项工程开工通知,请求建设单位确认签证后开工。对于每一建设项目,建设单位应向其投资主管部门提交建设项目开工报告。

6. 工程施工

工程施工是基本建设工程的实现阶段,采用不同的承包方式委托建筑安装施工企业承担。

建筑安装工程施工,一般分为五个阶段:①承接任务阶段;②规划性准备阶段;③现场性准备阶段;④全面施工管理阶段;⑤竣工验收阶段。

1) 承接任务

施工企业承接工程任务的方式基本上有三种:①由其上级主管部门下达(包括施工单位所在地主管建设部门统筹安排)的指令性任务;②施工企业自行对外承揽,直接与投资方达成协议的工程;③通过招标投标方式,中标以后承接的工程。

凡是承接的工程任务,建设单位必须具备下列批准手续和有关批件:

(1) 由建设单位上级主管部门批准的初步设计文件;

(2) 建设工程总概算及其批件;

(3) 批准的建设总工期和工程项目一览表,列明单项工程计划开竣工日期和设计图纸交付日期;

(4) 设备和主要材料的订货或分配单;

(5) 征用或占用土地批件;

(6) 城建部门批发的建筑施工执照;

(7) 城市道路、消防、水电源占用或作用批件。

根据上述条件,施工企业与建设单位签订工程承接协议,以促进双方开展准备工作。在招标投标方式中标的工程,或对工程条件已经明朗化时,可以直接签订工程承包合同。

2) 规划性准备

规划性准备是施工企业在任务已经确定、与建设单位达成初步协议之后,对工程所在地区的技术经济状况和有关工程条件的落实,做好施工前的总体规划,正式签订总分包施工合同。

对工程所在地调查的主要内容有:①施工地区的自然条件,如气象、水文、地质、地形等;②主要设备和国家统一分配材料的到货状况;③地方供应材料的来源、质量、可供数量和价格条件;④工程所在地区的交通运输条件;⑤施工现场基本状况,如有无待拆迁的建筑物或障碍物,可供利用的原有房屋及设施,可供施工临时用地以及通往现场的车行道路;⑥公用设施情况。如水、电、通信、道路以及医疗设施等;⑦施工地区对环境保护和防治公害方面的要求;⑧当地建筑安装施工力量的现状。

根据以上工程资料和调查情况对承包工程做出施工总体规划,即施工组织设计。

施工组织设计根据承担工程的规模、种类、施工复杂程度,在内容和深度上差别很大,一般应包括以下主要内容:

(1) 工程的概况、特点和主要工程量。

(2) 工程进度。包括建设项目(或一个装置、一个单元工程)总进度和各单项工程综合进度。通常用日历天数和统筹图或网络图来表示,是施工企业活动的目标文件。

(3) 施工现场总图布置。是将施工现场内原有的或拟建的永久性和临时性工程,水电、道路,根据经济合理和少占用地原则,绘制成总图,以指导现场文明施工。

(4) 施工方案(或施工方法)。是针对某些重要的关键的工程应采取的施工方法与技术措施。如地基处理方案、大型设备基础浇灌方案、大型设备或构件的吊装方案。

(5) 调整机构和部署任务。施工企业承担每一项新工程时,都要根据工程特点作必要的机构调整和组合,将任务合理分配到所属工区或工程处。对远地施工工程要做出分批进场规划。经上级机关指示批准,需要按建制地转移机构的工程,应编制施工机构调遣方案,核算调遣费用,列入设计总概算或经建设单位审批后,专款专用。

(6) 人力物力的计划与组织。包括劳动力、施工工具、构件、材料等的需要量和需要时期,现场水、电、道路、仓库、预制场、加工厂和生活设施的布置和设计。

(7) 对有特殊工艺要求的工人技术培训方案。

(8) 国外引进项目设备和材料的接运、保管、检验工作的计划和组织。

3) 现场性准备

现场性准备即开工前的准备。主要工作内容有:①现场障碍物的拆除和清理。②建设厂区场地初整,即对原地形变化较大的场地进行初整,一般应达到与设计室外地平高差不超过±30cm。③施工用临时供水管线的铺设,供电和通信线路的架设以及临时道路、排水沟、排洪沟的修筑。④施工用临时工程的修建,包括为工厂预制必需的临时厂房、工棚或场地;设备和材料仓库或堆放场;施工机具存放场和维修点的修建;施工人员现场住房、食堂、休息室、保健所等用房修建;工地消防、警卫和厂区照明设施等。⑤施工机械准备和进场,施工企业的机械装备有三种情况,一是企业自有的机械,常年大量使用的机械;二是一般企业不能自备的大型、专用特种机械,可向专业的机械供应站或同行业租赁;三是某些操作要求人、机密切配合的机械化施工工程,可委托专业机械化施工公司承包。各种大、中、小型施工机械是施工不可少的手段，必须按照工程需要，预先进行检查修理，及时进场，保证机械的正常作业。⑥材料准备，是指自申请指标分配、订货、采购、提运到现场指定地点，必要的检验工作等全过程，各种类材料的准备周期和储备量是不同的，但必须保证开工后各阶段的延续需要。凡由建设单位提供的材料，应提前编制材料预算，列明材料品种、详细规格、需要数量和供应进度。委托施工单位代替运的材料应组织运输力量或转托社会运输部门及时运到现场。施工单位自供的材料根据采购计划组织供应。⑦设备由建设单位供至安装现场。需要施工单位承担中、短程运输工作时，按合同规定条款，包括现场设备仓库（或堆放场）运到安装地点。超限设备要预先编制运输方案，没有力量时可委托专业的运输部门进行。⑧施工图纸会审。图纸会审的目的是要将图纸中不清之处和存在问题在开工之前加以澄清。

施工图会审一般由设计单位、建设单位和施工单位三方参加，会审的内容是：①图纸是否齐全配套，不能一次供齐，需要连续出图的工程，必须确定各部位交图日期，以满足工程进度要求；②图纸是否清楚，结构和安装等各专业图纸本身及相互之间有无错误和矛盾，图纸和说明或总说明之间有无矛盾；③建筑物、构筑物及安装工程的各部位尺寸、轴线位置、标高、预留孔洞、埋设件、大样图等有无错误和矛盾；④地质勘察资料、地基处理和基础工程设计有无问题，建筑物与地下管线、电缆、构筑物的交叉有无矛盾。

所有图纸中问题要做会审记录，作为施工或需进行设计变更的依据。

关键工程还需设计人员进行设计交底，交代设计意图和某些部位的做法。

4）施工管理

施工单位应严格按照设计要求和施工规范合理组织施工。积极推广应用新工艺、新技术，努力缩短工期，降低造价。地下工程和隐蔽工程应在验收合格后，再进行下一道工序，并做好原始记录，建好施工档案。

为了加强施工管理，按建设部的规定应实行建设监理制度，即建设管理单位应委托具有相应资质的监理单位，对基建项目的质量、进度、费用等进行全方位的监控，以确保过程质量。公路施工组织是一项十分复杂的系统工程，只有精心组织，合理使用劳动力、材料、机具、设备和资金，才能对施工进度、质量、成本、安全等实行全面、有效的控制。

5）竣工验收

竣工验收的依据：经批准的可行性研究、初步设计或扩大初步设计，施工图纸，设备技术说明书，施工过程中的工程变更通知，现行施工技术验收规范以及有关主管部门的审批、修改、调整等文件。从国外引进新技术或进口成套设备的项目，还应按照签订的合同和国外提供的设计文件等资料进行验收。

竣工验收交付投产或使用是建筑安装施工的最后阶段，也是建筑安装合格的工程点交验收阶段。工程竣工交付验收之前，施工单位应根据施工技术验收规范逐项进行预验，重点工程还必须由地方质量监督部门参加并取得合格证。竣工工程点交验收是基本建设程序规定的法定手续，通过验收，如工程达到合同要求，办理工程交接和工程结算之后，除规定保修内容外，双方对合同义务就此解除。

（1）验收的种类

总包单位向建设单位的竣工验收，一般分为5类情况：①隐蔽工程验收。是在施工过程中，对隐蔽的分部分项工程完工后的即时验收。②分部分项工程验收。在分部分项工程完工后进行，是进行工程款预支或结算的依据。一般在已完工程结算月报或工程进度统计月报上签认。③分期验收。又叫临时验收,如局部项目、个别单项工程达到投产或使用条件,需提前动用而进行的交接验收。④竣工验收。⑤建立技术档案。是承包单位完成工程全部内容和建设单位之间办理的验收。

(2) 竣工资料

为建设单位对工程的合理使用,维护管理和为今后改扩建提供依据,以及办理工程决算需要,在工程验收时,施工单位应提供资料如下:①竣工工程项目一览表。包括工程名称、面积、开竣工日期以及工程质量评定等级。②竣工图。工程变动不大的由施工单位在原图上加以注明,附上变更文件;工程变动较大的,由建设单位自绘或委托设计、施工单位绘制。③隐蔽工程记录。包括工程质量事故处理记录,材料、半成品试验记录,永久性水准点坐标记录、建筑物和构筑物沉降观测记录等。④设备、材料、构件的质量合格证。⑤土建施工的试化验报告单。如结构混凝土、砂浆的配合比,抗压试验、地基试验、主体结构的检查及试验记录等。⑥安装(包括组装)施工记录。包括设备单机运转、联动运转记录和合格证,管道安装、焊接、清洗、吹扫、试压、试漏和检查记录,电气、仪表的检验和调试,电机绝缘、干燥等检查记录,动力、照明、电信线路检查记录,工程质量事故报告和处理结果,以及由第三方检验的合格证明。⑦施工单位和设计单位提供的建筑物使用的注意事项。⑧竣工结算单,据以双方办理竣工结算和财务清账。

(3) 竣工检验

建设单位收到承包单位提交的竣工资料后,应约定指派人会同对竣工工程进行审验检查。根据施工图纸、《施工技术验收规范》《工程质量评定标准》和有关规程,双方对工程进行全面检查,经确认合格后,双方签订交接验收证书,办理工程交接。

(4) 工程保修

工程办理交接手续之后,在规定的保修内容和保修期限内,因施工造成的质量事故和质量缺隐,施工单位负责免费包修。保修期一般规定为:①民用与公共建筑、一般工业建筑、构筑物的土建工程为一年;②建筑物的照明、电气、上下水管线安装工程为6个月;③建筑物的供热、冷却系统为一个采暖、供冷期;④室外的上下水和小区道路为一年;⑤工业建筑的设备、电气、仪表、工艺管线和有特殊要求的工程,其保修内容和期限,由使用单位和施工单位在合同中规定(一般按验收签证后6个月内)。工程未经验收交接,若建设单位提前使用,发现质量问题,由建设单位自己承担责任。

(5) 建立技术档案

竣工验收通过后,施工单位应对建设项目的全过程从施工组织、技术管理、工程质量、安全工作等进行全面总结,并将设计文件、施工图表、原始记录、竣工文件、验收资料等汇集整理后装订成册,建立技术档案,并按管理等级进行保管,以备日后查用。

7. 项目后评价

项目后评价是指对已经完成的项目或规划的目的、执行过程、效益、作用和影响所进行的系统的、客观的分析。通过对投资活动实践的检查总结,确定投资预期的目标是否达到,项目或规划是否合理有效,项目的主要效益指标是否实现,通过分析评价找出成败的原因,总结经验教训,并通过及时有效的信息反馈,为未来项目的决策和提高完善投资决策管理水平提出建议,同时也为被评项目实施运营中出现的问题提出改进建议,从而达到提高投资效益的目的。

根据项目生命的全周期过程概念,一般认为项目后评价是在项目建成和竣工验收之后所进行的评价,其评价的时间范围如图6-2中的D点到F点。此前的过程可分为项目前评估(可简称为项目评估)、项目中间评价(可称为跟踪评价),与项目后评价一起构成完整的项目评估评价过程。

项目中间评价是指对正在建设尚未完工的项目所进行的评价。中间评价可以是全面、系统地对项目的决策、目标、过程及未来效益的全面评价;也可以是单独对项目建设过程中的某项内容进行的单项评价;或者对一个行业、产品、地区等的同类项目的评价。中间评价的作用是及时发现项目建设过程中存在的问题,分析产生的原因,重新评价项目的目标是否可能达到,项目的效益指标是否可以实现。项目中间评价包括项目实施过程中从立项到项目完成的各种评价,如开工评价、跟踪评价、调整评价、阶段评价、完工评价等。国外把中间评价称为"绩效评价"。

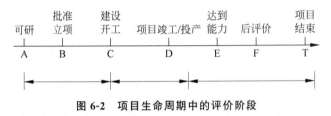

图 6-2 项目生命周期中的评价阶段

项目后评价的内容包括项目效益后评价、项目影响后评价、项目过程评价和项目管理后评价4大部分。

(1) 项目效益后评价主要是对应于项目前评估而言的,是指项目竣工后对项目投资经济效果的再评价。评价方式以项目建成运行后的实际数据为依据,重新计算项目的各项经济指标,并与项目评估时预测的经济指标(如项目净现值、项目内部收益率、项目获利指数等)进行纵向对比,评价分析两者的偏差及其产生的原因,进而总结其经验教训,为以后的相关项目决策提供借鉴和反馈信息。

(2) 项目影响后评价有环境影响后评价和社会影响后评价两方面,环境影响后评价主要从环境对项目产生的影响方面对项目前评估所预测的情况与项目竣工后的实际环境影响效果进行对比分析,如环境污染、资源保护、生态平衡等方面。社会影响后评价是从项目的角度分析项目对国家或地区社会发展目标的贡献和影响,并与项目评估时的分析进行对比,重新确定其影响程度,以便决定是否采取新的措施,降低其负面影响。

(3) 项目过程评价是对项目的立项、设计施工、建设管理、竣工投产、生产运营等全过程进行评价,目的是对整个项目过程进行一个评估,以达到追求后期持续运营,获取预期效果评价。

(4) 项目管理后评价是指当项目竣工之后,对项目策划及实施阶段的项目管理工作所进行的评价,目的是通过对项目实施过程中管理行为及管理效果的分析,全面总结项目工作的管理经验,为类似项目的管理提供指导。

从以上四方面的内容可以看出,项目后评价是全面提供项目决策和项目管理水平的必要而有效的手段。

6.2 项目可行性研究概述

6.2.1 可行性研究基础知识

1. 可行性研究概念

随着科学技术的高速发展,人们从各种不同的需要出发,都在努力开发新的自然资源,探讨对已开发资源的合理分配与有效利用的最佳途径。这是一个带全球性的课题。在制定规划、开始兴办企业、建设(新建、改建、扩建)工程项目、拟定技术引进方案或制定科研课题的时候,如何避免投资决策的失误,提高投资实效,是人们普遍遇到的问题。经济预测学、运筹学、系统工程等科学理论和方法的发展,为科学地解决这一问题提供了可能和方便。可行性研究就是综合运用各种科学技术成果,对决策之前的投资项目,从技术和经济两方面进行详细的调查研究、分析计算和综合论证,从中选出技术先进、经济效果最佳的方案的一种科学方法。

可行性研究一般要求回答下列问题:①本项目在技术上是否可行?②经济上是否有生命力?③财务上是否有利可图?④需要多少投资?如何筹集?⑤需要多长时间能建立起来?⑥需要多少人力物力资源(包括建设时期的设备、建筑材料和施工力量;生产时期的原料、燃料、生产消耗和设备备件以及生产人员)?

概括起来,可行性研究的内容包括三个方面:一是工艺技术;二是市场需要;三是财务经济。其中,市场是前提,技术是手段,核心问题是经济效益问题。其他一切问题,包括复杂的技术工作、市场需求预测等,都要围绕经济效益这个核心并为此核心问题提供各种方案。

2. 可行性研究特点

可行性研究具有以下 5 个特点:

(1) 先行性。可行性研究是为编制和审批设计任务书提供可靠的依据,是为拟建项目而作的调查研究。它是在项目投资决策之前进行,因此它研究的不是在建项目的技术经济效果,也不是当项目方案确定之后为找论据而进行的工作。先作项目决策,后搞论证的作法就失去了可行性研究的本来意义。

(2) 不定性。可行性研究顾名思义就是要研究项目的可行与否及可行性的大小,其结果有可行和不可行两种可能。通过研究为拟建项目提供上马的充分的科学依据,当然是一种成功之举;通过研究否定了不可行的方案,制止了不合理项目上马,避免了巨大的浪费,同样也是成功的可行性研究,这对于重大项目决策尤为重要。

(3) 多科性。任何一个重大建设项目的可行性研究,都是综合运用多种学科的科学技术知识才能完成的。一个大型项目的理想的可行性研究小组,应该由具有经济学、财政学、会计学、商品学、市场学、计划统计学、建筑学、工程技术学、运筹学、计算机科学、社会科学、预测学、管理学和技术经济学等方面知识的专家组成,通过协助配合,才能切实有效地进行工作。

(4) 法定性。在许多工业发达的国家中,为了提高竞争能力,避免投资决策的失误,重大项目一般都要进行可行性研究。在我国,国家明确规定了可行性研究"是建设前期工作的重要内容,是基本建设程序中的组成部分",是"编制和审批设计任务书的可靠依据"。同时规定:"所有建设项目必须严格按照基本建设程序办事,事前没有进行可行性研究和技术经济论证,没有做好勘察设计等建设前期工作的,一律不得列入年度建设计划。更不准仓促开工。违反这个规定的,必须追究责任。"很明确,可行性研究在我国具有鲜明的法定性。这个法定性的另一方面含义是,负责可行性研究的单位,要经过资格审查,要对工作成果的可靠性、准确性承担责任,包括法律责任。

(5)预测性。在可行性研究阶段由于项目尚未付诸实施,因此在可行性研究报告中对项目投资费用以及项目未来的收益与费用都是根据目前的情况进行预测而得的,所以可行性研究报告中的数据具有预测性特点。

6.2.2 可行性研究作用和意义

1. 可行性研究作用

对于发展中国家来说,发展本国经济的成败,在具备必要条件的情况下,很大程度上取决于他们对发展目标和投资项目进行选择和决策的能力,即如何在既定范围内,进行有效的合理选择,以最充分地利用宝贵的人力、物力和财力,来促进社会和经济的迅速发展。因此各国在经济开发中,都十分重视应用可行性研究这一科学方法。这是因为:

(1)可行性研究是项目成功的关键。

投资项目实施后将面临十分复杂的社会经济环境,面临着来自各方面的竞争。只有那些适应社会发展需要、生存能力强的项目才能在竞争中获胜,并取得预期的效益。而可行性研究采用专门的科学方法,对拟建项目的产品市场需求、建设费用、资金条件、建设条件、原辅材料和水电等供应情况以及费用与收益等进行预测、分析和测算,可以避免决策的盲目性,为项目成功创造条件。

(2)可行性研究是促使整个社会经济进入良性循环的有效途径。

如果所有项目上马之前先进行可行性研究,对项目原材料能源等投入物供应和交通运输等外部建设条件事先进行调查分析,就可以避免国民经济中"瓶颈"环节的出现;同时,由于可行性研究可以避免决策的盲目性,提高项目投资效果,就可以避免项目上马投产后因效益不好而导致三角债的出现。由此可见,项目可行性可以促使社会经济进入良性循环。

另外,可行性研究为项目建设等提供依据。

(1)可行性研究是建设项目投资决策和编制设计任务书的依据;

(2)可行性研究是项目建设单位筹集资金的重要依据;

(3)可行性研究是建设单位与各有关部门签订各种协议和合同的依据;

(4)可行性研究是建设项目进行工程设计、施工、设备购置的重要依据;

(5)可行性研究是向当地政府、规划部门和环境保护部门申请有关建设许可文件的依据;

(6)可行性研究是国家各级计划综合部门对固定资产投资实行调控管理、编制发展计划、固定资产投资、技术改造投资的重要依据;

(7)可行性研究是项目考核和后评估的重要依据。

2. 可行性研究意义

可行性研究是确定建设项目前具有决定性意义的工作,是在投资决策之前,对拟建项目进行全面技术经济分析的科学论证,在投资管理中,可行性研究是指对拟建项目有关的自然、社会、经济、技术等进行调研、分析比较以及预测建成后的社会经济效益。在此基础上,综合论证项目建设的必要性、财务的盈利性、经济上的合理性、技术上的先进性和适应性以及建设条件的可能性和可行性,从而为投资决策提供科学依据。

可行性研究报告分为政府审批核准用可行性研究报告和融资用可行性研究报告。审批核准用可行性研究报告侧重关注项目的社会经济效益和影响;融资用可行性报告侧重关注项目在经济上是否可行。具体概括为政府立项审批、产业扶持、银行贷款、融资投资、投资建设、境外投资、上市融资、中外合作、股份合作、组建公司、征用土地、申请高新技术企业等各类可行性报告。

6.3 可行性研究基本程序

可行性研究的过程,是一个由粗到细、由浅入深的发展阶段,一般要经过投资机会研究、初步可行性研究、详细可行性研究、评估和投资决策四个基本阶段。

1. 投资机会研究

机会研究的任务是鉴定投资机会。在市场经济条件下,机会研究通常是对几个投资机会或工程设想进行鉴定。

(1) 国际上的机会研究一般是通过分析下列各点,来鉴别投资机会或项目设想(以制造业项目为例)。

① 在加工或制造方面所需的丰富自然资源;
② 为加工工业提供农业资料的现有农业布局情况;
③ 对某些由于人口或购买力增长而具有增长潜力的消费品以及对新研制产品的今后需求;
④ 在经济方面具有同样水平的其他国家中获得成功的同类制造业部门;
⑤ 与本国或国际其他工业之间可能的相互关系;
⑥ 现有制造业通过前后工序配套,可能达到的扩展程度,如炼油厂的后道工序石油化学工业或轧钢厂的前道工序炼钢厂;
⑦ 多种经营的可能性,例如石油化工联合企业的制约工业;
⑧ 现有工业生产能力的扩大,可能实现的经济性;
⑨ 一般投资倾向;
⑩ 工业政策;
⑪ 生产要素的成本和可得性;
⑫ 出口的可能性;
⑬ 进口的情况。

(2) 投资机会研究又分为一般机会研究和具体项目机会研究两种。根据当时的条件,决定进行哪种机会研究,或者两种机会研究都进行。

① 一般投资机会研究。这种研究在一些发展中国家是通过国家机关或公共机构进行的,目的是通过研究指明具体的投资建议。有以下三种情况：

一是地区研究,查明某一些特定地区或某一个港口的内地贸易区内的各种机会。

二是分部门研究,谋求在某一划定的分部门内的各种投资机会。

三是以资源为基础的研究,以综合利用某一自然资源或工农业产品为出发点,谋求识别其各种投资机会。

② 具体投资机会研究。一般投资机会做出最初鉴别之后,即应进行这种研究,实际上做这项工作的往往是未来的投资者。

具体机会研究是要将项目设想变为概略的投资建议。以一般的投资机会为起点,选择所鉴别的产品,并收编与每种产品有关的数据,以便投资者考虑。具体项目机会研究的主要意图,是突出项目的主要投资方面。如果投资者做出肯定反应就可考虑进行初步可行性研究。

2. 初步可行性研究

许多投资项目在投资机会研究以后,往往需要作初步可行性研究,其目的主要包括：

(1) 投资机会是否有前途,值得不值得进一步作详细可行性研究。

(2) 确定的项目概念是否正确,有无必要通过可行性研究进一步详细分析。

(3) 项目中有哪些关键性问题,是否需要通过市场调查、实验室试验、工业性试验等功能研究作深入的研究。

初步可行性研究的结构与详细可行性研究的结构基本相同,其主要内容包括：

(1) 市场和工厂生产能力；

(2) 原材料；

(3) 厂址；

(4) 工艺技术和设备选择；

(5) 土建工程；

(6) 企业管理费；

(7) 人力；

(8) 项目实施及财务分析。

3. 详细可行性研究

详细可行性研究即一般所说的可行性研究,是进入深入的技术经济论证的关键环节。详细可行性研究必须为项目提供政治、经济、环保、社会等各方面的详尽情况,分析和说明涉及的关键要素及达到目标的不同方案,各种不同方案的比较和优选结果,论述可能实现的程度和令人满意的程度等。

详细可行性研究对以下问题应给予明确详细的回答：①投资及市场情况如何？②投资项目的规模如何？③厂址选在哪里最佳？④采用什么工艺技术,有什么特点？⑤需要的外部协作条件如何？⑥建设时间多长,需要多少投资,能否筹集到所需的资金？⑦建成后的经济效益和社会效益如何？

4. 评估和投资决策

评估和投资决策,又称决定阶段。在可行性研究的基础上,由第三方根据政策、法规、条例、方法和参数等因素,从项目的国民经济、社会影响的角度出发,对项目的必要性、条件、市场、技术、环境、效益等进行全面评价,判断其是否可行,审查可行性研究报告的可靠性、真实性和客观性,为审批项目提供决策依据,对项目在技术上、经济上进行综合评价,决定项目的取舍。

6.4 可行性研究内容

建设项目的可行性研究范围是十分广泛而全面的。其中,市场需求预测是可行性研究的前提,生产建设条件与技术条件分析是可行性研究的基础,而经济评价是可行性研究的核心和目的。这些是可行性研究与可行性研究报告的主要内容,如图 6-3 所示。下面就这几个方面做进一步的分析。

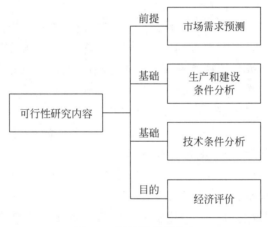

图 6-3 可行性研究内容

1. 市场需求预测

市场需求预测的主要内容有:产品需求量预测;市场占有率预测;产品寿命周期预测;新产品开发预测;市场竞争预测;产品社会拥有量预测。

市场预测方法:

(1) 定性预测。

通过分析历史资料和研究未来条件,凭借预测人员的经验和判断推理能力进行预测。可采用德尔菲法、组织专家小组进行分析判断等。

(2) 定量预测。

根据统计数据,运用数学分析技术,建立表现变量间数量关系的模型进行预测。

(3) 常用的方法。

趋势外推法:移动平均法、指数平滑法、季节指数法、包络线趋势预测法等。

因果分析法：回归分析法、相关分析法等。

2. 生产和建设条件分析

（1）资源分析。资源是项目建设和生产极其重要的物质基础和保证条件。一般可分为矿产资源分析和农业资源分析。资源分析需要着重研究以下几个问题：建设和生产所需资源的种类、特性和数量，即可供资源的数量、质量和供应年限、开采条件及供应方式；资源的合理利用及综合利用，特别是稀有资源和有限资源的有效利用以及可替代资源的开发前景等。

（2）原材料供应条件分析。原材料包括原料材料和辅助材料，是项目建设和生产正常进行的物质基础和保障。原材料供应条件分析，主要包括原材料供应品种、数量、质量、价格、供应来源和地点、运输距离、储备量以及仓储设施等方面的条件和状况分析，特别是要着重分析和研究原材料供应数量能否满足项目生产能力的需要；质量能否满足生产工艺要求和设计产品功能和质量的要求；大宗原材料能否就地就近供应，以减少运输量和运输距离，节省运输费用，降低产品成本费用；连续生产项目，原材料能否保证连续不断地供应或保证合理的储备量及仓储设施条件等。

（3）燃料和动力条件分析。燃料和动力是项目建设和正常生产的极其重要的物质条件和保证。燃料主要包括煤、石油和天然气等；动力主要包括电、水、压缩空气、蒸汽等。燃料供应条件分析，要着重研究合理选择燃料供应来源和供应品种、数量、质量以及运输、储备和仓储等条件；电力供应条件分析，要着重研究最大耗电量、高负荷、稳定性、供应量和备用量以及电力网、变电站等设施和条件；工业用水供应条件分析，要着重研究原料用水、工艺用水、锅炉用水等的用水量、水质的要求以及水源地及其供应条件分析，要着重研究供应数量、质量、生产方式、供应方式或协作配合要求等。

（4）交通运输条件分析。交通运输是项目建设和生产正常进行的关键环节，大量的物资供应和产品销售都靠交通运输来完成。项目的交通运输，分厂内运输和厂外运输两类，是工厂总图布置的重要组成部分。厂内运输方式及其设备选择主要取决于生产工艺流程特点、车间组成、厂区地形地貌以及总图布置的要求等条件。厂外运输的影响因素很多，运输方式和设备选择主要取决于运输物资的数量、类型和特性以及外部具备的运输条件。交通运输条件的分析，要着重研究各种不同运输方式和运输设施选择的经济合理性和运输效益，实现运输灵活、及时，运距短，运输成本低，装、运、卸、储备环节密切联系和协调配合的目标。

（5）工程地质和水文地质的分析。工程地质和水文地质是厂址选择、大型工程项目施工以及建成后长期生产的重要影响条件。工程地质和水文地质的分析，要着重研究项目建设地质的自然地理、地形地貌、地质构造等是否满足建筑场建造的要求，要严防厂址选择在地震、熔岩、流沙等不良地质构造上或选择在有用矿床、矿坑及易塌陷地带。要研究项目建设地址的地下水位，尽量避免或减少地下水渗漏等防水设施的建造。

（6）厂址选择的分析。厂址选择也称厂址布局，是在地区布局已确定的基础上具体选择确定的建设项目厂址的坐落位置。厂址选择的分析，要着重研究厂址的选定是否符合城市或工矿区建设规划及功能分区的原则；厂区工程地质、水文地质和气象条件等是否符合建厂和工程项目施工的要求；是否符合工厂建设规模和总图布置对厂区形状、占地面积、发展余地以及地形地貌的要求；是否符合水源、电力、动力以及文化教育、商业网点、公共交通等公用设施衔接和配合的要求;是否符合环境保护、生态平衡等要求。选择厂址必须在多种方案比较的基础上做出最佳厂址方案选择。

3. 技术条件分析

(1)工厂布置分析。工厂布置就是合理布置厂区内的车间、建筑物、堆场、仓库、动力及运输设施等,妥善处理地上与地下、厂内与厂外设施配置,寻求相互协调、有机结合的建筑群体的规划工作。工厂布置通常分为总平面布置、竖向布置和运输布置三部分,其中总平面布置是核心,竖向布置和运输布置是在总平面布置的基础上进行的。工厂布置的分析,要着重研究工厂总体布置是否符合城市发展和工矿区建设规划的要求;是否体现了合理利用地形地貌与地质条件、因地制宜布置的要求;车间、设备及气体设施的布置,是否符合生产工艺特点,使物料运输距离为最短,并避免交叉与往返运输,以缩短生产周期,节约生产费用的要求;是否充分利用城市现有运输条件,以保证物料输入和产品输出方便的要求;工厂总体布置是否既紧凑、减少占地面积,又留有工厂改、扩建和长远发展余地的要求,等等。

(2)项目建设规模的分析。项目规模一般可分为建设规模(又称企业规模)和生产规模(又称经济规模),二者既有联系,又有区别。可行性研究中的项目规模是指项目的建设规模,即企业规模。企业规模通常是指劳动力、劳动资料、劳动对象等生产要素和产品在企业里集中的程度。划分企业规模的标志,是以产品年产量表示的反映企业综合生产能力的产量规模。目前我国各行业的企业规模一般划分为特大型、大型、中型和小型四种。项目建设规模受多种因素的制约和影响,如社会需求量、技术经济可能条件、企业技术经济特点、专业化协作与生产联合化水平及综合经济效益。因此,项目建设规模的分析,应着重分析和研究各项制约因素。

总之,确定项目建设规模时,必须对上述制约因素和影响条件进行综合分析和研究,按照既满足社会需求又具备必要的技术经济可能条件,以及符合企业技术经济特点的客观要求和提高综合经济效益的原则,选择和确定合理的项目建设规模。

(3)生产工艺分析。生产工艺是项目经济设计的重要组成部分。生产工艺流程是指原材料投入生产到生产出成品的全部生产加工过程。先进的生产工艺,就是采用先进的生产技术流程、加工设备和制造方法,生产出性能好、质量优、消耗少、成本低的产品或零部件。生产工艺的选择,除了遵循技术的先进性、适用性、经济性、合理性、可靠性、安全性等基本原则外,还要符合以下几个方面的要求:要符合原材料特别是主要原材料的特性;要符合工序间的协调与配合,满足前后工序相衔接的要求;要符合节约资源、节约能源、节约劳动力和提高综合利用效率的要求,特别要注意选择和采用节约能源消耗或稀缺资源消耗的工艺技术;要符合环境保护、生态平衡的要求。

(4)设备选型的分析。设备是项目生产产品、实现生产目的的基本手段和工具。设备选型与生产工艺、加工方法有密切的联系,也与产品种类、生产规模等相关。因此,项目的设备选型要依据产品方案、加工方法、工艺流程和生产规模等因素确定。设备选择要综合考虑技术先进性、适用性、经济合理性、可靠性和安全性等原则,力求统筹兼顾。设备的先进性常常与大小、精密、高速及自动化联系。一般地讲,大型自动化设备都具有高效率、质量优、低消耗及成本低的特点。但是先进的大型、精密、高速及自动化设备,也存在着价格昂贵、投资多、技术复杂、制造困难、操作不易掌握等问题。因此,设备选型时要与国情和国力相适应,先进性与适用性和可靠性相结合,做到先进技术、中间技术和一般技术相结合与协调发展。

4. 经济评价

建设项目的经济评价是项目可行性研究的重要组成部分和核心内容,是建设项目决策科学化的重要手段和有效工具。经济评价的目的是根据国民经济和社会发展战略以及行业和地区发展规划的要求,在完成市场预测、生产与建设条件分析、建设项目规模确定、厂址选择、工艺技术方案选择、工厂布置等工程技术研究的基础上。计算项目的效益和费用,通过多方案的比较,对拟建项目的财务可行性和经济合理性进行分析论证,做出全面的经济评价,并比较、选择和推荐最佳方案,为建设项目的决策提供科学的、可靠的依据。

建设项目的经济评价,从评价的角度和范围不同可分为财务评价和国民经济评价。一般地讲,财务评价与国民经济评价的结论均可行的项目,应予以通过;反之,应予以否定。某些国计民生急需的项目,如果国民经济评价可行,而财务评价不可行,应重新设计方案,必要时也可向主管部门提出采取相应经济优惠措施的建议,使项目得以具有财务上的生存能力。

5. 可行性研究报告编写格式

可行性研究报告的具体内容虽因行业而异,但基本内容都是相同的。就一般新建工业项目而言,报告格式及包含内容如下:

1) 总论
(1) 项目概况、历史背景、投资的必要性和经济意义,以及项目发展规划;
(2) 研究的主要结论概要和存在的问题与建议,研究工作的依据和范围。
2) 产品的市场需求和拟建规模
(1) 调查国内外近期需求情况;
(2) 国内现有工厂生产能力估计;
(3) 销售预测、价格分析、产品竞争能力、进入国际市场的前景;
(4) 产品方案、拟建项目规模和发展方向的技术经济比较和分析。
3) 资源、原料等主要协作条件
(1) 经储量委员会正式批准的资源储量、品位、成本以及开采、利用条件的评述;
(2) 原料、辅助材料、燃料的种类、数量、来源和供应的可能性;
(3) 所需动力等公用设施的供应方式、数量、供应条件及外部协作条件,协议合同的签订情况。
4) 建厂条件和厂址方案
(1) 厂址的地理位置、气象、水文、地质、地形条件和社会经济现状;
(2) 交通、运输和水、电、气的现状和发展趋势;离原料产地和市场的距离及地区环境情况;
(3) 厂址面积、占地范围、布置方案、建设条件、移民搬迁情况和规划的选择方案论述;地价、移动、拆迁及其他工程费用情况。
5) 项目工程设计方案
(1) 项目主要单项工程的构成范围、技术来源和生产方法、主要技术工艺和设备选型方案的比较,引进技术、设备的来源及国别比较,与外商合作制造的设想并附工艺流程图;
(2) 全厂总图布置的初步选择和土建工程量的估算;

(3) 公用辅助设施和厂内外交通运输方式的比较与选择；

(4) 生活福利设施、地震设防措施等。

6) 环境保护与劳动安全

(1) 环境保护的可行性研究。调查环境现状,确定拟建项目"三废"(废气、废渣、废水)种类、数量及其对环境的影响范围和程度；综合治地方案的选择和回收利用情况；对环境影响的预评价；

(2) 劳动保护、安全卫生和消防。

7) 生产组织、劳动定员和人员培训

(1) 全厂生产管理体制、机构的设置；

(2) 劳动定员的配备方案；

(3) 人员培训的规划和费用估算。

8) 项目实施计划和进度要求

(1) 勘察设计、设备制造、工程施工、安装、试生产所需时间和进度要求；

(2) 项目建设的总安排和基本要求。

9) 投资估算与资金筹措

(1) 项目固定资产总投资和流动资金估算；

(2) 项目资金来源、筹措方式与贷款计划。

10) 项目的经济效益与社会效益评价

(1) 生产成本与销售收入估算；

(2) 项目财务评价和国民经济评价；

(3) 不确定性分析,包括盈亏平衡分析、敏感性分析和概率分析等；

(4) 社会效益、生态效益评价；

(5) 评价结论。

11) 结论与建议

运用各项数据,从技术、经济、社会、财务等各方面论述建设项目的可行性,推荐可行方案,提供决策参考,指出项目存在的问题,提出结论性意见和改进建议。

12) 可行性研究报告附件

(1) 研究工作依据文件：①项目建议书；②初步可行性研究报告；③各类批文与协议；④调查报告和资料汇编；⑤试验报告等。

(2) 厂址选择报告书。

(3) 资源勘探报告书。

(4) 贷款意向书。

(5) 环境影响报告书。

(6) 需单独进行可行性研究的单项或配套工程的可行性研究报告。

(7) 几个生产技术方案、总平面布置方案及比较说明。

(8) 对国民经济有重要影响的产品市场调查报告。

(9) 引进项目的考察报告、设备分交协议。

(10) 利用外资项目的各类协议文件。

(11) 其他。

(12) 附图：①厂址地形成位置图(注有等高线)；②总平面布置方案图(注有标高)；③工艺流程图；④主要车间布置方案简图；⑤其他。

本 章 小 结

工程项目建设程序是指建设项目从最初的酝酿、可行性研究、决策，到工程设计、组织施工、试车投产、竣工验收交付使用全过程中，各个阶段的工作内容及其应遵循的先后次序。

工程项目可行性研究的内容包括三个方面：一是工艺技术；二是市场需要；三是财务经济。其中市场是前提，技术是手段，核心问题是经济效益问题。其他一切问题，包括复杂的技术工作、市场需求预测等，都要围绕经济效益这个核心并为此核心问题提供各种方案。

可行性研究的过程，是一个由粗到细、由浅入深的发展阶段，一般要经过投资机会研究、初步可行性研究、详细可行性研究、评估和投资决策四个基本阶段。

建设项目的可行性研究范围是十分广泛而全面的。其中，市场需求预测是可行性研究的前提，生产建设条件与技术条件分析是可行性研究的基础，而经济评价是可行性研究的核心和目的。

思 考 与 练 习

6-1 简述可行性研究的任务。

6-2 简述经济可行性和社会可行性。

6-3 简述可行性的研究步骤。

6-4 可行性研究的目的是什么？有哪些可行性需要研究？

6-5 设计一个软件的开发成本为 5 万元，寿命为 3 年，未来 3 年的每年收益预计分别为 2200 元、24 000 元、26 620 元。银行贷款年利率为 10%。试对此项目进行成本效益分析，以决定其经济可行性。

6-6 可行性研究有什么作用和意义？

第7章 工程项目财务评价

学习目标：财务评价属于经济评价的范畴，是可行性研究的核心内容，它是在合理预测估计项目的财务效益与费用的基础上，通过评价指标的计算，考察拟建项目的获利能力和偿债能力等财务状况，据以判别项目的财务可行性。通过本章的学习，要求了解工程项目财务评价的含义、目的及评价内容，理解工程项目财务评价的程序，新建与改扩建项目评价的程序，掌握财务评价中的基本概念：偿债比例、运营期借款利息、税前指标和税后指标、项目基准贴现率和现金流量，熟练掌握财务基本报表制作与财务评价指标的含义与计算，以及使用财务评价软件。

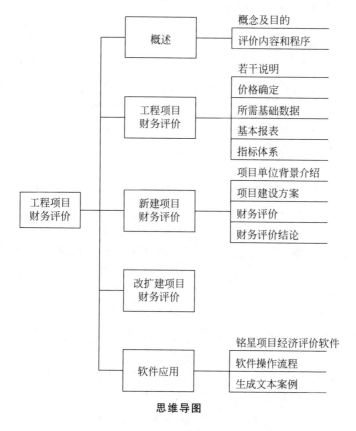

思维导图

课程思政：理解资源约束下企业发展的可持续性要求，小到个人，中至企业，大到国家，就注定要开展项目的财务评价和风险防范。理解财务收支、可持续发展与风险防范的辩证关系。引导学生理解工程项目投资回收对国家发展和稳定的影响。

7.1 工程项目财务评价概述

7.1.1 项目财务评价概念与目的

1. 财务评价概念

财务评价是在国家现行财税制度和市场价格体系下,分析预测项目的财务效益与费用,计算财务评价指标,考察拟建项目的盈利能力和清偿能力,据以判断项目的财务可行性。

2. 财务评价目的

从企业或项目角度出发,分析投资效果,判明企业投资所获得的实际利益;

为企业制定资金规划;为协调企业利益和国家利益提供依据。工程项目财务评价的内容应根据项目性质、项目目标、项目投资者、项目财务主体以及项目对经济与社会的影响程度等具体情况确定。

(1) 衡量经营性项目的盈利能力。

企业是独立的经营单位,是投资后果的直接承担者。财务评价是从投资项目或企业角度进行经济分析的,是企业投资决策的基础。我国实行企业(项目)法人责任制后,企业法人要对建设项目的筹划、筹资、建设直至生产经营、归还贷款或债券本息以及资产的保值、增值实行全过程负责,承担投资风险。除需要国家安排资金和外部条件需要统筹安排的,应按规定报批外,凡符合国家产业政策,由企业投资的经营性项目,其可行性研究报告和初步设计,均由企业法人自主决策。因决策失误或管理不善造成企业法人无力偿还债务的,银行有权依据合同取得抵押资产或由担保人负责偿还债务。因此,企业所有者或经营者对项目盈利水平如何,能否达到企业的基准收益率或企业目标收益率;项目清偿能力如何,是否低于行业基准回收期;能否按银行要求的期限偿还贷款等,将十分关心。此外,国家和地方各级决策部门、财务部门和贷款部门对此也非常关心。为了使项目在财务上能站得住脚,有必要进行项目财务分析。

(2) 衡量非经营性项目的财务生存能力。

对于非经营性项目,如公益性项目和基础性项目,在经过有关部门批准的情况下,可以实行还本付息价格或微利价格。在这类项目决策中,为了权衡项目在多大程度上要由国家或地方财政给以必要的支持,例如进行政策性的补贴或实行减免税等经济优惠措施,同样需要进行财务计算和评价。由于基础性项目大部分属于政策性投融资范围,主要由政府通过经济实体进行投资,并吸引地方、企业参与投资,有的也可吸引外商直接投资,因而这类项目的投融资既要注重社会效益,也要遵循市场规律,讲求经济效益。

(3) 合营项目谈判签约的重要依据。

合同条款是中外合资项目和合作项目双方合作的首要前提,而合同的正式签订又离不开经济效益分析,实际上合同条款的谈判过程就是财务评价的测算过程。

(4) 为企业制定资金规划。

建设项目的投资规模、资金的可能来源、用款计划的安排和筹资方案的选择都是财务评价要解决的问题。为了保证项目所需资金按时提供(资金到位),投资者(国家、地方、企业或其他投资者)、项目经营者和贷款部门也都要知道拟建项目的投资金额,并据此安排资金计划和国家预算。

(5) 为协调企业利益和国家利益提供依据。

3. 财务评价作用

(1) 衡量企业的财务盈利能力的依据。

在社会主义市场经济条件下,企业是一个依法自主经营、自负盈亏的经济实体。在新的投资体制条件下,需要建立投资风险约束机制,改变项目立项办法和审批程序,即先有法人主体后定项目。由项目法人对建设项目的筹划、筹资、建设,直至生产经营、归还贷款和债券本息,以及资产的保值、增值,实行全过程负责,承担投资风险。除需要国家安排资金和外部条件需要统筹安排的基础性建设项目,应按规定报批外,凡符合国家产业政策,由企业投资的竞争性项目,其可行性研究报告和初步设计,均由企业法人自主决策。因决策失误或管理不善造成企业法人无力偿还债务的,银行有权依据合同取得抵押资产或由担保人负责偿还债务。对盲目上项目,违反决策程序上项目造成严重经济损失的,要依法追究决策者的经济法律责任。因此,企业所有者和经营者对项目盈利水平能否达到企业目标收益或国家规定的基准收益率,能否在企业要求的回收期内收回全部投资;项目能否按银行要求的期限还清贷款,项目建设要承担的风险程度,都是项目投资者进行投资决策的依据,也是国家、地方及各决策部门与贷款银行进行投资决策的依据。

(2) 项目资金筹措的依据。

建设项目的实施需要多少投资(固定资产投资和流动资金),这些资金的可能来源,恰当的用款计划的安排和适宜的筹资方案的选择都是财务评价要解决的问题。为了保证项目所需资金按时提供(资金到位),项目经营者、投资者(国家、地方、企业和其他投资者)和贷款部门也都要知道拟建项目的投资金额,并据此安排投资计划或国家预算。

(3) 确定非盈利项目或微利项目的财政补贴、经济优惠措施或其他弥补亏损措施。

对于一些非营利项目或微利项目,如基础性项目,在经过有关部门批准的情况下,可以实行还本付息价格或微利价格。在这类项目决策中,为了权衡项目在多大程度上要由国家或地方财政给予必要的支持,例如进行政策性的补贴或实行减免税等经济优惠措施,或者其他弥补亏损措施,也同样需要进行财务计算和评价。

(4) 确定中外合资项目必要性与可行性的依据。中外合资项目的盈利能力、各方盈利水平,是确定中外合资项目必要性和可行性的依据,也是进行中外合资谈判的依据。

(5) 编制项目国民经济评价的基础。

4. 财务评价方法

企业财务评价中强调保值增值,但企业在什么情况下能保值增值,目前还没有一个较为科学的财务评价公式。但在众多的评价方法中常用的主要分为静态分析和动态分析两种。

1) 静态分析

静态分析是指在财务分析中不考虑资金的时间因素影响,投资、收益等资金流量按照当年数值计算,无须折现。此种方法计算简便,容易理解,但计算出的指标不能反映未来时期内的变化情况,因为不够准确。

2) 动态分析

动态分析是指在财务分析中考虑资金的时间因素影响,即随着时间的推移,货币价值因为利息的影响发生变动,计算分析时,将变动的货币价值折算为现值。虽然这种计算更为复杂,但结果更准确,能反映未来时期的变化情况,更能如实反映资金运行的实际情况。

7.1.2 工程项目财务评价内容和程序

1. 财务评价内容

财务评价是根据国家现行财税制度、价格体系和项目评价的有关规定,从项目的财务角度,分析计算项目的直接效益和直接费用,编制财务报表,计算财务评价指标。通过对项目的盈利能力、清偿能力和外汇平衡能力的分析,考察项目在财务上的可行性,为投资决策提供科学的依据。在对投资项目的总体了解和对市场、环境、技术方案充分调查与掌握的基础上,搜集并预测财务分析的基础数据,用财务报表归纳整理。财务评价既是经济评价的重要核心内容,又为国民经济评价提供了调整计算的基础。

财务评价主要包括以下几方面内容:

1) 盈利能力分析

其主要分析指标包括项目投资财务内部收益率和财务净现值、项目资本金财务内部收益率、投资回收期、总投资收益率和项目资本金净利润率。

主要是考察项目投资的盈利水平,它直接关系到项目投产后能否生存和发展,是评价项目在财务上可行性程度的基本标志。盈利能力的大小是企业进行投资活动的原动力,也是企业进行投资决策时考虑的首要因素。应从两方面进行评价:

(1) 项目达到设计生产能力的正常生产年份可能获得的盈利水平,即主要通过计算投资利润率、投资利税率、资本金利润率等静态指标,考察项目在正常生产年份年度投资的盈利能力,以及判别项目是否达到行业的平均水平。

(2) 项目整个寿命期间内的盈利水平,即主要通过计算财务净现值、财务内部收益率、财务净现值率、投资回收期等动态和静态指标,考察项目在整个计算期内的盈利能力及投资回收能力,判别项目投资的可行性。

2) 清偿能力分析

其主要指标包括利息备付率、偿债备付率和资产负债率等。

主要是考察项目的财务状况和按期偿还债务的能力,它直接关系到企业面临的财务风险和企业的财务信用程度。清偿能力的大小是企业进行筹资决策的重要依据,应从两方面进行评价:

(1) 考察项目偿还固定资产投资国内借款所需要的时间,即通过计算借款偿还期,考察项目的还款能力,判别项目是否能满足贷款机构的要求。

(2) 考察项目资金的流动性水平,即通过计算流动比率、速动比率、资产负债率等各种财务比率指标,对项目投产后的资金流动情况进行比较分析。用以反映项目寿命期内各年的利润、盈亏、资产和负债、资金来源和运用、资金的流动和债务运用等财务状况及资产结构的合理性,考察项目的风险程度和偿还流动负债的能力与速度。

3）财务生存能力分析

分析项目是否有足够的净现金流量维持正常运营,以实现财务可持续性。财务可持续性首先体现在有足够大的经营活动净现金流量。其次,各年累计盈余资金不应出现负值。若出现负值,应进行短期借款,同时分析该短期借款的年份长短和数额大小,进一步判断项目的财务生存能力。

编制财务计划现金流量表,通过考察项目计算期内的投资、融资和经营活动所产生的各项现金流入和流出,计算净现金流量和累计盈余资金,分析项目是否有足够的净现金流量维持正常运营,以实现财务可持续性。

4）不确定性分析

在投资项目的整个经济周期内存在很多不确定性因素。财务的基础数据多为预测性、估算性数据,所得出的指标可能与实际情况有较大的差距,不确定分析的目的就是减少数据误差,使指标更准确、客观。

2. 财务评价程序

财务评价大致流程如图 7-1 所示。

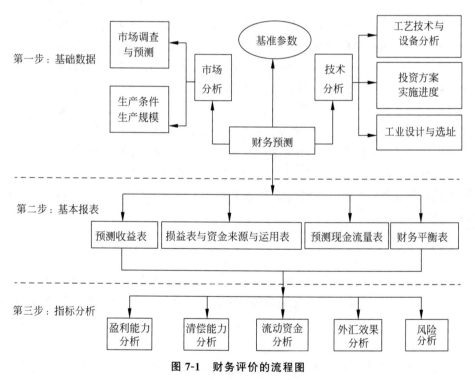

图 7-1 财务评价的流程图

第一步:熟悉项目的基本情况,进行财务基础数据预测,编制财务评价的辅助报表。通过项目的市场调查预测分析和技术与投资方案分析,确定产品方案和合理的生产规模,选择生产工艺方案、设备选型、工程技术方案、建设地点和投资方案,拟定项目实施进度计划等,据此进行财务预测,获得项目投资、生产成本、销售收入和利润等一系列财务基础数据。在对这些财务数据进行分析、审查、鉴定和评估的基础上,完成财务评价辅助报表的编制工作。

第二步：根据基础财务数据资料编制各基本财务报表。将上述辅助报表中的基础数据进行汇总，编制出现金流量表、损益表、资金来源与运用表、资产负债表及外汇平衡表等 5 类主要财务基本报表，并对这些报表进行分析评估。一是要审查基本报表的格式是否符合规范要求，二是要审查所填列的数据是否准确。为了保证辅助报表与基本报表之间数据的一致性和连动性，可使用专门的制表工具(Excel)完成表格间的数据链接。

第三步：计算财务评价的各项指标，分析项目的财务可行性。利用各基本报表，可直接计算出一系列财务评价的指标，包括反映项目的盈利能力、清偿能力和外汇平衡能力等静态和动态指标。将这些指标值与国家有关部门规定的基准值进行对比，就可得出项目在财务上是否可行的评价结论。

7.2 工程项目财务评价

7.2.1 工程项目的财务评价若干说明

1. 工程项目经济分析计算期

工程项目的计算期一般包括两部分：运营期和建设期。运营期即项目的寿命周期。运营期又分为投产期和生产期两个阶段。建设期是经济主体为了获得未来的经济效益而筹措资金、垫付资金或其他资源的过程。在此期间，只有投资，没有收入，因此要求项目建设期越短越好。而运营期是投资的回收期和回报期，因而投资者希望其越长越好。

计算期较长且现金流量变化较平稳的项目多以年为时间单位，计算期较短且现金流量在较短的时间间隔内(如月、季、半年或其他非日历时间间隔)有较大变化的项目，如油田钻井开发项目、高科技产业项目等，可视项目的具体情况选择合适的时间单位。

由于工程项目要历经资金的筹集、资金的投入、生产经营和资金的回收等若干阶段才能达到预期的目标，因而工程项目的现金流量也兼有了投资活动、筹资活动和经营活动的特点，具有一定的综合性。

2. 偿债比例

偿债比例是指项目所使用的债务资金与资本金的数量比率。一般来说，在有负债的情况下，全部资金的投资效果与资本金的投资效果是不同的。拿总投资收益率指标来说，项目总投资收益率一般不等于借款利率，这两种利率差额的后果将被资本金所承担，从而使资本金利润率上升或下降。

设项目总投资为 K，资本金为 K_0，借款为 K_L，项目总投资收益率为 R，借款利率为 R_L，资本金利润率为 R_0，有资本金利润率计算公式为

$$\begin{cases} K = K_0 + K_L \\ R_0 = \dfrac{K \cdot R - K_L \cdot R_L}{K_0} = \dfrac{(K_0 + K_L) \cdot R - K_L \cdot R_L}{K_0} = R + \dfrac{K_L}{K_0} \cdot (R - R_L) \end{cases} \quad (7\text{-}1)$$

由式(7-1)可知，当 $R > R_L$ 时，$R_0 > R$；当 $R < R_L$ 时，$R_0 < R$。而且资本金利润率与总投资收益率的差别被负债比例所放大。这种放大效应就称为财务杠杆效应。

例 7-1 某项工程有三种方案,总投资收益率 R 分别是 6%、10%、15%,借款利率为 10%,试比较偿债比例分别为 0、1 和 4 时的资本金利润率。

解:方案 A,$R<R_L$,偿债比率越大,R_0 越低,甚至为负值;方案 B,$R=R_L$,R_0 不随偿债比例改变;方案 C,$R>R_L$,偿债比例越大,R_0 越高。由此可以看出偿债比例的放大作用(表 7-1)。

表 7-1 不同偿债比例下的资本金利润率

资本金利润率 R_0 \ 偿债比例 \ 方案	$K_L/K_0=0$	$K_L/K_0=1$	$K_L/K_0=4$
方案 A($R=6\%$)	6%	2%	-10%
方案 B($R=10\%$)	10%	10%	10%
方案 C($R=15\%$)	15%	20%	35%

假设投资在 100 万~500 万元的范围内上述三个方案的总投资收益率不变,借款利息率为 10%,若有一企业拥有资本金 100 万元,现在来分析该企业在以上三种情况下如何选择偿债比例。

对于方案 A,如果总投资等于资本金 100 万元,则项目的获利就是投资者的获利,为每年利润 6 万元;如果资本金和借款各为 100 万元,则可得总利润 12 万元。在借款偿还之前,每年要付利息 10 万元,投资者获利 2 万元;如果除资本金 100 万元以外,项目又借款 400 万元,则项目总利润为 30 万元,每年应付利息 40 万元,投资者亏损 10 万元。显然,在这种情况下,项目是不宜借款的,借的越多,损失越大。

对于方案 B,借款多少对投资者的利润都没有影响。

对于方案 C,如果仅用资本金 100 万元作项目总投资,项目的获利就是投资者的获利,为 15 万元;如果除资本金外,项目又借款 100 万元,则在偿付利息后,投资者可获利 20 万元;如果项目除资本金借款 400 万元,在付利息后投资者可获利达 35 万元,在这种情况下,项目有借款比无借款有利,且偿债比例越大越有利。

可见,选择不同的偿债比例对投资者的收益会产生很大的影响。

3. 运营期借款利息

运营期借款利息支出指建设投资借款利息和流动资金借款利息之和。

建设投资借款的利息计算方式与建设投资借款的还本付息方式密切相关。建设投资借款的还本付息方式有以下几种。

(1)等额利息法:每期付息额相等,期中不还本金,最后一期归还本期利息和本金。

$$\begin{cases} I_t = L_a \cdot i & (t=1,2,\cdots,n) \\ CP_t = \begin{cases} 0 & (t=1,2,\cdots,n-1) \\ L_a & (t=n) \end{cases} \end{cases} \quad (7-2)$$

式中,I_t——第 t 期付息额;

CP_t——第 t 期还本额;

n——贷款期限;

i——贷款利率;

L_a——贷款总额。

(2) 等额本金法。每期偿还相等的本金和相应的利息。

4. 税前指标与税后指标

在融资前针对建设项目投资总获利能力进行的财务评价中,通常有两种基本指标,一种是税前指标,另一种是税后指标。税前和税后的现金流入完全相同,但现金流出略有不同,税前指标不视所得税作为现金流出,税后指标视所得税为现金流出。

项目投资息税前财务内部收益率(FIRR)和项目投资息税前财务净现值(FNPV),是投资盈利能力的完整体现,用以考察由项目方案设计本身所决定的财务盈利能力,它不受融资方案和所得税政策变化的影响,仅仅体现项目方案本身的合理性。所得税税前指标特别适用于建设方案设计中的方案比选,是初步投资决策的主要指标,用于考察项目是否基本可行,并值得去为之融资。在国外,公共项目、政府所属的公司和特殊免税的非盈利项目,一般也只进行所得税前分析。

为了体现与融资方案无关的要求,项目投资现金流量表中的基础数据都需要剔除利息的影响。因此项目投资现金流量表中的"所得税"应根据利润与利润分配表中的息税前利润(EBIT)乘以所得税率计算,称为"调整所得税"。

所得税后分析是所得税前分析的延伸,主要用于在融资条件下判断项目投资对企业价值的贡献,因而在项目融资前后财务评价中,特别是融资后财务评价中,是企业投资决策依据的主要指标。

5. 项目基准贴现率确定

1) 根据"最低期望收益率"确定

"最低期望收益率"确定的原则是:企业投资必须收回"资金成本"而不至于亏本。"资金成本"是使用资金所付出的代价。无论资金来源于何方,都存在"资金成本",出售股票要付股息;贷款要付利息;即使是自有资金,也存在着"机会成本",即失去了可取得利息收入的机会。当投资在"无风险"的情况下,最低期望收益率等于资金成本;如果资金来源多元化,则必须取各种资金成本的加权平均值。

2) 根据企业、公司的"目标收益率"确定

这种方法是建立在以下的假定条件为基础上的:

(1) 假定企业以获得最高利润为目的;

(2) 假定能正确优化企业各投资项目 IRR;

(3) 假定企业能筹措到资金,并且能估算出来源不同的资金的成本(贷款利率、股票股息等)。

在以上的假定条件下,目标收益率就是根据企业投资的盈利水平和资金的供求情况下确定的、企业认为最有利且可行的标准。其值可按"资金需求"曲线和"资金供给"曲线的交点来确定。

6. 现金流量表

在工程项目的经济分析中,把发生在项目计算期内各个时点上的现金流出和现金流入称为现金流量,现金流入与现金流出之差称为净现金流量。对工程项目来说,投资、成本、销售收入、税金和利润等经济数据是构成该经济系统现金流量的基本要素,是进行项目财务评价的重要数据。

1) 财务现金流量表的概念

财务现金流量表是反映项目计算期内各年的现金流入和现金流出,用以计算各有关指标,进行财务盈利性分析的表格。财务现金流量表的优点是,可一目了然地看出项目寿命期内各年的现金收入和支出以及总的现金盈余情况,它既是进行财务评价的重要工具,也是投资决策部门审查项目财务效益的重要依据。

现金流量表是反映一定时期内(如月度、季度或年度)企业经营活动、投资活动和筹资活动对其现金及现金等价物所产生影响的财务报表。现金流量表是原先财务状况变动表或者资金流动状况表的替代物。它详细描述了由公司的经营、投资与筹资活动所产生的现金流。这张表由财务会计标准委员会于1987年批准生效,因而有时也称为FASB95号表。这份报告显示资产负债表(Balance Sheet)及损益表(Income Statement/Profit and Loss Account)如何影响现金和等同现金,以及根据公司的经营、投资和融资角度作出分析。

2) 现金流量表的类型

根据投资计算基础的不同,财务现金流量表可分为三种类型。

(1) 全部投资财务现金流量表。全部投资财务现金流量表是在计算现金流量时,假定全部投资均为自有资金,表中无须考虑全部投资本金和利息的偿还问题,为多个投资方案进行比较建立了共同的基础。

(2) 国内投资财务现金流量表。国内投资财务现金流量表是在涉及外资的情况下,以国内投资为计算基础进行计算的表格。该表格与全部投资财务现金流量表基本相同,所不同的只是在现金流出中增加了"国外借款本金偿还"和"国外借款利息支付"两项内容。主要考察国内投资的盈利能力和国外借款对拟建项目是否有利。

(3) 自有资金财务现金流量表。自有资金财务现金流量表适用于以企业自有资金和其他各种外部资金作为资金来源的项目,以企业自有资金作为基础,计算各财务指标,考虑了不同财务条件对项目盈利的影响。该表的格式与全部投资财务现金流量表基本相同,所不同的只是在现金流出中增加了"借款本金偿还"和"借款利息支付"两项内容。主要考察自有资金的盈利能力和向外部借款对拟建项目是否有利。

3) 意义及作用

作为一个分析的工具,现金流量表的主要作用是决定公司短期生存能力,特别是缴付账单的能力。它是反映一家公司在一定时期现金流入和现金流出动态状况的报表。其组成内容与资产负债表和损益表相一致。通过现金流量表,可以概括反映经营活动、投资活动和筹资活动对企业现金流入流出的影响,对于评价企业的实现利润、财务状况及财务管理,要比传统的损益表提供更好的基础。

现金流量表提供了一家公司经营是否健康的证据。如果一家公司经营活动产生的现金流无法支付股利与保持股本的生产能力,从而它得用借款的方式满足这些需要,那么这就给出了一个警告,这家公司从长期来看无法维持正常情况下的支出。现金流量表通过显示经营中产生的现金流量的不足和不得不用借款来支付无法永久支撑的股利水平,从而揭示了公司内在的发展问题。

一个正常经营的企业,在创造利润的同时,还应创造现金收益,通过对现金流入来源分析,就可以对创造现金能力作出评价,并可对企业未来获取现金能力作出预测。现金流量表所揭示的现金流量信息可以从现金角度对企业偿债能力和支付能力作出更可靠、更稳健的评价。企业的净利润是以权责发生制为基础计算出来的,而现金流量表中的现金流量表是以收付实现制为基础的。通过对现金流量和净利润的比较分析,可以对收益的质量作出评价。投资活动是企业将一部分财力投入某一对象,以谋取更多收益的一种行为,筹资活动是企业根据财力的需求,进行直接或间接融资的一种行为,企业的投资和筹资活动与企业的经营活动密切相关,因此,对现金流量中所揭示的投资活动和筹资活动所产生的现金流入和现金流出信息,可以结合经营活动所产生的现金流量信息和企业净收益进行具体分析,从而对企业的投资活动和筹资活动作出评价。

现金流量表的编制具有很大的意义:

(1) 弥补了资产负债信息量的不足。

资产负债表是利用资产、负债、所有者权益三个会计要素的期末余额编制的;损益表是利用收入、费用、利润三个会计要素的本期累计发生额编制的(收入、费用无期末余金额,利润结转下期)。唯独资产、负债、所有者权益三个会计要素的发生额原先没有得到充分的利用,没有填入会计报表。会计资料一般是发生额与本期净增加额(期末、期初余额之差或期内发生额之差),说明变动的原因,期末余额说明变动的结果。本期的发生额与本期净增加额得不到合理的运用,不能不说是一个缺憾。

根据资产负债表的平衡公式可写成:现金＝负债＋所有者权益－非现金资产,这个公式表明,现金的增减变动受公式右边因素的影响,负债、所有者权益的增加(减少)导致现金的增加(减少),非现金资产的减少(增加),导致现金的增加(减少),现金流量表中的内容尤其是采用间接法时即利用资产、负债、所有者权益的增减发生额或本期净增加额填报的。这样账簿的资料得到充分的利用,现金变动原因的信息得到充分的揭示。

(2) 便于从现金流量的角度对企业进行考核。

对一个经营者来说,如果没有现金缺乏购买与支付能力是致命的。企业的经营者由于管理的要求亟须了解现金流量信息。另外,在当前商业信誉存有诸多问题的情况下,与企业有密切关系的部门与个人投资者、银行、财税、工商等不仅需要了解企业的资产、负债、所有者权益的结构情况与经营结果,更需要了解企业的偿还支付能力,了解企业现金流入、流出及净流量信息。

损益表的利润是根据权责发生制原则核算出来的,权责发生制贯彻递延、应计、摊销和分配原则,核算的利润与现金流量是不同步的。损益表上有利润银行户上没有钱的现象经常发生。近几年来随着大家对现金流量的重视,深深感到权责发生制编制的损益表不能反映现金流量是个很大的缺陷。但是企业也不能因此废权责发生制而改为收付实现制。因为收付实现制也有很多不合理的地方,历史证明企业不能采用。在这种情况下,坚持权责发生制原则进行核算的同时,编制收付实现制的现金流量表,不失为"熊掌"与"鱼"兼得、两全其美的方法。现金流量表划分经营活动、投资活动、筹资活动,按类说明企业一个时期流入多少现金,流出多少现金及现金流量净额。从而可以了解现金从哪里来到哪里去了,损益表上的利润为什么没有变动,从现金流量的角度对企业作出更加全面合理的评价。

(3) 了解企业筹措现金、生成现金的能力。

如果把现金比作企业的血液,企业想取得新鲜血液的办法有两种:

① 为企业输血,即通过筹资活动吸收投资者投资或借入现金。吸收投资者投资,企业的受托责任增加;借入现金负债增加,今后要还本付息。在市场经济的条件下,没有"免费使用"的现金,企业输血后下一步要付出一定的代价。

② 企业自己生成血液,经营过程中取得利润,企业要想生存发展,就必须获利,利润是企业现金来源的主要渠道。通过现金流量表可以了解经过一段时间经营,企业的内外筹措了多少现金,自己生成了多少现金。筹措的现金是否按计划用到企业扩大生产规模、购置固定资产、补充流动资金上,还是被经营方侵蚀掉了。企业筹措现金、生产现金的能力,是企业加强经营管理合理使用调度资金的重要信息,是其他两张报表所不能提供的。

7.2.2 财务评价价格确定

1. 确定财务评价价格体系

(1) 影响价格变动的因素:相对价格变动因素、绝对价格变动因素。

① 相对价格变动因素:指商品间的价格比例关系。引起商品相对价格变动的因素有供求关系的变化、价格政策的变化、劳动生产率变化等。

② 绝对价格变动因素:指用货币单位表示的商品价格水平。体现为物价总水平的变化。引起绝对价格变动的因素有通货膨胀或通货紧缩等。

(2) 财务价格涉及的价格体系:固定价格体系、实价体系和时价体系三种。同时涉及三种价格,即基价、实价和时价。

① 基价:以基年价格水平表示,不考虑其后价格变动的价格,也称固定价格。

② 时价:任何时候的当时市场价格。

③ 实价:以基年价格水平表示的,只反映相对价格水平变动因素影响的价格。由时价中扣除通货膨胀因素影响(严格说为物价总水平上涨率)。

$$实价 = 时价/(1+通货膨胀率) \tag{7-3}$$

$$实价上涨率 = [(1+时价上涨率)/(1+通货膨胀率)] - 1 \tag{7-4}$$

只有当时价上涨率大于通货膨胀时,该货物的实价上涨率才会大于0。

如果货物间的相对价格保持不变,即实价上涨率为零,那么实价就等于基价。

2. 考虑通货膨胀财务评价

通货膨胀是由于货币供给过多,而造成货币流通量超过经济发展的实际需要量而引起的货币贬值和物价上涨的现象。货币分为金属货币和纸币,因为金属货币凝结着人类劳动,其本身具有价值。特别是贵金属货币作为储藏手段的职能使其能够自发地调节流通中的货币量,与流通中实际需要量相适应,所以不会发生通货膨胀问题。只有用纸币作为货币,当国家的财政收支发生困难,入不敷出时,往往被迫发行很多超量的纸币来弥补赤字时,才会发生通货膨胀问题。

还有一种通货膨胀,是由于经济发展速度超过国民经济的供给能力,借用外债过多、国内外汇储备不足,遇到股市冲击、投机商人炒买(卖)外汇引起的。

经济评价分为国民经济评价和财务评价两部分。由于国民经济评价是站在国家立场上考虑问题,投入和产出是理论的,不是财务实际收支,价格也是采用影子价格或理论价格,利率采用社会折现率,都不是实际财务价格和实际利率,因此,可以不必考虑通货膨胀问题。至于财务评价则不同,它是采用现行财务价格和财务现金流量,因此和通货膨胀密切相关,有必要进行分析研究。对于银行的存贷款,则更和通货膨胀密不可分,是人们普遍关心的大事了。

1) 通货膨胀对银行存贷款的影响

银行公布的存贷款利率是包含通货膨胀率的,因此计算时应该考虑。例如,目前银行公布的一年期存款年利率 i 为 3.25%,实际上是名义年利率。设年通货膨胀率 f 为 3.2%,则存款的实际年利率 $i_{实}$ 为

$$i_{实} = \frac{1+i}{1+f} - 1 \tag{7-5}$$

将 i 和 f 值代入得

$$i_{实} = \frac{1+3.25\%}{1+3.2\%} - 1 = 0.048\%$$

即考虑通货膨胀率后,实际年利率只有 0.048%。设某人在银行存款 1000 元,按上述名义年利率和通货膨胀考虑,则某人在一年后的实际本利和 F 为

$$F = 1000(1+0.048\%) = 1000.48 \text{ 元}$$

2) 通货膨胀对投入的资金现值的影响

通货膨胀对资金现值影响较大,计算时应该考虑。

例 7-2 某人投资某项目,要求财务收益率为 5%,希望在未来 20 年内,每年年末能得到 5000 元的财务净收入,设已知未来 20 年中,平均通货膨胀率为 3.5%,问他现在应投入的资金现值为多少?

解:此处已知年值 $A = 5000$ 元,计算期 $N = 20$ 年。

(1) 不考虑通货膨胀。

某人应投入的资金现值 P 为

$$P = 5000(P/A, 5\%, 20) = 5000 \times 12.4622 = 62\,311(\text{元})$$

(2) 考虑通货膨胀。

设 i 表示财务收益率,f 表示通货膨胀率,则综合折算率 $i_{综}$ 为

$$i_{综} = (1+i) \cdot (1+f) - 1 = 1.05 \times 1.035 - 1 = 0.087$$

考虑通货膨胀后,某人现在投资于某项目的资金现值 P 可减少为

$$P = 5000(P/A, 8.7\%, 20) = 46\,635(\text{元})$$

由于某人在未来的 20 年中未取款,每年年末得到的 5000 元财务净收入中,是包含通货膨胀的,因此某人现在应投入的资金现值为 46 635 元。

3) 通货膨胀对财务现金流量和财务评价的影响。

通货膨胀对财务现金流量是有影响的,而且影响很大。对于财务评价成果则要作具体分析,如果假定投入(费用)和产出(收益)都按相同比率变化,那么通货膨胀的影响可以互相

抵消,即考虑通货膨胀和不考虑通货膨胀,财务评价的结果是完全一样的。

例 7-3 某小水电站,投资 2000 万元,当年建成。预计财务年收益 360 万元,年运行费 100 万元,已知生产期 20 年,财务基准收益率为 8%,预测未来 20 年的平均年通货膨胀率为 5%,试计算本工程的财务现金流量,并对本工程进行财务评价。

解:(1) 不考虑通货膨胀的影响。

此处已知折算率 $i=8\%$,生产期 $N=20$ 年,求财务净收益 P:

$$P=-2000+(360-100)\cdot(P/A,8\%,20)=553(万元)$$

由于本工程的财务净收益 P 为 553 万元,大于零,因此本工程在财务上是可行的。本工程并可通过试算求出其内部收益率为 11.53%。

(2) 考虑通货膨胀的影响,并假定投入和产出都按相同的比率变化。

计算时可先以综合折算率 $i_{综}$ 代替原来的折算率 i。

$$i_{综}=(1+i)\cdot(1+f)-1=1.08\times 1.05-1=0.134$$

此时净收益 P 为

$$P=-2000+(360-100)\cdot(P/A,13.4\%,20)=-215(万元)$$

由于净收益为 -215 万元,小于零,因此财务不可行。不过这种分析是有问题的,因为在计算未来 20 年财务现金流量中,没有考虑通货膨胀的影响,因而是错误的。正确的算法应该是列表计算,如表 7-2 所示。

从表 7-2 可以看出,考虑通货膨胀后的净收益现金流量(7)和原来的净收益现金流量(5)差别很大,不能忽视。而作为财务评价判别标准的净收益现值 553 万元则和不考虑通货膨胀影响的净收益现值 553 万元完全一样,没有丝毫差别。这是因为 $(P/A,13.4\%,N)=(P/A,8\%,N)(P/A,5\%,N)$,即表 7-2 中第(6)列按 5% 的通货膨胀率扩大,但第(8)列又按综合折算率 13.4%(其中包含 5%)缩小的缘故。可见在费用和收益都按相同比率变化的情况下,在经济评价中,不必考虑通货膨胀问题。这也正是目前国内外的建设项目经济评价工作都没有计算通货膨胀影响的原因。

表 7-2 财务净收益现金流量和现值计算表

年份	投资/万元	收益/万元	年运行费/万元	净收益现金流量/万元	通货膨胀的复利系数 $(A/P,5\%,N)$	考虑通货膨胀后净收益现金流量/万元	折算到零年的综合复利系数 $(P/A,13.4\%,N)$	折算到零年的净收益现值/万元
(1)	(2)	(3)	(4)	(5)	(6)	(7)	(8)	(9)
	2000							-2000
1		360	100	260	1.05^1	273	0.8818	241
2		360	100	260	1.05^2	287	0.7776	223
3		360	100	260	1.05^3	301	0.6858	206
4		360	100	260	1.05^4	316	0.6046	191
5		360	100	260	1.05^5	332	0.5333	177
6		360	100	260	1.05^6	348	0.4704	164
7		360	100	260	1.05^7	366	0.4139	151
8		360	100	260	1.05^8	384	0.3656	140
9		360	100	260	1.05^9	403	0.3225	130

续表

年份	投资/万元	收益/万元	年运行费/万元	净收益现金流量/万元	通货膨胀的复利系数$(A/P,5\%,N)$	考虑通货膨胀后净收益现金流量/万元	折算到零年的综合复利系数$(P/A,13.4\%,N)$	折算到零年的净收益现值/万元
10		360	100	260	1.05^{10}	424	0.2843	121
11		360	100	260	1.05^{11}	445	0.2507	112
12		360	100	260	1.05^{12}	467	0.2211	103
13		360	100	260	1.05^{13}	490	0.1950	96
14		360	100	260	1.05^{14}	515	0.1720	89
15		360	100	260	1.05^{15}	541	0.1516	82
16		360	100	260	1.05^{16}	568	0.1337	76
17		360	100	260	1.05^{17}	596	0.1179	70
18		360	100	260	1.05^{18}	626	0.1041	65
19		360	100	260	1.05^{19}	657	0.0917	60
20		360	100	260	1.05^{20}	690	0.0808	56
小计								553

现在发现有人把第(5)栏的净收益现金流量 260 万元视为定值,不随通货膨胀而增加,仍用综合复利系数$(P/A,13.4\%,N)$推求净收益现值,那么其净收益现值必然远小于 553 万元,甚至出现负值,导致得出财务不可行的结论,这种计算方法是十分不合理的,不能采用。

另外,要注意考虑通货膨胀以后,其财务内部收益率和不考虑通货膨胀因素的内部收益率是完全不同的,根据表 7-2 的资料,可以另外列表试算求出其内部收益率为 17.10%,和不考虑通货膨胀的内部收益率 11.53% 差别很大。由此可见,考虑或不考虑通货膨胀影响,计算出来的净收益现值虽然完全相同。但是其内部收益率两者是完全不同的。

7.2.3 财务评价所需基础数据

1. 基础数据介绍

财务评价的基础数据是指与项目经济效益评估有关的各种数据、参数和资料。一般情况下,应重点分析和测算以下基本数据:

1) 工程项目的寿命期及计算期

工程项目的寿命期,可以指项目的自然寿命期,即从项目开始建设,到项目主要固定资产报废所经历的时间。它包括项目建设期加上项目建成后投产或交付使用后的生产服务期限;也可以指项目的经济寿命期,即项目建设期加上在自然寿命期内,能够维持经济再生产、而不因无形损耗被提前淘汰的期限。如果经济寿命期低于自然寿命期,则应依据项目预期的经济寿命期作为项目的计算期。项目的经济寿命期一般就是项目评估时的计算期。但考虑到对项目进行动态分析时,若干年后的收入和支出折现到项目初始年份时,数额已经很小了,对评价结论基本没有什么影响,继续分析已经没有什么实际意义,一般可以忽略不计或进行清算。因此,在进行项目评估时,项目的计算期一般都在 10~20 年,有时会小于其经济寿命期。

2) 项目总投资

项目总投资包括固定资产投资、流动资金、建设期借款利息,其中固定资产投资又包括工程费用、其他费用及预备费。不同的筹资方案会产生不同的成本费用,对项目的效益会产生不同的影响,因而是必须测算的财务数据,在此基础上可进一步测算各项折旧、贷款利息、摊销等。

3) 生产规模

可以依据前面已经确定的数据,对操作规模作进一步加工整理。

4) 产品总成本费用

根据产品总成本费用的内存、构成,测算项目建成投产后在不同负荷条件下各年份总成本费用、经营成本、固定成本、变动成本和单位产品成本等各项数据。

5) 销售收入和税金

它是指项目建成投产后,随着产品的销售而发生的年收入额及应缴纳的税金,包括增值税、营业税、消费税、资源税、城市维护建设税及教育费附加以及国家规定要收取的其他税金。

6) 利润总额及分配

根据国家有关财务制度规定,测算项目销售利润及利润总额、利润分配等财务数据。

根据以上测算数据,可以进一步计算各种指标,并编制一系列项目评估基本报表相辅助报表。

财务基础数据的测算应包括项目计算期内各年经济活动情况及全部财务收支结果。具体应包括五个方面的内容:

1) 项目总投资及其资金来源和筹措

项目总投资是指一次性投入项目的固定资产投资(含建设期利息)和流动资金的总和。投资的测算包括项目总投资和项目建设期间各年度投资支出的测算,并在此基础上制定资金筹措和使用计划,指明资金来源和运用方式,进行筹资方案分析论证。

2) 生产成本费用

生产成本费用是企业生产经营过程中发生的各种耗费及其补偿价值。可采用制造成本法或要素分类法进行测算。经营成本是由总成本费用中扣除折旧费、摊销费、维简费和利息支出而得。

3) 销售收入与税金

销售收入与税金是指在项目生产期的一定时间内,对产品各年的销售收入和税金进行测算。销售收入和税金是测算销售利润的重要依据。

4) 销售利润的形成与分配

销售利润是指项目的销售收入扣除销售税金及附加和总生产成本费用后的盈余,它综合反映了企业生产经营活动的成果,是贷款还本付息的重要来源。

5) 贷款还本付息测算

贷款还本付息是指项目投产后,按国家规定的资金来源和贷款机构的要求偿还固定资产投资借款本金,而利息支出列入当年的生产总成本费用。

财务基础数据测算的原则:

(1) 尊重事实原则。采取的数据必须实事求是,不得轻易调整数据和参数。

(2) 尊重科学原则。主要是指采用的方法必须科学,使得数据和结果正确、可靠、可信、可用。

(3) 尊重规章制度原则。严格按照现行的各种法律、法规、政策进行评估。

(4) 坚持可比原则。指计算方法和计算口径与项目现行实务保持一致,以保证评估资料与实际资料的可比性,效益与费用计算的可比性等。

(5) 尽量符合项目实际情况原则。

2. 固定资产投资估算

投资估算是指在整个投资决策过程中,依据现有的资料和一定的方法,对建设项目的投资额(包括工程造价和流动资金)进行的估计。投资估算总额是指从筹建、施工直至建成投产的全部建设费用,其包括的内容应视项目的性质和范围而定。

1) 投资估算作用

(1) 项目建设书、可行性研究报告文件中投资估算是研究、分析、计算项目投资经济效益的重要条件,是项目经济评价的基础。

(2) 项目建议书阶段的投资估算是多方案比选、优化设计、合理确定项目投资的基础。是项目主管部门审批项目的依据之一,并对项目的规划、规模起参考作用,从经济上判断项目是否应列入投资计划。

(3) 项目可行性研究阶段的投资估算是方案选择和投资决策的重要依据,是确定项目投资水平的依据,是正确评价建设项目投资合理性的基础。

(4) 项目投资估算对工程设计概算起控制作用。可行性研究报告被批准之后,其投资估算额作为设计任务书中下达的投资限额,即作为建设项目投资的最高限额,一般不得随意突破,用以对各设计专业实行投资切块分配,作为控制和指导设计的尺度或标准。

(5) 项目投资估算是项目资金筹措及制定建设贷款计划的依据,建设单位可根据批准的项目投资估算额,进行资金筹措和向银行申请贷款。

(6) 项目投资估算是核算建设项目固定资产投资需要额和编制固定资产投资计划的重要依据。

2) 估算原则

投资估算是拟建项目前期可行性研究的重要内容,是经济效益评价的基础,是项目决策的重要依据。估算质量如何,将决定项目能否纳入投资建设计划。因此,在编制投资估算时应符合下列原则:

(1) 实事求是的原则。

(2) 从实际出发,深入开展调查研究,掌握第一手资料,不能弄虚作假。

(3) 合理利用资源,效益最高的原则。市场经济环境中,利用有限经费、有限的资源,尽可能满足需要。

(4) 尽量做到快、准的原则。一般投资估算误差都比较大。通过艰苦细致的工作,加强研究,积累资料,尽量做到又快又准拿出项目的投资估算。

(5) 适应高科技发展的原则。从编制投资估算角度出发,在资料搜集、信息存储、处理、使用以及编制方法选择和编制过程应逐步实现计算机化、网络化。

3) 估算内容

根据国家规定,从满足建设项目投资计划和投资规模的角度,建设项目投资估算包括固定资产投资估算和铺底流动资金估算。但从满足建设项目经济评价的角度,其总投资估算包括固定资产投资估算和流动资金估算。不管从满足哪一个角度进行的投资估算,都需要进行固定资产投资估算和流动资金估算。固定资产投资估算前面我们已经介绍过,铺底流动资金的估算是项目总投资估算中流动资金的一部分,它等于项目投产后所需流动资金的30%。根据国家现行规定要求,新建、扩建和技术改造项目,必须将项目建成投资投产后所需的铺底流动资金列入投资计划,铺底流动资金不落实的,国家不予批准立项,银行不予贷款。

4）估算依据

(1) 项目建议书(或建设规划)、可行性研究报告(或设计任务书)、方案设计(包括设计招标或城市建筑方案设计竞选中的方案设计,其中包括文字说明和图纸)。

(2) 投资估算指标、概算指标、技术经济指标。

(3) 造价指标(包括单项工程和单位工程造价指标)。

(4) 类似工程造价。

(5) 设计参数,包括各种建筑面积指标、能源消耗指标等。

(6) 相关定额及其定额单价。

(7) 当地材料、设备预算价格及市场价格(包括设备、材料价格、专业分包报价等)。

(8) 当地建筑工程取费标准,如措施费、企业管理费、规费、利润、税金以及与建设有关的其他费用标准等。

(9) 当地历年、历季调价系数及材料差价计算办法等。

(10) 现场情况,如地理位置、地质条件、交通、供水、供电条件等。

(11) 其他经验参考数据,如材料、设备运杂费率、设备安装费率、零星工程及辅材的比率等。

固定资产投资的估算主要有以下几种方法:

(1) 扩大指标估算方法。

这是一种比较粗略的估算方法,它套用已有类似企业的实际投资指标进行估算,需要积累大量的投资数据,经过科学、系统的整理分析后使用。常用的有下面三种方法:

① 单位生产能力投资估算法。生产能力一般指项目建成投产后以单位时间产量为标志的一种设计指标,单位生产能力投资估算法就是根据生产能力与建设投资之间存在的数量关系,用类似企业单位生产能力投资指标,估算拟建项目固定资产投资的方法,单位生产能力投资可用类似企业的固定资产投资除以生产能力求得,如每千米铁路投资、每千瓦发电能力的电厂投资等。其计算公式为

$$I_2 = X_2 \cdot (I_1 / X_1) \tag{7-6}$$

式中,X_1——类似企业的生产能力;

X_2——拟建项目的生产能力;

I_1——类似企业的固定资产投资额;

I_2——拟建项目的固定资产投资额。

这种方法把项目的固定资产投资与其生产能力的关系视为简单的线性关系,估算结果精确度较差。使用此方法时要注意拟建项目的生产能力和类似企业的可比性,其他条件也应相似,否则误差很大。由于在实际工作中不易找到与拟建项目完全类似的企业,通常是把

项目按其下属的车间、设施进行分解,分别套用类似车间、设施的单位生产能力投资指标计算,然后加总求得项目投资。也可根据拟建项目的规模和建设条件,将投资进行修正后估算项目的投资额。这些修正主要包括时间修正、地点修正、工艺修正等。

② 生产能力指数估算法。根据实际统计资料,生产能力不同的两个同类企业其投资与生产能力之比的指数幂成正比。其表达式为

$$I_2 = I_1 \cdot (X_2/X_1)^n \tag{7-7}$$

式中,X_1——类似企业的生产能力;

X_2——拟建项目的生产能力;

I_1——类似企业的固定资产投资额;

I_2——拟建项目的固定资产投资额;

n——生产能力的指数。

这个方法不是按简单的线性关系,而是根据实际资料求得的指数关系来估算投资,所以比单位生产能力投资估算法要精确。运用这种方法估算投资的重要条件是要有合理的生产能力指数,一般要根据不同类型企业的统计资料确定。根据国外某些化工项目的统计资料,n 的平均值在 0.6 左右,因此,又称为"0.6 指数法"。例如,生产能力指数取值为 0.6 时,产量如果增加 1 倍,则固定资产投资额仅增加 $2^{0.6} - 1 \approx 0.5$ 倍。使用此法时,拟建项目规模的增加幅度不宜大于 50 倍;以增加相同设备容量扩大生产规模时,n 值取 0.6~0.7;以增加相同设备数量扩大生产规模时,n 值取 0.8~1.0;高温高压的工业生产项目,n 取值 0.3~0.5。

这种方法一般适合于以封闭型生产设备为主的成套生产设备的项目投资估算,也可以像单位生产能力法一样,将项目主要车间、设备分解后分别运用此法估算投资,然后加总求得总投资。同样,这一方法也需要根据企业与拟建项目的差别,作时间、地点和工艺修正。

③ 比例估算法。这种方法的依据是:一个工程项目的建设内容有主从之分,主要部分与其他部分之间存在着一定的比例关系。根据统计资料,先求出已有同类企业主要设备投资占全厂固定资产投资的比例,然后再估算拟建项目的主要设备投资,即可按比例求出拟建项目的固定资产投资。这种估算方法准确度较低,宜作初步分析方法用。其表达式为

$$I = \frac{1}{\lambda} \sum_{t=1}^{n} Q_i P_i \tag{7-8}$$

式中,I——拟建项目的固定资产投资;

λ——主要设备投资占拟建项目固定资产投资的比例(%);

n——设备种类数;

Q——第 i 种设备的数量;

P——第 i 种设备的单价(到厂价格)。

(2) 概算指标估算方法。

它是指以国家和地方编制的概算定额为基础进行扩大归并来估算工程投资的方法。如概算定额中基本以 $10 m^3$ 为单价,其中还综合了挖土、垫层、防潮层、填土、余土外运等项目。概算指标则将 $10 m^3$ 扩大到 $100 m^3$ 或 $10\,000 m^3$ 为计量单位进行估算,以此提高估算速度。由于进行综合扩大和归并,估算精度较前为差,但足以满足投资估算的要求。具体估算方法如下:

① 估算建筑工程费用。先根据项目规模估算建筑工程量,将各类工程按概算指标规定

的计量单位和地区单位估价表估算出工程直接费。然后以直接费为基础,根据规定时间按费率估算出间接费。再以直接费和间接费之和为基数,按规定的计划利润率计算出计划利润。最后根据有关税率和费率,计算出营业税、城市维护建设税和教育费附加。

② 估算设备购置费用。一般根据设备原价和运杂费进行计算。其公式如下:

$$设备购置费 = 设备原价 \times (1 + 运杂费率) \tag{7-9}$$

设备购置费中的工、器、具及生产家具购置费,可以按前项设备购置费乘以一定的费率求出,也可以按预计的金额估算。

③ 估算安装工程费用。此项费用也由直接费、间接费、计划利润和税金等部分组成。其中,直接费可按设备原价的百分比估算,间接费可按间接费率进行估算,计划利润以概算成本的百分比进行估算,同时按一定纳税率和费率估算出营业税、城市维护建设税和教育费附加。

④ 估算工程建设其他费用。其他费用包括征地费或土地使用权出让费等多个项目。其中,有规定和取费标准的,按有关规定和取费标准进行估算,没有规定和取费标准的可以按实际可能发生的费用进行估算。

⑤ 估算不可预见费。不可预见费又称预备费,它包括基本预备费和涨价预备费。

基本预备费可以以建设工程费用和其他费用之和为基数,按一定的比例估算。在一般情况下,这类不可预见费可以按前四项费用的5%左右进行估算。

涨价预备费包括从总概算编制到项目竣工投产整个时期因物价上涨而预计增加的投资额。对于大中型新建项目,从编制总概算到项目正式开工往往要经历几年时间,所以,此类项目的涨价预备费应分为建设前期和建设期两部分。建设前期是指总概算编制年到开工年的年份;建设期是指项目从开工到竣工投产的年份。其计算方法可以根据部门和行业的具体规定按复利计算。计算公式为

$$R_0 = S[(1+r_0)_n - 1] \tag{7-10}$$

式中,R_0——建设前期涨价预备费;

S——总概算编制年的固定资产投资;

r_0——年涨价率(或物价上涨指数);

n——开工年与编制年的时间差(年)。

建设期涨价预备费的计算公式为

$$R_0 = \sum_{t=1}^{n} S_t [(1+r)^t - 1] \tag{7-11}$$

式中,R——建设期涨价预备费;

S_t——第 t 年度的计划投资额;

n——建设期(年);

r——年涨价率。

上述建设前期的涨价预备费是将概算编制年的固定资产投资额按涨价率全部调整到开工年所需要增加的投资。而建设期的涨价预备费估算要考虑到投资的分年用款计划,要把不同年份的计划投资额按物价上涨率从开工年份调整到用款年份来计算涨价预备费。这里各用款年份的投资数不能简单地按概算编制年份所确定的分年用款计划进行计算,而应把建设前期的涨价预备费按照概算编制年份所确定的分年用款比例进行分摊,用分摊调整后

的分年用款计划数来计算建设期的涨价预备费,然后再把两部分预备费相加,求得全部涨价预备费。

上述五大项费用之和,即为整个项目的固定资产投资估算数。在此基础上,编制"固定资产投资评估表",其格式如表 7-3 所示。

表 7-3 固定资产投资评估表　　　　　　　　　　　　单位:万元

序号	工程费用名称	估算价值					占固定资产投资的比例/%	备注
		建筑工程	设备购置	安装工程	其他费用	合计	其中外币		
1	固定资产投资								
1.1	工程费用								
1.2	前它费用								
1.3	预备费用								
1.3.1	基本预备费								
	涨价预备费								
1.3.2	固定资产投资方向调节税								
2	建设期利息								
	合计								

注:工程或费用名称,可根据本部门的要求分项列出。

3. 建设期利息估算表

建设期利息的估算(表 7-4),要根据资金筹措方案中拟订的不同贷款资金的来源渠道分别进行测算。目前的固定资产投资贷款可分为两大类,即国内银行贷款和国外外汇贷款,其各自又有不同的种类,各类不同的贷款利率又各不相同。因此,在估算建设期贷款利息之前首先必须根据项目的种类、特点和要求,选定适当的贷款种类和条件,根据相应的贷款种类来估算建设期利息。

表 7-4 建设期利息估算表　　　　　　　　　　　　单位:万元

序号	项目	合计	建设期									
			1	2	3	4	5	6	7	8	9	10
1	借款											
1.1	建设期利息											
1.1.1	期初借款余额											
1.1.2	当期借款											
1.1.3	当期应计利息											
1.1.4	期末借款余额											
1.2	其他融资费用											
1.3	小计(1.1+1.2)											
2	债券											
2.1	建设期利息											

续表

序号	项 目	合计	建设期									
			1	2	3	4	5	6	7	8	9	10
2.1.1	期初债券余额												
2.1.2	当期债券金额												
2.1.3	当期应计利息												
2.1.4	期末债券余额												
2.2	其他融资费用												
2.3	小计（2.1+2.2）												
3	合计（1.3+2.3）												
3.1	建设期利息合计(1.1+2.1)												
3.2	其他融资费用合计(1.2+2.2)												

由于估算利息在项目贷款正式执行以前，而不同贷款的利率又是根据不同的经济形势经常进行调整，因此往往无法确知贷款执行时的实际利率，在估算时一般只能选用银行的现行贷款利率，对国外贷款则可根据贷款协议书或贷款意向书所规定的利率进行测算。

建设期贷款利息的计算公式为

$$\text{建设期每年应计利息} = (\text{年初借款累计} + \text{当年借款额}/2) \times \text{年利率} \quad (7\text{-}12)$$

公式中年利率的选用应根据贷款种类和不同的贷款期限确定。所谓贷款期限，是指从签订借款合同之日起到全部还清本息为止的时间。不同的贷款期限规定有不同的年利率。按现行规定，国内的贷款期限小型项目最长不超过 6 年，大中型项目不超过 12 年，特大型项目不超过 15 年。评估者应根据项目的实际贷款期限和项目种类来选定贷款年利率，而利息的估算只能按照建设期长短来进行。

4. 建设投资估算表

建设投资估算表概算法见表 7-5，形成资产法见表 7-6。

表 7-5　建设投资估算表（概算法）　　　　　　单位：万元

序号	工程或费用名称	建筑工程费	设备购置费	安装工程费	其他费用	合计	其中：外币	比例/%
1	工程费用							
1.1	主体工程							
1.1.1	×××							
	…							
1.2	辅助工程							
1.2.1	×××							
	…							
1.3	公用工程							
1.3.1	×××							
…	…							
…	…							

续表

序号	工程或费用名称	建筑工程费	设备购置费	安装工程费	其他费用	合计	其中：外币	比例/%
2	工程建设其他费用							
2.1	×××							
	…							
3	预备费							
3.1	基本预备费							
3.2	涨价预备费							
4	建设投资合计							
	比例/%							

表 7-6 建设投资估算表（形成资产法） 单位：万元

序号	工程或费用名称	建筑工程费	设备购置费	安装工程费	其他费用	合计	其中：外币	比例/%
1	固定资产费用							
1.1	工程费用							
1.1.1	×××							
1.1.2	×××							
1.1.3	×××							
	…							
1.2	固定资产其他费用							
	×××							
	…							
2	无形资产费用							
2.1	×××							
	…							
3	其他资产费用							
3.1	×××							
4	预备费							
4.1	基本预备费							
4.2	涨价预备费							
5	建设投资合计							
	比例/%							

7.2.4 财务评价基本报表

1. 流动资金估算表

流动资金是生产经营性项目投产后，为进行正常生产运营，用于购买原材料、燃料，支付工资及其他经营费用等所需的周转资金。个别情况或者小型项目可采用扩大指标法。流动资金估算一般采用分项详细估算法，见表 7-7。

表 7-7　流动资金估算表　　　　　　　　　　　　单位：万元

序号	项目	最低周转天数	周转次数	计算期 1	2	3	4	5	6	7	8	9	10
1	流动资金												
1.1	应收账款												
1.2	存货												
1.2.1	原材料												
1.2.2	×××												
	…												
1.2.3	燃料												
	×××												
	…												
1.2.4	在产品												
1.2.5	产成品												
1.3	现金												
1.4	预付账款												
2	流动负债												
2.1	应付账款												
2.2	预收账款												
3	流动资金(1－2)												
4	流动资金当期增加额												

1) 扩大指标估算法

扩大指标估算法是一种简化的流动资金估算方法，一般可参照同类企业流动资金占销售收入、经营成本的比例，或者单位产量占用流动资金的数额估算。虽然扩大指标估算法简便易行，但准确度不高，一般适用于项目建议书阶段的流动资金估算。

2) 分项详细估算法

分项详细估算法是对流动构成的各项流动资产和流动负债分别进行估算。在可行性研究中，为简化起见，仅对存货、现金、应收账款和应付账款 4 项内容进行估算，计算公式为

$$流动资金 = 流动资产 - 流动负债 \tag{7-13}$$

$$流动资产 = 应收账款 + 存货 + 现金 \tag{7-14}$$

$$流动负债 = 应付账款 \tag{7-15}$$

$$流动资金本年增加额 = 本年流动资金 - 上年流动资金 \tag{7-16}$$

流动资金估算的具体步骤：首先计算存货、现金、应收账款和应付账款的年周转次数，然后再分项估算占用资金额。

2．项目投资现金流量表

现金流量表包括项目投资现金流量表、项目资本金现金流量表、投资各方财务现金流量表、财务计划现金流量表。

现金流量的概念：现金流量是现金流入量与现金流出量的统称，也就是现金流动。

现金流量表的概念：现金流量表是反映项目在建设期和生产服务年年限内现金流入量

和现金流出量的现金活动。

现金流量表(表 7-8)的编制：

根据计算基础的不同分两种类型：全部投资与自有资金。

现金流量表(全部投资)是指以全部投资作为计算基础，不分投资资金来源，假定全部投资均为自有资金，因而不必考虑利息，只计算全部投资所得税前及所得税后的财务内部收益率、财务净现值及投资回收期等技术经济指标的一种现金流量表。

计算指标：财务内部收益率、财务净现值、投资回收期。

现金流量表(自有资金)是指以投资者的出资作为计算基础，从自有资金的投资者角度出发，把借款本金偿还和利息支付作为现金流出，用以计算自有资金的财务内部收益率、财务净现值等技术经济指标的一种现金流量表。

计算指标：财务内部收益率、财务净现值。

表 7-8 项目投资现金流量表 单位：万元

序号	项目	合计	计算期									
			1	2	3	4	5	6	7	8	9	10
1	现金流入											
1.1	营业收入											
1.2	补贴收入											
1.3	回收固定资产余值											
1.4	回收流动资金											
2	现金流出											
2.1	建设投资											
2.2	流动资金											
2.3	经营成本											
2.4	营业税金及附加											
2.5	维持运营投资											
3	所得税前净现金流量(1-2)											
4	累计所得税前净现金流量											
5	调整所得税											
6	所得税后净现金流量(3-5)											
7	累计所得税后净现金流量											

计算指标：

项目投资财务内部收益率(所得税前)(%)

项目投资财务内部收益率(所得税后)(%)

项目投资财务净现值(所得税前)($i_c=$ %)(万元)

项目投资财务净现值(所得税后)($i_c=$ %)(万元)

项目投资回收期(所得税前)(年)

项目投资回收期(所得税后)(年)

自有资金现金流量计算公式如下：

自有资金净现金量 = 销售收入 + 贷款(借款) + 资产回收(固定资产余值、流动资金) -
投资(固定资产投资和流动资金投资，包括自有和借贷资金) - 本金偿还 -
借款利息支出 - 销售税金 - 所得税   (7-17)

有了自有资金年净现金流量可以计算自有资金相应的财务指标。将投资区分为全部投资和自有资金来分析项目的盈利能力是十分必要的。虽然有的项目全部投资效果相当好，但由于借贷数量大、利率高，也会使项目的财务效果较差，从而对企业来说没有什么投资价值。通常还采用静态评价指标来衡量在有借贷资金的情况下自有资金的盈利能力。

项目评估中使用的现金流量表与财务会计中使用的现金流量表无论在格式、内容上，还是在作用上都存在较大的差别，不能将它们混为一谈。

3. 项目资本金现金流量表（表7-9）

表7-9　项目资本金现金流量表　　　　　　　单位：万元

序号	项　　目	合计	计　算　期									
			1	2	3	4	5	6	7	8	9	10
1	现金流入											
1.1	营业收入											
1.2	补贴收入											
1.3	回收固定资产余值											
1.4	回收流动资金											
2	现金流出											
2.1	项目资本金											
2.2	借款本金偿还											
2.3	借款利息支付											
2.4	经营成本											
2.5	营业税金及附加											
3	所得税											
4	维持运营投资											
5	净现金流量(1-2)											
计算指标：资本金财务内部收益率(%)												

4. 投资各方财务现金流量表（表7-10）

表7-10　投资各方现金流量表　　　　　　　单位：万元

序号	项　　目	合计	计　算　期									
			1	2	3	4	5	6	7	8	9	10
1	现金流入											
1.1	实分利润											
1.2	资产处置收益分配											
1.3	租赁费收入											
1.4	技术转让或使用收入											
1.5	其他现金收入											
2	现金流出											
2.1	实缴资本											
2.2	租赁资产支出											
2.3	其他现金流出											
3	净现金流量(1-2)											
计算指标：投资各方财务内部收益率(%)												

5. 财务计划现金流量表（表 7-11）

表 7-11 财务计划现金流量表　　　　　　　单位：万元

序号	项目	合计	计算期									
			1	2	3	4	5	6	7	8	9	10
1	经营活动净现金流量（1.1－1.2）											
1.1	现金流入											
1.1.1	营业收入											
1.1.2	增值税销项税额											
1.1.3	补贴收入											
1.1.4	其他流入											
1.2	现金流出											
1.2.1	经营成本											
1.2.2	增值税进项税额											
1.2.3	营业税金及附加											
1.2.4	增值税											
1.2.5	所得税											
1.2.6	其他流出											
2	投资活动净现金流量（2.1－2.2）											
2.1	现金流入											
2.2	现金流出											
2.2.1	建设投资											
2.2.2	维持运营投资											
2.2.3	流动资金											
2.2.4	其他流出											
3	筹资活动净现金流量（3.1－3.2）											
3.1	现金流入											
3.1.1	项目资本金投入											
3.1.2	建设投资借款											
3.1.3	流动资金借款											
3.1.4	债券											
3.1.5	短期借款											
3.1.6	其他流入											
3.2	现金流出											
3.2.1	各种利息支出											
3.2.2	偿还债务本金											
3.2.3	应付利润（股利分配）											
3.2.4	其他流出											
4	净现金流量（1＋2＋3）											
5	累计盈余资金											

6. 利润和利润分配表（表7-12）

表7-12 利润和利润分配表   单位：万元

序号	项　目	合计	计算期									
			1	2	3	4	5	6	7	8	9	10
1	营业收入											
2	营业税金及附加											
3	总成本费用											
4	补贴收入											
5	利润总额(1－2－3＋4)											
6	弥补以前年度亏损											
7	应纳税所得额(5－6)											
8	所得税											
9	净利润(5－8)											
10	期初未分配利润											
11	可供分配利润(9＋10)											
12	提取法定盈余公积金											
13	可供投资者分配的利润(11－12)											
14	应付优先股股利											
15	提取任意盈余公积金											
16	应付普通股股利(13－14－15)											
17	各投资方利润分配											
	其中：　　方											
	方											
	方											
18	未分配利润(13－14－15－17)											
19	息税前利润(利润总额＋利息支出)											
20	息税折旧摊销前利润(19＋折旧＋摊销)											

（1）利润和利润分配表的概念：在项目评估中，利润表是指反映项目计算期内各年的收入与费用情况以及利润总额、所得税和净利润的分配情况，用以计算投资利润率、投资利税率、资本金利润率和资本金净利润等指标的一种报表，又叫损益表，见表7-12。

（2）利润表的编制：

利润总额＝主营业务（销售）收入－主营业务税金及附加－总成本费用　　　　　　(7-18)

净利润＝利润总额－所得税＝可供分配利润　　　　　　(7-19)

净利润＝可供分配利润＝盈余公积金（含公积金）＋应付利润＋未分配利润　　　　　　(7-20)

7. 资产负债表（表7-13）

资产负债表的概念：项目评估中的资产负债表，是指综合反映项目计算期内各年年末资产、负债和所有者权益的增减变化及对应关系的一种报表。

通过分析资产负债表可以考察项目资产、负债、所有者权益的结构是否合理，并能够据以计算资产负债率、流动比率及速动比率等指标,从而进行清偿能力分析。

资产负债表的编制:资产负债表主体结构包括三大部分,即资产、负债、所有者权益,三者间关系为经典的会计等式。

$$资产 = 负债 + 所有者权益 \qquad (7-21)$$

编制资产负债表过程中,有些项目可依据财务基础数据估算表中的数据直接填写(如"应收账款""存货""现金"等);有些则要经过分析整理综合后才能填写(如"在建工程""资本金""资本公积"等)。

表 7-13 资产负债表　　　　　　　　　　　　　　单位:万元

序号	项目	合计	计算期									
			1	2	3	4	5	6	7	8	9	10
1	资产											
1.1	流动资产总额											
1.1.1	货币资金											
1.1.2	应收账款											
1.1.3	预付账款											
1.1.4	存货											
1.1.5	其他											
1.2	在建工程											
1.3	固定资产净值											
1.4	无形及其他资产净值											
2	负债及所有者权益											
2.1	流动负债总额											
2.1.1	短期借款											
2.1.2	应付账款											
2.1.3	预收账款											
2.1.4	其他											
2.2	建设投资借款											
2.3	流动资金借款											
2.4	负债小计(2.1+2.2+2.3)											
2.5	所有者权益											
2.5.1	资本金											
2.5.2	资本公积金											
2.5.3	累计盈余公积金											
2.5.4	累计未分配利润											
计算指标:资产负债率(%)												

8. 贷款还本付息计划表(表 7-14)

贷款还本付息计划表的概念:借款还本付息计划表是反映项目借款偿还期内借款支用、还本付息和可用于偿还的资金来源情况,用以计算借款偿还期指标,进行偿还能力分析的一种报表。根据现行财务制度规定,归还建设投资借款的资金来源主要是项目投产后的折旧、摊销费和未分配利润。

借款还本付息计算表的编制:

借款还本付息计算表包括借款及还本付息和偿还借款本金的资金来源两大部分。

在借款尚未还清的年份:当年偿还本金的资金来源等于本年还本的数额。

在借款还清的年份:当年偿还本金的资金来源等于或大于本年还本的数额。

在项目的建设期:"年初借款本息累计"等于上年借款本金和建设期利息之和。

在项目的生产期:"年初借款本息累计"等于上年尚未还清的借款本金。

表 7-14 借款还本付息计划表　　　　　　　　　单位:万元

序号	项目	合计	计算期									
			1	2	3	4	5	6	7	8	9	10
1	借款1											
1.1	期初借款余额											
1.2	当期还本付息											
	其中:还本											
	付息											
1.3	期末借款余额											
2	借款2											
2.1	期初借款余额											
2.2	当期还本付息											
	其中:还本											
	付息											
2.3	期末借款余额											
3	债券											
3.1	期初债务余额											
3.2	当期还本付息											
	其中:还本											
	付息											
3.3	期末债务余额											
4	借款和债务合计											
4.1	期初余额											
4.2	当期还本付息											
	其中:还本											
	付息											
4.3	期末余额											
计算指标	利息备付率(%)											
	偿债备付率(%)											

7.2.5 财务评价指标体系

财务评价指标体系中包括动态指标和静态指标。动态指标是指内部收益率,静态指标是指投资利润率。

1. 静态指标体系

在工程经济分析中,把不考虑资金时间价值因素的影响而计算的指标称为静态指标,主要包括投资收益率和静态投资回收期等。采用静态评价指标对投资项目进行评价时,由于没有考虑资金的时间价值,因此它主要适用于对项目的粗略评价,如应用于投资项目的机会鉴别和初步可行性研究阶段,还用于某些时间较短,投资规模与收益规模都比较小的工程项目的经济评价等。

1) 投资收益率

投资收益率是指在工程项目达到设计能力后,其每年的净收益与项目全部投资的比率。其表达式为

$$投资利润率 = 年利润总额 / 总投资 \times 100\% \tag{7-22}$$

投资收益率指标是一个综合性指标,在进行工程经济分析时,根据分析目的的不同,投资收益率指标又分为投资利润率、投资利税率、资本金利润率和投资净利润率等。

式(7-22)中的年利润总额,可选择正常生产年份的年利润总额,也可以计算出生产期平均年利润总额,即用生产期年利润总额之和除以生产期。选择前者还是后者,根据项目的生产期长短和年利润总额波动的大小而定。若项目生产期较短,且年利润总额波动较大,原则上要选择生产期的平均年利润总额;若项目生产期较长,年利润总额在生产期又没有较大的波动,可选择正常生产年份的年利润总额。

式(7-22)中的总投资为建设投资、建设期利息和流动资金之和。

计算出的投资利润率要与规定的行业标准投资利润率(若有的话)或行业的平均投资利润率进行比较,若大于或等于标准投资利润率或行业平均投资利润率,则认为项目是可以考虑接受的。

2) 投资利税率

投资利税率是项目的年利润总额、销售税金及附加之和与项目总投资之比,表达式为

$$投资利税率 = 年利税总额 / 总投资 \times 100\% \tag{7-23}$$

式(7-23)中的年利税总额,可以选择正常生产年份的年利润总额与销售税金及附加之和,也可以选择生产期平均的年利润总额与销售税金及附加之和。选择前者还是后者,依据项目生产期长短和利税之和的波动大小而定,选择原则与计算投资利润率中的选择同理。

式(7-23)中的总投资也是建设投资、建设期利息和流动资金之和。

计算出的投资利税率要与规定的行业标准投资利税率(若有的话)或行业的平均投资利税率进行比较,若前者大于或等于后者,则认为项目是可以考虑接受的。

3) 资本金利润率

资本金利润率是项目的年利润总额与项目资本金之比,计算公式为

$$资本金利润率 = 年利润总额 / 项目资本金 \times 100\% \tag{7-24}$$

式(7-24)中的年利润总额是选择正常生产年份的年利润总额,还是选择生产期平均年利润总额,原理同于投资利润率的计算。式中的资本金是指项目的全部注册资本金。

计算出的资本金利润率要与行业的平均资本金利润率或投资者的目标资本金利润率进行比较,若前者大于或等于后者,则认为项目是可以考虑接受的。

资本金利润率应该是投资者比较关心的一个指标,因为它反映了投资者自己的出资所带来的利润。

投资收益率指标计算简便,能够直观地衡量项目的经济效益,可适用于各种规模的项目。但由于投资收益率指标没有考虑投资收益的时间因素,忽视了资金的时间价值的重要性,且指标计算的主观随意性太强,在指标的计算中,对于应该如何计算投资资金占用,如何

确定利润,都带有一定的不确定性和人为因素。因此以投资收益率指标作为主要的决策依据不太可靠。

4) 静态投资回收期

静态投资回收期(T_P)是指在不考虑资金时间价值因素条件下,用回收投资的资金来源回收投资所需要的时间。

静态投资回收期一般从建设年算起。采用静态投资回收期对投资项目进行评价时,其基本做法为:①确定行业的基准投资回收期(T_0)。基准投资回收期是国家根据国民经济各部门、各地区的具体经济条件,按照行业和部门的特点,结合财务会计上的有关制度及规定而颁布,同时进行不定期修订的建设项目经济评价参数,是对投资项目进行经济评价的重要标准。②计算项目静态投资回收期(T_P)。③比较 T_0 与 T_P,若 $T_P < T_0$,则项目考虑可以接受;若 $T_P > T_0$,则项目是不可行的。

静态投资回收期指标在一定程度上反映了项目的投资效益水平,并且经济意义明确,计算简便。但静态投资回收期指标没有考虑资金的时间价值,且只考虑投资回收之前的效益,而没有考虑项目投资回收后的效益,因此无法准确衡量项目投资效益的大小。

5) 借款偿还期

借款偿还期是指可用于偿还借款资金所需要的时间。偿还借款的资金来源包括折旧、摊销费、未分配利润和其他收入等。借款偿还期依据"借款还本付息估算表"计算。

借款还本付息估算表可依据"投资总额与资金筹措表""总成本费用估算表"和"损益表"的有关数据,通过计算进行填列。借款偿还期的计算公式为

$$借款偿还期 = 偿还借款本金的资金来源大于初借款本息累计的年份 - 开始借款的年份 + \frac{年初借款本息累计}{当年实际偿还本金的资金来源} \quad (7-25)$$

对于涉及外资的项目,还要考虑国外借款部分的还本付息,应按已经明确的或预计可能的借款偿还条件(包括偿还方式及偿还期限)计算。国外借款的还款方式一般采用等本偿还或等额偿还,借款偿还期限往往都是约定的,无须计算。

计算出借款偿还期后,要与贷款机构的要求期限进行对比,等于或小于贷款机构提出的要求期限,即认为项目是有清偿能力的。否则,认为项目没有清偿能力,从清偿能力角度考虑,则认为项目是不可行的。

6) 财务比率

财务比率是指资产负债率、流动比率和速动比率,全部依据"资产负债表"计算。在计算"三率"时,既可以计算计算期内前几年(一般考虑 10 年)的"三率",也可以计算整个计算期内各年的"三率"。评估人员可根据项目的实际情况来掌握,但必须能反映出各种比率所要说明的问题。

(1) 资产负债率。

资产负债率是反映项目各年所面临的风险程度及偿债能力的指标。计算公式为

$$资产负债率 = 负债合计/资产合计 \times 100\% \quad (7-26)$$

作为提供贷款的机构,可以接受 100% 以下(包括 100%)资产负债率;大于 100%,表明企业已资不抵债,已到达破产的警戒线。

(2) 流动比率。

流动比率是反映项目各年偿付流动负债能力的指标。计算公式为

$$\text{流动比率} = \text{流动资产总额}/\text{流动负债总额} \times 100\% \tag{7-27}$$

计算出的流动比率,一般应大于 200%。即 1 元的流动负债至少有 2 元的流动资产作后盾,保证项目按期偿还短期债务。这是提供贷款的机构可以接受的。

(3) 速动比率。

速动比率是反映项目快速偿付流动负债能力的指标。计算公式为

$$\text{速动比率} = (\text{流动资产总额} - \text{存货})/\text{流动负债总额} \times 100\% \tag{7-28}$$

计算出的速动比率,一般应接近于 100%,即 1 元的流动负债有 1 元的速动资产以资抵偿。这是提供贷款的机构可以接受的。

2. 动态指标体系

所谓动态指标,就是在考虑(以复利方法计算)资金的时间价值情况下,对项目或方案的经济效益所进行的计算与度量。与静态指标相比,它的特点是能够动态地反映项目在整个计算期内的资金运动情况,包括投资回收期以后若干年的经济效益、项目结束时的固定资产余值及流动资金的回收等。表 7-15 列出了财务分析报表与财务评价指标之间的关系。

动态指标的计算是建立在资金等值的基础上的,即将不同时点的资金流入与资金流出换算成同一时点的价值。它为不同方案和不同项目的经济比较提供了同等的基础,并能反映出未来时期的发展变化情况。对投资者和决策者树立资金周转观念、利息观念、投入产出观念,合理利用建设资金,提高经济效益等都具有十分重要的意义。

常用的财务评价动态指标有如下几个:

1) 财务净现值(FNPV)

财务净现值是指项目按设定的折现率(i_c)将各年的净现金流量折现到建设起点(建设初期)的现值之和。其表达式为

$$\text{FNPV} = \sum_{t=1}^{n} \frac{(\text{CI} - \text{CO})_t}{(1+i_c)^t} \tag{7-29}$$

式中,i_c——折现率,取部门或行业的基准收益率或根据资金的来源和构成确定的某数值;

n——计算期年数,一般取 10~20 年。

净现值的实质可以理解为一旦投资该项目,就能立即从该项目获得的净收益。折现的意义在于从现时立场来看,扣除掉由于资金的时间价值所带来的那一部分收益,剩余部分才真正反映了投资该项目的收益。因此,净现值的大小,可以作为判别该项目经济上是否可行的依据。利用财务现金流量表可以计算出财务净现值 FNPV。

当 FNPV≥0 时,项目可行;当 FNPV<0 时,项目不可行。

表 7-15 财务分析报表与财务评价指标的关系

评价内容	基本报表	静态指标	动态指标
盈利能力分析	项目投资现金流量表	项目投资静态回收期	项目投资财务内部收益率 项目投资财务净现值 项目投资动态回收期
	项目资本金现金流量表		项目资本金财务内部收益率
	投资各方现金流量表		投资各方财务内部收益率
	利润与利润分配表	总投资收益率 项目资本金净利润率	

续表

评价内容	基本报表	静态指标	动态指标
清偿能力分析	资产负债表 建设期利息估算及还本付息计划表	资产负债率 流动比率 速动比率 偿债备付率 利息备付率	
财务生存能力	财务计划现金流量表	累计盈余资金	
外汇平衡分析	财务外汇平衡表		
不确定性分析	盈亏平衡分析	盈亏平衡产量 盈亏平衡生产能力 利用率	
	敏感性分析	灵敏度 不确定因素的临界值	
风险分析	概率分析	FNPV≥0 的累计概率 定性分析	

2) 财务内部收益率(FIRR)

财务内部收益率是指项目在计算期内各年净现金流量现值累计等于零时的折现率。表达式为

$$\text{FIRR} = \sum_{t=1}^{n} \frac{(\text{CI} - \text{CO})_t}{(1 + \text{FIRR})^t} = 0 \tag{7-30}$$

在财务净现值的计算中可以看出,一个项目的净现值大小与计算时采用的折现率大小有关。折现率越大,被看作由于时间变化而产生的资金增值则越大,而被看作由项目本身所产生的资金增值则越小,即净现值越小;反之,折现率越小,净现值则越大。因此,我们可以定性地看出,对于确定的各年净现金流量而言,其财务净现值与财务内部收益率之间存在对应的关系,即若在折现率 i_c 下,计算出的 FNPV>0,则从财务内部收益率的定义出发,为使 FNPV=0,就必然存在 FIRR>i_c;反之,若在 i_c 下,有 FNPV<0,则必然存在 FIRR<i_c;若在 i_c 下,FNPV=0,则按照定义有 FIRR=i_c。由于 FNPV 可作为判别一个项目经济上是否可行的标志,因此 FIRR 也能作为项目经济性的判别指标,两者的判别结果应是一致的。即:若 FNPV≥0,则有 FIRR≥i_c,项目可行;若 FNPV<0,则有 FIRR<i_c,项目不可行。

3) 财务净现值率(FNPVR)

财务净现值率是财务净现值与全部投资现值之比,亦即单位投资现值的净现值。其表达式为

$$\text{FNPVR} = \frac{\text{FNPV}}{I_P} \tag{7-31}$$

式中,I_P——投资(包括固定资产投资和流动资金)的现值。

当 FNPVR≥0 时,项目可行;当 FNPVR<0 时,项目不可行。

净现值率是在净现值基础上发展起来的,可作为净现值的补充指标,它反映了净现值与投资现值的关系。净现值率的最大化,有利于实现有限投资的净贡献最大化,它在多方案选择中有重要作用。

其中,投资回收期、财务内部收益、财务净现值、资产负债率、流动比率、速动比率的计算未作改变。

(1) 总投资收益率。总投资收益率(ROI)表示总投资的盈利水平,是指项目达到设计能力后正常年份的年息税前利润或运营期内年平均息税前利润(EBIT)与项目总投资(TI)的比率,总投资收益率计算公式为

$$\mathrm{ROI} = \frac{\mathrm{EBIT}}{\mathrm{TI}} \times 100\% \qquad (7\text{-}32)$$

总投资收益率高于同行业的收益率参考值,表明用总投资收益率表示的盈利能力满足要求。

(2) 项目资本金净利润率。项目资本金净利润率(ROE)表示项目资本金的盈利水平,系指项目达到设计能力后正常年份的年净利润或运营期内年平均净利润(NP)与项目资本金(EC)的比率;项目资本金净利润率应按下式计算:

$$\mathrm{ROE} = \frac{\mathrm{NP}}{\mathrm{EC}} \times 100\% \qquad (7\text{-}33)$$

项目资本金净利润率高于同行业的净利润率参考值,表明用项目资本金净利润率表示的盈利能力满足要求。

(3) 利息备付率。利息备付率(ICR)系指在借款偿还期内的息税前利润(EBIT)与应付利息(PI)的比值,它从付息资金来源的充裕性角度反映项目偿付债务利息的保障程度,计算公式为

$$\mathrm{ICR} = \frac{\mathrm{EBIT}}{\mathrm{PI}} \times 100\% \qquad (7\text{-}34)$$

利息备付率应分年计算。利息备付率高,表明利息偿付的保障程度高。

利息备付率应当大于1,并结合债权人的要求确定。

(4) 偿债备付率(DSCR)系指在借款偿还期内,用于计算还本付息的资金(EBITDA$-T_{AX}$)与应还本息金额(PD)的比值,它表示可用于还本付息的资金偿还借款本息的保障程度,计算公式为

$$\mathrm{DSCR} = \frac{\mathrm{EBITDA} - T_{AX}}{\mathrm{PD}} \times 100\% \qquad (7\text{-}35)$$

式中,EBITDA——息税前利润加折旧和摊销;

T_{AX}——企业所得税。

如果项目在运行期内有维持运营的投资,可用于还本付息的资金应扣除维持运营的投资。

偿债备付率应分年计算,偿债备付率高,表明可用于还本付息的资金保障程度高。

偿债备付率应大于1,并结合债权人的要求确定。

财务评价体系的局限性:

(1) 财务分析中对有关企业的人力资本、无形资产等知识资产的信息利用不足。

随着社会经济的发展,知识和信息化技术对现代企业的渗透力越来越强,企业对人力资本和无形资产的投入越来越多。新经济时代,企业之间的竞争表现为人才、技术和创新能力的竞争,人才、知识、技术将取代有形资产成为企业经营的核心,成为企业发展的强大动力。由于现行财务报表体系对无形资产和人力资本的计量与披露方面存在较大缺陷,所以包括企业智力资本、自创商誉及知识产权的信息在财务分析中得不到利用。

(2) 现行会计确认和计量的基础是以货币表示的经济活动,从而将分析的范围限制在以货币量化的信息范围之内。

目前的财务分析指标大多使用的是数量性资料,而很少考虑非货币计量因素。但是,随

着各行业市场竞争日益激烈,企业所面临的不确定性和风险与过去相比发生了显著的变化。一方面,行业转换、技术进步、政府行为和需求的改变以及竞争对手的活动等对于公司的经营成败都至关重要;另一方面,企业组织制度、人力资源、企业文化、管理层价值观与能力等相关非货币性信息,在现行财务报表中都没有得到充分的反映。另外,目前的财务分析评价体系是建立在工业企业基础之上的,不仅分析评价对象局限于企业有形资产,而且选用的指标局限于可用货币计量的定量指标,不能确切地反映知识经济条件下现代企业的真实情况。

(3) 对财务指标进行计算和分析评价时未考虑企业的可持续发展。

目前的财务报表信息反映了经济活动"静"的方面,而忽视了"动"的方面。动态信息往往更重要,因为"动态"代表事物的前进与发展,比如人力资本就是企业中最活跃最处于动态运动中的生产要素之一。现行的财务分析评价内容局限于企业静态状况,对企业持续发展情况下的盈利能力、偿债能力等评价不足,比如流动比率、速动比率和资产负债率是反映企业偿债能力的主要指标,但这些指标是以企业清算为前提的,重视企业资产的账面价值却忽视了企业在将来因继续经营而增加的现金流量的能力,比如有些企业拥有良好的商誉,有的企业仅凭其产品品牌就有很强的融资能力;有些高科技企业在发展初期其各项财务指标可能并不如意,但其拥有的高科技人才队伍可能会在其以后的发展过程中给企业带来无穷的财富。这些信息在现行财务报表体系中未得到充分反映,在财务分析中也未充分利用。

7.3 新建项目财务评价

项目内容:在苏南拟建第二条高速公路项目位于某省南部,全长274km,省交通部门提出规划,拟建设第二条高速公路(南线)。

1. 项目单位背景介绍

现有高速经过扩容,由4车道改为8车道,大规模堵车不会再次出现,但从繁忙地段来看,车辆拥挤和行车速度缓慢的情况时有发生。另外,现有的高速公路已经逐渐成为苏南地区大城市交通要道,依赖逐年增加,而原有的高速位置过于偏北,对这些大城市南部运输则造成了影响。再者,根据规划,原有的高速公路荷载量为每天6万辆次,但现在平均每天有12.4万辆大小车辆通过原有的高速,即使流量比较低的月份,每天也有7万多辆车通过。因此,现有高速公路(北线)负荷过大,开辟新通道势在必行。

由于苏南地区经济发展快,土地资源很缺乏,为了减少用田,从A-4至A-3城市之间建造湖底隧道,长度34km。

2. 项目建设方案

1) 项目名称、建设性质和建设地点

项目名称:苏南新建高速公路。

建设性质与建设地点:在苏南拟建第二条高速公路项目位于某省南部,全长274km,省交通部门提出规划,拟建设第二条高速公路(南线)。

2) 建设规模及主要经营方案

公路等级:一次建成双向六车道高速公路

计算行车速度:120km/h

路基宽度：整体式路基　32m

路面宽度：整体式路基　28m

本项目建设期5年，经营期20年，计算期25年

3）技术、设备、建筑物

理论技术依据《建设项目经济评价方法与参数》（第3版）及《公路建设项目可行性研究报告编制办法》（交通部2010年版）。

数据统计技术运用交通需求量预测即远景交通量技术，是确定公路项目建设规模与技术标准的主要依据之一，是提高公路建设项目投资效益的重要环节。

设备主要有建筑机械、车辆、辅助机械等必要的机械设备。

设施主要为收费站、服务区、建筑安装设施建筑等必需建筑物。

3. 投资结构及资金来源

（1）筹措资金总额1 121 750.69万元。

（2）自有资金总额392 535.69万元，占35%，其中用于建设投资的权益资金270 785万元，用于建设期利息的权益资金121 750.69万元，用于流动资金的权益资金0万元。

（3）银行贷款债务资金729 215万元，占65%，用于建设投资的长期借款729 215万元。

银行贷款还款方式：等额还本利，偿还期20年。

计利息方式：按年计息，借款利率为6%。

4. 建设条件

1）建设地点选择

位于原有高速公路南侧，路径由城市A经A-1,A-2,A-3,A-4到城市B。A-3到A-4段经过湖泊需建造湖底隧道，长度为34km，如图7-2所示。

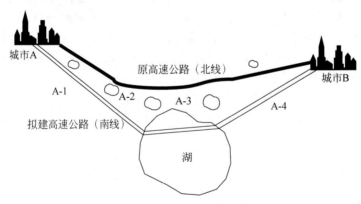

图7-2　拟建项目示意地图

2）自然条件

由于苏南地区经济发展快，土地资源很缺乏，地形崎岖，阴雨天气较多。另外，苏南地区河流湖泊较多。随着工业化进程的加快，用水量越来越多，许多部门和企业转向开采和使用地下水。长期过度开采地下水，将导致地面沉降和地下水不同程度的污染。

3) 社会经济状况

苏南地区是江苏省发展最快的地区,也是长三角乃至中国内陆发展最快的地区之一。

(1) 苏南地区土壤肥沃,水资源丰富,农业发达。

(2) 苏南沿海地区外贸发达,便于招商引资,还能发展渔业和海水养殖业,沿海地区的发展能带动稍内部地区的开发,于是促进了全地区的发展。

(3) 农业的发展能为工业的发展奠定坚实的基础。

(4) 城市的良性发展能完善基础设施的建设,旅游资源能够得到开发与经营。

5. 投资估算及资金筹措

(1) 总投资。资金总额1 121 750.69万元,自有资金总额392 535.69万元,占35%,其中用于建设投资的权益资金270 785万元,用于建设期利息的权益资金121 750.69万元,用于流动资金的权益资金0万元。银行贷款债务资金729 215万元,占65%,用于建设投资的长期借款729 215万元。见表7-16。

表7-16 项目总投资使用计划与资金筹措表　　　　　　　　　单位:万元

序号	项目	合计	1年	2年	3年	4年	5年
1	总投资	1 121 750.69	168 262.6	224 350.1	280 437.7	280 437.7	168 262.6
1.1	建设投资(不含建设期利息)	1 000 000	150 000	200 000	250 000	250 000	150 000
1.2	建设期利息	121 750.69	18 262.6	24 350.14	30 437.67	30 437.67	18 262.6
1.3	流动资金		0	0	0	0	0
2	资金筹措	1 121 750.69	168 262.6	224 350.1	280 437.7	280 437.7	168 262.6
2.1	项目资金	392 535.69	58 880.35	78 507.14	98 133.92	98 133.92	58 880.35
2.1.1	用于建设投资	270 785	40 617.75	54 157	67 696.25	67 696.25	40 617.75
2.1.2	用于建设期利息	121 750.69	18 262.6	24 350.14	30 437.67	30 437.67	18 262.6
2.1.3	用于流动资金	0	0	0	0	0	0
2.2	债务资金	729 215	109 382.3	145 843	182 303.8	182 303.8	109 382.3
2.2.1	用于建设投资	729 215	109 382.3	145 843	182 303.8	182 303.8	109 382.3
2.2.2	用于建设期利息	0	0	0	0	0	0
2.2.3	用于流动资金	0	0	0	0	0	0

(2) 建设投资。固定资产投资费用导入投资792 000万元,建筑安装工程导入投资550 000万元,设备购置费导入投资230 000万元,其他工程建设费用导入投资12 000万元,预备费导入投资208 000万元。

(3) 流动资金。用于流动资金的权益资金0万元。

(4) 其他。

银行贷款还款方式:等额还本利,偿还期20年。

计利息方式:按年计息,借款利率为6%。

(5) 资金来源。筹措资金总额1 121 750.69万元,项目资本金35.0%,银行贷款65.0%。

(6) 资金使用与管理。资金运筹计划:本项目建设期5年,经营期20年,计算期25年。

拟建项目设 13 个收费站，5 个服务区。

固定资产投资由：建筑安装工程、设备购置费、其他工程建设费用组成。

折旧年限：建筑安装工程 20 年、设备购置费 10 年、其他工程建设费用组成 10 年。

净残值率：建筑安装工程 5%。

银行贷款还款方式：等额还本利，偿还期 20 年。

6．财务评价

本项目主要根据《建设项目经济评价方法与参数（第 3 版）》进行评价。主要由建设项目经济评价方法和建设项目经济评价参数两部分组成。其中建设项目经济评价参数主要由指标的计算方法和各指标的标准参考值组成。建设项目经济评价方法包括总则、财务效益与费用估算、资金来源与融资方案、财务分析、经济费用效益分析、费用效果分析、不确定性分析与风险分析，财务评价的内容和步骤如图 7-3 所示。

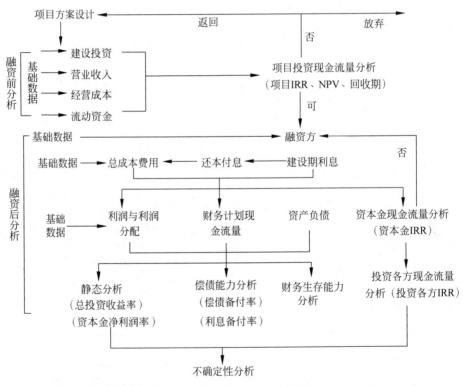

图 7-3　财务指标体系评价流程图

7．营业收入税金和附加估算

1）营业收入

公路里程平均按照 174km 计算，年周期按 360 天计算。

单位车辆年收入＝运价×平均公路里程×年周期

营业收入（表 7-17）＝单位车辆年收入（表 7-18）×年车流量（表 7-19）

表 7-17 营业收入

单位：万元

年份	小客日流量	运营收入	大客日流量	运营收入	小货日流量	运营收入	中货日流量	运营收入	大货日流量	运营收入	年收入
2011	16 027	30 118	12 020	33 882	7441	30 297	11 448	63 105	10 303	78 736	236 138
2012	16 508	31 022	12 381	34 899	7664	31 205	11 791	64 996	10 612	81 098	243 220
2013	17 003	31 952	12 752	35 945	7894	32 141	12 145	66 947	10 930	83 528	205 691
2014	17 513	32 910	13 135	37 025	8131	33 106	12 510	68 959	11 258	86 035	211 868
2015	18 039	33 899	13 529	38 136	8375	34 099	12 885	71 026	11 596	88 617	218 223
2016	18 580	34 916	13 934	39 277	8626	35 122	13 271	73 154	11 944	91 277	224 768
2017	19 137	35 962	14 353	40 458	8885	36 176	13 670	75 353	12 302	94 013	231 514
2018	19 711	37 041	14 783	41 670	9151	37 259	14 080	77 613	12 671	96 833	238 456
2019	20 303	38 153	15 227	42 922	9426	38 379	14 502	79 940	13 052	99 744	245 617
2020	20 912	39 298	15 683	44 207	9709	39 531	14 937	82 338	13 443	102 732	252 981
2021	21 539	40 476	16 154	45 535	10 000	40 716	15 385	84 807	13 846	105 812	260 566
2022	22 185	41 690	16 638	468 992	10 300	41 937	15 847	87 354	14 262	108 991	268 391
2023	22 851	42 941	17 138	48 309	10 609	43 196	16 322	89 972	14 690	112 262	276 442
2024	23 536	44 229	17 652	49 757	10 927	44 490	16 812	92 673	15 130	115 625	284 730
2025	24 242	45 556	18 181	51 249	11 255	45 826	17 316	95 451	15 584	119 094	293 271
2026	24 970	46 924	18 727	52 788	11 593	47 202	17 836	98 318	16 052	122 671	302 079
2027	25 719	48 331	19 289	54 372	11 941	48 619	18 371	101 267	16 533	126 347	311 137
2028	26 490	49 780	19 867	56 001	12 299	50 077	18 922	104 304	17 029	130 137	320 469
2029	27 285	51 274	20 463	57 681	12 668	51 579	19 489	107 429	17 540	134 042	330 079
2030	28 103	52 811	21 077	59 412	13 048	53 126	20 074	110 654	18 066	138 062	339 982
总收入		809 283		1 332 517		814 083		1 695 660		2 115 656	5 295 622

表 7-18 相应车型收费标准

车型	小客	大客	小货	中货	大货
运价	0.3 元/km	0.45 元/km	0.65 元/km	0.88 元/km	1.22 元/km
单位车辆年收入	18 792 元	28 188 元	40 716 元	55 123.2 元	76 420.8 元

表 7-19 各类车型每日流量预测结果　　　　　　　　　　单位：辆

年份	小客	大客	小货	中货	大货
2011	16 027	12 020	7441	11 448	10 303
2012	16 508	12 381	7664	11 791	10 612
2013	17 003	12 752	7894	12 145	10 930
2014	17 513	13 135	8131	12 510	11 258
2015	18 039	13 529	8375	12 885	11 596
2016	18 580	13 934	8626	13 271	11 944
2017	19 137	14 353	8885	13 670	12 302
2018	19 711	14 783	9151	14 080	12 671
2019	20 303	15 227	9426	14 502	13 052
2020	20 912	15 683	9709	14 937	13 443
2021	21 539	16 154	10 000	15 385	13 846
2022	22 185	16 638	10 300	15 847	14 262
2023	22 851	17 138	10 609	16 322	14 690
2024	23 536	17 652	10 927	16 812	15 130
2025	24 242	18 181	11 255	17 316	15 584
2026	24 970	18 727	11 593	17 836	16 052
2027	25 719	19 289	11 941	18 371	16 533
2028	26 490	19 867	12 299	18 922	17 029
2029	27 285	20 463	12 668	19 489	17 540
2030	28 103	21 077	13 048	20 074	18 066

2）销售税金

根据交通运输业交营业税，税率为 3%；辅税：城市建设税 7%，教育税 3%；企业所得税按照利润的 15% 交纳。

8. 总成本及经营成本估算

（1）项目总成本估算，见表 7-20。

（2）经营成本估算，见表 7-21。

表 7-20 项目总成本估算表　　　　　　　　单位：万元

序号	项目名称	导入投资	合计校对	第1年	第2年	第3年	第4年	第5年
	用款比例/%		100%	15%	20%	25%	25%	15%
1	固定资产投资费用	792 000	792 000	118 800	158 400	198 000	198 000	118 800
	建筑安装工程	550 000	550 000	82 500	110 000	137 500	137 500	82 500
	设备购置费	230 000	230 000	34 500	46 000	57 500	57 500	34 500
	其他工程建设费用	12 000	12 000	1800	2400	3000	3000	1800

续表

序号	项目名称	导入投资	合计校对	第1年	第2年	第3年	第4年	第5年
2	可抵扣税金	0	0	0	0	0	0	0
3	无形资产费用	0	0	0	0	0	0	0
4	其他资产费用	0	0	0	0	0	0	0
5	预备费	208 000	208 000	31 200	41 600	52 000	52 000	31 200
5.1	基本预见费	208 000	208 000	31 200	41 600	52 000	52 000	31 200
5.2	涨价预备费	0	0	0	0	0	0	0
6	建设投资合计	1 000 000	1 000 000	150 000	200 000	250 000	250 000	150 000

表 7-21　各种费用估算表　　　　　单位：万元

序号	费用名称	达到设计生产年费用
1	基础费用	8523
1.1	运营费用	4078
1.2	养护费用	3445
1.3	其他费用	1000
2	机电运营费	5300
3	大修理费	第 10 年 5000；第 15 年 6000；第 20 年 7800；第 25 年 9000

9. 财务效益分析

1) 银行贷款清偿能力分析

该项目从国家开发银行贷款 729 215 万元，长期借款按照等额还本利息照付的方式进行偿还，长期借款有效年利率为 6%，通过借款还本付息，见表 7-22。可以看出，借款偿还期为 15 年，运营期内满足银行 20 年借款还本付息的条件，该项目偿债能力强。

表 7-22　借款还本付息表　　　　　单位：万元

年份	借款	期初借款余额	当期还本付息	还本	付息	期末借款余额
2006	109 382.25	0	0	0	0	109 382.25
2007	145 843	109 382.25	0	0	0	255 225.25
2008	182 303.75	255 225.25	0	0	0	437 529
2009	182 303.75	437 529	0	0	0	619 832.75
2010	109 382.25	619 832.75	0	0	0	729 215
2011	0	729 215	92 367.233	48 614.333	43 752.9	680 600.667
2012	0	680 600.667	89 450.373 02	48 614.333	40 836.040 02	631 986.334
2013	0	631 986.334	86 533.513 04	48 614.333	37 919.180 04	583 372.001
2014	0	583 372.001	83 616.653 06	48 614.333	35 002.320 06	534 757.668
2015	0	534 757.668	80 699.793 08	48 614.333	32 085.460 08	486 143.335
2016	0	486 143.335	77 782.9331	48 614.333	29 168.6001	437 529.002
2017	0	437 529.002	74 866.073 12	48 614.333	26 251.740 12	388 914.669

续表

年份	借款	期初借款余额	当期还本付息	还本	付息	期末借款余额
2018	0	388 914.669	71 949.213 14	48 614.333	23 334.880 14	340 300.336
2019	0	340 300.336	69 032.353 16	48 614.333	20 418.020 16	291 686.003
2020	0	291 686.003	66 115.493 18	48 614.333	17 501.160 18	243 071.67
2021	0	243 071.67	63 198.6332	48 614.333	14 584.3002	194 457.337
2022	0	194 457.337	60 281.773 22	48 614.333	11 667.440 22	145 843.004
2023	0	145 843.004	57 364.913 24	48 614.333	8750.580 24	97 228.671
2024	0	97 228.671	54 448.053 26	48 614.333	5833.720 26	48 614.338
2025	0	48 614.338	51 531.193 28	48 614.333	2916.860 28	0.005
2026—2030	0	0	0	0	0	0

2) 财务现金流量分析

由项目的财务现金流量表可知，财务内部收益率(FIRR)为17%。财务净现值(FNPV)＝1 505 462万元，静态投资回收期为11.52年，动态回收期为11年，见表7-23。

财务净现值见式(7-29)

$$\mathrm{FNPV}=\sum_{t=1}^{n}\frac{(\mathrm{CI}-\mathrm{CO})_{t}}{(1+i_{c})^{t}}$$

财务内部收益率见式(7-30)：

$$\mathrm{FIRR}=\sum_{t=1}^{n}\frac{(\mathrm{CI}-\mathrm{CO})_{t}}{(1+\mathrm{FIRR})^{t}}=0$$

静态投资回收期见式(4-2)：

$T_P = T - 1 +$ 第$(T-1)$年累计净现金流的绝对值/第T年的净现金流量

动态投资回收期见式(4-6)：

$$\sum_{t=0}^{T_{P}^{*}}(\mathrm{CI}-\mathrm{CO})_{t}\cdot(1+i_{0})^{-t}=0$$

式中，CI_t——第t年的现金流入量；

CO_t——第t年的现金流出量；

i_0——基准折现率；

FIRR——财务内部收益率

10. 不确定性分析

综合考虑项目的财务收入与财务费用可能发生变化的不利因素，本案例取财务收入减少10%；财务费用减少10%；财务收入减少10%，同时财务费用又增加10%的3种变化情况进行财务敏感性分析，见表7-24。投资和收入变动后的内部收益率均大于财务基准折现率5.7%，动态投资回收期均在25年内。因此，财务敏感性分析结果表明，本项目抗风险能力较强。

表 7-23 新建高速公路项目财务现金流量计算

单位：万元

年份	现金流入	营业收入	回收固定资产余值	回收流动资金	现金流出	建设投资	流动资金	经营成本	营业税金及附加	所得税前净现金流量	累计所得税前净现金流量	净现值	累计净现值
2006	0				150 000	150 000		0	0	-150 000	-150 000	-141 911	-141 911
2007	0				200 000	200 000		0	0	-200 000	-350 000	-179 011	-320 922
2008	0				250 000	250 000		0	0	-250 000	-600 000	-211 697	-532 619
2009	0				250 000	250 000		0	0	-250 000	-850 000	-200 281	-732 900
2010	0				150 000	150 000		0	0	-150 000	-1 000 000	-189 481	-922 381
2011	239 418	239 418			25 424		4 078	21 346	7 901	213 994	-786 006	153 445	-768 936
2012	246 598	246 598		0	29 484		0	21 346	8 138	217 114	-568 892	147 286	-621 650
2013	253 993	253 993		0	29 728		0	21 346	8 382	224 265	-344 627	143 933	-477 717
2014	261 619	261 619		0	29 979		0	21 346	8 633	231 640	-112 987	140 650	-337 067
2015	269 469	269 469		0	35 238		0	26 346	8 892	234 231	121 244	134 553	-202 514
2016	277 547	277 547		0	30 505		0	21 346	9 159	247 042	368 286	134 260	-68 254
2017	285 879	285 879		0	30 780		0	21 346	9 434	255 099	623 385	131 162	62 908
2018	294 450	294 450		0	31 063		0	21 346	9 717	263 387	886 772	128 121	191 029
2019	303 293	303 293		0	31 355		0	21 346	10 009	271 938	1 158 710	125 147	316 176
2020	312 385	312 385		0	37 655		0	27 346	10 309	274 730	1 433 440	119 614	435 790
2021	321 754	321 754		0	31 964		0	21 346	10 618	289 790	1 723 230	119 367	555 157
2022	331 412	331 412		0	32 283		0	21 346	10 937	299 129	2 022 359	116 569	671 726
2023	341 356	341 356		0	32 611		0	21 346	11 265	308 745	2 331 104	113 828	785 554
2024	351 591	351 591		0	32 966		0	21 346	11 602	318 625	2 649 729	111 136	896 690
2025	362 136	362 136		0	41 096		0	29 146	11 950	321 040	2 970 769	105 940	1 002 630
2026	373 012	373 012		0	33 655		0	21 346	12 309	339 357	3 310 126	105 945	1 108 575
2027	384 198	384 198		0	34 025		0	21 346	12 679	350 173	3 660 299	103 427	1 212 002
2028	395 720	395 720		0	34 405		0	21 346	13 059	361 315	4 021 614	100 963	1 312 965
2029	407 589	407 589		0	34 796		0	21 346	13 450	372 793	4 394 407	98 553	1 411 518
2030	419 816	419 816	27 500	4 078	44 200		0	30 346	13 854	375 616	4 770 023	93 944	1 505 462

表 7-24　敏感性分析表(财务分析)　　　　　　　　　　单位：万元

变化因素	内部收益率/%	动态投资回收期/年	累计净现值
投资增加10%	16	10	4 618 701.8
收入减少10%	16	11	4 126 699.5
收入减少10% 投资增加10%	14	11	3 975 378.3

11. 财务评价结论

主要是进行新建高速公路项目财务现金流量的计算。本例中全投资内部收益率(17%)大于基准折现率(5.7%)，而基准折现率大于贷款利率。按原理，全投资净现值和内部收益率均应分别小于自有资金净现值和内部收益率。上述计算结果符合这一结论。从总体看，该项目投资效果较好。

7.4 改扩建项目财务评价

我国现行投资管理体制中规定，建设项目分为基本建设项目和技术改造项目(或称更新改造项目)。按照国家的现行规定，划分基建项目与技术改造项目主要考虑了以下几方面因素：①从工程建设的内容和主要目的来划分。一般以扩大生产能力(或新增工程效益)为主要建设内容和目的的项目划为基建项目；以降低产品成本、节约消耗、提高产品质量、治理"三废"、劳动安全为主要目的的项目划为技术改造项目。②以投资来源划分。以利用国家预算内拨款(基本建设基金)、银行基本建设贷款为主的项目划为基本建设项目；以利用企业基本折旧基金、企业自有基金和银行技术改造贷款为主的项目划为技术改造项目。③以建筑工作量划分。凡建筑投资占整个投资30%以上的项目，划为基本建设项目；其余为技术改造项目。按项目所列入的计划划分，凡列入基本建设计划的项目，一律划为基本建设项目；凡列入技术改造计划的项目，则划为技术改造项目。

上述划分只限于全民所有制(或国有)企业单位的建设项目，非全民所有制单位或非生产性部门的建设项目不作这种划分。

改扩建项目属于基本建设项目，与技术改造项目在管理体制上虽属不同归属部门管理，但项目评价方法是完全相同的。改扩建与技术改造项目都是在老企业现有基础上进行的建设，不可避免地要与老企业发生各种联系，从而在经济计算和评价上更加复杂和困难。

改扩建和技术改造项目与新建项目比较，有以下优点：可充分利用原有的厂房、基础设施和外部运输等存量资产的潜力，从而节约固定资产投资；可以少占或不占国家有限的土地资源；可以少增或不增，甚至减少熟练劳动力；可以缩短建设时间，并利用已有的生产管理技术力量使项目提前达产；可以充分利用企业原有的市场销售渠道和原材料供应渠道，减少进入市场所需的各种消耗；可以充分调动企业自身积极性，充分利用企业自有资金和原有资产筹集资金(发放债券、股票或获得抵押贷款等)扩大建设资金来源。

改扩建项目是在原有企业的基础上进行建设的，它与新建项目相比具有以下特点：

(1) 在不同程度上利用了原有资产和资源，以增量调动存量，以较小的新增投入取得较大的新增效益；

(2) 改扩建前已在生产经营，而且其状况还会发生变化，因此项目效益和费用的识别、计算较复杂；

(3) 建设期内建设与生产同步进行；

(4) 项目与企业既有区别又有联系,有些问题的分析范围需要从项目扩展至企业。

因此,改扩建项目的经济评价除应遵循一般新建项目经济评价的原则和基本方法外,还必须针对以上特点,在具体评价方法上做一些特殊的处理。改扩建项目的目标不同,实施方法各异。其效益可能表现在增加产量、扩大品种、提高质量、降低能耗、合理利用资源、提高技术装备水平、改善劳动条件或减轻劳动强度、保护环境和综合利用等一个方面或几个方面。其费用(代价)不仅包括新增投资、新增经营费用,还包括由项目建设可能带来的停产或减产损失,以及原有固定资产拆除费等。所有效益和费用均应反映在项目的经济评价中。对于难以定量计算的效益和费用应作定性描述。

例 7-4 某改造项目原有资产的重估值为 200 万元,其中 100 万元的资产将在改造后被拆除变卖,其余的 100 万元资产继续留用。改造的新增投资估计为 300 万元,改造后预计的每年的净收益可达 100 万元,而不改造每年的净收益预计只有 40 万元。假定改造、不改造的寿命期均为 8 年,基准收益率 $i_c=10\%$,问该企业是否应当进行技术改造？

解： "改扩建项目"和"新建项目"的现金流量图,如图 7-4 所示。

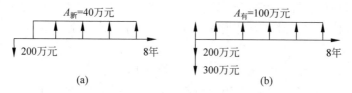

图 7-4 某改造项目现金流量图
(a) 新建项目；(b) 改建项目

$$\text{NPV}_{新} = -200 + 40(P/A,10\%,8) = 13.4(万元)$$
$$\text{NPV}_{改} = -400 + 100 \times 5.335 = 133.5(万元)$$

因为 $\text{NPV}_{改} > \text{NPV}_{新} > 0$

所以,应对企业进行技术改造。

7.5 工程项目财务评价软件应用

铭星软件应用案例

本 章 小 结

项目的财务评价是在国家现行财税制度和价格体系的条件下,预测估计项目范围内的效益与费用,编制财务报表,计算评价指标,考察项目的盈利能力、清偿能力,据以判断项目在财务上的可行性,为投资决策提供科学的依据。

　　工程项目财务评价是在完成市场调查与预测、拟建规模、营销策划、资源优化、技术方案论证、环境保护、投资估算与资金筹措等可行性分析的基础上,对拟建项目各方案投入与产出的基础数据进行推测、估算,对拟建项目各方案进行评价和选优的过程。财务评价的工作融汇了可行性研究的结论性意见和建议,是投资主体决策的重要依据。

　　财务评价的指标体系包括静态指标体系和动态指标体系。其中,静态指标体系包括投资收益率、投资利税率和资本金利润率；动态指标体系包括财务净现值、财务内部收益率和财务净现值率。

　　最后介绍了铭星软件的操作流程。铭星软件适用于各种工业项目及所有有投入产出的非工业项目,以及分多期建设的项目、建设期非整年的项目、利率浮动的项目,以及其他各种项目类型。越是复杂的项目越能展现本系统的优越性能。

思考与练习

7-1　建设投资概略估算有哪些方法？其适用条件各是什么？

7-2　如何对建设投资进行详细估算？

7-3　财务评价所需的财务分析报表有哪些？财务评价的主要指标有哪些？各指标如何进行计算与分析评价？

7-4　某项目计算期 20 年,各年净现金流量(CI-CO)如表 7-29 所示。基准收益率为 10%。试根据项目的财务净现值 FNPV 判断此项目是否可行,并计算项目的投资回收期、财务净现值和财务内部收益率。

表 7-29　净现流量与年份表

年份	1	2	3	4	5	6～20
净现金流量/元	－180	－250	150	84	112	150

7-5　某工业项目计算期为 15 年,建设期为 3 年,第 4 年投产,第 5 年开始达到生产能力。项目建设投资(未包含建设期借款利息)为 8000 万元,其中自有投资为 4000 万元,不足部分向银行借款,银行借款利率为 10%,假定每年借款发生在年中。建设期只计息不还款,第 4 年初投产后开始还贷,每年付清利息并分 10 年等额偿还建设期利息资本化后的全部借款本金,现金流量的发生时点遵循年末习惯法。分年投资情况如表 7-30 所示。

　　第 4 年年初投入生产所需的全部流动资金 2490 万元,全部用银行借款,年利率 10%,项目营业税金及附加和经营成本的预测值如表 7-31 所示。

表 7-30　建设投资资金

年　份	1	2	3	合计
建设投资/万元	2500	3500	2000	8000
其中：自有资金投资/万元	1500	1500	1000	4000

表 7-31　项目营业税金及附加和经营成本的预测值　　　　　　　　单位：万元

年　　份	4	5	6	…	15
营业收入	5600	8000	8000	…	8000
营业税金及附加	320	480	480	…	480
经营成本	3500	5000	5000	…	5000

固定资产折旧采用直线折旧法，折旧年限为 15 年，残值率 5%，建设期利息计入固定资产原值。

所得税税率为 33%，基准收益率为 12%。

试计算完成以下表格，并计算该项目投资财务净现值和静态投资回收期。

(1) 建设期利息计算表 (表 7-32)。

表 7-32　建设期利息计算表　　　　　　　　单位：万元

年　　份	1	2	3	4
年初欠款	0			
当年借款				
当年利息				
年末欠款累计				

(2) 借款偿还计划及利息计算表 (表 7-33)。

表 7-33　借款偿还计划及利息计算表　　　　　　　　单位：万元

年　　份	4	5	6	7	8	9	10	11	12	13
年初欠款	4631									
当年利息支付	463									
当年还本	463									
年末尚欠										

(3) 利润与所得税计算表 (表 7-34)。

表 7-34　利润与所得税计算表　　　　　　　　单位：万元

年　　份	4	5	6	7	8	9	10	11	12	13	14	15
营业收入												
经营成本												
折旧												
建设投资借款利息	463											
流动资金借款利息	249											
营业税金及附加												
利润总额												
所得税												
净利润												

(4) 项目投资现金流量表(表7-35)

表7-35 项目投资现金流量表　　　　　　　　　　　　　单位：万元

年　　末	1	2	3	4	5	6	7	8	9	10	11	12	13	14	15
(一)现金流入															
1. 营业收入															
2. 回收固定资产余值															
3. 回收流动资金															
(二)现金流出															
1. 建设投资(不含建设期利息)															
2. 流动资金															
3. 经营成本															
4. 营业税金及附件															
5. 调整所得税															
(三)净现金流量															

第8章　工程项目国民经济评价

学习目标：项目的国民经济评价是按照资源合理配置的原则，从国家整体角度分析项目的效益和费用，评价项目的合理性。通过本章的学习，了解国民经济的含义及作用，理解国民经济评价的基本原理、国民经济评价与财务评价的联系与区别以及国民经济的评价内容与步骤，掌握费用效益分析方法，影子价格、影子工资、影子汇率和社会折现率及其计算，熟练掌握国民经济评价的基本方法。

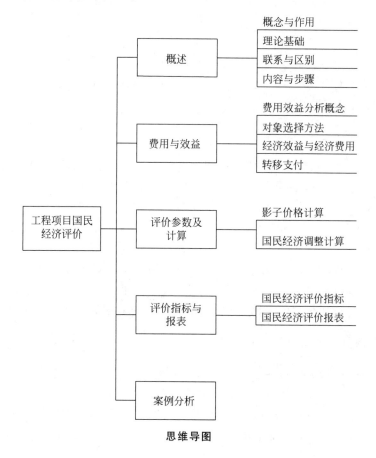

思维导图

课程思政：项目的国民经济评价是资源合理配置的宏观调控，国民经济评价强调整体性，可持续发展，具有大局观念的责任与担当。恪尽职守、敬业奉献是每个人应有的责任和担当，做到"功成不必在我，功成必定有我"的有机统一。顾全大局，舍小家顾大家，牺牲小我利益，获得全局的胜利。

8.1 项目国民经济评价概述

8.1.1 国民经济评价概念与作用

1. 国民经济评价的概念

国民经济评价是按照资源合理配置的原则,从国家整体角度考察项目的效益和费用,用货物影子价格、影子工资、影子汇率和社会折现率等经济参数,分析、计算项目对国民经济的净贡献,评价项目的经济合理性。

国民经济评价又称费用效益分析,20世纪30年代开始在西方国家的公共工程项目评价中得以运用。一些国际组织、研究机构和许多专家学者都投入到发展中国家的国民经济评价方法的研究之中,取得了比较丰硕的成果,其中较有代表性的有:联合国工业发展组织(UNIDO)出版的《项目评价手册》,称为 UNIDO 法;世界银行(WB)出版的《项目经济分析》,称为 WB 法;英国牛津大学的 I. 李特尔和 J. 米尔利斯联合发表的《发展中国家项目评价和规划》,称为 L-M 法。

2. 国民经济评价的范围

一种是狭义的理解,即认为国民经济评价应与社会评价分开,国民经济评价仅仅分析项目对国民经济产生的影响,而将项目对生态环境和社会生活等其他方面产生的影响放到社会评价之中;另一种是广义的理解,即认为可以将费用效益分析方法应用于经济社会的各个方面,将上述各种影响的费用和效益化为统一的可计算量,用统一的货币计量单位表示,并进行分析比较。

从目前的发展趋势看,社会评价已逐渐从原来的国民经济评价中分离出来,因此,将国民经济评价的考察范围定义在经济领域本身是比较恰当的,这样有助于三种评价类型(财务评价、国民经济评价、社会评价)的分工和专精,以免重复或遗漏。

3. 确定适用范围的原则

市场自行调节的行业项目一般不必进行国民经济评价。市场配置资源失灵的项目需要进行国民经济评价。市场配置资源的失灵主要体现在以下几类项目:

(1)具有自然垄断特征的项目,例如电力、电信、交通运输等行业的项目;

(2)产出具有公共产品特征的项目,即具有"消费的非排他性"和"消费的非竞争性"特征的项目;

(3)外部效果显著的项目;

(4)涉及国家战略性资源开发和关系国家经济安全的项目;

(5)受过度行政干预的项目。

4. 需要进行国民经济评价的具体项目类别

政府预算内投资用于关系国家安全、国土开发和市场不能有效配置资源的公益性项目和公共基础设施建设项目、保护和改善生态环境项目、重大战略性资源开发项目;政府各类专项建设基金投资用于交通运输、农林水利等基础设施、基础产业建设项目;利用国际金融组织和外国政府贷款,需要政府主权信用担保的建设项目;法律法规规定的其他政府性资金投资的建设项目;企业投资建设的涉及国家经济安全、影响环境资源、公共利益、可能出现垄断、涉及整体布局等问题,需要政府核准的建设项目。

5. 国民经济评价的作用

(1) 正确反映项目对社会经济的净贡献,评价项目的经济合理性。项目的财务盈利性至少在以下几个方面可能难以全面正确地反映项目的经济合理性:①国家给予项目补贴;②企业向国家缴税;③某些货物市场价格可能扭曲;④项目的外部效果。

(2) 为政府合理资源配置提供依据:①对那些本身财务效益好,但经济效益差的项目进行调控;②对那些本身财务效益差,而经济效益好的项目予以鼓励。

(3) 政府审批或核准项目的重要依据重点是外部性和公共性。

(4) 为市场化运作的基础设施等项目提供财务方案的制定依据。

(5) 必选和优化项目(方案)具有重要作用。

(6) 有助于实现企业利益、地区利益与全社会利益有机地结合和平衡。

6. 国民经济评价的意义

国民经济评价是用全局的长远的观点分析项目的盈利情况,有利于国家实现资源的合理配置,因此,国民经济效益评价对重大工程项目的投资具有决定性的意义。概括地说,对投资项目进行国民经济评价有以下四方面意义:

(1) 有利于国家有限资源的合理流动与优化配置;

(2) 能够真实反映项目对国民经济的净贡献;

(3) 国民经济评价是投资决策科学化的需要;

(4) 对公益性项目具有特殊的重要意义。

8.1.2 国民经济评价理论基础

从起源上看,投资项目国民经济评价的理论基础,主要是福利经济学。福利经济学的支付意愿与消费者剩余、帕累托最优状态与补偿原则以及外部效果与无形效果等思想,为国民经济评价提供了理论依据。

1. 支付意愿与消费者剩余

(1) 支付意愿。人们为得到某一产品所愿意支付的经济代价是有差异的,消费者对购买某一产品所愿意支付的最高价格,即为支付意愿。

利用支付意愿代替市场价格衡量投资项目的效益,是国民经济评价与财务评价的重要区别之一。因为市场价格受多种因素影响,常常会出现价格背离价值的现象,这时资源的稀缺性便得不到合理的反映;而支付意愿则弥补了这一缺陷,基本上体现出了产品的社会价值,使效益计算更有说服力。

(2) 消费者剩余。由于人们在购买产品时支付的实际价格,总是小于或等于、而且通常总是小于其支付意愿(否则就不会购买了),这样在支付意愿与市场价格之间就有一个差额,它相当于消费者"节省"下来的一笔"剩余费用",也可看做一笔"额外收入"。

消费者剩余的概念,对于投资项目(尤其是公共工程项目)的国民经济评价而言,具有重要意义。因为它是消费者从项目中获得的好处,可以称为公众效益。尽管从企业的角度看,这种好处对于投资者来说并无任何实际收入的增加,也不在财务评价中加以反映;但从社会的角度看,消费者剩余却显然构成了项目总体效益的一部分,必须在国民经济评价中得到反映。

2. 帕累托最优状态与补偿原则

(1) 帕累托最优状态。以帕累托为代表的新福利经济学主张在既定的收入分配下,研究经济效益的最优状态。即任何改变都不能使一个人的境况变好,而同时又不使别人的境况变坏,这时称之为帕累托最优状态。

在完全竞争条件下,如果消费者追求满足最大,生产者追求利润最大,要求所有者追求收益最大,就能够达到社会福利的帕累托最优状态。并且,当每个人都在一定限制条件下追求自己的"最大"时,就能够形成一套社会福利最大的完全竞争价格,也就是项目的国民经济评价中的"影子价格"。

(2) 补偿原则。由于帕累托最优状态是一种静止的均衡状态,并且是理想化的虚拟状态,而实际上总有一些变动会使一部分人满足增加、同时使另一部分人满足减少,几乎每一个投资项目都是如此。在这种情况下,倘若按帕累托最优状态衡量,则任何项目都无法进行。这实际上就是收入再分配问题,也是国民经济评价与财务评价的重要区别之一。

3. 外部效果与无形效果

(1) 外部效果。企业在经济活动中,常常受到各种来自企业外部经济力量的影响,导致企业的效益或费用的增加或减少,而企业自身并不对这种影响支付代价,称为外部效果。如果这种影响导致企业效益增加或费用减少,则为积极影响,称作"外部经济";如果这种影响导致企业费用增加或减少,则为消极影响,称作"外部不经济"。

外部效果通常分为以下 3 种情况:①技术外溢效果,是指项目的建设和运行带给项目外部的实际影响;②价格连锁效果,是指项目的实施会使其投入品的价格上升、使其产出品的价格下降;③乘数效果,是指项目的投建导致与之相关联的上游和下游产业部门得以发展,或使闲置的生产能力得以启用,即一笔投资通过"乘数效应"令其作用得以放大。

(2) 无形效果。大多数的外部效果是无法用货币来衡量的,如交通噪声对居民健康的损害。凡是难以用货币计量又缺乏物质形体的直接或间接效果,统称为无形效果,也叫市场外效果,即这些效果不会在市场上出现,也没有市场价格。

在项目的国民经济评价中,对于无形效果可以有两种处理方法:①非数量化,即干脆以定性描述来反映,不强求以货币尺度来衡量;②近似模拟,即以与该无形效果造成后果类似的其他技术方案的效益或费用来近似反映。

8.1.3 国民经济评价与财务评价联系与区别

1. 国民经济评价与财务评价的联系

(1) 评价的目的相同。国民经济评价和财务评价都属于经济评价范畴,其目的都是寻求经济效益最有利的投资项目和建设方案。

(2) 评价的基础相同。国民经济评价和财务评价都是项目可行性研究的组成部分,都需在完成项目的市场分析、方案构思、投资估算及资金规划等步骤的基础上进行计算和认证。

(3) 评价的基本方法和指标相同。国民经济评价和财务评价都在经济效果评价与方案比选的基本理论指导下,采取基本相同的分析方法,都要考虑资金的时间价值,都采用净现值、净年值、内部收益率等评价指标,通过编制相关报表对项目进行分析、比较。

2. 国民经济评价与财务评价的区别

(1) 评价的角度和立场不同。财务评价是站在企业(投资者、经营者、债权人)的立场上,从项目自身的微观角度分析其在财务上能够生存与否,进而分析有关各方的实际经济收益或损失,以及投资或贷款的风险与盈利;而国民经济评价则是站在国家和地区整体的立场上,从全社会的宏观角度去分析项目对国民经济发展、收入分配、资源配置等方面的影响,进而确定其经济上的合理性。

(2) 费用、效益的含义及划分范围不同。财务评价根据项目直接的财务收支来计算项目的效益和费用;国民经济评价则根据项目实际耗费的有用资源及向社会提供的有用产品或服务来考察项目的效益和费用。在有些财务评价中被视为费用或效益的财务收支,如税金、补贴、国内借款利息等,在国民经济评价中不视作费用或效益;在财务评价中不考虑间接费用或效益的有环境污染、节省劳动时间和降低劳动强度等,但是在国民经济评价中又必须当作费用或效益。

(3) 使用的价格体系不同。在计算项目的各项效益和费用时,财务评价使用的是实际的或预测的市场价格;国民经济评价使用的则是能够反映资源经济价值的影子价格。

(4) 使用的评判依据不同。在衡量项目盈利能力时对内部收益率评判的依据,财务评价使用的是财务基准收益率,它依行业和地区的不同而不同;国民经济评价使用的则是社会折现率,它在全国是一致的。

(5) 评价的组成内容不同。财务评价的组成内容包括盈利能力分析、清偿能力分析、外汇平衡分析三个方面;而国民经济评价的组成内容则包括盈利能力分析、外汇效果分析两个方面。

(6) 考察与跟踪的对象不同。财务评价考察的是项目的财务生存能力,跟踪的是与项目直接相关的货币流动;国民经济评价考察的是项目对国民经济的净贡献,跟踪的是围绕项目发生的资源流动。这一点是二者最根本的区别。

3. 国民经济评价的特点

从以上与财务评价的对照比较中,可以归纳出国民经济评价的特点为:国民经济评价是从全社会的角度出发,以对国民经济净贡献最大化和资源配置合理化为目标对建设项目进行考察、分析、计算;计算的范围不仅包括直接效益和费用,也包括体现项目外部效果的间接效益和费用;评价中采用的价格是影子价格;跟踪的是资源流动。具体区别见表 8-1。

表 8-1　国民经济评价与财务评价的对照表

不同点	财务评价	国民经济评价
角度和基本出发点不同	站在项目的层次上，从项目的财务主体、投资者、未来的债权人角度，分析项目的财务效益和财务可持续性、投资各方的实际收益或损失、投资或贷款的风险及收益	国民经济评价站在国家的层次上，从全社会的角度分析评价比较项目对社会经济的效益和费用
项目效益和费用的含义和范围划分不同	根据项目直接发生的财务收支，计算项目的直接效益和费用	直接的效益和费用，间接的效益和费用。项目税金和补贴、国内银行贷款利息等不能作为费用或效益
价格体系	预测的财务收支价格	影子价格体系
内容不同	进行盈利能力分析，偿债能力分析，财务生存能力分析	只有盈利性的分析，即经济效率分析
基准参数不同	最主要的是财务基准收益率	社会折现率
计算期可能不同	计算期可能短于国民经济评价	计算期可能长于财务分析

国民经济评价与财务评价相同之处：
（1）两者都使用效益与费用比较的理论方法；
（2）遵循效益和费用识别的有无对比原则；
（3）根据资金时间价值原理，进行动态分析，计算内部收益率和净现值等指标。

国民经济评价与财务评价联系：在很多情况下，国民经济评价是在财务分析基础之上进行，利用财务分析中的数据资料，以财务分析为基础进行调整计算。国民经济评价也可以独立进行，即在项目的财务分析之前进行国民经济评价。

8.1.4　国民经济评价内容与步骤

1. 国民经济评价的内容

（1）国民经济效益和费用的识别与处理。国民经济评价中的效益和费用与财务评价相比，从含义到范围都有显著区别，不仅包括在项目建设和运营过程中直接发生的、在财务账面上直接显现的效益和费用，还包括那些因项目建设和运营对外部造成的、不在财务账面上直接显现的间接效益和费用。这就需要对这些效益和费用——加以识别、归类，并尽量予以量化处理；实在无法定量的，也可定性描述。

（2）影子价格的确定与基础数据的调整。正确拟定项目投入物和产出物的影子价格，是保障国民经济评价科学性的关键。应选择既能够反映资源的真实经济价值、又能够反映市场供求关系、并且符合国家经济政策的影子价格；在此前提下，将项目的各项经济基础数据按照影子价格进行调整，计算各项国民经济效益和费用。

（3）国民经济效果分析。根据以上各项效益和费用，结合社会折现率等经济参数，计算项目的国民经济评价指标，填制国民经济评价报表，最终对项目的经济合理性得出结论。

2. 国民经济评价的步骤

在财务评价基础上进行国民经济评价的步骤主要是：
（1）效益和费用范畴的调整。即剔除已计入财务效益和费用中的转移支付；识别项目的间接效益和间接费用,对能定量的应定量,不能定量的应作定性描述。

(2) 效益和费用数值的调整。包括对固定资产投资、流动资金、经营费用和销售收入等各项数据的调整,具体调整方法见后面介绍。

(3) 进行项目国民经济盈利能力分析。编制项目的国民经济效益费用流量表,并据此计算经济内部收益率和经济净现值指标;对使用国外贷款的项目,还应编制国民经济效益费用流量表(国内投资),并据此计算国内投资的经济内部收益率和经济净现值指标。

(4) 进行项目外汇效果分析。对于产出物全部或部分出口或替代进口的项目,需编制经济外汇流量表、国内资源流量表,并据此计算经济外汇净现值、经济换汇成本或经济节汇成本指标。

国民经济效益和费用的识别:
① 影子价格的确定;
② 基础数据的调整;
③ 编制报表;
④ 国民经济效益分析;
⑤ 不确定性分析;
⑥ 作出评价结论和建议。

对直接作国民经济评价的项目而言,其评价步骤与前述大体相同,只是要首先识别和计算项目的直接效益;进行投资估算、流动资金估算;计算经营费用;识别和计算项目的间接效益;编制有关报表,计算相应的评价指标。

直接进行国民经济评价的步骤:
① 识别和计算项目的直接效益,对那些为国民经济提供产出物的项目,首先应根据产出物的性质确定是否属于外贸货物,再根据定价原则确定产出物的影子价格。按照项目的产出物种类、数量及其逐年的增减情况和产出物的影子价格计算项目的直接效益。对那些为国民经济提供服务的项目,应根据提供服务的数量和用户的受益计算项目的直接效益。
② 用货物的影子价格、土地的影子价格、影子工资、影子汇率、社会折现率等参数直接进行项目的投资估算。
③ 流动资金估算。
④ 根据生产经营的实物消耗、经营费用,用货物的影子价格、影子工资、影子汇率等参数计算。
⑤ 识别项目的间接效益和间接费用,对能定量的应进行定量计算,对难以定量的应作定性描述。
⑥ 编制有关报表,计算相应的评价指标。

8.2 项目国民经济评价费用与效益

8.2.1 费用效益分析概念

1. 费用效益分析必要性及其内容

所谓费用效益分析,是按合理配置稀缺资源和社会经济可持续发展的原则,采用影子价格、社会折现率等费用效益分析参数,从国民经济全局的角度出发,考察工程项目的经济合理性。

正常运作的市场是将稀缺资源在不同用途和不同时间上合理配置的有效机制。然而,市场的正常运作要求具备若干条件,包括资源的产权清晰、完全竞争、公共产品数量不多、短期行为不存在等。如果这些条件不能满足,市场就不能有效配置资源,即市场失灵。市场失灵包括:

(1) 无市场、薄市场。首先,很多资源的市场还根本没有发育起来,或根本不存在。这些资源的价格为零,因而被过度使用,日益稀缺。其次,有些资源的市场虽然存在,但价格偏低,只反映了劳动和资本成本,没有反映生产中资源的耗费的机会成本。价格为零或偏低时,资源会被浪费。例如,我国一些地区的地下水和灌溉用水价格偏低,因而被大量浪费。

(2) 外部效果。外部效果是企业或个人的行为对活动以外的企业或个人造成的影响。外部效果造成私人成本(内部成本或直接成本)和社会成本不一致,导致实际价格不同于最优价格。外部效果可以是积极的也可以是消极的。河流上游农民种树,保持水土,使下游农民旱涝保收,这是积极的外部效果;上游滥砍滥伐,造成下游洪水泛滥和水土流失,这是负面的外部效果。

(3) 公共物品。公共物品的显著特点,是一个人对公共物品的消费不影响其他消费者对同一公共物品的消费。在许多情况下,个人不管付钱与否都不能被从公共物品的消费中排除出去,例如国防。因为没人能够或应该被排除,所以消费者就不愿为消费公共物品而付钱。消费者不愿付钱,私人企业赚不了钱,就不愿意提供公共物品。因此,自由市场很难提供充足的公共物品。

(4) 短视计划。自然资源的保护和可持续发展意味着为了未来利益而牺牲当前消费。因为人们偏好当前消费,未来利益被打折扣,因而造成应留给未来人的资源被提前使用。资源使用中的高贴现率和可再生资源的低增长率,有可能使某种自然资源提早耗尽。

市场失灵的存在使得财务评价的结果往往不能真实反映工程项目的全部利弊得失,必须通过费用效益分析对财务评价中失真的结果进行修正。

费用效益分析的研究内容主要是识别国民经济效益与费用,计算和选取影子价格,编制费用效益分析报表,计算费用效益分析指标并进行方案比选。

2. 费用效益分析与财务评价关系

费用效益分析与财务评价的共同之处:

(1) 评价方法相同。它们都是经济效果评价,都使用基本的经济评价理论,即效益与费用比较的理论方法。都要寻求以最小的投入获取最大的产出,都要考虑资金的时间价值,采用内部收益率、净现值等盈利性指标评价工程项目的经济效果。

(2) 评价的基础工作相同。两种分析都要在完成产品需求预测、工艺技术选择、投资估算、资金筹措方案等可行性研究内容的基础上进行。

(3) 评价的计算期相同。

费用效益分析与财务评价的区别:

(1) 两种评价所站的层次不同。

(2) 费用和效益的含义和划分范围不同。

(3) 财务评价与费用效益分析所使用价格体系不同。财务评价使用实际的市场预测价格,费用效益分析则使用一套专用的影子价格体系。

(4) 两种评价使用的参数不同。如衡量盈利性指标内部收益率的判据,财务评价中用财务基准收益率,费用效益分析中则用社会折现率,财务基准收益率依行业的不同而不同,而社会折现率则是全国各行业各地区都是一致的。

(5) 评价内容不同。财务评价主要有两个方面:一是盈利能力分析;二是清偿能力分析。而费用效益分析则只做盈利能力分析,不做清偿能力分析。

费用效益分析与财务评价的不同之处见表8-2。

表8-2 费用效益分析与财务评价的不同之处

比较内容	财务评价	费用效益分析
所占层次	项目	政府部门
费用和效益含义与划分范围	项目直接发生的财务收支计算项目的费用和效益	全社会的角度考察项目的费用和效益
价格体系	市场预测价格	影子价格
参数	财务基准收益率	社会折现率
评价内容	盈利能力分析、清偿能力分析	盈利能力分析

8.2.2 费用效益划分原则

费用效益分析法是发达国家广泛采用的用于对工程项目进行国民经济评价的方法,也是联合国向发展中国家推荐的评价方法。所谓费用效益分析是指从国家和社会的宏观利益出发,通过对工程项目的经济费用和经济效益进行系统、全面的识别和分析,求得项目的经济净收益,并以此来评价工程项目可行性的一种方法。

费用效益分析最初是作为评价公共事业部门投资的一种方法而发展起来的,其起源于法国人杜波伊特1844年撰写的一篇论文《论公共工程效益的衡量》。后来这种方法被广泛应用于评价各种工程项目方案,并扩展到对发展计划和重大政策的评价。

费用效益分析的核心是通过比较各种备选方案的全部预期效益和全部预计费用的现值来评价这些备选方案,并以此作为决策的参考依据。项目的效益是对项目的正贡献,而费用则是对项目的反贡献,或者说是对项目的损失。但必须指出的是,工程项目的效益和费用是两个相对的概念,都是针对特定的目标而言的。例如,由于某生产化纤原料的大型工程项目投产,使得该化纤原料的价格下降,对服装生产行业来说则是效益。因此,无论是什么样的项目,在分析、评价的过程中,都有一个费用效益识别的问题。

正确地识别费用与效益,是保证国民经济评价正确的前提。费用与效益的识别原则为:凡是工程项目使国民经济发生的实际资源消耗,或者国民经济为工程项目付出的代价,即为费用;凡是工程项目对国民经济发生的实际资源产出与节约,或者对国民经济做出的贡献,即为效益。举例来说,某大型水利工程项目,所导致的航运减少、航运、航道工人失业,直接的基建开支、移民开支、电费降价引起的国家收入减少等,这些都是费用;而由该工程所导致的水力发电净收益增加,洪水灾害的减轻,农业增产,国家灌溉费的增加,电力用户支出的减少,国家救济费用的节省等,则都是效益。在考察工程项目的费用与效益时,必须遵循费用与效益的识别原则。费用与效益的识别包括基本原则、边界原则和资源变动原则三个原则。

（1）基本原则：凡是增加国民收入的就是国民经济效益，凡是减少国民收入的就是国民经济费用。

（2）边界原则：边界系指效益与费用的计算范围。

（3）资源变动原则：在考察国民经济费用和效益的过程中，依据不是货币，而是社会资源的真实变动量。凡是减少社会资源的项目投入都产生国民经济费用，凡是增加社会资源的项目产出都产生国民经济收益。

8.2.3 经济效益与经济费用

经济效益分为直接经济效益和间接经济效益，经济费用分为直接经济费用和间接经济费用。直接经济效益和直接经济费用可称为内部效果，间接经济效益和间接经济费用可称为外部效果。

1. 内部效果与外部效果

1）内部效果

直接经济效益是指由项目产出物直接生成，并在项目范围内计算的经济效益。一般表现为增加项目产出物或者服务的数量以满足国内需求的效益；替代效益较低的相同或类似企业的产出物或者服务，使被替代企业减产（停产）从而减少国家有用资源耗费或者损失的效益；增加出口或者减少进口从而增加或者节约的外汇等。

直接经济费用是指项目使用投入物所形成，并在项目范围内计算的费用。一般表现为其他部门为本项目提供投入物；需要扩大生产规模所耗费的资源费用；减少对其他项目或者最终消费投入物的供应而放弃的效益；增加进口或者减少出口从而耗用或者减少的外汇等。

2）外部效果

间接经济效益与间接经济费用，或称外部效果，是指项目对国民经济做出的贡献与国民经济为项目付出的代价中，在直接效益与直接费用中未得到反映的那部分效益与费用。外部效果应包括以下几个方面：

（1）产业关联效果。例如，建设一个水电站，一般除发电、防洪、灌溉和供水等直接效果外，还必然带来养殖业和水土运动的发展，以及旅游业的增进等间接效益。此外，农牧业还会因土地淹没而遭受一定的损失（间接费用）。这些都是水电站兴建而产生的产业关联效果。

（2）环境和生态效果。例如，发电厂排放的烟尘可使附近田园的作物产量减少，质量下降，化工厂排放的污水可使附近江河的鱼类资源骤减，人们的健康甚至生命受到威胁等。

（3）技术扩散效果。技术扩散和示范效果是由于建设技术先进的项目会培养和造就大量的技术人员和管理人员。他们除了为本项目服务外，由于人员流动、技术交流对整个社会经济发展也会带来好处。

技术性外部效果反映社会生产和消费的真实变化，这种真实变化必然引起社会资源配置的变化，所以应在费用效益分析中加以考虑。

为防止外部效果计算扩大化,项目的外部效果一般只计算一次相关效果,不应连续计算。

3) 国外贷款还本付息的处理

(1) 评价国内投资经济效益的处理办法。项目的费用效益分析是以项目所在国的经济利益为根本出发点,所以必须考察国外贷款还本付息对项目举办国的真实影响。如果国外贷款利率很高,那么一个全投资效益好的项目,也可能由于偿还国外债务造成大部分肥水外流的局面,致使本国投资得不偿失。为了能够揭示这种情况,如实判断本国投资资金的盈利水平,必须进行国内投资的经济效益分析。在分析时,应将国外贷款视作现金流入,还本付息应当视作现金流出项。

(2) 评价全投资经济效益的处理办法。对项目进行费用效益分析的目的是使有限的资源得到最佳配置,因此,应当对项目所用全部资源的利用效果做出分析评价,这种评价就是包括国外贷款在内的全投资费用效益分析。不过,对使用国外贷款的项目进行全投资经济费用效益分析应是有条件的,这个条件就是国外贷款不是针对某一项目专款专用,该贷款还允许用于其他项目。这种情况下,与贷款对应的实际资源虽然来自国外,但受贷国在如何有效利用这些资源的问题上,面临着与国内资源同样的优化配置任务,因而应当对包括国外贷款在内的全部资源的利用效果作出评价。在这种评价中,国外贷款还本付息不视作费用,不出现在费用效益分析所用的项目投资经济费用效益流量表中。如果国外贷款指定用途,这时便无须进行全投资的经济效益评价,可只进行国内投资资金的经济评价。

2. 直接经济费用与间接经济费用

项目的经济费用是指国民经济为项目付出的代价,分为直接费用和间接费用。

(1) 直接费用是指项目使用投入物所产生并在项目范围内计算的经济费用,一般表现为以下几种:

① 其他部门为供应本项目拟建物而扩大生产规模所耗用的资源费用;

② 减少对其他项目(或最终消费)投入物的供应而放弃的效益;

③ 增加进口(或减少出口)所耗用(或减收)国家外汇的费用。

此外,项目范围内主要为本项目服务的商业、教育、卫生、文化、住宅等生活福利设施的投资,应计为项目的费用(这些生活福利设施所产生的效益,可视为已经体现在项目的产出效益中,一般不必单独核算)。

(2) 间接费用是指由项目引起的、而在直接费用中未得到反映的那部分费用,例如生态破坏和环境污染等。

外部效果是指项目的产出或投入给他人(生产者和消费者之外的第三方)带来了效益或费用,但项目本身却未因此获得收入或付出代价。习惯上也把外部效果分为间接效益(外部效益)和间接费用(外部费用)。

间接效益是指由项目引起,在直接效益中没有得到反映的效益。间接效益和间接费用就是由于项目的外部性所导致的项目对外部的影响,而项目本身并未因此实际获得收入或支付费用。项目的间接效益和间接费用的识别通常可以考察以下几个方面:

① 环境及生态效果。一般用环境价值评估方法。

② 技术扩散效果。一般只做定性说明。

③ 上、下游企业相邻效果。项目对上、下游企业的相邻效果可以在项目的投入和产出

物的影子价格中得到反映,不再计算间接效果。也有些间接影响难于反映在影子价格中,需要作为项目的外部效果计算。

④ 乘数效果。是指项目的实施使原来闲置的资源得到利用,从而产生一系列的连锁反应,刺激某一地区或全国的经济发展。须注意不宜连续扩展计算乘数效果。

需要注意的是,识别计算项目的外部效果不能重复计算。可以采用调整项目范围的办法,解决项目外部效果计算上的困难。项目的外部效果往往体现在对区域经济和宏观经济的影响上,对于影响较大的项目,需要专门进行经济影响分析,同时可以适当简化经济费用效益分析中的外部效果分析。

3. 直接经济效益与间接经济效益

项目的经济效益是指项目对国民经济所做的贡献,分为直接效益和间接效益。

(1) 直接效益是指由项目产出物产生并在项目范围内计算的经济效益,一般表现为以下几种:

① 增加该产出物数量,以满足国内需求的效益;

② 替代其他相同或类似企业的产出物,使被替代企业减产以减少国家有用资源耗费(或损失)的效益;

③ 增加出口(或减少进口)所增收(或节支)国家外汇的效益。

(2) 间接效益是指由项目引起的、而在直接效益中未得到反映的那部分效益,例如技术扩散和示范效果等。

8.2.4 转移支付

项目与各种社会实体之间的货币转移,如缴纳的税金、国内贷款利息和补贴等一般并不发生资源的实际增加和耗用,称为国民经济内部的"转移支付",不列为项目的费用和效益。

(1) 税金。无论是增值税、所得税还是关税等都是政府调节分配和供求关系的手段。纳税对于企业财务评价来说,确实为一项费用支出。但是对于国民经济评价来说,它仅仅表示项目对国民经济的贡献有一部分转移到政府手中,由政府再分配。项目对国民经济的贡献大小并不随税金的多少而变化,因而它属于国民经济内部的转移支付。

土地税、城市维护建设税和资源税等是政府为了补偿社会耗费而代为征收的费用。这些税种包含了很多政策因素,并不代表社会为项目付出的代价。因此,原则上这些税种也视为项目与政府间的转移支付,不计为项目的费用或效益。

(2) 补贴。政府对项目的补贴,仅仅表示国民经济为项目所付出的代价,有一部分来自政府财政支出中的补贴这一项。但是,整个国民经济为项目所付代价并不以这些代价来自何处为计算依据,更不会由于有无补贴或补贴多少而改变。因此,补贴也不是国民经济评价中的费用或效益。

(3) 国内贷款利息。国内贷款利息在企业财务评价自有资金财务现金流量表中是一项费用。对于国民经济评价来说,它表示项目对国民经济的贡献有一部分转移到了政府或国内贷款机构。项目对国民经济所做贡献的大小,与所支付的国内贷款利息多少无关。因此,它也不是费用或效益。

(4) 国外贷款与还本付息。在国民经济评价中,国外贷款和还本付息根据分析的角度

不同,有两种不同的处理原则:

① 在全部投资效益费用流量表中的处理。在全部投资效益费用流量表中,把国外贷款也看作国内投资,以项目的全部投资作为计算基础,对拟建项目使用的全部资源的使用效果进行评价。由于随着国外贷款的发放,国外相应的实际资源的支配权力也同时转移到了国内。这些国外贷款资源与国内资源一样,也存在着合理配置的问题。因此,在全部投资效益费用流量表中,国外贷款和还本付息与国内贷款和还本付息一样,既不作为效益,也不作为费用。

② 在国内投资效益费用流量表中的处理。为了考察国内投资对国民经济的实际贡献,应以国内投资作为计算的基础,因此在国内投资效益费用流量表中,把国外贷款还本付息视为费用。

8.3 国民经济评价参数及计算

国民经济评价参数是国民经济评价的基础。正确理解和使用评价参数,对正确计算费用效益和评价指标以及比选优化方案具有重要作用。国民经济评价参数体系有两类:一类是通用参数,如影子汇率、社会折现率等;另一类是货物影子价格等。

8.3.1 国民经济评价参数

1. 影子汇率

影子汇率是指能反映外汇增加或减少对国民经济贡献或损失的汇率,也可以说是外汇的影子价格,体现了从国家角度对外汇价格的估计。国民经济评价中涉及到外汇与人民币之间的换算均应采用影子汇率。同时,影子汇率又是经济换汇成本或经济节汇成本指标的判据。

影子汇率取值的高低,会影响项目评价中的进出口选择,影响采用进口设备还是国产设备的选择,影响产品进口型项目和产品出口型项目的决策。国家计委和建设部统一发布了影子汇率换算系数,即影子汇率与国家外汇牌价的比值系数。根据现阶段外汇供求情况、进出口结构和换汇成本,影子汇率换算系数取为 1.08。在项目评价中,将外汇牌价乘以影子汇率换算系数即得影子汇率。

影子汇率是一个重要的经济参数,作为建设项目经济评价中的通用参数,由国家统一发布和定期调整。国家可以利用影子汇率作为杠杆,影响项目投资决策,影响项目的选择和项目的取舍。

影子汇率以美元与人民币的比价表示。对于美元以外的其他国家货币,应根据项目评价确定的某个时间国家公布的国际金融市场美元与该种货币兑换率,先折算为美元,再用影子汇率换算成人民币。

2. 社会折现率

社会折现率表示从国家角度对资金机会成本利用资金的时间价值的估量。它反映了资金占用的费用,其存在的基础是不断增长的扩大再生产。

社会折现率是根据我国在一定时间内的投资效益水平、资金机会成本、资金供求状况、合理的投资规模以及项目国民经济评价的实际情况进行测定的,它体现了国家的经济发展目标和宏观调控意图。国家计委和建设部统一发布的社会折现率为12%,供各类建设项目评价统一使用。

社会折现率是项目经济评价的重要通用参数,在项目国民经济评价中作为计算经济净现值的折现率,并作为经济内部收益率的判据,只有经济内部收益率大于或等于社会折现率的项目才可行。它也是项目和方案相互比较选择的主要判据。因此,它同时兼有判别准则参数和计算参数两种职能,适当的社会折现率有助于合理分配建设资金,引导资金投向对国民经济贡献大的项目,调节资金供需关系,促进资金在短期和长期项目间的合理配置。

8.3.2 工程项目投入物产出物影子价格计算

1. 影子价格

所谓影子价格,就是资源处于最优配置状态时的边际产出价值。一般而言,项目投入品的影子价格就是它的机会成本,项目产出品的影子价格就是它的支付意愿。影子价格是进行项目国民经济评价专用的计算价格。影子价格依据国民经济评价的定价原则测定,反映项目的投入物和产出物真实经济价值,反映市场供求关系,反映资源稀缺程度,反映资源合理配置的要求。

影子价格不是实际的市场交易价格,而是一种理论上的虚拟价格。它是为实现一定的社会经济发展目标而人为确定的、比交换价格更能合理利用资源的效率价格,能更好地反映产品的社会价值和资源的稀缺程度。资源稀缺程度越高,则影子价格越高;资源数量无限、供给不受约束,则影子价格为零。并且某种资源的影子价格不是一个固定数值,它是随经济结构的变化而变化。影子价格不能用于商品交换,而是作为合理利用有限资源、衡量产品社会价值的价格尺度,在项目的国民经济评价中用于代替市场价格来计算经济效益的经济费用。

对于任何一个投资项目,其投入物和产出物可以分为三类:外贸货物、非外贸货物和特殊投入物。对这三类物品的影子价格可分别以国际价格法、成本分解法、转换系数法和机会成本法测算,其对应关系见图8-1。

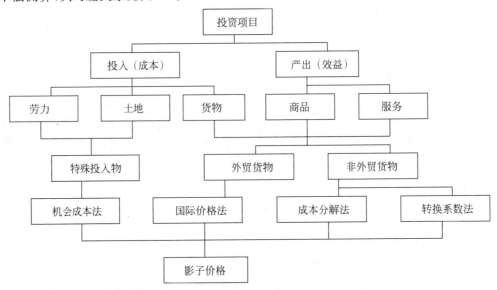

图 8-1 投入物、产出物分类及影子价格测算

1) 国际价格法

对于外贸货物,可用国际价格法求得影子价格。这是因为在一般情况下,只要排除少数国家的垄断、控制和贸易保护措施(事实上,随着国际经济一体化的进程加快,贸易壁垒在全球范围内已日益瓦解),国际市场价格可以被认为能比较真实地反映商品(资源)的社会价值,它不仅体现了国际市场的供求关系与资源稀缺程度,同时也在一定程度上体现出在国际平均技术熟练程度和劳动强度等生产力水平条件下,产品生产的社会必要平均劳动时间的价值。

国际价格法的具体做法是将外贸货物按边境口岸价格调整为进出口平衡价,再用影子汇率折算为影子价格。

2) 成本分解法

对于非外贸货物中的主要部分,可用成本分解法求得影子价格。其思路是将物品成本逐一分解,并按成本构成性质进行分类,同样分成外贸货物、非外贸货物和特殊投入物三类;再各按其影子价格的测算方法定价;然后将分解后重新调整过的成本逐一加总,即得该物品的影子价格。成本分解法的具体做法是:

(1) 按成本要素列出某种非外贸货物的财务成本、单位货物的固定资产投资和流动资金;同时列出该货物生产厂的建设期限、建设期各年的投资比例。

(2) 剔除上述各数据中包含的税金。

(3) 按照对外贸货物和非外贸货物影子价格计算方法的规定,对外购原材料、燃料和动力等投入物的费用进行调整;其中主要的非外贸货物可进行第二次成本分解。

(4) 工资按影子工资率调整,其他费用原则上不调整。

(5) 计算单位货物总投资(含固定资产与流动资金)的资金回收费用,对折旧和流动资金利息进行调整。计算公式为

$$M = (I_F - S_v) \cdot (A/P, i_s, n_2) + (W + S_v) i_s \tag{8-1}$$

$$I_F = \sum_{t=1}^{n_1} I_t (1 + i_s)^{n_1 - t} \tag{8-2}$$

式(8-1)、式(8-2)中,M——资金回收费用;

I_F——换算为生产期初的固定资产投资;

S_v——计算期末回收的固定资产余值;

i_s——社会折现率;

W——流动资金占用额;

I_t——建设期第 t 年调整后的固定资产投资;

n_1——建设期;

n_2——生产期。

(6) 综合上述各步骤计算的数据,便可得到该货物的分解成本,再按照项目的具体条件,并考虑到运输费用和交易费用,即可得到该货物的影子价格。

3) 转换系数法

对于非外贸货物中的次要部分,可用转移系数法求得影子价格。由于成本分解法步骤繁多、计算复杂,对于次要的非外贸货物而言过于不便,因此可以利用转换系数(或称变换因子),将财务价格换算为影子价格,计算公式为

$$影子价格 = 财务价格 \times 转换系数 \tag{8-3}$$

转换系数是由国家针对一些通用的生产要素、半成品和部分货物（如建筑工程、通用机械、电力、煤炭、运输等），依据一定时期内全国的供需状况和变化趋势，并参考国际市场价格，运用成本分解事先统一核算和制定出来的，可供项目资源共享者和可行性研究人员结合项目情况直接选用。所以这些转换系数可视为项目评价的国家经济参数。

4) 机会成本法

对于特殊投入物，主要是劳动力和土地，可用机会成本法求得影子价格，即劳动力的影子工资和土地的影子费用。

2. 外贸货物影子价格确定

1) 外贸货物的基本概念

外贸货物是指其生产或使用将直接或间接影响国家进出口的货物。包括：项目产出物中直接出口（增加出口）、间接出口（替代其他企业产品使其增加出口）、替代进口（内销产品替代进口使进口减少）者；项目投入物中直接进口（增加进口）、间接进口（挤占其他企业的投入物使其增加进口）、减少出口（挤占原可用于出口的国内产品）者。

2) 外贸货物影子价格的确定

外贸货物的影子价格的确定，是以实际将要发生的口岸价格为基础，按照项目各项产出和投入对国民经济的影响，根据口岸、项目所在地、投入物的国内产地、项目产出物的主要市场所在地以及交通运输条件的差异，对流通领域的费用支出进行调整而分别制定的。其具体的定价方法如下：

(1) 项目产出物的出厂价格。

对于项目产出物的影子价格（出厂价格），可按下述三种情况测算。

① 直接出口产品的影子价格（图 8-2），计算公式为

$$影子价格(SP) = 离岸价格(FOB) \times 影子汇率(SER) - (T_1 + T_{r1}) \quad (8-4)$$

式中，T_1——国内运输费用；

T_{r1}——贸易费用。

② 间接出口产品的影子价格（图 8-3），计算公式为

$$影子价格(SP) = 离岸价格(FOB) \times 影子汇率(SER) - (T_2 + T_{r2}) - (T_3 + T_{r3}) - (T_4 + T_{r4}) \quad (8-5)$$

式中，T_2、T_{r2}——原供应厂到口岸的运输费用、贸易费用；

T_3、T_{r3}——原供应厂到用户的运输费用、贸易费用；

T_4、T_{r4}——拟建项目到用户的运输费用、贸易费用；

其他符号含义同式(8-4)。

图 8-2　直接出口产品的影子价格　　　图 8-3　间接出口产品的影子价格

当原供应厂和用户难以确定时，可按直接出口考虑。

③ 替代进口产品的影子价格（图 8-4），计算公式为

影子价格(SP) = 原进口货物的到岸价格(CIF) × 影子汇率(SER) − (T_5 + T_{r5}) − (T_4 + T_{r4})
(8-6)

式中,T_5、T_{r5}——口岸到用户的运输费用、贸易费用;

其他符号含义同式(8-5)。

(2) 项目投入物的到厂价格。

对于项目投入物的影子价格(到厂价格),可按下述三种情况测算。

① 直接进口产品(国外产品)的影子价格(图8-5),计算公式为

影子价格(SP) = 原进口货物的到岸价格(CIF) × 影子汇率(SER) + (T_1 + T_{r1}) (8-7)

式中,符号含义同式(8-4)。

图 8-4　替代进口产品的影子价格　　　　图 8-5　直接进口产品的影子价格

② 间接进口产品(国内产品,如木材、石油、钢材等,以前进口过,现在也大量进口)的影子价格(图8-6),计算公式为

影子价格(SP) = 原进口货物的到岸价格(CIF) × 影子汇率(SER) + (T_5 + T_{r5}) − (T_3 + T_{r3}) + (T_6 + T_{r6})
(8-8)

式中,T_6、T_{r6}——供应厂到拟建项目的运输费用、贸易费用;

其他符号含义同前几式。

当供应厂和用户难以确定时,可按直接进口考虑。

③ 减少出口产品(国内产品,如有色金属、煤炭等,以前出口过,现在也能出口)的影子价格(图8-7),计算公式为

影子价格(SP) = 离岸价格(FOB) × 影子汇率(SER) − (T_2 + T_{r2}) + (T_6 + T_{r6})
(8-9)

式中,符号含义同前几式。

当供应厂难以确定时,可只按离岸价格计算。

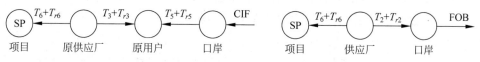

图 8-6　间接进口产品的影子价格　　　　图 8-7　减少出口产品的影子价格

3. 非外贸货物影子价格确定

1) 非外贸货物的概念

非外贸货物是指其生产或使用将不影响国家进出口的货物。除了所谓"天然"的非外贸货物(如建筑物,国内运输与水、电等基础设施,商业服务业提供的服务)外,还有由于运输费用过高、或受国内外贸易政策和其他条件的限制不能进行外贸的货物。

2) 非外贸货物的影子价格确定

非外贸货物的影子价格按下述方法确定:

(1) 项目产出物的出厂价格。对于项目产出物的影子价格（出厂价格），可按下述三种情况测算：

① 对于增加供应数量、满足国内消费的影子价格，供求均衡的，按财务价格定价；供不应求的，参照国内市场价格并考虑价格变化的趋势定价，但不应高于相同质量产品的进口价格；无法判断供求情况的，取上述价格中较低者。

② 对于不增加国内供应数量、只是替代其他相同或类似企业的产出物、致使被替代企业停产或减产的影子价格，质量与被替代产品相同的，按被替代企业相应的产品可变成本分解定价；提高产品质量的，原则上应按被替代产品的可变成本加提高产品质量而带来的国民经济效益定价，其中，提高产品质量带来的效益可近似地按国际市场价格与被替代产品价格之差确定。

③ 对于占全国市场份额较大、项目建成会使市场价格下降的影子价格，则以有项目后的价格与无项目时的价格的平均值定价。

(2) 项目投入物的影子价格（到厂价格）。对于项目投入物的影子价格（到厂价格），可按下述三种情况测算：

① 对于能通过原有企业挖潜（不增加投资）而增加供应的影子价格，按可变成本分解定价。

② 对于在拟建项目计算期内需通过增加投资扩大生产规模来满足拟建项目需要的影子价格，按全部成本（包括固定成本与可变成本）分解定价。当难以获得分解成本所需资料时，可参照国内市场价格定价。

③ 对于在拟建项目计算期内无法通过扩大生产规模来增加供应（则势必减少其他用户的供应量）的影子价格，参照国内市场价格、国家统一价格加补贴（如有时）后二者中的较高者定价。

(3) 非外贸货物的成本分解法。

成本分解方法是一种以外贸货物的国际市场价格为基础，调整非外贸货物价格的方法。许多货物本身属非外贸货物，但其耗用的原材料、燃料则是外贸货物。例如，电力是非外贸货物，但其燃料多为外贸货物。成本分解就是将这种非外贸货物的成本进行分解，将成本构成中的外贸货物根据口岸价格定价，从而估算出该种非外贸货物的影子价格。

成本分解原则上应对边际成本而不是平均成本进行分解。如果缺乏资料，也可分解平均成本、必须用新增投资来增加所需投入物供应的，应按全部成本（包括固定成本和可变成本）进行分解；可以发挥原有项目生产能力增加供应的，应按其可变成本进行分解。成本分解一般按下列步骤进行：

① 按生产费用要素，列出某种非外贸货物的财务成本、单位货物耗费的固定资产投资额及占用的流动资金，并列出该货物生产厂的建设期限、建设期各年投资比例。缺少固定资产投资资料的，可按固定资产原值除以设定的固定资产形成率求得固定资产投资费用。

② 剔除上述数据中可能包括的税金。

③ 按照本节中所述的确定外贸货物和非外贸货物影子价格的原则和方法，对外购原材料、燃料和动力等投入物的费用进行调整。其中有些可以直接使用国家计委组织测算的影子价格或换算系数。对重要的外贸货物应自行测算影子价格。重要的非外贸货物可再进一步进行成本分解。有条件时，也应对投资中某些占比例较大的费用项目进行调整。

④ 工资及提取的职工福利基金和其他支出，原则上不予调整。

⑤ 计算总投资（包括固定资产投资和流动资金）的资金回收费用，对折旧和流动资金利息进行调整。计算公式为

$$M = I_F(A/P, i_s, n_2) - S_v(A/F, i_s, n_2) + Wi_s \quad (8\text{-}10)$$
$$= (I_F - S_v)(A/P, i_s, n_2) + (W + S_v)i_s$$

$$I_F = \sum_{t=1}^{n_1} I_t(1+i_s)^{n_1 - t} \quad (8\text{-}11)$$

式(8-10)、式(8-11)中，M——资金回收费用；

I_F——换算为生产期初的固定资产投资；

S_v——计算期末回收的固定资产余值；

i_s——社会折现率；

W——流动资金占用额；

I_t——建设期第 t 年调整后的固定资产投资；

n_1——建设期；

n_2——生产期。

4. 政府调控货物的影子价格确定

考虑到效率优先兼顾公平的原则，市场经济条件下有些货物或者服务不能完全由市场机制形成价格，而需由政府调控价格。例如，政府为了帮助城市中低收入家庭解决住房问题，对经济适用房和廉租房制定指导价和最高限价。政府调控的货物或者服务的价格不能完全反映其真实价值，确定这些货物或者服务的影子价格的原则是：投入物按机会成本分解定价，产出物按对经济增长的边际贡献率或消费者支付意愿定价。下面是政府主要调控的水、电、铁路运输等作为投入物和产出物时的影子价格的确定方法。

(1) 水作为项目投入物的影子价格，按后备水源的边际成本分解定价，或者按恢复水资源存量的成本计算。水作为项目产出物的影子价格，按消费者支付意愿或者按消费者承受能力加政府补贴计算。

(2) 电力作为项目投入物时的影子价格，一般按完全成本分解定价，电力过剩时可按可变成本分解定价。电力作为项目产出物的影子价格，可按电力对当地经济边际贡献率定价。

(3) 铁路运输作为项目投入物的影子价格，一般按完全成本分解定价，对运能富余的地区，按可变成本分解定价。铁路运输作为产出物的影子价格，可按铁路运输对国民经济的边际贡献率定价。

5. 特殊投入物的影子价格确定

1) 劳动力的影子工资

在财务评价中工资作为成本的构成内容，属于项目的费用支出，它作为劳动者新创造价值的组成部分，在国民经济评价中就不能直接作为费用计入。

劳动力作为一种资源，看作建设项目的特殊投入物。国民经济评价中应采用影子工资计量劳动力的劳务费用。影子工资应能反映劳动力用于拟建项目而使社会为此放弃的效益，以及社会为劳动力的就业或转移而增加的资源耗费。也就是指项目使用劳动力时，国家

和社会为此付出的代价。

影子工资一般由两部分组成：一是由于项目使用劳动力而导致别处被迫放弃的原有净效益，从这方面来看，影子工资体现了劳动力的机会成本；二是因劳动力的就业或转移增加的社会资源消耗，如交通运输费用、城市管理费用、培训费用等，这些资源的消耗并没有提高职工的生活水平。

在国民经济评价中，为方便起见，将财务评价中的工资及提取的职工福利费之和乘以影子工资系数作为影子工资。影子工资的大小与国家的社会经济状况、就业状况、劳动力结构、劳动力充裕程度以及采用的评价方法等因素密切相关。

影子工资换算系数是影子工资与财务评价中的名义工资之比（财务评价中的工资及福利费合称为"名义工资"）。影子工资换算系数是项目国民经济评价的通用参数。国家计委和建设部根据我国劳动力的状况、结构及就业水平等确定一般建设项目的影子工资换算系数为1。若依据充分，某些特殊项目可根据当地劳动力的充裕程度以及所用劳动力的技术熟练程度，适当提高或降低影子工资换算系数。对于就业压力很大的地区占用大量的非熟练劳动力的项目，换算系数可小于1；对于占用大量短缺的专业技术人员的项目，换算系数可大于1。

中外合资经营项目，由于录用的职工技术熟练程度一般较高，国家和社会为此付出的代价较大。因此，中方人员的工资换算系数定为1.5，即影子工资是同行业国内项目名义工资的1.5倍。

2) 土地费用

我国土地资源紧张，我国人口占世界人口的22%，但土地面积却只有世界面积的7.07%。且我国可耕面积仅有1/4，而可耕面积中的1/3又很难耕作。近十多年以来，由于建设用地和房地产开发等用地的增加，我国可耕地面积大幅减少，已经低于农业部指出的必须保持1.1亿公顷的警戒线，这就使得我国的土地资源将更加宝贵。

在财务评价中，土地征购等有关费用作为支出，计入固定资产投资中。在国民经济评价中，项目占用土地会导致国民经济因此而放弃该地的替代用途所获得的净效益，同时，国民经济为此还要增加实际的资源耗费（如搬迁费等），这两部分费用都作为国民经济评价中项目占用土地的费用。项目占用农田所放弃的农业净效益按照规定方法计算，搬迁费等增加的资源耗费按实际发生额计算。土地征用费中的其他部分一般可按转移支付处理。若项目占用的土地是没有其他用途的荒山野岭，其机会成本可视为零；若土地可能有多种用途，其机会成本为其他用途净效益中最高者。

国民经济评价对土地费用有两种具体处理方式：一是计算项目占用土地在整个占用期间土地可能最佳用途的逐年净效益的现值之和，作为土地费用计入项目建设投资中；二是将逐年净效益的现值换算成等值效益，作为项目每年的投入。一般采用前一种方式。

例 8-1 某工业项目建设期3年，生产期17年，占用水稻耕地2000亩（133.3×$10^4 m^2$），占用前3年平均亩产为0.5t，每吨收购价400元，出口口岸价预计每吨180美元。设该地区的水稻年产量以4%的速度递增，社会折现率为12%，水稻生产成本按收购价的50%计算，影子汇率换算系数为1.08，外汇牌价按6.2887元/美元计，贸易费率为6%，产地至口岸为500km，试求土地费用。

解：每吨稻谷按口岸价格计算影子价格，口岸价格180美元，折合人民币为6.2887×

$1.08 \times 180 = 1222.52$(元);贸易费用 $400 \times 0.06 = 24$(元);产地至口岸的运输费用平均影子价格为 0.035 元/(t·km),则运输费用为 $0.035 \times 500 = 17.5$(元),产地影子价格为

$$1222.52 - 24 - 17.5 = 1181.02(元)$$

每吨稻谷的生产成本为

$$400 \times 50\% = 200(元)$$

该土地生产每吨稻谷的净效益为

$$1181.02 - 200 = 981.02(元)$$

20 年内每亩土地的净效益现值 P 为

$$P = \sum_{t=1}^{20} 981.02 \times 0.5 \times \left(\frac{1+4\%}{1+12\%}\right)^t = 4899.6(元)$$

2000 亩土地 20 年的净效益现值为

$$4899.6 \times 2000 = 980(万元)$$

在国民经济评价中,以 980 万元作为土地费用计入固定资产投资。

8.3.3 国民经济调整计算

国民经济评价可以单独进行,也可以在财务评价的基础上进行调整计算,即将财务评价的投资、成本和销售收入等按照国民经济评价的要求进行调整计算,包括费用、效益范围的调整和数值调整两个方面。

1. 费用-效益调整

1)费用与效益范围的调整

(1)识别属于国民经济内部转移支付的内容,并逐项从费用和效益流量中剔除,如增值税、消费税、城乡维护建设税和固定资产投资方向调节税等;

(2)据实确定项目的间接费用和间接效益。

2)费用与效益数值的调整

主要是采用影子价格重新计算投资、成本费用和销售收入等。

2. 投资调整

投资调整是国民经济评价的重要组成部分,包括固定资产投资和流动资金的调整。

1)固定资产投资的调整

(1)剔除属于国民经济内部转移支付的部分。如引进设备材料支付的关税和增值税等。

(2)调整引进设备价值。包括按影子汇率将外币价值折算为人民币和采用国家计委发布的《方法与参数》中发布的不同运输方式的影子运费换算系数进行运输费用的调整。

(3)调整国内设备价值。包括采用影子价格计算设备本身的价值和运输费用、贸易费用。《方法与参数》中有国内机电设备的影子价格换算系数,一般情况下可直接采用。关于贸易费用的计算方法和贸易费用率参数数值也请参见《方法与参数》。

(4)调整建筑费用。原则上应按分解成本方法计算建筑工程影子造价。为了简化计算,也可只作材料费用价格调整。国家计委发布的《方法与参数》中给出了房屋建筑工程影

子价格换算系数(指建筑工程影子造价与当地预算价格计算的财务造价之比),一般的项目可将建筑工程的财务价格直接乘以该系数得出影子造价。对于建筑工程占比例较大或不符合《方法与参数》中该系数使用范围的情况,最好由评价人员自行调整。

(5) 调整安装费用。一般情况下可主要调整安装材料的价格(主要指钢材),计算采用影子价格后所引起的变化。如果使用引进材料还要考虑采用影子汇率所引起的数值调整。

(6) 调整土地费用。如果项目占用农田、林地、山坡地、荒滩等,可按《方法与参数》中给出的计算该地净效益的方法,计算项目占用该地导致国民经济的净效益损失,再加上土地征购补偿费中属于实际新增资源耗费费用,如搬迁费、安置费和征地管理费等一起作为项目占用土地的费用,用以代替原土地征购补偿费。如果项目占用的土地有明显的其他替代用途,原则上应按该替代用途的土地所能产生的净效益计算。实践中难以计算时,可参照对外资企业收取的土地使用费计算。

(7) 其他费用调整。其他费用中的外币须按影子汇率折算为人民币。其他费用中的有些项目,如供电费应从投资额中剔除。

(8) 将反映建设期内价格上涨的价格增长预备费由投资额中剔除。

2) 流动资金的调整

(1) 调整范围。构成流动资金总额的存货部分既是项目本身的实际费用,又是国民经济为项目付出的代价,在国民经济评价中仍然作为费用。构成流动资金总额的现金,应收账款与应付账款的差额并不造成国家资源的实际耗费,因此在国民经济评价中不作为费用。一般的处理方法是:估定一个这部分资金占流动资金总额的比例,按比例将其从流动资金总额中剔除。

(2) 按剔除不造成国家资源实际耗费的资金后的流动资金占销售收入或总成本的比例,以调整后的销售收入或总成本为基数重新计算,即得调整后的流动资金数额。

(3) 为简化计算,在流动资金数额相对不大的情况下,也可不剔除这部分流动资金。

3. 经营成本调整

经营成本的调整,一般包括以下内容:

(1) 确定主要原材料及燃料、外购动力的货物类型(属于外贸货物还是非外贸货物),然后按其属性确定影子价格,并重新计算该项成本。对自来水、电、气等原则上应按其成本构成重新调整计算后确定其影子价格。

(2) 根据调整后的固定资产投资计算出调整后的固定资产原值、无形资产原值与递延资产原值,除国内借款的建设期利息不计入固定资产原值外,其他计算方法与财务评价相同。然后按与财务评价相同的方式与比率计算出修理和其他费用。

(3) 确定工资换算系数,计算影子工资。

最后将调整后的项目与未予调整的项目加起来即得调整后的经营费用的简化计算,也可调整按生产费用要素列项的经营成本。

4. 销售收入调整

销售收入的调整对评价结果影响较大,必须慎重对待。首先确定项目产品所属的货物类型,然后按相应的定价原则确定其影子价格。项目主要产品影子价格一般应由评价人员根据实际情况自行确定。

5．外汇借款调整

列入效益费用流量表(国内投资)的外汇借款还本付息额是以人民币表示的。在财务评价中,该数额是由外汇额乘以国家公布的外汇汇率得出的,在国民经济评价中,应用影子汇率代替。

8.4 国民经济评价指标与报表

8.4.1 国民经济评价指标

1．国民经济盈利能力分析

1）经济内部收益率(EIRR)

经济内部收益率是指在项目的寿命期内各年累计的经济净现值等于零时的折现率。它是反映项目对国民经济贡献的一个相对指标,是项目进行国民经济评价的主要评判依据。其表达式为

$$\sum_{t=1}^{n}(B-C)_t(1+\text{EIRR})^{-t}=0 \tag{8-12}$$

式中,B——效益流入量;

C——费用流出量;

$(B-C)_t$——第 t 年的净效益流量;

n——计算期。

一般情况下,项目的经济内部收益率等于或大于社会折现率,表明项目对国民经济的净贡献达到或超过了要求的水平,这时应认为该项目是可以接受的。

经济内部收益率是经济费用效益分析的辅助指标。只不过在计算时,也要用经济效率流量和经济费用流量来进行计算。经济内部收益率是从资源配置的角度反映经济效益的一个相对指标,它表示项目占用的资金能够获得的动态收益率,它反映资源配置的经济效率。

2）经济净现值(ENPV)

经济净现值是反映项目对国民经济净贡献的绝对指标。它是指用社会折现率将项目计算期内各年的净效益流量折算到建设期初的现值之和。其表达式为

$$\text{ENPV}=\sum_{t=1}^{n}(B-C)_t \cdot (1+i_s)^{-t} \tag{8-13}$$

经济净现值等于或大于零表示国家为拟建项目付出代价后,除可以得到符合社会折现率的社会盈余外,还可以得到以现值计算的超额社会盈余,这时应认为该项目是可以接受的。经济净现值是反映项目对社会经济净贡献的绝对量指标。经济净现值越大,表明项目所带来的以绝对数值表示的经济效益越大。

3）经济净现值率(ENPVR)

经济净现值率是反映项目单位投资对国民经济所做贡献的相对效果的动态评价指标。它是经济净现值与投资现值之比,即单位投资现值的经济净现值。其表达式为

$$\text{ENPVR} = \text{ENPV}/\text{IP} \tag{8-14}$$

经济净现值率指标一般用于在投资总额限定时多个投资方案的比较选择,并可作为判断的依据,即此比率高的投资方案为较好的方案。

4)差额投资内部收益率(ΔIRR)

差额投资内部收益率是在进行互斥方案的比选时采用的指标。其计算方法及比较原理与财务评价是完全相同的。

5)投资净增值率

投资净增值率是指项目达到正常生产能力规模年份所带来的国民收入净增值与项目的总投资额之比。它是衡量项目单位投资所能获取的国民收入净增值的静态效益评价指标并用于项目的初选阶段。其计算公式为

$$\text{投资净增值率} = \text{国民收入的净增值} / \text{项目的投资总额} \tag{8-15}$$

一般而言,计算出的投资净增值率应高于国家有关规定的标准,且越大越好。

6)投资净收益率(或投资利税率)

$$\text{投资净收益率} = \text{社会净现值} / \text{项目的投资总额} \tag{8-16}$$

注:投资净增值率和投资净收益率指标可以分别按全部投资和国内投资两种口径计算。

7)经济效益费用比

经济效益费用比是项目在计算期内效益流量的现值与费用流量现值之比。

$$R_{BC} = \frac{\sum_{t=1}^{n} B_t (1+i_s)^{-t}}{\sum_{t=1}^{n} C_t (1+i_s)^{-t}} \tag{8-17}$$

2. 国民经济外汇效果分析

对于涉及产品出口创汇及进口替代节汇的投资项目,还需进行外汇效果的分析。外汇效果主要通过经济外汇净现值、经济换汇成本、经济节汇成本等指标来反映。

1)经济外汇净现值(ENPVF)

经济外汇净现值是指生产出口产品的项目外汇流入和外汇流出的差额,采用影子价格和影子工资计算,按规定的折现率(国外贷款平均利率或社会折现率)折算到基年的现值之和。该指标可用来分析评价拟建项目实施后对国家的外汇净贡献程度,也可作为分析评价项目实施后对国家外汇收支影响的重要指标。一般地,该指标可通过经济外汇流量表直接求得。其表达式为

$$\text{ENPV}_F = \sum_{t=1}^{n} (\text{FI} - \text{FO})_t (1+i_s)^{-t} \tag{8-18}$$

式中,FI——生产出口产品的外汇流入(包括外汇贷款、出口产品的收入、替代进口的价值);

FO——生产出口产品的外汇流出(包括以外汇形式支付的原材料、设备、外籍人员工资、技术转让费、外汇借款本息等);

$(\text{FI} - \text{FO})_t$——第 t 年的净外汇流量;

i_s——社会折现率;

n——计算期。

2) 经济换汇成本

经济换汇成本也称换汇率，是分析项目实施后生产的出口产品在国际上的竞争能力和判断产品能否出口的一项重要指标，主要适用于生产出口产品的投资项目。

经济换汇成本是用影子价格、影子工资和社会折现率计算出生产出口产品而投入的国内资源现值，与生产出口产品的经济外汇净现值比值。其表示 1 美元的外汇（现值）所需要投入的人民币（现值）。其表达式为

$$\text{经济换汇成本} = \frac{\sum_{t=1}^{n} \text{DR}_t (1+i_s)^{-t} (\text{人民币})}{\sum_{t=1}^{n} (\text{FI} - \text{FO})(1+i_s)^{-t} (\text{美元})} \leqslant \text{影子汇率} \quad (8\text{-}19)$$

式中，DR_t——项目在第 t 年为生产出口产品投入的国内资源；

其他符号意义同前。

$$\text{经济换汇成本} = \frac{\text{生产出口产品而投入的国内资源现值}}{\text{生产出口产品的经济外汇净现值}} \leqslant \text{影子汇率}$$

3) 经济节汇成本

经济节汇成本主要用于生产替代进口产品项目的外汇效果评价。它是节约 1 美元的外汇所投入的人民币金额，即它等于项目计算期内生产替代进口产品所需投入的国内资源现值与生产替代进口产品的经济外汇净现值（均需按影子价格等参数调整并用社会折现率折现）之比。其表达式为

$$\text{经济节汇成本} = \frac{\sum_{t=1}^{n} \text{DR}_t (1+i_s)^{-t} (\text{人民币})}{\sum_{t=1}^{n} (\text{FI} - \text{FO})(1+i_s)^{-t} (\text{美元})} \leqslant \text{影子汇率} \quad (8\text{-}20)$$

$$\text{经济节汇成本} = \frac{\text{项目寿命期内生产替代进口产品所投入的国内资源的现值}}{\text{生产替代进口产品的经济外汇净现值}} \leqslant \text{影子汇率}$$

经济换汇成本（元/美元）或经济节汇成本都应小于或等于影子汇率，此时才表明该拟建投资项目产品出口或替代进口是有利的，可以考虑接受。

8.4.2 国民经济评价报表

1. 基本报表

编制国民经济评价报表是进行国民经济评价的基础工作之一。国民经济评价报表有两种：一是项目国民经济效益费用流量表；二是国内投资国民经济效益费用流量表。

项目国民经济效益费用流量表是以全部投资（包括国内投资和国外投资）作为分析对象，考察项目全部投资的盈利能力；国内投资国民经济效益费用表是以国内投资作为分析对象，考察项目国内投资部分的盈利能力。

项目投资经济费用效益流量表，综合反映项目计算期内各年的按项目投资口径计算的各项经济效益与费用流量及净效益流量，并可用来计算项目投资经济净现值和经济内部收益率指标。国内投资经济费用效益流量表，综合反映项目计算期内各年按国内投资口径计

算的各项经济效益与费用流量及净效益流量。对于有国外资金的项目,应当编制该表,并计算国内投资经济净现值和经济内部收益率指标。

国民经济效益费用流量表一般在项目财务评价基础上进行调整编制,但有些项目也可以直接编制。

2. 编制步骤

以财务评价为基础编制国民经济效益费用表,应注意合理调整效益与费用的范围和内容。其具体步骤如下:

(1) 剔除转移支付,将财务现金流量表中列支的销售税金及附加、增值税、国内借款利息作为转移支付剔除。

(2) 计算外部效益与外部费用,根据项目的具体情况,确定可以量化的项目外部效益和外部费用。分析确定哪些是项目重要的外部效果,需要采用什么方法估算,并保持效益费用的计算口径一致。

(3) 调整建设投资,用影子价格、影子汇率逐项调整构成投资的各项费用,剔除涨价预备费、税金、国内借款建设期利息等转移支付项目。

进口设备价格调整通常要剔除进口关税、增值税等转移支付;建筑工程费和安装工程费按材料费、劳动力的影子价格进行调整;土地费用按土地影子价格进行调整。

(4) 调整流动资金,财务账目中的应收、应付款项及现金并没有实际耗用国民经济资源,在国民经济评价中应将其从流动资金中剔除。如果财务评价中的流动资金采用扩大指标法估算的,国民经济评价仍应按扩大指标法,以调整后的销售收入、经营费用等乘以相应的流动资金指标系数进行估算;如果财务评价中的流动资金是采用分项详细估算法进行估算的,则应用影子价格重新分项估算。

(5) 调整经营费用,用影子价格调整各项经营费用,对主要原材料、燃料及动力费用用影子价格进行调整;对劳动工资及福利费,用影子工资进行调整。

(6) 调整销售收入,用影子价格调整计算项目产出物的销售收入。

(7) 调整外汇价值,国民经济评价各项销售收入和费用支出中的外汇部分,应用影子汇率进行调整,计算外汇价值。从国外引进的资金和向国外支付的投资收益、贷款本息,也应用影子汇率进行调整。

(8) 编制项目国民经济效益费用流量表和国内投资国民经济效益费用流量表,如表 8-3 所示。

表 8-3 国民经济效益费用流量表

序号	项目	年份							
		建设期		投产期		生产期			
		1	2	3	4	5	6	7	8
	生产负荷/%								
1	效益流量								
1.1	项目直接效益								
1.2	资产余值回收								

续表

序号	项目	年份							
		建设期		投产期		生产期			
		1	2	3	4	5	6	7	8
1.3	项目间接效益								
2	费用流量								
	建设投资								
2.1	维持运营投资								
2.2	流动资金								
2.3	经营费用								
2.4	项目间接费用								
3	净效益流量(1-2)								
计算指标:经济内部收益率 EIRR　　经济净现值 ENPV($i_s=$ %)									

3. 辅助报表(表 8-4、表 8-5)

表 8-4　经济费用效益分析投资费用估算调整表

序号	项目	财务分析			经济费用效益分析			经济费用效益分析比财务分析增减
		外币	人民币	合计	外币	人民币	合计	
1	建设投资							
1.1	建筑工程费							
1.2	设备购置费							
1.3	安装工程费							
1.4	其他费用							
	其中:土地费用							
	专利及专有技术费							
1.5	基本预备费							
1.6	涨价预备费							
1.7	建设期利息							
2	流动资金							
	合计(1+2)							

表 8-5　经济费用效益分析经营费用估算调整表

序号	项目	单位	投入量	财务分析		经济费用效益分析	
				单价/元	成本	单价/元	费用
1	外购原材料						
1.1	原材料 A						
1.2	原材料 B						
1.3	原材料 C						
1.4	……						
2	外购燃料及动力						
2.1	煤						

续表

序号	项 目	单位	投入量	财务分析		经济费用效益分析	
				单价/元	成本	单价/元	费用
2.2	水						
2.3	电						
2.4	重油						
2.5	……						
3	工资及福利费						
4	修理费						
5	其他费用						
	合计						

8.5　国民经济评价及案例分析

1. 项目背景

1) 项目名称：LH 高速公路建设项目

2) 线路及设计标准。

拟建项目 LH(娄底—怀化)为国道主干线 BM(包头—茂名)高速公路 HN(湖南)省内的一段，与 YL(炎陵)高速公路相接，起于 LX(娄底—新化)高速至 TS(湘潭—邵阳)高速交界的 LD(娄底)互通，终于 KZQ 镇，与 TS 高速(K41+370)相交。该项目作为区域南北主通道的加密线和区域经济干线，将 HN 省内多条高速公路有机联系起来，进一步完善和均衡 HN 省"五纵七横"高速公路网，对于改善区域路网结构，加快 HN 省基础设施建设具有重要的意义。

本项目路线全长 56.217km，采用设计速度 100km/h 的四车道高速公路标准，路基宽度 26m。主要分部分项工程有土石方 884.3 万 m^3，特大桥、大桥 8520m/28 座，中小桥 280m/5 座，隧道 4108m/5 座，涵洞 214 道。

3) 编制依据

本项目的经济评价以国家发改委、建设部〔2006〕1325 号文颁发的《建设项目经济评价方法与参数》(第 3 版)、交通运输部建标〔2010〕106 号文件颁发的《公路建设项目经济评价方法与参数》和交通运输部交规划发〔2010〕178 号文件"关于印发公路建设项目可行性研究报告编制办法的通知"为依据，评价模型参考《公路投资优化和改善可行性研究》确定。

4) 计算期

项目计划 2010 年初开工，2012 年底建成通车，建设年限为 3 年。国民经济评价运营期取 20 年。国民经济评价计算期为 23 年，评价计算基准年为 2010 年，评价计算末年为 2032 年。

5) 远景交通量预测值

本项目采用"四阶段"法预测远景交通量，预测结论见表 8-6。

表 8-6　LH 高速公路远景交通量预测值　　　　单位：标准小客车台

路段		2013	2015	2020	2025	2027	2030	2032
娄底互通至长冲互通 (8km)	趋势	10 167	12 337	19 158	28 280	31 916	35 890	38 852
	诱增	1001	1081	1408	1536	1302	1464	1247
	合计	11 168	13 418	20 566	29 816	33 218	37 354	40 099
长冲互通至双峰互通 (10.083km)	趋势	11 090	13 523	20 921	31 040	34 666	39 382	42 148
	诱增	1032	1114	1538	1685	1882	1607	1353
	合计	12 123	14 637	22 459	32 726	36 548	40 989	43 501
双峰互通至锁石互通 (11.180km)	趋势	9981	12 165	18 893	27 742	30 858	35 068	37 497
	诱增	929	1002	1389	1506	1676	1431	1204
	合计	10 910	13 168	20 281	29 248	32 533	36 499	38 701
	增长率(%)	—	9.86	9.02	7.60	5.47	3.91	2.97
锁石互通至曲兰互通 (11.697km)	趋势	9954	12 122	18 659	27 398	30 406	34 235	36 624
	诱增	927	999	1371	1488	1651	1397	1176
	合计	10 881	13 121	20 031	28 886	32 057	35 631	37 799
	增长率(%)	—	9.81	8.83	7.60	5.35	3.59	3.00
曲兰互通至库宗桥互通 (15.257km)	趋势	10 298	12 572	19 224	28 244	31 350	35 356	37 790
	诱增	959	1036	1413	1534	1702	1443	1213
	合计	11 257	13 608	20 637	29 778	33 053	36 799	39 003
	增长率(%)	—	9.95	8.69	7.61	5.35	3.64	2.95
全线平均(共 58.217km)	交通量	11 284	13 614	20 818	30 119	33 506	37 449	39 779
	增长率(%)	—	9.84	8.87	7.67	5.47	3.78	3.06

2. 经济费用计算

1) 建设期经济费用计算

建设投资估算为 39.77 亿元，经济费用为 34.27 亿元，具体调整方法如表 8-7 所示。

表 8-7　建设费用调整表

费用名称	单位	数量	预算单价 /元	投资估算 /万元	影子价格或 换算系数/元	经济费用 /万元
人工	工日	18 443 450	16.78	30 948.109	0.7	21 663.676
原木	m³	4266	878.43	374.738	909.27	387.895
锯材	m³	13 845	1205.00	1668.323	1315.76	1821.670
钢材	t	48 051	3934.32	18 904.820	4093.84	19 671.311
水泥	t	764 650	362.34	27 706.328	348.86	26 675.580
沥青	t	6868	3621.22	2487.054	3708.33	2546.881
砂、砂砾	m³	2 201 000	75.50	16 617.550	(1.0)	16 617.550
片石	m³	774 088	45.00	3483.396	(1.0)	3483.396
碎(砾)石	m³	2 784 983	65.00	18 102.390	(1.0)	18 102.390
块石	m³	140 834	80.00	1126.672	(1.0)	1126.672
其他费用	公路公里	56.217		123 303.727	(1.0)	123 303.727
税金	公路公里	56.217		8030.492	(0)	0

续表

费用名称	单位	数量	预算单价/元	投资估算/万元	影子价格或换算系数/元	经济费用/万元
第一部分合计	公路公里	56.217		252 753.58		252 753.58
第二部分合计	公路公里	56.217		3645.67		3645.67
征地费	亩	7241	84 100	60 896.81	72 326	52 371.26
国内贷款利息	公路公里	56.217		28 174.798	(0)	0
国外贷款利息	公路公里	56.217		0	(0)	0
其他	公路公里	56.217		21 724.215	(1.0)	21 724.215
第三部分合计	公路公里	56.217		110 795.823		74 095.47
预留费	公路公里	56.217		30 511.825	(1.0)	30 511.825
工程投资合计(不含息)	公路公里	56.217		369 532.10		342 653.71
工程投资合计(含息)	公路公里	56.217		397 706.90	(0.86)	342 653.71

(1) 人工费计算。

人工的估算价格为 16.78 元/工日。由于本项目经过的地区是中部不发达地区,当地劳动力有富余,临时工影子价格比估算价格要低,但考虑到该项目有技术相对较为复杂的隧道要消耗一些技术劳力,而技术劳力的影子价格比估算价格要高,因此,根据项目所在地区综合情况,影子人工换算系数取 0.7。

(2) 主要材料的影子价格和费用。

本项目以影子价格为标准进行调整的材料主要指工程中数目占有比例大而且价格明显不合理的投入物和产出物,主要材料有原木、锯材、钢材、水泥、砂石料及沥青等。据本章 8.4 节,钢材、木材、沥青等为可外贸货物,影子价格按式(8-3)计算。挂牌汇率为 1 美元兑换 6.8325 元人民币,影子汇率换算系数取 1.08。水泥为具有市场价格但非贸易货物,按式(8-5)计算。其他材料费一般按具有市场价格的非外贸货物的影子价格来计算,其投资估算原则上不变,即影子价格换算系数为 1。按此参数取值计算出各主要材料的影子价格见表 8-7。

(3) 土地。

土地的影子价格等于土地的机会成本加上土地转变用途所导致的新增资源消耗。土地征收补偿费中土地及青苗补偿费 29 152.8901 万元,按机会成本计算方法调整;安置补助费 3130.1481 万元用影子价格换算系数 1.1 进行调整。计算得土地影子价格为每亩 7.23 万元。

(4) 其他费用的调整。

本项目其他费用的调整指扣除公路建设费用中的税金、建设期贷款利息等非实质性投入投资。建设费用调整结果见表 8-7。

2) 资金筹措与分年度投资计划

(1) 项目资本金 92 383.1 万元,占项目总投资的比例为 25%。

(2) 余额 277 149 万元申请国内银行贷款,占项目总投资的比例为 75%。

(3) 本项目 2010 年初开工,2012 年底建成,工期三年。第一年投入资金 30%,第二年投入资金 40%,第三年投入资金 30%。资金年度安排见表 8-8。

表 8-8 资金年度使用计划表　　　　　　　　　　　　　　　单位:万元

资金来源	2010 年	2011 年	2012 年	合计
年度贷款	83 145	110 860	83 144	277 149
资本金	27 715	36 953.1	27 715	92 383.1
基本建设费	110 860	147 813.1	110 859	369 532.10

3) 运营期经济费用计算

(1) 运营期财务费用,见表 8-9。

① 养护及交通管理费。

本项目全线设管理中心 1 处,服务区 1 处,停车区 1 处,匝道收费站 3 处,养护工区 2 处。

小修养护费用:本项目通车第一年的养护财务费用为 5 万元/km,项目运营期内按年 3% 递增。

隧道营运费用:运营期间,隧道运营费用主要考虑隧道管理、通风、照明等费用,根据测算,中隧道每年运营费用约为 40 万元/km,长隧道每年运营费用约为 80 万元/km,本项目隧道运营费用以此数据为基础进行测算,并按每年 3% 递增。项目推荐方案隧道总长 4108m,其中,中隧道 3090m,短隧道 1018m。

管理费用:拟定本项目推荐方案管理及收费人员 145 名,通车第一年每人每年按 3.5 万元估算,项目运营期内按年 3% 递增。

② 大中修费用。

项目运营第 10 年安排大修一次,大修费用按当年养护费用的 13 倍计,大修当年不计日常养护费。

(2) 运营期经济费用计算方法。

公路小修保养费用,大、中修工程费用及交通管理费用,根据国民经济评价的要求,按调整后的建设投资经济费用与财务费用之比,将公路养护费用及交通管理费用调整为经济费用,即影子价格换算系数取 0.86。

(3) 残值。

残值取公路建设经济费用的 50%,以负值计入费用。

调整后经济费用详见表 8-9。

表 8-9 国民经济评价费用支出汇总表　　　　　　　　　　单位:万元

年份	合计	建设投资	养护管理费	大修费用	残值
2010	102 796.1	102 796.1			
2011	137 061.5	137 061.5			
2012	102 796.1	102 796.1			
2013	788.59		678.18		
2014	812.24		698.53		

续表

年份	合计	建设投资	养护管理费	大修费用	残值
2015	836.61		719.48		
2016	861.71		741.07		
2017	887.56		763.30		
2018	914.19		786.20		
2019	941.61		809.79		
2020	969.86		834.08		
2021	998.96		859.10		
2022	5429.95		569.47	4100.29	
2023	1059.79		911.42		
2024	1091.59		938.76		
2025	1124.33		966.93		
2026	1158.06		995.93		
2027	1192.81		1025.81		
2028	1228.59		1056.59		
2029	1265.45		1088.28		
2030	1303.41		1120.93		
2031	1342.51		1154.56		
2032	−169 944.06		1189.20		−171 326.85

3. 国民经济效益计算

1) 计算方法

本项目采用相关线路法计算国民经济效益,具体计算公式与方法详见8.2节。

2) 主要计算参数

(1) 社会折现率取为8%。

(2) 汽车运输成本。本项目汽车运输成本计算方法参照8.3节,结合实地调查及项目所在省份同类型道路确定。

(3) 时间价值。

旅客旅行时间的节约所产生的价值以每人平均创造国内生产总值的份额来计算(考虑旅客节约时间不能全部用于生产,所以取其1/2),根据预测,本项目所在地区2013年为9976元/人,2015年为10 261元/人,2020年为13 321元/人,2025年为14 325元/人,2030年为16 158元/人,2032年为17 517元/人。

在途货物占用流动资金的节约所产生的价值,以在途货物平均价格和资金利息率为基础进行计算,在途货物平均价格参考交通部公规院《道路建设技术经济指标》确定。预计2013年为4018元/t,2015年为4521元/t,2020年为5009元/t,2025年为6311元/t,2030年为6925元/t,2032年为7126元/t。

本项目运用相关线路法计算得项目各年份国民经济效益,汇总于表8-10。

表8-10 国民经济评价效益汇总表　　　　　　　单位：万元

年份	降低运营成本效益	旅客时间节约效益	减少交通事故效益	合计
2013	33 972	2112	154	36 237
2014	40 153	2554	177	42 884
2015	42 536	2727	204	45 466
2016	46 857	3046	235	50 138
2017	51 603	3402	270	55 276
2018	56 814	3800	312	60 926
2019	60 288	4069	359	64 716
2020	63 989	4359	413	68 761
2021	69 130	4766	476	74 372
2022	74 672	5211	549	80 432
2023	80 647	5698	632	86 978
2024	87 089	6231	728	94 048
2025	91 803	6625	839	99 267
2026	98 204	7166	966	106 337
2027	105 042	7751	1113	113 906
2028	112 345	8385	1283	122 013
2029	120 147	9070	1478	130 694
2030	127 595	9731	1702	139 029
2031	137 482	10 622	1961	150 065
2032	145 381	11 341	2259	158 982

4. 国民经济评价指标值

国民经济评价指标值计算以基本报表"项目投资基金费用效益流量表"为基础。本拟建项目LH高速公路国民经济评价指标计算结果见表8-11。

5. 国民经济评价敏感性分析

经济评价所采用的参数，有的来自估算，有的来自预测，带有一定的不确定性，因此，不排除这些参数还有所变动的可能性，为了分析这些不确定因素变化对项目产生的影响，本报告按费用上升、效益下降的不同组合，对推荐方案进行分析，以考察经济评价指标对其变化因素的敏感程度，从而更全面地了解该项目，为投资决策者提供科学的依据。本项目经济敏感性分析指标见表8-12。

从敏感性分析结果可以看出，在效益减少20%，同时费用上升20%的最不利情况下，经济内部收益率(11.16%)仍大于社会折现率(8%)。分析结果表明，从国民经济角度看，本项目抗风险能力强。

表 8-11 项目投资基金费用效益流量表

序号	项目	建设期			运营期								
		1	2	3	4	5	6	7	8	9	10	11	12
1	费用流出:	102 796.1	137 061.5	102 796.1	788.59	812.24	836.61	861.71	887.56	914.19	941.61	969.86	998.96
1.1	建设费用	113 918	151 891	113 918									
1.2	运营管理费				436.45	449.54	463.03	476.92	491.23	505.97	521.14	536.78	552.88
1.3	日常养护费				241.73	248.99	256.45	264.15	272.07	280.23	288.64	297.30	306.22
1.4	大中修费												
1.5	残值												
1.6	其他费用												
2	效益流入:				36 238	42 884	45 467	50 138	55 275	60 926	64 716	68 761	74 372
2.1	降低运输成本				33 972	40 153	42 536	46 857	51 603	56 814	60 288	63 989	69 130
2.2	旅客节约时间				2112	2554	2727	3046	3402	3800	4069	4359	4766
2.3	减少交通事故				154	177	204	235	270	312	359	413	476
3	净效益流量	−102 796.10	−137 061.50	−102 796.10	35 449.42	42 071.76	44 630.39	49 276.29	54 387.44	60 011.81	63 774.39	67 791.14	73 373.04

序号	项目	运营期									
		13	14	15	16	17	18	19	20	21	12	13
1	费用流出:	5429.95	1059.79	1091.59	1124.33	1158.06	1192.81	1228.59	1265.45	1303.41	1342.51	−169 944.06
1.1	建设费用											
1.2	运营管理费	569.47	586.55	604.15	622.27	640.94	660.17	679.97	700.37	721.39	743.03	765.32
1.3	日常养护费	0	324.87	334.62	344.65	354.99	365.64	376.61	387.91	399.55	411.53	423.88
1.4	大中修费	4100.29										
1.5	残值											−171 326.85
1.6	其他费用											
2	效益流入:	80 432	86 977	94 048	99 267	106 336	113 906	122 013	13 069	13 902	150 065	158 981
2.1	降低运输成本	74 672	80 647	87 089	91 803	98 204	105 042	112 345	120 147	127 595	137 482	145 381
2.2	旅客节约时间	5211	5698	6231	6625	7166	7751	8385	9070	9731	10 622	11 341
2.3	减少交通事故	549	632	728	839	966	1113	1283	1478	1702	1961	2259
3	净效益流量	75 002.05	85 917.21	92 956.41	98 142.67	105 177.94	112 713.19	120 784.41	129 429.55	137 724.59	148 722.49	328 925.06

内部收益率 15.30%
净现值(万元) 303 636.55 (i_s=8%)
效益费用比 2.11
投资回收期(年) 13.24

表 8-12 经济敏感性分析表

效益减少 \ 项目 \ 费用增加		0%	10%	20%
0%	EN	13.24	14.27	15.30
	ENPV	303 636.55	276 326.58	249 016.61
	ER$_{BC}$	2.11	1.92	1.76
	EIRR	15.30%	14.22%	13.26%
10%	EN	14.38	15.53	16.70
	ENPV	245 962.93	218 652.96	191 342.99
	ER$_{BC}$	1.90	1.73	1.58
	EIRR	14.10%	13.07%	12.17%
20%	EN	15.82	17.15	18.49
	ENPV	188 289.30	160 979.34	133 669.37
	ER$_{BC}$	1.69	1.54	1.41
	EIRR	12.83%	11.86%	11.01%

6. 国民经济评价结论

国民经济评价结果如表 8-12 所示。数据表明，项目经济净现值为 303 636.55 万元，大于 0，经济内部收益率为 15.30%，大于社会折现率 8%，国民经济效益良好。当效益下降 20%，同时费用上升 20% 的情况下，经济净现值仍大于 0，经济内部收益率仍大于社会折现率，项目抗风险能力较强。

因此，从宏观经济角度分析，项目可行，且具有较强的抗风险能力。

本 章 小 结

国民经济评价是项目经济评价的重要组成部分，是从国家角度衡量工程项目的宏观可行性。本章论述了国民经济评价与财务评价之间的联系与区别，重点介绍了影子价格等国民经济评价指标的确定原则和调整计算方法。

影子价格，就是资源处于最优配置状态时的边际产出价值。一般而言，项目投入品的影子价格就是它的机会成本，项目产出品的影子价格就是它的支付意愿。影子价格不能用于商品交换，而是作为合理利用有限资源、衡量产品社会价值的价格尺度，在项目的国民经济评价中用于代替市场价格来计算经济效益的经济费用。

对于任何一个投资项目，其投入物和产出物可以分为三类：外贸货物、非外贸货物和特殊投入物。对这三类物品的影子价格可分别以国际价格法、转换系数法、成本分解法和机会成本法测算。

影子汇率是指能反映外汇增加或减少对国民经济贡献或损失的汇率，也可以说是外汇的影子价格，体现了从国家角度对外汇价格的估计。国民经济评价中涉及外汇与人民币之间的换算均应采用影子汇率。同时，影子汇率又是经济换汇成本或经济节汇成本指标的判据。影子汇率取值的高低,会影响项目评价中的进出口选择,影响采用进口设备还是国产设备的选择,影响产品进口型项目和产品出口型项目的决策。

社会折现率表示从国家角度对资金机会成本利用资金的时间价值的估量。它反映了资金占用的费用,其存在的基础是不断增长的扩大再生产。

社会折现率是项目经济评价的重要通用参数,在项目国民经济评价中作为计算经济净现值的折现率,并作为经济内部收益率的判据,只有经济内部收益率大于或等于社会折现率的项目才可行。它也是项目和方案相互比较选择的主要判据。因此,它同时兼有判别准则参数和计算参数两种职能,适当的社会折现率有助于合理分配建设资金,引导资金投向对国民经济贡献大的项目,调节资金供需关系,促进资金在短期和长期项目间的合理配置。

思考与练习

8-1 什么是项目国民经济评价?它与财务评价有何异同?

8-2 在国民经济评价中,识别效益费用的原则是什么?与财务评价的原则有何不同?

8-3 项目的外部效果分为哪几种类型?哪些外部效果需要列入国民经济评价的现金流量表中?

8-4 在国民经济评价中进行价格调整的主要原因是什么?外贸物品、非外贸物品和特殊投入物的调价原则分别是什么?

8-5 某项目财务评价中非技术性工种劳动力的平均工资和福利费为945元/月,其影子工资换算系数为0.8,求该项目中非技术性工种劳动力的影子工资。

8-6 某进口产品,其国内现行价格为216元/t,其影子价格换算系数为2.36,国内运费及贸易费为38元,人民币对某外币的影子汇率为6.0,求该进口产品用外币表示的到岸价格CIF。

8-7 某项目M的投入物为G厂生产的A产品,由于项目M的建成使原用户W由G厂供应的投入物减少,一部分要靠进口,已知条件如下:M距G100km,进口到岸价为300元/t,影子汇率9元人民币/美元,贸易费按采购价的6%计算,国内运费为0.05元/(t·km),求项目M投入物到厂价的影子价格。

8-8 某公司以离岸价为订货合同价格进口一套设备,离岸价为400万美元,到岸价455万美元,银行财务费费率为0.5%,外贸手续费费率为1.5%,进口关税税率为22%,进口环节增值税税率为17%,人民币外汇牌价为1美元=6.35元人民币,影子汇率换算系数为1.08,设备的国内运杂费费率为2.5%。进口相关费用经济价值与财务价值相同,不必调整,该套进口设备的到厂价为多少?

8-9 某项目需征耕地274.5亩,平均每亩实际征地费为80 000元。其中,土地补偿费和青苗补偿费22 000元,劳动力安置补助费20 000元,拆迁费15 000元,耕地占用税8400元,粮食开发基金5600元,其他费用9000元。土地补偿费和青苗补偿费按照土地机会成本计算方法计算调整为6662元/亩,拆迁费采用房屋建筑工程的影子价格换算系数1.1换算为国民经济费用,其他新增资源消耗不作调整,调整后每亩耕地的国民经济费用为多少?

第9章 设备更新经济评价

学习目标：设备更新的经济分析是为了确定一套正在使用的设备应何时和应怎样用更经济的设备替代。本章从设备磨损和补偿入手研究各种更新方案的合理性，从经济角度分析设备的更新时机，计算设备经济寿命，分析设备最合理的使用期限。设备更新的经济分析有新旧设备更新比较分析和不同方案之间的比较分析，不同方案的比较分析方法有原型设备更新分析和新型设备更新分析。

通过本章学习，了解设备磨损的定义、三类磨损、更新的基本概念、特点和计算方法，了解设备的四种寿命的意义，掌握设备经济寿命的确定、折旧概念与计算方法，重点掌握设备大修和更新的经济评价等。

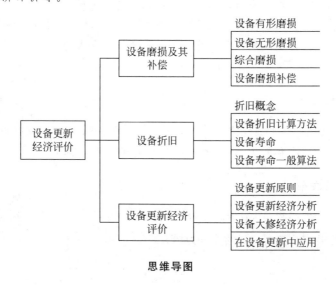

思维导图

课程思政：设备更新改造通常是为提高产品质量，促进产品升级换代，节约能源而进行的。工欲善其事，必先利其器。要办成一件事，不一定要立即着手，而是先要进行一些筹划、进行可行性论证和步骤安排，做好充分准备，创造有利条件，这样会大大提高办事效率。

9.1 设备磨损及其补偿

设备在使用（或闲置）过程中，随着使用（或闲置）时间的延长，会逐渐发生实物形态的变化，即物理作用（如冲击作用、摩擦力、扭转、振动、弯曲等）、化学作用（如锈蚀、老化等），以及技术进步等的影响，其技术状况和经济合理性会逐渐劣化，设备的价值和使用价值也会随时间逐渐降低，这种现象称为磨损。磨损是设备陈旧落后的主要原因。因此，研究设备更新的问题首先要研究设备磨损的规律。磨损可分为有形磨损、无形磨损和综合磨损三类。

9.1.1 有形磨损

设备的有形磨损又称物质磨损,是指设备在使用或闲置过程中所发生的实体磨损或损失,主要表现在物理性能、几何形状、技术属性等方面的改变。

设备的有形又可划分为两种形式:第Ⅰ种有形磨损和第Ⅱ种有形磨损。

1. 第Ⅰ种有形磨损

运转中的机器设备,在外力的作用下,其零件发生摩擦、振动和疲劳等现象致使设备的实体发生磨损、变形(不可恢复性)和损坏,这种磨损称为第Ⅰ种有形磨损。它与设备的使用时间和使用强度有关。

第Ⅰ种有形磨损到一定程度时,可使设备精度降低、劳动生产率下降、使用价值降低、使用费用增加。要消除这种磨损,可通过修理来恢复,但修理费用应低于同型号新机器的价值。当这种有形磨损达到较严重程度时,设备就不能继续正常工作,甚至会发生故障,提前失去工作能力、丧失使用价值,即修理也不能达到相应必备的功能时,则需要更新的设备来代替原有的设备。虽支付很高的修理费用对其进行修理,但从经济上已显然不合理,甚至造成经济上的损失。

2. 第Ⅱ种有形磨损

设备在闲置过程中,由于自然力的作用,发生金属件生锈、腐蚀、橡胶和塑料老化等,使其降低甚至丧失工作精度和能力,这种磨损称为第Ⅱ种有形磨损。

3. 有形磨损的度量

度量设备的有形磨损程度,借用的是经济指标。在综合单个零件磨损程度的基础上,确定整个设备的平均磨损程度 α_p,计算公式为

$$\alpha_p = \frac{\sum_{i=1}^{n} x_i \cdot k_i}{\sum_{i=1}^{n} k_i} \tag{9-1}$$

式中,α_p——设备有形磨损程度;
n——磨损零件总数;
x_i——设备中 i 零件的磨损程度;
k_i——设备中 i 零件的价值。

亦可用修理费用估计设备的有形磨损,计算公式为

$$\alpha_p = \frac{R}{k_1} \tag{9-2}$$

式中,R——修复全部磨损零件所需要的修理费用;
k_1——计算 α_p 时的设备重置价值。

从经济角度分析,设备有形磨损程度指标不能超过 $\alpha_p = 1$ 的极限。

9.1.2 无形磨损

设备无形磨损又称经济磨损或精神磨损,该种磨损不是在生产过程中由于使用或自然力的作用造成的,所以并不表现为设备实体的变化,而是表现为设备原始价值的贬值。

设备无形磨损根据不同的成因也可分为两种:第Ⅰ种无形磨损和第Ⅱ种无形磨损。

1. 第Ⅰ种无形磨损

第Ⅰ种无形磨损是指由于技术进步的影响,在生产这种设备的过程中,生产工艺不断改进,劳动生产率不断提高,成本不断下降,生产同种(原型)设备的社会必要劳动时间减少,因而设备的市场价格下降,从而使原有设备价值发生贬损。第Ⅰ种无形磨损没有造成设备使用价值的变化,故不影响设备的使用。

第Ⅰ种无形磨损虽然使生产领域中的现有设备部分贬值,但是设备本身的技术特性和功能不受影响,设备的使用价值并未降低,因此不会直接产生提前更换现有设备的问题。但由于技术进步对生产部门的影响往往大于修理部门,使设备本身价值降低的程度比其修理费用降低的速度更快,从而有可能造成尚未达到耐用年限之前设备的修理费用就高于设备本身的再生产价值。

2. 第Ⅱ种无形磨损

由于技术进步,社会上出现了结构更合理、技术更先进、性能更完善、效率更高和经济效果更好的新型设备,使原有设备显得陈旧落后,并且如继续使用原有设备,就会使产品生产成本高于社会平均成本。此时出现的经济磨损,称为设备的第Ⅱ种无形磨损。由此可见,第Ⅱ种无形磨损不仅使原有设备的价值相对降低,而且会使原设备局部或全部丧失其使用价值。这时,应考虑用技术更先进的设备代替原有设备。但是否更换,需根据原设备贬值的程度而定。

衡量设备的无形磨损常采用价值指标。利用设备价值降低系数来表示无形磨损程度,计算公式为

$$\alpha_1 = \frac{k_0 - k_1}{k_0} = 1 - \frac{k_1}{k_0} \tag{9-3}$$

式中,α_1——设备无形磨损程度;

k_0——设备的原始价值;

k_1——计算 α_1 时设备的重置价值。

9.1.3 综合磨损

设备无论运转还是闲置,均会同时发生有形磨损和无形磨损,二者相互影响,使设备的价值降低,由此形成的损失和贬值称为设备的综合磨损。

两类磨损都会引起设备原始价值的贬值,这一点两者是相同的。不同的是,遭受有形磨损的设备,特别是有形磨损严重的设备,在修复补偿之前,往往不能正常运转,大大降低了设备工作性能;而遭受无形磨损的设备,如果其有形磨损程度比较小,则无论其无形磨损的程度如何,均不会影响正常使用,只是其经济性能必定发生变化,需要经过经济分析以决定是

否继续使用下去。

综合磨损程度的计算公式为

$$\alpha = 1 - (1-\alpha_p)(1-\alpha_1) = 1 - \left(1 - \frac{R}{k_1}\right)\left(1 - 1 + \frac{k_1}{k_0}\right)$$

$$= 1 - \left(\frac{k_1}{k_0} - \frac{R}{k_0}\right) = 1 - \left(\frac{k_1 - R}{k_0}\right) \tag{9-4}$$

式中,α——设备综合磨损程度。

任何时候设备在两种磨损作用下的残余值 K,计算公式为

$$K = (1-\alpha)k_0 = k_1 - R \tag{9-5}$$

从式(9-5)可见,任何时候设备在两种磨损同时作用下的残余价值 K,等于设备再生产的价值或设备重置价值(现行评估价值)减去修理费用。

例 9-1 某设备原始价值为 $k_0 = 10\,000$ 元,目前需要修理,其费用为 $R = 2000$ 元,若该种设备此时的重置价值 $k_1 = 8000$ 元,求其磨损程度。

解:(1) 设备有形磨损程度

$$\alpha_p = \frac{R}{k_1} = \frac{2000}{8000} = 0.25$$

(2) 设备无形磨损程度

$$\alpha_1 = \frac{k_0 - k_1}{k_0} = \frac{10\,000 - 8000}{10\,000} = 0.2$$

(3) 设备综合磨损程度

$$\alpha = 1 - (1-\alpha_p)(1-\alpha_1) = 1 - (1-0.25)(1-0.2) = 0.4$$

故 $K = k_1 - R = 8000 - 2000 = 6000$(元)

9.1.4 设备磨损补偿

在工程项目的生产经营期内,要维持生产经营的正常进行,就必须对设备的磨损进行补偿,由于设备所受的磨损形式不同,因此,其补偿方式也不尽相同,主要有修理、更换、更新和现代化改装四种形式,有形磨损的局部补偿为修理和更换零部件;无形磨损的补偿方式为现代化改装和更新设备。

1. 设备磨损补偿概念

设备磨损的补偿是为了恢复或提高设备系统组成单元的功能。由于损耗是不均匀的,必须将各组单元区别对待。设备磨损的补偿包括技术补偿和经济补偿两个方面。

2. 设备磨损技术补偿

1) 设备修理

设备修理是指为保持设备在平均寿命期限内的完好使用状态而进行的局部更换或修复工作,目的是消除设备经常性的有形磨损和机器运行中遇到的各种故障,以保证设备在其寿命期限内保持必要的功能。

设备小修、中修是通过调整、修复和更换易损零部件的办法,以达到工艺要求。设备大

修是通过调整、修复或更换磨损的零部件，恢复设备的精度、生产效率及功能。小修、中修、大修所修理的内容不同，间隔时间不同，花费的资金及资金来源也不同。小修、中修所需资金一般直接计入生产成本，而大修费用则由大修费用专项资金开支。从经济上讲，大修理与中修、小修相比，是规模最大、花钱最多的设备修理方式。因此，在选择补偿方式时，往往把大修理作为研究对象，同其他再生产方式进行经济分析、对比。

2）现代化改装

利用现代的科技成果，适应生产的具体需要，改进现有设备的局部结构或增加新装置、新部件等，改善现有设备的技术性能使用指标，使之全部达到或局部达到新设备的技术水平和效率。其主要目的是提高机械化、自动化水平；扩大设备的工艺范围；改善设备的技术性能；提高设备的精度；增加设备的寿命；改善劳动条件和安全作业。

3）设备更新

设备更新是对旧设备的整体替换，也就是用原型新设备或结构上更加合理、技术上更加完善、性能和生产效率更高、比较经济的新设备，更换已经陈旧了的、在技术上不能继续使用或在经济上不宜继续使用的旧设备。

4）技术补偿方式

若设备的磨损主要是有形磨损所致，则应视有形磨损的情况而决定补偿方式。有形磨损程度较轻时，可以通过修理进行补偿；有形磨损较重，修复费用较高时，则应对修理或更新两种方式加以经济比较，以确定恰当的补偿方式；有形磨损很严重，以致无法修复，或虽修复，但其精度仍然达不到要求时，则应该以更新作为补偿手段。若设备的磨损主要是由第Ⅱ种无形磨损所致，则应采用现代化改装或更新的补偿方式；若设备的磨损仅是由第Ⅰ种无形磨损所致，则不必进行补偿，可以继续使用。设备磨损形式与其补偿方式的相关关系如图 9-1 所示。

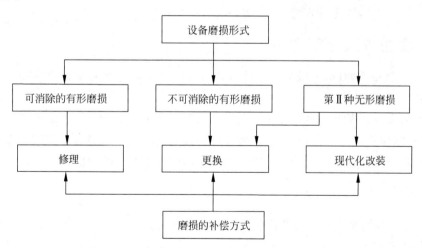

图 9-1　设备磨损形式与其补偿方式的相关关系

3. 设备磨损经济补偿

设备磨损的经济补偿一般要从原有设备的折旧基金中支出相应的补偿费用，以抵偿相应贬值的部分。设备的折旧是伴随设备损耗发生的价值转移。设备投入使用后，其实物形态逐渐磨损,对应的价值逐步转移到产品中,构成产品的成本,待产品销售后再将这部分价值收回。对回收提取的折旧主要用于设备的更新。

9.2 设备折旧

9.2.1 折旧概念

设备更新需要资金,这些资金是在设备使用过程中以折旧的形式逐步积累起来的。通常把固定资产在使用过程中,由于损耗而逐渐转移到成本、费用中去的那部分价值叫作折旧。

从价值观点上讲,折旧可以看作设备性能的衰退和过时引起的损失。在会计概念上,折旧可以看作设备在寿命期内注销的设备成本。从技术经济分析的角度看待折旧的概念,则丰富了折旧分析的内容。首先,折旧应与设备的有形磨损和无形磨损挂钩,因此使采用加速折旧法成为可能。其次,因为折旧费的特点是免税和分期获得,所以早期的回收折旧意味着早期少付税,直接影响企业的实际投资效益。因此,对折旧的研究就构成了对项目投资回收研究的重要内容。

通常用折旧率的形式来计算折旧费的大小,合理制定设备的折旧率不仅是正确计算成本的依据,而且是促进科学技术发展,有利于设备更新的政策问题。正确的折旧率应该既能反映设备的有形磨损,又能反映设备的无形磨损,应该与设备的实际损耗相符合。如果折旧率定得过低,则设备使用期满,还没有把设备的价值全部转移到产品中去,即提取的折旧基金不足以抵偿设备的损耗,人为地夸大利润、夸大积累,会使设备得不到及时更新,影响企业的正常发展;如果折旧率定得过高,使折旧基金抵偿设备实际损耗而有余,就会人为地增加成本、缩小利润,影响资金的正常积累,妨碍社会扩大再生产。

9.2.2 设备折旧计算方法

折旧的计算很难精确,一般原则是计算某固定资产市场价值的减少或其在使用期内有计划的分摊,后者更为常用。

折旧计算要考虑的相关要素主要有三个:①固定资产原值 P;②固定资产的可使用年限 N_D,又称固定资产的会计寿命,它通常由政府规定,我国的一般较长,如汽车 15 年,高速公路 30 年,桥梁 30~100 年;③固定资产可使用年限终了时的净残值 S。

1. 直线折旧法

(1) 含义:按期平均分摊资产价值的一种计算方法。

(2) 年折旧费 D:

$$D = \frac{P-S}{N_D} \tag{9-6}$$

式中,P——资产原值;

S——折旧期末资产净残值;

N_D——资产的折旧期。

(3) 年折旧率 f：

$$f = \frac{1}{N_D} \times 100\% \tag{9-7}$$

直线折旧法计算简便，但折旧速度慢。如果在设备使用期内负荷、使用时间与利用强度等基本相同，设备得到的经济效益均衡，使用直线折旧是可以的。

例 9-2 某设备原值为 11 000 元，估计可使用年限为 5 年，预计 5 年末设备净残值为 1000 元。试求：(1) 年折旧额；(2) 年折旧率；(3) 月折旧率。

解：已知：$P = 11\,000$ 元，$N_D = 5$ 年，$S = 1000$（元）。

(1) 年折旧额

$$D = \frac{P - S}{N_D} = \frac{11\,000 - 1000}{5} = 2000（元）$$

(2) 年折旧率

$$f = \frac{1}{N_D} \times 100\% = 20\%$$

(3) 月折旧率 f'

$$f' = \frac{f}{12} = \frac{20\%}{12} = 1.67\%$$

各年折旧额、折旧基金（即折旧累计）、折旧余额 S_m（第 m 年末的净现值）如表 9-1 所示。

表 9-1 直线折旧法各年折旧额与折旧余额　　　　　　　　　　　　　　　单位：元

年份	0	1	2	3	4	5	合计
年折旧额	—	2000	2000	2000	2000	2000	10 000
折旧基金	—	2000	4000	6000	8000	10 000	
折旧余额	11 000	9000	7000	5000	3000	1000	—

快速折旧法又称加速折旧法、递减折旧费用法，即固定资产每期计提的折旧费用，在前期提得较多，这是固定资产的成本在使用年限中尽早地得到补偿的一种折旧方法。

快速折旧常用的方法有定率递减余额法、双倍递减余额法、年数总和法。

2. 定率递减余额法

(1) 定义：定率递减余额法是先根据公式求出设备折旧率，然后用这一固定的折旧率乘以设备逐年净值，即把期初的设备价值减去累积折旧额后的设备净值，作为下一期计算折旧额的基础，依此连续计算，从而求得每年的折旧额。由于设备净值是逐年递减的，所以折旧额也是逐年递减的。

(2) 年折旧率 f：

$$f = 1 - \sqrt[N_D]{\frac{S}{P}} \tag{9-8}$$

(3) 计算公式：

$$D_m = f \cdot S_m \tag{9-9}$$

式中，D_m——第 m 年的折旧额；

S_m——设备使用第 m 年末的净现值。

例 9-3 一台设备原值 15 000 元,估计可使用年限为 5 年,残值为 4000 元。求各年的折旧额。

解:折旧率 $f = 1 - \sqrt[N_D]{\dfrac{S}{P}} = 1 - \sqrt[5]{4000/15\,000} = 23.23\%$

设备各年折旧额、折旧基金、折旧余额,如表 9-2 所示。

表 9-2 直线折旧法各年折旧额与折旧余额   单位:元

年份	折旧率	年折旧额	折旧基金	折旧余额
1	23.23%	3485	3485	11 515
2	23.23%	2675	6160	8840
3	23.23%	2054	8215	6785
4	23.23%	1575	9790	5210
5	23.23%	1210	11 000	4000

这种计算方法要求设备残值不能为零,如果残值为零,可采用双倍递减余额法。

3. 双倍递减余额法

(1) 折旧率是按直线折旧法折旧率的 2 倍计算的,逐年的折旧基数则按设备的价值减去累计折旧额计算。为了使设备的折旧额摊完,到一定年度时要改为直线折旧法。改为直线折旧法的年份和设备使用的年限有关,当设备使用年限为单数时,改为直线折旧法的年限为:$\dfrac{n}{2}+1.5$ 年初开始;当设备使用年限为偶数时,改为直线折旧法的年限为:$\dfrac{n}{2}+2$ 年初开始。

(2) 年折旧率 f 的计算公式为

$$f = \dfrac{2}{N_D} \times 100\% \tag{9-10}$$

(3) 双倍递减余额法时第 m 年的折旧额 D_m 的计算公式为

$$D_m = P_{m-1} \cdot f \tag{9-11}$$

式中,P_{m-1}——第 $m-1$ 年的资产净值。

(4) 改为直线折旧法时,年折旧额的计算式为

$$\text{年折旧额} = \text{双倍递减余额法最后一年末的资产净值} / \text{直线折旧法年数} \tag{9-12}$$

例 9-4 某设备原值为 8000 元,估计可使用年限为 10 年,残值为零。求设备的逐年净值及逐年折旧额。

解:双倍余额递减法的折旧率是

$$f = \dfrac{2}{N_D} \times 100\% = \dfrac{2}{10} \times 100\% = 20\%$$

改为直线折旧法的年限为

$$\dfrac{n}{2} + 2 = \dfrac{10}{2} + 2 = 7(\text{年})$$

设备的逐年净值及逐年折旧额计算结果如表 9-3 所示。

表 9-3　直线折旧法各年净值与折旧余额　　　　　　　　单位：元

年份	年初设备净值	折旧额	年末设备净值
双倍余额递减法			
1	8000	1600	6400
2	6400	1280	5120
3	5120	1024	4096
4	4096	819	3277
5	3277	655	2622
6	2622	524	2098
直线折旧法			
7	2098	524.5	1573.5
8	1573.5	524.5	1049
9	1049	524.5	524.5
10	524.5	524.5	0

4. 年数总和法

（1）定义：年数总和法，又称折旧年限积数法、年数比率法、级数递减法或年限合计法，是固定资产加速折旧法的一种。它是将固定资产的原值减去残值后的净额乘以一个逐年递减的分数计算确定固定资产折旧额的一种方法。

（2）计算公式：

$$\text{年折旧率} = \text{尚可使用年数} / \text{年数总和} \times 100\% \tag{9-13}$$

或

$$\text{年折旧率} = \frac{\text{预计折旧年限} - \text{已使用年限}}{\text{预计折旧年限} \times \dfrac{(\text{预计折旧年限} + 1)}{2}}$$

$$\text{年折旧额} = (\text{固定资产原值} - \text{预计残值}) \times \text{年折旧率} \tag{9-14}$$

例 9-5　仍沿用例 9-4，采用年数总和法计算的各年折旧额如表 9-4 所示。

表 9-4　直线折旧法各年净值与折旧余额　　　　　　　　单位：元

年次	尚可使用年数	原值－净残值	变动折旧率	年折旧额	累计折旧额
1	10	8000	10/55	1455	1544
2	9	8000	9/55	1309	2764
3	8	8000	8/55	1164	3928
4	7	8000	7/55	1018	4946
5	6	8000	6/55	873	5819
6	5	8000	5/55	727	6546
7	4	8000	4/55	582	7128
8	3	8000	3/55	436	7564
9	2	8000	2/55	291	7855
10	1	8000	1/55	145	8000

5. 工作量法

(1) 定义：工作量法是指按实际工作量计提固定资产折旧额的一种方法。一般是按固定资产所能工作的时数平均计算折旧额。实质上，工作量法是平均年限法的补充和延伸，弥补平均年限法只重使用时间，不考虑使用强度的缺点。

(2) 计算方法：

$$\text{单位工作量折旧额} = \frac{\text{原始价值} \times (1 - \text{预计净残值率})}{\text{预计工作量总额}} \tag{9-15}$$

$$\text{年折旧额} = \text{某年实际完成的工作量} \times \text{单位工作量折旧额} \tag{9-16}$$

采用工作量法，不同的固定资产应按不同的工作量标准计算折旧，如机器设备应按工作小时计算折旧，运输工具应按行驶里程计算折旧，建筑施工机械应按工作台班时数计算折旧等。

例 9-6 某企业的一辆运货卡车的原值为 60 000 元，预计总行驶里程为 50 万 km，其报废时的残值率为 5%，本月行驶 4000km。该辆汽车的月折旧额是多少？

解：

$$\text{单位里程折旧额} = \frac{60\,000 \times (1 - 5\%)}{500\,000} = 0.114 (\text{元}/\text{km})$$

$$\text{本月折旧额} = 4000 \times 0.114 = 456 (\text{元})$$

6. 年金折旧法

年金折旧法是考虑固定资产净值的利息费用的一种计提折旧的方法。此法提取的年折旧额由两部分构成，即固定资产利息和实际折旧。其计算公式为

$$D = P \cdot i + \frac{(P - S) \cdot i}{(1 + i)^n - 1} \tag{9-17}$$

例 9-7 某设备原值为 11 000 元，估计可使用年限为 5 年，预计 5 年末设备净残值为 1000 元，如果 $i = 10\%$，试用年金折旧法计算各年折旧额、固定资产净值利息、年固定资产净值。

$$D = 11\,000 \times 0.1 + \frac{(11\,000 - 1000) \times 0.1}{(1 + 0.1)^5 - 1} = 2737.97 (\text{元})$$

计算过程详见表 9-5。

表 9-5 年金折旧法计算过程 单位：元

年次	折旧额 D	净值利息 $R = S_{(t-1)} \cdot i$	实提折旧 $D - R$	累计折旧 $\sum(D - R)$	$S_t = S_{t-1} - (D - R)$
—	—	—	—	—	11 000
1	2737.97	1100	1637.97	1637.97	9362.03
2	2737.97	936.2	1801.77	3439.74	7560.26
3	2737.97	756.03	1981.94	5421.68	5578.32
4	2737.97	557.8	2180.17	7601.85	3398.15
5	2737.97	339.8	2398.15	10 000	1000
合计	13 689.85	3689.83	10 000	—	—

7. 固定资产分类折旧年限

(1) 通用设备折旧年限：

机械设备 10～14 年；

动力设备 11～18 年；

传导设备 15～28 年；

运输设备 8～14 年。

(2) 自动化控制及仪器仪表：

自动化、半自动化控制设备 8～12 年；

电子计算机 4～10 年；

通用测试仪器设备 7～12 年；

工具及其他生产用具 9～14 年。

(3) 非生产用设备及器具：

设备工具 18～22 年；

电视机、复印机、文字处理机 5～8 年。

(4) 专用设备折旧年限：

输电线路 30～35 年；

配电线路 14～16 年；

变电配电设备 18～22 年；

机械工业专用设备 8～12 年；

电子仪表电讯工业专用设备 5～10 年；

建材工业专用设备 6～12 年；

造船工业专用设备 15～22 年；

公用事业企业专用设备：自来水企业专用设备 15～25 年、燃气企业专用设备 16～25 年。

(5) 房屋建筑物流折旧年限

生产用房 30～40 年；

受腐蚀生产用房 20～25 年；

受强腐蚀生产用房 10～15 年；

非生产用房 35～45 年；

简易房 8～10 年；

桥梁 45～55 年；

公路 15～25 年。

9.2.3 设备寿命

设备的寿命是指设备从投入使用开始，由于磨损，直到设备在技术上或经济上不宜使用为止的时间。由于研究角度不同，设备寿命有物理寿命、技术寿命、折旧寿命、经济寿命四种不同的形态，其含义也不相同，在对设备进行更新与选择的经济分析时需加以区分。

1. 物理寿命

物理寿命也称自然寿命、物质寿命。它是指设备从投入使用开始,直到因物质磨损严重而不能继续使用、报废为止所经历的全部时间。它主要是由设备的有形磨损所决定的。做好设备维修和保养可延长设备的物理寿命,但不能从根本上避免设备的磨损,任何一台设备磨损到一定程度时,都必须进行更新。因为随着设备使用时间的延长,设备不断老化,维修所支出的费用也逐渐增加,从而出现恶性使用阶段,即经济上不合理的使用阶段。因此,设备的自然寿命不能成为设备更新的估算依据。

2. 技术寿命

设备的技术寿命是指设备从投入使用到因技术落后而被淘汰所延续的时间,即设备在市场上维持其自身价值而不显陈旧落后的全部时间,故又称为有效寿命。例如一台电脑,即使完全没有使用过,它的功能也会被更为完善、技术更为先进的电脑所取代,这时它的技术寿命可以认为等于零。由此可见,技术寿命主要是由设备的无形磨损决定的,它一般比自然寿命要短,而且科学技术进步越快,技术寿命越短。所以在估算设备寿命时,必须考虑设备技术寿命期限的变化特点及使用的制约或影响。

3. 折旧寿命

折旧寿命亦称会计寿命,是指从设备开始使用,到其投资通过折旧的方式全部回收所延续的时间。其长短由国家财政部门规定的固定资产使用年限决定。

4. 经济寿命

经济寿命是指设备从开始使用(或闲置)时起,至由于遭受有形磨损和无形磨损(贬值)再继续使用在经济上已不合理为止的全部时间。设备使用年限越长,每天所分摊的设备购置费(年资本费)就越少。但是随着使用年限的增加,一方面需要更多的维修费维持原有功能;另一方面机器设备的操作成本及能源耗费也会增加。这就存在着使用到某一年份,其平均综合成本最低,经济效益最佳。我们称设备从开始使用到其年度使用费最小的使用年限为设备的经济寿命。经济寿命既考虑了有形磨损,又考虑了无形磨损,它是确定合理更新期的依据。

设备的年度费用由资金恢复费用和年度使用费组成。设备的资金恢复费用是指设备的原始费用扣除设备更新时的预计净残值后分摊到设备使用各年份上的费用。设 I_0 代表原始费用,L 代表预计净残值,n 代表使用年限,i 代表利率(折现率),当不考虑资金的时间价值时有

$$资金恢复费用 = \frac{I_0 - L}{n} \tag{9-18}$$

考虑资金的时间价值时有

$$资金恢复费用 = I_0(A/P,i,n) - L(A/F,i,n) \tag{9-19}$$

从式(9-18)和式(9-19)可以看出,设备的资金恢复费用随着服务年限的增长而逐渐

变小。

设备的年度使用费又由年运行费(人工、材料、动力等消耗)和维修费组成。如果 C 代表年度费用,O 代表年运行费,M 代表年维修费,当不考虑资金的时间价值时有

$$C = \frac{I_0 - L}{n} + O + M \tag{9-20}$$

式中,$(I_0 - L)/n$——设备的资金恢复费用;

O 和 M 的和,组成设备的年度使用费,它随设备使用年限的增长而变大。

设备的年度费用曲线如图 9-2 所示。

从图 9-2 可以看出,在 n 年上的年度费用最小(图中 n 点),这 n 年就是设备的经济寿命。当设备的使用年限低于其经济寿命时,其年度费用是下降的;使用年限超过设备的经济寿命时,设备的年度费用又将上升,所以设备使用到其经济寿命的年限更新最为经济。

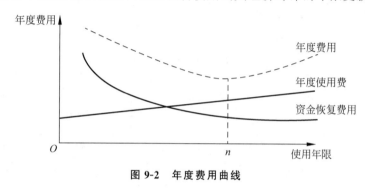

图 9-2 年度费用曲线

9.2.4 设备经济寿命一般算法

1. 不考虑残值

(1) 静态:

$$\min AC_t = \frac{I_0}{n} + \frac{1}{n}\sum_{t=1}^{n} C_t \tag{9-21}$$

(2) 动态:

$$\min AC_t = \left[I_0 + \sum_{t=1}^{n} C_t (P/F, i, t)\right](A/P, i, n) \tag{9-22}$$

式中,AC——平均年总费用;

I_0——设备投资;

C_t——第 t 年设备的使用费用;

t——设备使用时间,$t = 1, 2, \cdots, n$。

2. 考虑设备使用后残值

(1) 静态:

$$\min AC_t = \frac{I_0 - L_n}{n} + \frac{1}{n}\sum_{t=1}^{n} C_t \tag{9-23}$$

式中，L_n——设备使用 n 年后的残值。

（2）动态：

$$\min AC_t = \left[I_0 - L_n(P/F,i,n) + \sum_{t=1}^{n} C_t(P/F,i,t) \right](A/P,i,n) \qquad (9\text{-}24)$$

例 9-8 某机械设备检测，设备原始价值为 11 000 元，相关数据如表 9-6 所示。

表 9-6 设备检测过程费用　　　　　　　　　　　　单位：元

使用年份	1	2	3	4	5	6	7
操作费用	3700	3950	4200	4700	5400	6300	7200
净值	8500	7600	6400	5000	3600	2200	800

（1）不考虑时间价值，试求设备的经济寿命。

（2）若考虑时间价值又如何？（$i=10\%$）

解：（1）不考虑时间价值时，计算过程见表 9-7。

表 9-7 不考虑时间价值时计算过程　　　　　　　　单位：元

年份	1	2	3	4	5	6	7
操作费用	3700	3950	4200	4700	5400	6300	7200
设备费用	2500	3400	4600	6000	7400	8800	10 200
总费用	6200	7350	8800	10 700	12 800	15 100	17 400
平均费用	6200	3675	2933	2675	2560	2517	2486

经济寿命为 7 年。

（2）考虑时间价值时，计算过程见表 9-8。

表 9-8 考虑时间价值时计算过程　　　　　　　　　单位：元

年份	1	2	3	4	5	6	7
原值	11 000	11 000	11 000	11 000	11 000	11 000	11 000
净值	8500	7600	6400	5000	3600	2200	800
净值现值	7727	6281	4808	3415	2235	1242	411
操作费用	3700	3950	4200	4700	5400	6300	7200
操作费用现值	3364	3264	3155	3210	3353	3556	3695
累计操作费用现值	3364	6628	9783	12 993	16 346	19 902	23 587
平均年费用	7301	6538	6424	6492	6624	6810	7022

9.3　设备更新经济评价

　　设备更新是一项重要的工作，一台设备经过多次修理，可以在更长的时间里勉强使用，但长期使用老设备不进行更新，则意味着技术没有进步，它是发展生产力的障碍。设备更新的目的在于：提高设备构成的技术先进性，改善设备，改变设备拥有量的构成比，促进技术进步，使先进高效的设备比例逐步提高，以提高产品质量，降低成本，提高劳动生产率，适应国民经济的需要，获得更高的经济效益。

设备是否要更新,应权衡利弊,以经济效益的高低作为判断的依据。设备更新的经济分析包括两个方面的内容:一是确定设备更新的最佳时期;二是对不同的更新方案进行比较,选择最优更新方案。设备更新的最佳时期主要是依据设备的经济寿命,设备经济寿命的确定前面已经作过介绍,本节重点介绍设备不同更新方案的比选。

9.3.1 设备更新概念

设备更新是修理以外的另一种设备综合的补偿方式,是维护和扩大社会再生产的必要条件。设备更新,从广义上讲包括设备修理、设备更换和现代化改装。从狭义上讲,设备更新是指以结构更加先进、技术更加完善、生产效率更高的新设备去代替不能继续使用及经济上不宜继续使用的旧设备。

所谓设备现代化改装即设备的技术改造,就是应用现代化的技术成就和先进经验,根据生产的具体需要,改变旧设备的机构,或增加新装置、新部件等,以改善旧设备的技术性能与使用指标,使它局部达到目前生产的新设备的水平。

9.3.2 设备更新原则

(1) 如果设备采用修理的方式经济上比较合理时就不要急于更新,可以修中有改。
(2) 通过改进工艺装备,能用经济实效的方法满足生产要求时,就不需要更新设备。
(3) 只需要对个别关键部位或单台设备进行技术改造时,就不用考虑更新整机或整条生产线。

9.3.3 设备更新经济分析

1. 设备更新的形式及评价指标

设备更新有原型更新和技术更新两种形式。原型更新是用相同的新设备更换有形磨损严重、不能继续使用的旧设备;技术更新是用较先进的新设备更换那些遭到第Ⅱ种有形磨损、技术上不能继续使用或经济上不宜继续使用的旧设备。

设备更新的评价指标有很多,有技术方面的(如可靠性、安全性、节能性、维修性等),有社会方面的(如环保等),有经济方面的(如投资、经营成本等)。设备更新时究竟按照哪些指标进行评价,要具体情况具体分析。在一些特殊行业,如石油、化工或高温、高压、易燃、易爆等行业,首先考虑设备的安全可靠性,其次才是经济性。通常意义下,经济性是更多的考虑因素。因此,在这里我们仅对设备更新的经济性进行分析比较。

2. 设备更新特点

(1) 通常,在考虑设备更新方案的比较时,我们假定设备产生的收益是相同的,因此,只对它们的费用进行比较。
(2) 由于不同的设备方案的服务寿命不同,因此通常采用费用年值。

3. 设备更新决策方法

(1) 按照经济寿命确定设备更新。首先计算设备经济寿命,从而确定其更新时间。这种方法简单易行,主要针对长期生产同一类型产品的企业或进行周期性重复更换的设备。

经济寿命的计算方法前面已介绍过,这里不再赘述。

(2) 出现新设备的更新决策。该方法主要针对由于第Ⅱ种无形磨损的作用,在现有设备运行成本尚未升高到需要用原型设备替换之前,已经出现效率更高、经济性更好的设备,这时是否更换的决策问题。

可采用年费用比较法。这种方法是:从原有旧设备现状出发,分别计算旧设备再使用一年的总费用和备选新设备在预计的经济寿命期内的年平均总费用,并进行比较,根据年费用最小原则决定是否更换设备。

(3) 为了精确地比较两个方案,从理论上来说,应该把考察的时间从现在起一直延长到两个方案效果完全相同的未来,但实际上这是很难做到的。因此,我们不得不选定一个研究期作为比较方案的依据,这样选定多多少少带有主观随意性。

(4) 在给定研究期下,同种设备更新方案的选择。

同一种设备在研究期内也可能要不断更新以使设备的总费用最省。按多长的时间周期来更换设备也可以形成多方案的比较。在研究期相对较长的情况下,按设备的经济寿命作为更新的周期显然是理想的方案。但是在给定有限的研究期的情况下,按经济寿命更换设备不一定是最经济方案。例如,投资生产某种产品的生命周期只有 5 年,因此设定投资项目的研究期为 5 年,假定主要生产设备的经济寿命为 2 年,但使用寿命可以达到 5 年,那么,5 年内按经济寿命要更换三次,其总费用现值有可能比更换两次或甚至不更换(使用 5 年)更贵。这样就有必要形成各种可能的互斥方案来比较 5 年内的总费用现值。可能的方案至少有:(2,2,1)、(2,3)、(3,2)、(4,1)、(1,4)、(5)等,括号内数字代表使用更换的时间(年)。例如,(2,3)表示 2 年后更换,再用 3 年。显然,当研究期和设备可能的更新周期方案较多时,可供比较的方案就会更多。为了减少计算工作量,引进一种采用动态规划的递归算法可减少计算工作量。

设 P_k 为设备使用 $k(k=1,2,\cdots,N)$ 阶段的费用现值;N 为设备可能的更新周期;f_n 为至研究期终了还有 n 阶段的总费用现值;折现率为 i,则有

$$\begin{cases} f_0 = 0 \\ f_1 = P_1 + f_0 \\ f_2 = \min[P_1 + f_1/(1+i);\ P_2 + f_0] \\ f_3 = \min[P_1 + f_2/(1+i);\ P_2 + f_1/(1+i)^2;\ P_3 + f_0] \\ \quad\vdots \\ f_n = \min[P_k + f_{(n-k)}/(1+i)^k], n \geqslant N \quad k = 1,2,\cdots,N \end{cases} \quad (9\text{-}25)$$

这种方法从研究期结束时段开始,往远期逐阶段计算最小的总费用现值,直至离终点 n 期,远期的计算依赖于前期的计算结果,每个 f_n 计算的同时,也给出了各阶段的更新决策 k。这样可保证给出研究期内设备使用的总费用最小。

9.3.4 设备大修经济分析

1. 设备修理概念

设备修理是指为保持设备在平均寿命期限内的完好使用状态而进行的局部更换或修复工作,目的是消除设备经常性的有形磨损和机器运行中遇到的各种故障,以保证设备在其寿命期内保持必要的功能。

从经济上讲,大修理与中修、小修(固定资产制度改革后,三种修理方式已统称为固定资产修理)相比,是规模最大、花钱最多的设备修理方式。因此,在选择补偿方式时,往往把大修理作为研究对象,同其他再生产方式进行经济分析、对比。对大修的技术要求是使大修过的设备达到出厂水平,但实际上大修过的设备无论从精确度、速度、生产效率等各方面,还是使用中的技术故障频率、有效运行时间等方面,都比同类型新设备有所逊色,其综合性能会有某种程度的降低。另外,随着修理次数的增加,大修间隔期也会缩短,从而使大修的经济合理性逐步降低。

修理包括大修理过程中,应尽量保留并重复利用原设备留下来的零部件。重复利用度越高,修理的经济性就越好。通常,在设备的平均寿命期内,进行适度的修理,往往经济性是合理的。当然,如果设备修理次数过多,零部件的重复利用度越来越低,相应的修理费用会越来越高,经济合理性将逐渐丧失,此时就要考虑其他更新方式对设备磨损进行补偿。

2. 设备大修经济界限

设备从投入使用到其寿命周期结束前所花费的维修费用总额,往往超过设备原值的若干倍。而且设备使用期越长,相应的维修费用就会越高。由于日常设备使用中的维护、中小修费用相对较少,因此应把注意力放在大修理的经济合理性分析上。

(1) 设备大修的最低经济界限。设备大修理可继续利用原设备保留下来的零部件,这是保证修理经济性的有利条件。如果设备当次大修费用低于同种设备的重置价值,则认为大修理在经济上是合理的。将这个条件称为设备大修的最低经济界限,表达式为

$$R < K_N - K_L \tag{9-26}$$

式中,R——设备当次大修费用;

K_N——同种设备的重置价值(即旧设备在大修时同种新设备的市场价格);

K_L——旧设备被替换时的残值。

之所以叫最低经济界限,是不考虑修理后的设备在性能等方面与同种新设备的差异。即只要满足上述条件即可选择大修理。如不能满足上述最低的经济界限,应考虑其他补偿方式。

(2) 设备大修的理想经济界限。满足最低经济界限,并不一定达到最佳效果。前面已提到,设备大修理后的总体性能、使用效果及经济性一般会有所下降。设备大修的理想经济界限是:大修后生产的产品质量达到规定要求,且单位产品的生产成本不超过同种新设备生产的单位产品成本。这个界限是更为重要的设备大修理经济界限。表达式为

$$C_j \leqslant C_0 \tag{9-27}$$

式中,C_j——在第 j 次大修理后的设备上加工单位产品的成本;

C_0——在同种新设备上加工单位产品的成本。

9.3.5 电子表格在设备更新中的应用

1. 电子表格基本作用

电子表格可以输入、输出、显示数据,可以帮助用户制作各种复杂的表格文档,进行繁琐的数据计算,并能对输入的数据进行各种复杂统计运算后显示为可视性极佳的表格,同时它还能形象地将大量枯燥无味的数据变为多种漂亮的彩色商业图表显示出来,极大地增强了数据的可视性。另外,电子表格还能将各种统计报告和统计图打印出来。

2. 电子表格在设备更新中的实际应用

例 9-9 某公司有一台设备,购于 3 年前,现在考虑是否需要更新,该公司所得税为 40%。其他有关资料如表 9-9 所示。

表 9-9 某公司是否需要更新相关资料　　　　　　　　　　　　单位:元

	A	B	C
1	项目	旧设备	新设备
2	原价	60 000	50 000
3	税法规定残值(10%)	6000	5000
4	税法规定使用年限/年	6	4
5	已使用年限	3	0
6	尚可使用年限	4	4
7	每年操作成本	8600	5000
8	两年后大修成本	28 000	
9	最终报废残值	7000	10 000
10	目前变现价值	10 000	
11	每年折旧额	直线法	年数总和法
12	第一年	9000	18 000
13	第二年	9000	13 500
14	第三年	9000	9000
15	第四年	0	4500

是否更换设备,主要思想是对新旧设备的现金流量的总现值。一般书上计算方法比较复杂,容易出错。如果用 Excel 来解决此问题就简单多了。先分别对继续使用旧设备和更新设备的现金流入和现金流出进行分析,并将分析结果按如表 9-10 所示输入 Excel 表格中。

表 9-10 某公司是否需要更新方案现金流入和现金流出电子表格计算过程　单位:元

	A	B	C	D	E	F
1			继续使用旧设备			
2		第零年	第一年	第二年	第三年	第四年
3	现金流入		9000×0.4	9000×0.4	9000×0.4	7000
4	现金流出	10 000+(33 000−1000)×0.4	8600×0.6	(8600+28 000)×0.6	8600×0.6	8600×0.6+(7000−6000)×0.4
5	净现值					
6			更换新设备			
7		第零年	第一年	第二年	第三年	第四年
8	现金流入		18 000×0.4	13 500×0.4	9000×0.4	10 000+4500×0.4
9	现金流出	50 000	5000×0.6	5000×0.6	5000×0.6	5000×0.6+(10 000−5000)×0.4
10	净现值					

分别对 B3：F4 和 B8：F9 单元格单击编辑公式"＝"得表 9-11 所示内容，然后在 G3、G4、G8、G9 单元格中输入数据。

表 9-11　某公司是否需要更新方案的 NPV 电子表格计算过程　　　　　　单位：元

	A	B	C	D	E	F
1		继续使用旧设备				
2		第零年	第一年	第二年	第三年	第四年
3	每年收入		3600	3600	3600	7000
4	每年支出	19 200	5160	21 960	5160	5560
5	净现值					
6		更换新设备				
7		第零年	第一年	第二年	第三年	第四年
8	每年收入		7200	5400	3600	11 800
9	每年支出	50 000	3000	3000	3000	5000
10	净现值					

（注：F列右侧分别为 NPV(0.1,C3:F3)、NPV(0.1,C4:F4)、NPV(0.1,C8:F8)、NPV(0.1,C9:F9)）

计算结果如表 9-12 所示，再在 H3、H4、H5、H8、H9、H10 分别输入数据。

表 9-12　某公司是否需要更新方案的 NPV 电子表格汇总过程　　　　　　单位：元

	A	B	C	D	E	F	G	H
1		继续使用旧设备						
2		第零年	第一年	第二年	第三年	第四年		
3	每年收入		3600	3600	3600	7000	13 733.76	B3＋G3
4	每年支出	19 200	51 600	21 960	5160	5560	30 514.01	B4＋G4
5	净现值							H3＋H4
6		更换新设备						
7		第零年	第一年	第二年	第三年	第四年		
8	每年收入		7200	5400	3600	11 800	21 772.56	B8＋G8
9	每年支出	50 000	3000	3000	3000	5000	10 875.62	B9＋G9
10	净现值							H8＋H9

最后得结果如表 9-13 所示。

表 9-13　某公司是否需要更新方案的电子表格计算最终结果　　　　　　单位：元

	A	B	C	D	E	F	G	H
1		继续使用旧设备						
2		第零年	第一年	第二年	第三年	第四年		
3	每年收入		3600	3600	3600	7000	13 733.76	13 733.76
4	每年支出	19 200	51 600	21 960	5160	5560	30 514.01	49 714.01
5	净现值							35 980.25
6		更换新设备						
7		第零年	第一年	第二年	第三年	第四年		
8	每年收入		7200	5400	3600	11 800	21 772.56	21 772.56
9	每年支出	50 000	3000	3000	3000	5000	10 875.62	60 875.62
10	净现值							39 103.07

经此对比,更换新设备现金流出总现值为 39 103.07 元,比继续使用旧设备现金流出总值 35 980.25 元多出 3122.82 元,因此继续使用旧设备比较好。

本 章 小 结

随着时代的发展和进步,设备的经济分析将成为各类企业技术进步的重要核心,同时对国民经济的发展有着重要的作用。

设备磨损指设备的价值和使用价值会随时间逐渐降低的一种现象。设备磨损分为有形磨损和无形磨损两类,它们的性质完全不同。有形磨损和无形磨损还可以按照发生的原因不同,分为第Ⅰ、第Ⅱ种有形和无形磨损。它们两者在设备使用中的同时作用就构成了设备的综合磨损。

设备磨损的补偿包括技术补偿和经济补偿两个方面。设备的技术补偿形式有设备修理、设备现代化改装和设备更新。

设备寿命包括物理寿命、技术寿命、折旧寿命和经济寿命,一般来说,设备技术寿命和经济寿命都要短于物理寿命。在工程经济分析中,经济寿命是一个关键的概念,设备经济寿命指设备从开始使用(或闲置)时起,由于遭受有形磨损和无形磨损(贬值)再继续使用在经济上已不合理为止的全部时间。设备经济寿命决定了设备的更新时机。确定设备最优更新期要注意两个方面:①经济寿命的起始时间既可以从新设备投入使用开始,也可以从旧设备现在投入使用开始,后一种含义对设备更新来说更具有实际意义,它表明的是现在旧设备的剩余经济寿命;②在计算设备的经济寿命时,只是从设备的年平均费用入手,没有考虑技术进步以及资金等因素对设备更新的影响和制约。所以经济寿命的最优更新年限只适用于设备原型更新。

设备更新经济分析有新旧设备更新比较分析与不同方案之间的比较分析,前者为几种常见的设备更新经济方法,后者为多方案的比较更新分析。更新方法可分为两种情况:一是设备原型更新,以设备经济寿命为其最佳更新时机;二是设备新型更新,更新的方法有年值成本法、现值成本法和边际成本法。

思考与练习

9-1 什么是设备的有形磨损、无形磨损?两者的区别是什么?

9-2 设备磨损的补偿方式有哪些?

9-3 什么是设备的经济寿命?设备的寿命可分为哪几种?决定经济寿命的因素有哪些?

9-4 简述设备更新的种类及其区别。

9-5 设备磨损的补偿方式有哪些?各自针对哪种磨损形式?

9-6 某设备的购置价为 6000 元,第 1 年的运行费为 1000 元,以后每年以 300 元定额递增。设备使用一年后残值为 3600 元,以后每年以 400 元定额递减,该设备的最大使用年限为 8 年,若基准收益率为 8%,试用动态的方法计算该设备的经济寿命。

9-7 某车床的年使用费和年末的估计残值如表 9-14 所示。设备原始费用为 60 000 元,

$i=10\%$,求该车床的经济寿命。

表 9-14 某车床的年使用费和年末的估计残值

年末	1	2	3	4	5	6	7
年度使用费	10 000	12 000	14 000	18 000	23 000	28 000	34 000
年末估计残值	30 000	15 000	7500	3750	2000	2000	2000

9-8 某公司需要使用计算机,根据市场情况,有两种方案可供选择。方案一是花 25 000 元购买一台计算机,估计服务寿命为 5 年,5 年年末残值为 5000 元,运行费每天 50 元,年维修费为 2500 元。方案二是租赁一台同类型计算机,每天的租赁费为 50 元。如果公司一年中用机天数预计为 180 天。政府规定的所得税率为 33%,采用直线折旧法计提折旧,基准折现率为 12%,试确定公司应采取购置还是租赁方案。

9-9 某公司现在经营状况如表 9-15 所示,当前因设备生产率低,满足不了生产要求,有一新设备可使产销量提高 35.5%,变动成本降低 5%,固定成本增加 50%,问是否应更换旧设备?

表 9-15 某公司现在经营状况

销售收入	1000 万元	
总成本	900 万元	变动成本 500 万元 固定成本 400 万元
利润	100 万元	

9-10 有一设备更新方案,新设备购置费为 11 000 元,可使用 5 年,年运行成本为 2000 元,5 年后的残值为 1000 元。如果把现有设备转卖出去,售价为 2000 元,5 年后售价为 400 元,旧设备的年运行费为 4500 元。若利率为 10%,问现有设备是否应更新?

9-11 某桥梁已经使用多年,需要进行大修理,估计大修理费用为 15 000 元,经过大修后可以继续使用 3 年,每年的维修费为 2500 元。另一个方案是拆旧桥造新桥,估计造价为 60 000 元,可以使用 20 年,每年维修费为 500 元。设 $i_c=12\%$,试比较两个方案。

第 10 章 价 值 工 程

学习目标：通过本章学习，了解价值工程的产生和发展，了解价值工程的基本概念、特点和原理，了解价值工程方案评价与实施，熟悉价值工程对象选择的原则、方法、实践步骤、工作程序，并在此基础上掌握价值工程活动的方式方法、功能分析和评价，能够运用所学内容对提出改革的设计方案进行科学的评价，最终确定方案和实施方案。

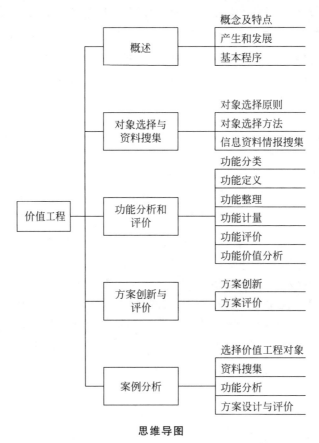

思维导图

课程思政：从设计师麦尔斯(L.S. Miles)式思考的逻辑中抓住主要矛盾或矛盾的主要方面，通过步步深入、"止于至善"的研究、设计、创新从平凡到卓越的哲学思想。抓住了这个牛鼻子，就会有事半功倍的效果。之后的路径的寻找和选择只不过是实现这个目的的手段，它们是目的和手段的逻辑关系，不可本末倒置。从对比研究 TQC、IE 及 VE，揭示人们为了项目"有效性"不断进取、不断创新、不断发展的历史进程，感悟从局部入手到系统推进的哲学思想、系统观点、整体思路。从把握功能分析这个价值工程核心，学会工作优化的系统的观点、哲学思维和整体方案。

10.1 价值工程概述

价值工程(Value Engineering,VE),又称价值分析(Value Analysis,VA),是20世纪40年代后期产生的一门新兴的管理技术。它的创始人公认是美国工程师麦尔斯。第二次世界大战期间,物资供应十分紧张。供职于通用电气公司采购部门的麦尔斯,从多年采购工作实践中,逐步摸索到短缺材料可以寻找相同功能者作"代用品"的经验,认为购买材料的目的是获得某种功能而不是材料本身,所以,只要满足功能,就可以选用较为便宜的材料,代替原设计指定的材料使用。通过一系列成功的实践活动,麦尔斯总结出一套在保证同样功能的前提下降低成本的比较完整的科学方法,定名为"价值分析"。以后,随着其研究内容的不断丰富与完善,其研究领域也从材料代用逐步推广到产品设计、生产、工程组织、服务等领域,形成了一门比较完整的科学体系——价值工程。

价值工程与一般的投资决策理论不同。一般的投资决策理论研究的是项目的投资效果,强调的是项目的可行性。而价值工程是一门致力于提高产品或系统功能,降低产品或系统成本,从而以最低寿命周期成本来可靠地实现用户所要求功能的技术与经济相结合的学科。研究如何以最少的人力、物力、财力和时间获得必要的功能的技术经济分析方法,达到减少资源消耗,提高经济效益的目的,强调的是产品的功能分析和功能改进。

价值工程是一种通过各相关领域的协作,对所研究对象的功能与费用进行系统分析,不断创新,以提高研究对象价值的思想方法和管理技术,其目的是以最低寿命同期成本,可靠地实现产品的必要功能,以获取最佳的综合效益。

10.1.1 价值工程概念及特点

1. 价值工程概念

按照国家标准局发布的国标《价值工程基本术语和一般工作程序》的定义,价值工程定义为:通过各相关领域的协作,对所研究对象的功能与费用进行系统分析,不断创新,旨在提高所研究对象价值的思想方法和管理技术。价值工程,就是以最低的寿命周期成本实现一定的产品或作业的必要功能,而致力于功能分析的有组织的活动。价值工程这一定义,涉及价值工程的三个基本概念,即价值、功能和寿命周期成本。

1) 价值

价值是指某种产品的功能与获得此功能所指出的成本的相对关系,把二者之比称为产品的价值。价值工程中的"价值"是指作为某种产品(或作业)所具有的功能与获得该功能的全部费用的比值。它不是对象的使用价值,也不是对象的交换价值,而是对象的比较价值,是作为评价事物有效程度的一种尺度提出来的。设对象(如产品、工艺、劳务等)的功能为 F,其成本为 C,价值为 V,计算式为

$$V = \frac{F}{C} \tag{10-1}$$

式中,V(value)——研究对象的价值;

F(function)——研究对象的功能;

C(cost)——研究对象的成本,即寿命周期成本。

价值的大小取决于功能和成本。产品的价值高低表明产品合理有效利用资源的程度和产品物美价廉的程度。产品价值高就是好产品,其资源利用程度就高;价值低的产品表明其资源没有得到有效利用,应设法改进和提高。由于"价值"的引入,产生了对产品新的评价形式,即把功能与成本、技术与经济结合起来进行评价。提高价值是广大消费者利益的要求,也是企业和国家利益的要求。因此,企业应当千方百计地提高产品的价值,创造物美价廉的产品。

价值的提高取决于功能和费用两个因素,所以提高价值可以通过以下途径实现:

提高功能,降低成本,大幅度提高价值。这是提高价值的最理想途径。随着科技的发展,采用新技术、新工艺、新材料可使产品结构或制造方法有较大突破,这不仅有助于产品功能的提高,同时还可降低成本,从而使价值大幅度提高。

(1) 功能不变,成本下降。

通过改进设计,保持产品功能不变的前提下,通过降低成本达到提高产品价值的目的,表达式为

$$\frac{F\rightarrow}{C\downarrow}=V\uparrow \tag{10-2}$$

但要注意,降低成本是指降低产品的寿命周期成本,而不是产品的生产成本。在寿命周期成本的构成中,由于生产成本短期内集中支出并且体现在价值中,容易被人们认识,进而采取措施加以控制。而使用中的人工、能源、环境、维修等耗费常常是生产成本的许多倍,但由于分散支出,容易被人们所忽视。例如一条公路产品,如果单纯追求生产成本的降低,其建造质量就会降低,甚至到非常低劣的程度,使用过程中的维修费用就会很高,甚至有可能发生重大事故,给社会财产和人身安全带来严重的损害。因此,降低成本要综合考虑生产成本和使用成本的下降,兼顾生产者和用户的利益,以获得最佳的社会综合效益。

(2) 成本不变,功能提高。

通过改进设计,在产品成本不变的前提下,提高产品的功能,如提高产品的性能、可靠性、寿命、维修性等,以及在产品中增加某些用户希望的功能,达到提高产品价值的目的,表达式为

$$\frac{F\uparrow}{C\rightarrow}=V\uparrow \tag{10-3}$$

(3) 成本略有上升,功能大幅度提高。

通过改进设计,产品成本有较少提高,产品功能有较大幅度提高,表达式为

$$\frac{F\uparrow\uparrow}{C\uparrow}=V\uparrow \tag{10-4}$$

这种情况下,顾客可以用稍高的价钱买到比原来质量高很多的产品。这种途径适用于中高档产品和多功能产品,特别是升级换代产品。

(4) 功能略有下降,成本大幅度下降。

对于某些消费品,在不严重影响使用要求的情况下,适当降低产品功能的某些非主要方面的指标,以换取成本较大幅度的降低,表达式为

$$\frac{F\downarrow}{C\downarrow\downarrow}=V\uparrow \tag{10-5}$$

在某些情况下,为了满足购买力较低的用户需求,或一些注重价值竞争而不需要高档的产品,适当生产价廉的低档品,也能取得较好的经济效益。

(5) 功能提高,成本降低。

在提高产品功能的同时,又降低产品成本,从而使价值大幅度提高,表达式为

$$\frac{F\uparrow}{C\downarrow}=V\uparrow\uparrow \tag{10-6}$$

这是最理想的途径,也是对资源最有效的利用。这样的产品才是真正的"物美价廉",最受人们欢迎的产品。但对生产者要求较高,往往需要在技术上的突破,在管理上的改善才能实现。

总之,在产品形成的各个阶段都可以应用价值工程提高产品的价值。但应注意,在不同的阶段进行价值工程活动,其经济效果的提高幅度却大不相同。对于大型复杂的产品,应用价值工程的重点是在产品的研究设计阶段,产品的设计图纸一旦设计完成并当产品投入生产后,产品的价值就已基本确定,这时再进行价值工程分析就变得更加复杂。不仅原来的许多工作成果要付之东流,而且改变生产工艺、设备工具等可能会造成很大的浪费,使价值工程活动的技术经济效果大大下降。因此,价值工程活动更侧重在产品设计阶段,以寻求技术突破,取得最佳的综合效果。

2) 功能

产品的功能是指一种产品所具有的效能或所起的作用,对物品来说就是它的用途。价值工程中的功能是对象能够满足某种需求的一种属性。具体来说功能就是效用。任何产品都具有功能,如住宅的功能是提供居住空间,建筑物基础的功能是承受荷载等。

功能是产品的本质属性,正因为产品具备了功能才能使用和存在。人们购买产品实际上是购买产品所具有的功能。例如,人们需求住宅,实质是需求住宅"提供生活空间"的功能。价值工程的特点之一就是研究并切实保证用户要求的功能。

3) 寿命周期成本(费用)

产品在整个寿命周期过程中所发生的全部费用,称为寿命周期成本(费用)C,包括生产成本 C_1 和使用及维护成本 C_2 两部分之和,寿命周期与寿命周期成本关系如图 10-1 所示,其计算式为

$$C=C_1+C_2 \tag{10-7}$$

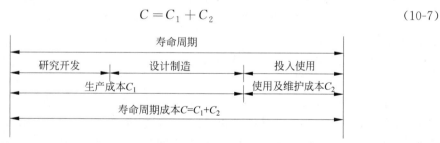

图 10-1 寿命周期与寿命周期成本关系图

在一定范围内,产品的生产成本和使用成本存在着此消彼长的关系。随着产品功能水平的提高,产品的生产成本 C_1 增加,使用及维护成本 C_2 降低;反之,产品功能水平降低,其生产成本 C_1 降低,但使用及维护成本 C_2 会增加。因此当功能水平逐步提高时,寿命周期成本 $C=C_1+C_2$ 呈马鞍形变化,如图 10-2 所示。寿命周期成本为最小值 C^* 时,所对应

的功能水平是仅从成本方面考虑的最适宜功能水平。

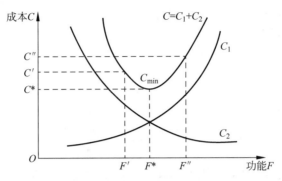

图 10-2　产品功能与成本的关系

4）价值工程

价值工程是指通过各相关领域的协作对所研究对象的功能与费用进行系统分析，不断创新，旨在提高所研究价值的思想方法和管理技术。

就公路行业而言，价值工程是对某条道路产品或施工劳务系统进行功能分析以及方案创造、评价和实施，用最低的寿命周期费用可靠地实现用户所要求的功能，从而提高研究对象价值的一种技术经济方法。

2. 价值工程特点

价值工程的主要特点是以提高对象价值为目的，以功能分析为核心，以有组织、有领导的活动为基础，以科学的技术方法为工具，要求以最低的寿命周期成本实现产品的必要功能。

（1）价值工程的目标，是以最低的寿命周期成本，使产品具备它所必须具备的功能。

从图10-2可以看出，在F'点，产品功能水平较低，此时虽然生产成本较低，但由于不能满足使用者的基本需要，使用成本较高，因此，寿命周期成本较高；在F''点，虽然使用成本较低，但由于存在着多余的功能，致使生产成本过高。同样，寿命周期成本也较高。只有在F^*点，产品功能既能满足用户的需求，又使得寿命周期成本比较低，体现了比较理想的功能与成本之间的关系。价值工程的目的就在于使寿命周期成本趋近于最低点C^*，而使产品的功能趋近于最佳功能F^*。图10-2中原产品的寿命周期成本是C'（或C''）点，则$C'C^*$（或$C''C^*$）为寿命周期成本下降的潜力，$F'F^*$（或$F''F^*$）为在可靠地实现必要功能前提下改进功能的余地。

（2）价值工程的核心是对产品进行功能分析。通过功能分析，可以区分对象的必要功能和不必要功能，主要功能和辅助功能，保证必要功能，取消不必要功能，降低产品成本，严格按用户的需求来设计产品。用户向生产企业购买产品，是要求生产企业提供这种产品的功能，而不是产品的具体结构（或零部件）。企业生产的目的，也是通过生产获得用户所期望的功能，而结构、材质等是实现这些功能的手段。目的是主要的，手段可以广泛地选择。因此，价值工程分析产品，首先不是分析其结构，而是分析其功能。在分析功能的基础之上，再去研究结构、材质等问题。

（3）价值工程将产品价值、功能和成本作为一个整体同时来考虑。也就是说，价值工程中对价值、功能、成本的考虑，不是片面和孤立的，而是在确保产品功能的基础上综合考虑生产成本和使用成本，兼顾生产者和用户的利益，从而创造出总体价值最高的产品。

（4）价值工程强调不断改革和创新，开拓新构思和新途径，获得新方案，创造新功能载体，从而简化产品结构，节约原材料，提高产品的技术经济效益。

（5）价值工程要求将功能定量化，即将功能转化为能够与成本直接相比的量化值。

（6）价值工程是以集体的智慧开展的有计划、有组织的管理活动。企业在开展价值工程活动时，必须集中人才，包括技术、经济管理、有经验的工作人员，甚至用户，以适当的组织形式组织起来，共同研究，依靠集体的智慧和力量，发挥各方面、各环节人员的知识、经验和积极性，有计划、有领导、有组织地开展活动，才能达到既定的目标。

（7）价值工程活动更侧重在产品的研制与设计阶段，以寻求技术突破，取得最佳的综合效果。在产品形成的各个阶段都可以应用价值工程提高产品的价值。但应注意，在不同的阶段进行价值工程活动，其经济效果的提高幅度却大不相同。对于大型复杂的产品，应用价值工程的重点是在产品的研究设计阶段。

10.1.2 价值工程产生和发展

在第二次世界大战期间，美国成为世界上最大的军火生产国，军事工业迅速发展。但是由于战争的原因，各种资源都非常紧张。据统计，在100种重要资源中，有88种需要进口。为保证军工产品的生产，急需解决短缺材料的供应问题。美国通用电气公司为此责成公司采购科长麦尔斯负责这项工作。麦尔斯从功能分析出发，努力寻求与短缺材料具有同样功能的代用品，从而较好地保证了公司军工产品生产的材料供应。

第二次世界大战以后，美国政府取消了战时生产的补贴制度，美国原材料价格普遍上涨，推动产品成本提高，企业之间竞争日趋激烈。为在激烈的市场竞争中占据优势，降低成本，合理利用资源，美国通用电气公司在产品的物美价廉上下了很大的工夫，并将战时和战后的成功经验加以总结，使之科学化、系统化，以便更好地指导以后的工作。公司责成麦尔斯负责总结整个分析过程。在实践的基础上，经过综合整理和归纳，麦尔斯在1947年《美国机械师》杂志上公开发表了《价值分析》一文。在该文中，麦尔斯提出了价值工程的最基本理论，标志着价值工程作为一门科学理论的正式诞生。

由于价值工程技术效果显著，得到了美国政府的重视。1955年，美国海军造船部门首先采用价值工程技术，1956年正式签订订货合同，第一年就节约了3500万美元。1958年，美国国防部要求所属军工部门都制订价值工程计划。1964年以后，政府各部门纷纷推广价值工程技术。据统计，1964—1972年，美国国防部由于开展VE活动，节约资金超过10亿美元。美国休斯飞机公司1978年有4000人参加价值工程活动，提出改革提案3714件，平均每件提案节约31 786美元。20世纪50年代以后，价值工程技术传到日本和欧洲。60年代，特别是70年代以后，价值工程方法获得了迅速发展。目前，各国应用价值工程的方法，不仅限于产品研究、设计和生产领域，而且在工程组织、预算、服务等领域也得到了广泛的应用。

我国自1978年引进、推广和应用价值工程方法以来，已为很多企业采用，节约了大量能源、珍贵的原材料，同时降低了生产成本，提高了经济效益。价值工程技术抓住了产品成本70%以上是由设计决定的这一事实，从改进设计入手，寻求提高效益的途径，是企业提高竞争力的科学管理方法之一。

10.1.3 价值工程基本程序

价值工程的工作过程,实质就是针对产品的功能和成本提出问题、分析问题、解决问题的过程。针对价值工程的研究对象,整个活动是围绕着七个基本问题的明确和解决而系统地展开的。这七个问题决定了价值工程的一般工作程序,如表10-1所示。

表10-1 价值工程一般工作程序

价值工程的工作阶段	活动程序		对应问题
	基本步骤	具体步骤	
1. 分析问题	1) 功能定义	(1) 选择对象	① 价值工程的研究对象是什么?
		(2) 搜集资料	
		(3) 功能定义	② 这是干什么用的?
		(4) 功能整理	
	2) 功能评价	(5) 功能分析及功能评价	③ 它的成本是多少?
			④ 它的价值是多少?
2. 综合研究	3) 制定创新方案与评价	(6) 方案创造	⑤ 有无其他方法实现同样功能?
		(7) 概括评价	⑥ 新方案的成本是多少?
3. 方案评价		(8) 指定具体方案	
		(9) 实验研究	
		(10) 详细评价	⑦ 新方案能满足要求吗?
		(11) 提案审批	
		(12) 方案实施	
		(13) 成果评价	

10.2 价值工程对象选择与资料搜集

选择对象是价值工程活动的关键步骤。在选择价值工程对象时,并不是对企业内部所有产品和过程都进行分析,而是合理地选择,重点进行,以提高价值工程活动的效果。价值工程研究的对象可以是实物或工作。实物包括产品、零部件、工具等;工作包括作业、工艺、工序、管理、服务等。

10.2.1 对象选择原则

价值工程的目的在于提高产品价值,研究对象的选择要从市场需要出发,结合本企业实力,系统考虑。一般来说,对象的选择有以下几个原则:

1. 从重要性考虑

对国计民生影响大的产品;对企业生产经营目标影响大的产品和零部件;社会需求量大,竞争激烈的产品。

2. 从设计角度考虑

对产品结构复杂、性能和技术指标差距大、体积大、重量大的产品、部件进行价值工程活动，可使产品结构、性能、技术产品得到优化，从而提高产品价值。

3. 从生产角度考虑

对量多面广、关键部件、工艺复杂、原材料消耗高和废品率高的产品或零部件，特别是对量多、产值比重大的产品，只要成本下降，所取得的总的经济效果大。

4. 从经营销售方面考虑

选择用户意见多、系统配套差、维修能力低、竞争力差、利润率低的；选择生命周期长的；选择市场上畅销但竞争激烈的；选择新产品、新工艺。

5. 从用户方面考虑

选择质量差、用户意见大的产品或构件。一般来讲，质量差、用户意见大的产品或构件，不是功能不能满足用户的需要，就是使用成本过高。对这种产品开展价值工程，可以较大幅度地提高产品价值。

6. 从技术方面考虑

选择技术经济指标差的产品或构件和关键构件技术，技术经济指标的提高和关键技术改进后，可使产品的功能得到明显提高。

7. 从成本方面考虑

选择成本高于同类产品、成本比重大的，如材料费、管理费、人工费等。
推行价值工程就是要降低成本，以最低的寿命周期可靠地实现必要功能。

10.2.2 对象选择方法

选择价值工程对象的方法很多，如经验分析、ABC法、百分比分析法、同量纲价值比较法、用户评分法、费用比重法、F-C图价值分析法、功能重要性分析法、价值系数法、最适合区域法、综合选择法、基点法等。这里仅介绍常用的四种。

1. 经验分析法

经验分析法即因素分析法，是一种定性分析法。是指根据价值工程对象选择应考虑，凭借人员经验集体研究确定选择对象的一种方法。对各种影响因素要进行综合分析，区分轻重、主次，既要考虑需要，又要考虑可能。这种方法的优点是简便易行，考虑问题比较全面，不需要对有关人员进行特殊培训，特别是时间紧迫或企业资料不完善的情况下，效果明显。缺点是缺乏定量分析，准确性较差，对象选择是否适当，主要取决于分析人员的经验、知识和责任心。为了克服缺点，要发挥集体智慧进行决策。

2. ABC 分析法

ABC 分析法是一种寻找主要因素的方法,源于 19 世纪意大利经济学家巴雷特对资本主义财富的分析,他发现 80% 的财富集中在 20% 的人手里,分配是不均匀的,称为不均匀定律。现在这个定律已经广泛应用于各种管理活动中,所以 ABC 分析法也叫巴雷特法、成本比重分析法或重点法。用 ABC 分析法选择价值工程对象时,将产品、零件或工序按其成本大小进行排队,通过分析比较局部成本在总成本中所占的比重大小,用"关键的少数和次要的多数"的关系确定价值工程对象。

关于 A、B、C 的分类,一般来说是这样的:

A 类:数量比率占 10% 左右,但它的成本费用占总成本的比率为 70% 左右。显然,这些种类的事物(产品或零件)占了成本比重的绝大部分,故应将其选为价值工程活动的对象。

B 类:数量比率占 20% 左右,它的成本占总成本比重为 20% 左右。这类事物是否选定为价值工程活动对象,需要根据具体情况决定。

C 类:数量比率占 70% 左右,它的成本占总成本比重为 10% 左右。一般不宜选作价值工程活动对象,但有时也要视其重要性而决定。

对于产品不易分为零部件的,可以从成本构成角度分类。ABC 分类的参考标准见表 10-2。

表 10-2 ABC 分类的参考标准

类别	累计成本比重/%	累计数量比重/%
A 类	70	10
B 类	20	20
C 类	10	70

在运用上述标准时,成本标准是最基本的,数量标准仅作为参考。ABC 分析法确定对象的步骤如下:

(1) 计算每一对象的成本;
(2) 计算每一对象的成本与总成本的百分比,即成本比重,并以大小顺序排列编表;
(3) 按顺序累计研究对象的成本比重,当成本比重累计到 70% 左右时,视为 A 类;成本比重累计介于 70%~90% 时,除掉 A 类以后的为 B 类,其余则为 C 类。

例 10-1 某单位工程共有 20 种构配件,总成本为 200 万元,各配件成本见表 10-3。用 ABC 分析法选择价值工程对象。

表 10-3 各配件成本

编号	1	2	3	4	5	6	7	8	9	10
成本	80	60	15	12	8	5	3	2.5	2.2	2.1
编号	11	12	13	14	15	16	17	18	19	20
成本	2	1.8	1.35	1.3	1.05	0.7	0.6	0.55	0.45	0.4

表 10-4 ABC 分类表

编号 (1)	成本/万元 (2)	成本比重/% (3)	累计成本比重/%(4)	类别 (5)	数量比重/% (6)	累计数量比重/%(7)
1	80.00	40.00	40.00	A	10	10
2	60.00	30.00	70.00			

续表

编号(1)	成本/万元(2)	成本比重/%(3)	累计成本比重/%(4)	类别(5)	数量比重/%(6)	累计数量比重/%(7)
3	15.00	7.50	77.50			
4	12.00	6.00	83.50	B	20	30
5	8.00	4.00	87.50			
6	5.00	2.50	90.00			
7	3.00	1.50	91.50			
8	2.50	1.25	92.75			
9	2.20	1.10	93.85			
10	2.10	1.05	94.90			
11	2.00	1.00	95.90			
12	1.80	0.90	96.80			
13	1.35	0.675	97.475	C	70	100
14	1.30	0.65	98.125			
15	1.05	0.525	98.65			
16	0.70	0.35	99.00			
17	0.60	0.30	99.30			
18	0.55	0.275	99.575			
19	0.45	0.225	99.80			
20	0.40	0.20	100.00			

解：(1) 将 20 种构配件按成本大小依次排列填入表 10-4(2)栏。
(2) 计算出各构件的成本比重以及累计成本比重,填入表 10-4 的(3)、(4)栏。
(3) 计算出各构件数量比重以及累计数量比重,填入表 10-4 的(6)、(7)栏。
(4) 按 ABC 分类原则,将构配件划分成 A、B、C 三类,填入表 10-4 的(5)栏。
(5) 根据 ABC 分类法原理,选择 A 类为价值工程对象。

3. 百分比分析法

这是一种通过分析某种费用或资源对企业的某个技术经济指标的影响(百分比)来选择价值工程对象的方法。

例 10-2 某企业生产多种产品,其生产所耗用的动力大大超过同行业的一般水平。经过分析,各产品动力消耗比重及各产品产值比重见表 10-5。

解：从表 10-5 中可知,A、C 两个产品动力消耗的比重大于产值的比重,可以确定 A、C 两个产品为价值工程的对象,研究降低其动力消耗成本。

表 10-5 产品动力消耗比重及产值比重

产品	动力消耗比重/%	产值比重/%	VE 对象选择
A	35	20	选择
B	20	30	
C	25	10	选择
D	12	25	
E	8	15	
合计	100	100	

4. 产品生命周期分析法

产品寿命周期理论就是解释产品在市场中生长、衰亡的过程和规律的理论。人们把企业产品从投入市场到退出市场的全过程称为产品寿命周期,也叫产品生命周期。

一般来说,产品寿命周期要经历投入期、成长期、成熟期和衰退期四个阶段。

投入期指产品从设计投产直到投入市场进入测试阶段。新产品投入市场,便进入了介绍期。此时产品品种少,顾客对产品还不了解,除少数追求新奇的顾客外,几乎无人实际购买该产品。生产者为了扩大销路,不得不投入大量的促销费用,对产品进行宣传推广。该阶段由于生产技术方面的限制,产品生产批量小,制造成本高,广告费用大,产品销售价格偏高,销售量极为有限,企业通常不能获利,反而可能亏损。

成长期指当产品进入引入期,销售取得成功之后,便进入了成长期。成长期是指产品通过试销效果良好,购买者逐渐接受该产品,产品在市场上站住脚并且打开了销路。这是需求增长阶段,需求量和销售额迅速上升。生产成本大幅度下降,利润迅速增长。与此同时,竞争者看到有利可图,将纷纷进入市场参与竞争,使同类产品供给量增加,价格随之下降,企业利润增长速度逐步减慢,最后达到生命周期利润的最高点。

成熟期指产品走入大批量生产并稳定地进入市场销售,经过成长期之后,随着购买产品的人数增多,市场需求趋于饱和。此时,产品普及并日趋标准化,成本低而产量大。销售增长速度缓慢直至转而下降,由于竞争的加剧,导致同类产品生产企之间不得不在产品质量、花色、规格、包装服务等方面加大投入,在一定程度上增加了成本。

衰退期是指产品进入了淘汰阶段。随着科技的发展以及消费习惯的改变等原因,产品的销售量和利润持续下降,产品在市场上已经老化,不能适应市场需求,市场上已经有其他性能更好、价格更低的新产品,足以满足消费者的需求。此时成本较高的企业就会由于无利可图而陆续停止生产,该类产品的生命周期也就陆续结束,以致最后完全撤出市场。

10.2.3 信息资料情报搜集

价值工程情报是指与价值工程有关的记录,有利用价值的报道、消息、见闻、图表、图像、知识等。搜集价值工程情报资料时应满足五个方面的要求:①目的性,即搜集的情报资料应满足价值工程活动的目的要求;②时间性,即搜集的情报资料是近期的、较新的资料;③准确性,即所搜集的情报资料必须是可靠的,能真实反映客观事物的实际;④完整性,即能保证全面、充分和完善地评价研究对象;⑤经济性,即尽量用最少的开支搜集所需的情报资料。

在 VE 活动中,搜集情报的工作是非常重要的。一般来说,情报搜集得越多,提高价值的可能性就越大。因为通过情报,可以对有关问题进行分析对比,而通过对比往往使 VE 人员受到启发,打开思路,发现问题和找出差距,可以找到解决问题的方向和方法,可以从情报中找到提高价值的依据和标准。因此,在一定意义上可以说 VE 成果的大小在很大程度上取决于情报搜集的质量、数量与适宜的时间。

由于 VE 对象不同,需要搜集的情报也有所不同。原则上讲,应将产品研制、生产、流通、交换、消费全过程中的有关情报都搜集起来,并对其进行整理和分析。VE 的情报内容大致有如下几个方面。

1. 使用方面情报

（1）用户使用目的、使用环境和使用条件；
（2）用户对产品性能及外观等方面的要求；
（3）故障和事故的实际情况；
（4）用户对产品价格、交货期、配件供应及技术服务方面的要求。

2. 销售方面情报

（1）销售特点、销售量与需求预测；
（2）竞争产品的规格、产量、质量、价格、成本和利润等情况；
（3）市场划分和占有率情况。

3. 科学技术方面情报

（1）现产品的研制设计历史和演变；
（2）国内外同类产品的有关技术资料，如图纸、说明书、技术标准、质量标准等；
（3）有关新结构、新材料、新元器件、新工艺、新技术、标准化和三废处理方面的科技资料。

4. 供应和生产方面情报

（1）原材料、元器件的供应与外协情况及问题；
（2）零件、产品加工工艺、装配工艺、包装的要求及有关情报；
（3）劳动定额及行业水平；
（4）废次品及返修品情况；
（5）生产中存在的问题。

5. 成本方面情报

（1）原材料、元器件及外购件的成本及各种材料消耗定额；
（2）加工与装配成本；
（3）包装、储存、运输费用等。

6. 本企业基本信息

（1）经营状况，指企业的经营思想、方针、目标；企业的近期发展与长远发展规划；企业的经营品种与相应产量、质量情况；企业的技术经济指标在同类企业中所处的地位。
（2）综合能力，指企业的开发、设计、研究能力；技术经济的总体水平；施工生产的能力；施工机械等技术装备情况；保证产品质量的能力；按时交货能力及应变能力等。

7. 政府社会部门法规和条例方面情报

法规、条例等信息包括国家的新经济政策；有关产品的优惠政策；有关部门的技术政策、能源政策；有关部门的对外贸易、技术引进，以及环保方面的法规等。

需要搜集的情报很难一一列举,但搜集情报时要注意目的性、可靠性、适时性。搜集情报要事先明确目的,避免无的放矢。要力争无遗漏又无浪费地搜集必要的情报。情报是行动和决策的依据,错用了不可靠的情报会导致 VE 活动的失败。准确的情报只有在需要使用时提出才有价值,过时的情报毫无用处,如果不能及时得到必要的情报,VE 活动就无法进行下去。

10.3 功能分析和评价

功能分析是价值工程活动的核心,决定着价值工程活动的有效程度。通过产品的功能、成本的定性和定量分析,确定它们的相互关系,科学地确定产品的必要功能,合理地分配成本,为创造和改善方案提供依据。通过功能分析可以去掉不合理的功能,调整功能间的比值,使产品的功能结构更趋合理。

功能分析是价值工程的重要手段,通过功能分析可以对 VE 对象应具备的功能加以确定,并加深理解和搞清各类功能之间的关系,适当调整功能比重,使产品的功能结构更加合理。功能分析和评价包括功能分类、功能定义、功能整理、功能计量、功能评价和功能价值分析六部分内容。

10.3.1 功能分类

所谓功能是指某个产品(作业)或零件(工序)在整体中所担负的职能或所起的作用。任何产品都具备相应的功能,假如产品不具备功能则产品将失去存在的价值,如钟表的基本功能要求走时准确,电冰箱的基本功能是冷藏食物,卡车的基本功能是运载货物。如果钟表不能准确反映时间,卡车不能运载货物,那么它们就失去存在的价值。

依据功能的特性,可以将功能分为以下几类:

(1) 使用功能与美学功能。这是从功能性质的角度进行的分类。使用功能从功能的内涵上反映其使用属性,是一种动态功能;美学功能是从产品外观反映功能的艺术属性,是一种静态的外观功能。

(2) 基本功能与辅助功能。这是从功能重要程度的角度进行的分类。基本功能是产品的主要功能,对实现产品的使用目的起着最主要和必不可少的作用;辅助功能是次要功能,是为了实现基本功能而附加的功能。

(3) 必要功能与不必要功能。这是从用户需求的角度进行的分类。必要功能是用户要求的功能,使用功能、美学功能、基本功能、辅助功能等均为必要功能;不必要功能是不符合用户要求的功能,又包括三类:一是多余功能;二是重复功能;三是过剩功能。

(4) 过剩功能与不足功能。这是相对于功能的标准而言,从定量角度对功能采用的分类。过剩功能是指某些功能虽属必要,但满足需要有余,在数量上超过了用户要求或标准功能水平。不足功能是相对于过剩功能而言的,表现为产品整体功能或零部件功能水平在数量上低于标准功能水平,不能完全满足用户需要。

10.3.2 功能定义

所谓功能定义就是把 VE 对象及其组成部分所具有的功能一个一个地加以区分和限

定,然后把它们的效用一一弄清楚。功能定义的方法如下。

(1) 用一个动词和一个名词表达一个功能。

对功能下定义,要求用简明精确的语言对分析对象的功能进行描述。通常用一个动词和一个名词表达一个功能。例如:

主语	动词	名词
桌子	支撑	重物
电线	传导	电流
传动轴	传递	扭矩

(2) 一个功能下一个定义。

对功能定义时,首先从总体上对 VE 对象的功能下定义;其次,把 VE 对象分解为若干组成部分(部件、配件或零件),并分别对它们的功能下定义。

(3) 动词要尽可能抽象化。功能定义中的动词部分必须准确概括,因为它决定改进方案的方向和实现这一功能的手段。动词改变了,会引起整个方案的变动。如果把功能定义为"提供光源",那么实现的手段是各种发光体,如电灯、油灯、汽灯等;如果把功能定义为"反射光源",则实现的手段将是各种反光镜、反光板之类。动词部分要尽可能抽象化,便于在方案创造阶段扩大思路,增加构思出价值高的方案的可能性。

(4) 名词部分要尽量使用可定量的词汇。功能或方案的成本高低是与功能的实现水平相联系的,因此如果能表明功能的定量要求,就能保证在评价功能或方案成本的高低,以及研究功能实际需要水平时具有定量的依据。例如,支撑××千克重物,传导××安培电流等。

(5) 对功能定义必须全小组一致同意。

10.3.3 功能整理

功能整理是按一定的逻辑关系,将 VE 对象各个组成部分的功能相互连接起来,形成一个有机整体——功能系统图,以便从局部功能与整体功能的相互关系中分析研究问题。

进行功能整理的步骤:明确基本功能、辅助功能和最基本功能;明确各功能之间的相互关系。

产品的各个功能之间是相互配合、相互联系的,为实现产品的整体功能发挥各自的作用。各个功能之间存在着并列关系或者上下的位置关系,要通过功能整理予以确定。

功能之间存在上下位关系和并列关系。上下位关系是指在一个功能系统中,某些功能存在着"目的"与"手段"的关系,我们把目的功能称为"上位功能",把手段功能称为"下位功能"。例如,白炽灯功能系统之间的功能关系见图 10-3。并列关系是指在一个上位之后,有几个手段功能并列存在,它们是实现同一功能的手段,相互间不存在从属关系,而彼此独立,所以又称为独立关系。例如,暖水瓶功能系统中,减少热传导、热对流、热辐射即为独立关系。

图 10-3　功能关系

$$F_0 \begin{cases} F_1 \begin{cases} F_{11} \\ F_{12} \\ F_{13} \end{cases} \text{功能区域 I} \\ F_2 \begin{cases} F_{21} \\ F_{22} \end{cases} \text{功能区域 II} \\ F_3 \text{——} F_{31} \quad \text{功能区域 III} \end{cases}$$

第1级　第2级　第3级

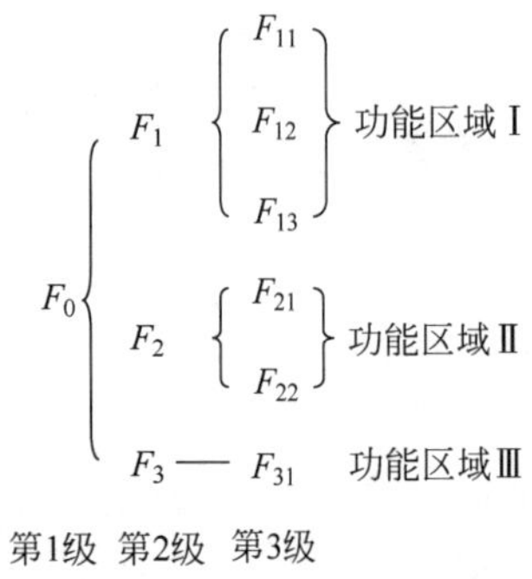

图 10-4　功能系统图形式

将 VE 对象功能系统中的各个功能,按照上位功能在左、下位功能在右的原则,顺序排列,即可组成功能系统图,其一般形式如图 10-4 所示。

10.3.4　功能计量

功能计量是以功能系统图为基础,依据各个功能之间的逻辑关系,以对象整体功能的定量指标为出发点,从左向右地逐级测算、分析,确定出各级功能程度的数量指标,揭示出各级功能领域中有无功能不足或功能过剩,从而为保证必要功能、剔除过剩功能、补充不足功能的后续活动(功能评价、方案创新等)提供定性与定量相结合的依据。

功能计量又分为对整体功能的量化和对各级子功能的量化。

(1) 整体功能的量化。整体功能的计量应以使用者的合理要求为出发点,以一定的手段、方法确定其必要功能的数量标准,它应能在质和量两个方面充分满足使用者的功能要求而无过剩或不足。整体功能的计量是对各级子功能进行计量的主要依据。

(2) 各级子功能的量化。产品整体功能的数量标准确定之后,就可依据"手段功能必须满足目的的功能要求"的原则,运用目的-手段的逻辑判断,由上而下逐级地推算、测定各级手段功能的数量标准。各级子功能的量化方法有很多,如理论计算法、技术测定法、统计分析法、类比类推法、德尔菲法等,可根据具体情况灵活选用。

10.3.5　功能评价

1. 功能评价的概念

功能评价就是确定功能的现实成本、目标成本、目标成本与现实成本的比值、现实成本与目标成本的差值及根据价值系数或上述差值选择价值工程对象的功能领域。

2. 功能现实成本

功能成本是按产品或零部件的功能计算的,产品的一个零部件往往具有多种功能,如墙体除具有围护功能外,还具有保温、隔热、挡风雨、传递荷载等多种功能;而一种功能往往要通过多个零部件予以实现,如保温功能要由墙体、门窗、屋面等予以实现。功能的现实成本就是将产品或零部件的实际成本分配到功能成本上。

功能评价是在功能定义、功能分类和功能整理的基础上,运用一定的方法,找出实现某一必要功能的最低成本,以此为标准,与实现这一功能的现实成本相比较,计算出两者比值和两者的差额,然后选择价值低、价值改善期望值大的功能,作为价值工程活动的对象。

在功能评价阶段,必须要回答两个问题:①"它的成本是多少?"②"它的价值是多少?"要回答这两个问题,就必须进行下列工作:计算功能的现实成本、计算功能的目标成本(功能评价值),以及进行功能的价值分析。这些工作内容就是前述公式 $V=F/C$。在公式实际运用时,式中的成本即是实现现行功能的现实成本,功能即是功能评价值或称作实现必要功能的最低成本。

3. 计算功能现实成本

功能成本的核算工作与产品成本的核算工作存在着差异，后者是以产品作为成本核算对象并归集成本，前者则是以功能作为核算对象来归集成本。功能成本核算时会遇到这样一些情况：一个功能是由若干个零部件或若干个其他功能组成；一个零部件或一个功能可同时支持若干个功能。为了能较正确地计算功能成本，常常需要编制功能成本分析表，如表 10-6 所示。

其编制方法如下：

(1) 将功能系统图中各个独立功能、组成部分(零部件)以及成本列入表中。

(2) 分析各个零件在上述功能中承担的作用，分别列入功能栏中。为了便于测算，尽可能地将零件的作用按其在各个功能中的重要性折算成系数。

(3) 把各个零部件的成本在相应的功能中进行分摊并汇总，分别计算出各个功能的现实成本。

表 10-6 功能成本分析表

零件名	零件成本/元	功 能							
		F_{11}		F_{12}		F_{13}		F_{14}	
		成本系数	成本	成本系数	成本	成本系数	成本	成本系数	成本
A	500	0.4	200			0.6	300		
B	240	0.5	120	0.5	120				
C	300			0.8	240	0.2	60		
D	600	0.2	120			0.1	60	0.7	420
合计	1640		440		360		420		420

4. 确定功能评价值

功能评价值就是必要功能的最低成本或目标成本。功能评价值是个理论数据，实际工作中常用近似值来替代它，即虚拟的功能以及实现功能的成本，计算功能评价值的方法有功能成本法和功能评价系数法。

1) 功能成本法

功能成本法是采用一定手段，直接计算功能目标成本的方法。在实际工作中，常用的方法有以下几种：

(1) 经验估计法。经验估计法是根据专业人员的实际经验来确定功能目标成本的方法。在进行价值工程活动时，组织一些经验丰富的专家，设计多个实现功能的初步方案，然后估计出各个方案的成本，评定出的最低成本即为功能目标成本。这种方法的优点是简便易行，操作成本低，但准确程度不高，且需要有一批有丰富实际经验的专家来操作。因此，此方法只能用于一些技术含量低、工艺较为简单的项目。

(2) 实际调查法。实际调查法是一种依据以往实现此项功能或类似功能的成本材料来确定目标成本的方法。该方法的基本工作程序如下：一是情报搜集，即对企业内外已经完成该功能或类似功能的项目进行调查，汇集它们的各自功能水平及相关成本资料。为了保证分析的质量，上述资料务求准确。二是进行功能、成本分类并绘制功能评价图，即将有关的成本资料按照功能完成的程度从低到高进行归并,并以此为依据来绘制功能评价图 10-5。该图以成本为纵坐标,功能水平为横坐标,"×群"为不同功能水平的实际成本,把不同功能水平所对应的最低点连成一线,便得到最低成本线。三是确定功能评价值。当功能评价对象处于某个功能水平位置(C、F 交叉点),该功能水平位置所对应的最低成本点的成本即是功能评价对象的功能评价值或目标成本,如功能评价对象处于两个功能水平位置之间,可以相邻两个功能所对应的最低成本,采用加权平均法来测定其目标成本,当前成本和目标成本之间的差额就是价值工程试图改善的期望值。

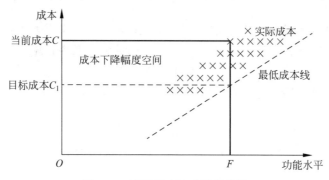

图 10-5 实际调查法功能评价图

实际调查法的优点是可信度高,因为,它所采取的资料来自实际,是已经实现了的方案。但不足之处也显而易见,一方面,不同企业在创造同一功能时也会因各种因素的影响导致功能成本较大的差异,因此,必须考虑不同企业之间的成本差异。另一方面,获取有效信息的难度较大。产品的成本资料是企业的机密,除非是协作伙伴,否则,其取得成本相当昂贵,同时,成本资料的完整性也是经常遇到的问题,这些矛盾制约了实际调查法的应用。

(3) 产品价格系数法。这是根据产品的市场价与企业的出厂价进行对比,来确定产品目标成本的方法,计算式为

$$C_1 = \frac{P_1 \cdot C}{P} \tag{10-8}$$

式中,C——产品现实成本;

C_1——产品目标成本;

P——产品出厂价;

P_1——产品市场价。

通过产品市场价和出厂价格的差异来确定产品的目标成本,可以使企业紧跟市场,明确努力方向。因此,该方法较适合一些市场竞争激烈的产品。但是这种方法只能用以确定整个产品的目标成本,需同其他方法结合使用。

(4) 目标利润法。目标利润法是以企业制定的目标利润来确定产品目标成本的方法,计算式为

$$C_1 = P_1 - (R + T + M) \tag{10-9}$$

式中,C_1——产品目标成本;

P_1——产品市场价;

R——产品目标利润;

T——税金;

M——销售费用。

目标利润法通过已定的目标利润和产品市场价来确定目标成本,使产品适应于激烈的市场竞争环境,和产品价格系数法较类似,因此,两者的适用条件也接近。

2) 功能评价系数法

功能评价系数法是通过对功能评分,求出功能重要性系数,然后将功能重要性系数与成本系数相比较,得出功能价值系数的方法。

在运用前述的功能成本法时,我们是以 $V=F/C$ 来进行功能评价的。实际实施价值工程,$V=F/C$ 可以改写成

$$价值 = 实现必要功能的最低成本 / 实现现行功能的现实成本 \tag{10-10}$$

这类方法适用于能获得产品的整体信息,以整个产品作为价值工程对象的功能评价,但以功能成本法对零部件进行局部功能评价,则科学性、可靠性较差,而功能评价系数法在作用上与功能成本法形成互补,它适合于产品局部功能评价,即通过确定功能重要程度,来测出各功能重要性系数及成本系数,从而完成对各个功能的价值评估。

在运用功能评价系数法时,$V=F/C$ 可以改写成

$$价值系数 = 功能重要性系数 / 现实成本系数 \tag{10-11}$$

式(10-1)和式(10-11)从性质上来看是相同的,都反映了功能价值,两者的区别是:前者是定量描述,后者是定性描述。在式(10-11)中,价值系数是由功能重要性系数和现实成本系数构成,它们的计算公式分别为

$$功能重要性系数 = 单项功能分值 / 功能总分值 \tag{10-12}$$

$$现实成本系数 = 单项功能分值 / 功能成本总分值 \tag{10-13}$$

确定功能重要性系数所采取的基本方法是给功能评分,不同的评分方法会对功能的重要性系数产生不同的影响。当产生较大差异时,应考虑对评分值进行分析调整。常用的评分方法有间接评分法、强制确定法等。

(1) 间接评分法。间接评分法是把各功能(或零部件)按重要程度进行排序、两两比较得出重要性系数的一种方法。其计算过程如下:

① 确定各功能的重要度比值;

② 计算各功能的重要性系数,见表 10-7。

$$重要性系数 = \frac{\dfrac{F_i}{F_5}}{\sum\limits_{i=1}^{n} \dfrac{F_i}{F_5}} \tag{10-14}$$

如果产品有五个功能,以 F_5 的重要程度为一个单位,F_4 的重要程度为 F_5 的 1.5 倍比值。以每个重要度比值除以合计重要度比值即为各功能重要性系数,如 F_1 对 F_5 的功能比值为 4.5 除以合计比值 11.8,则重要性系数为 0.38,同理可以得出所有功能的重要性系数。

表 10-7 间接评分法计算表

功能比值	F_1	F_2	F_3	F_4	F_5
$\dfrac{F_i}{F_5}$	4.5	1.8	3	1.5	1
重要性系数	0.38	0.15	0.25	0.13	0.09

(2) 强制确定法。强制确定法又可分为 0-1 评分法和 0-4 评分法。

① 0-1 评分法。0-1 评分法是把每一个功能与其他功能逐一比较打分，重要的打 1 分，相对不重要的打 0 分，各个功能得分除以总分即为功能重要性系数，如表 10-8 所示。自己不与自己比较，不打分。

表 10-8　0-1 评分法

功能名称	A	B	C	D	E	F	得分
A	—	0	1	1	0	1	3
B	1	—	1	1	1	1	5
C	0	0	—	1	0	1	2
D	0	0	0	—	0	1	1
E	1	0	1	1	—	1	4
F	0	0	0	0	0	—	0

强制确定法是采用专家评分的方式，各自对功能做出评价打分，然后各个参与人员的评分值汇总后进行算术平均，以此来确定各个功能的重要性系数，表 10-9 中采取 8 名专家的评分值汇总计算。

表 10-9　强制确定法计算表

功能名称	总评分值	平均评分值	功能重要性系数
①	②	③=②/8	④=③/15
A	22	2.75	0.18
B	38	4.75	0.32
C	17	2.125	0.14
D	10	1.25	0.08
E	29	3.625	0.24
F	4	0.5	0.04
合计	120	15	1.00

② 0-4 评分法。0-4 评分法与 0-1 评分法相似，操作性较强，但又能揭示各功能间重要程度，其准确度也高于 0-1 评分法。0-4 评分法的做法也是请若干位专家分别参加功能的评分。先按照功能的重要度一对一打分，绝对重要的功能打 4 分；比较重要的功能打 3 分；相对重要的功能各打 2 分；一般重要的功能打 1 分；相对不重要的功能打 0 分，见表 10-10。然后，也将各个专家的评分值汇总计算平均值来确定功能的重要性系数。

表 10-10　0-4 评分法

功能名称	A	B	C	D	E	F	得分
A	—	1	3	4	2	4	14
B	3	—	4	4	3	4	18
C	1	0	—	3	1	3	8
D	0	0	1	—	0	2	3
E	2	1	3	4	—	4	14
F	0	0	1	2	0	—	3

10.3.6 功能价值分析

在经过对产品整体及零部件进行功能的现实成本和目标成本的测算之后,就可以计算功能的价值,进而对价值分析评价。我们以表10-9中部分数据编制功能评价计算表10-11。

表10-11 功能评价计算表

功能 ①	功能重要性系数 ②	功能评价值 ③=②×3200	现实成本 ④	功能价值系数 ⑤=③/④	成本改善额 ⑥=④-③
A	0.18	576	1200	0.48	624
B	0.32	1024	960	1.07	−64
C	0.14	448	640	0.7	192
D	0.08	256	240	1.07	−16
E	0.24	768	880	0.87	112
F	0.04	128	80	1.6	−48
合计	1.00	3200	4000		800

对价值系数的分析按下列三种情况进行:

(1) $V=1$。这种情况说明功能和成本相匹配,功能已达到最高价值,无须改善。

(2) $V>1$。这种情况说明功能分配过高或成本分配过低。从理论上讲,这种 $V>1$ 的情况一般由数据处理失当或必要功能没实现所造成,实际工作中应具体分析,如必要功能不足,则应增加成本来补足功能;如功能过剩,则应降低功能,去除不必要功能,这时,可以列为价值工程对象。

(3) $V<1$。这种情况说明功能现实成本大于实现成本的最低成本,有改善的必要性,所以,这项功能可以作为价值工程的重要对象。

从表10-11中可以看到,A、C两项功能的价值系数远小于1,可列为价值工程对象;E功能价值系数小于1,在成本降低潜力大时,可列为价值改善对象;B、D两项功能的价值系数接近1,一般不作考虑;F功能的价值大于1,应作具体分析,如确属功能过剩或功能不足的情况,也应列为价值改善对象。

10.4 方案创新与评价

经过功能分析,明确了价值改善的对象,价值工程的下一步工作目标就是提出改革的设计方案,并对此进行科学的评价,最终确定方案和实施方案。

10.4.1 方案创新

1. 方案创新的概念

价值工程活动成功的关键在于针对产品存在的问题提出解决的方案,完成产品的改进。方案创新是在正确的分析和评价功能的基础上,根据用户的需求,以原有设计方案中的缺陷为对象,创造出提高其价值的设计方案。方案创新是以提高对象功能价值为出发点,根据已建立的功能流程图和功能目标成本,运用创造性的思维方法,加工已获得的资料,创造出实用效果好、经济效益高的方案,要具备创新精神和创新能力。因此,要注意养成积累知识,分析观察事物的习惯,要善于广泛联想。

方案创新的过程中,要正确对待下述两个问题:

(1) 充分发挥人才的作用。首先,方案创新是一项开拓性的工作,它汇集了群体的思想和智慧。在知识爆炸的现代社会,个人的知识、专长、经验及思考能力都是有限的,为此,要充分调动人的积极性和能动性,要组织不同专业、不同经验的人参与,使各自知识、经验相互补充、思想相互启迪,以进行创造性思维。其次,要善于使用人才。方案创新包括形成设计构想和制定具体方案两个步骤,不同步骤对人才使用的要求不同,在形成设计构想阶段,需要人们的发散性思维,对人才的使用可以突破专业框架,因此,尽可能组织各类人才,利用他们的专业知识和独特见解,形成别具风格的设计构想;而在制定具体方案阶段,则是把设计构想具体化、方案化。因此,对专业知识和实际经验的依赖程度较高。这时,就需要有一批专业人才来完成方案设计。最后,要特别注重外行的启迪作用。方案创新,贵在其新。在实际工作中,外行可能往往一语中的,因此,对一些看似幼稚的建议、离题的设想,应作详细地、具体地分析,从其本质上看有无合理的成分,最终决定取舍。

(2) 把握方案创新的指导思路。从方案创新阶段我们要回答的问题(有无其他具有同样作用的方案)来看,它应包含这样两层含义:一是创新。方案创新不是原有方案的重复、补充或是数量上的堆砌,而是在否定原有方案的基础上所出现质的飞跃,是对原有框架的突破。二是以用户需求为核心。价值工程的出发点是满足用户必要功能的同时尽可能降低成本,因此,各种方案设计都应围绕用户需求这个核心,必须彻底了解用户对各项功能的不同要求,从而寻找出既能满足用户需求的功能,又能最低限度降低成本的设计方案。

2. 方案创新方法

方案创新的方法又称作智囊技术,主要用以拟制多重方案。在价值工程中常用的方案创新的方法有头脑风暴法、模糊目标法、专家函询法、缺点列举法、希望点列举法等。

(1) 头脑风暴法。这种方法是以开小组会方式进行。具体做法是事先通知议题,开会时要求应邀参加会议的各方面专业人员在会上自由奔放地思考,提出不同的方案,多多益善,但不评价别人的方案,并且希望与会者在别人建议方案的基础上进行改进,提出新的方案来。

(2) 模糊目标法。这种方法是美国人哥顿在1964年提出来的,所以也称哥顿法,称为抽象提前法。其特点是除了主持人,与会人员会前不知道议题,在开会讨论时主持人也只是把要解决的问题抽象地表达出来,要求参与者进行讨论,提出各自的设想,不接触具体的实质性问题,以免束缚与会人员的思想。待讨论到一定程度以后,在适当的时机,主持人才把要研究的对象提出来,以作进一步研究。

(3) 专家函询法。这种方法不采用开会的形式,而是由主管人员或部门把已构思的方案以信函的方式分发给有关的专业人员,征询他们的意见,然后将意见汇总,统计和整理之后再分发下去,希望再次补充修改,如此反复若干次,把原来比较分散的意见在一定程度上使内容集中成为统一的集体结论,作为新的代替方案。

(4) 缺点列举法。这种方法是把价值工程对象的缺点全部罗列出来,然后,以此缺点作为功能改善的目标,提出创新方案。

(5) 希望点列举法。这种方法可用在希望完善功能,但又无明显缺陷的对象上,即根据客户的要求,希望对象应具备哪些功能,然后据此提出改进的方案。

方案创新的方法很多,总的精神是要充分发挥各有关人员的智慧,集思广益,多提方案,从而为评价方案创造条件。

10.4.2 方案评价

通过方案创新,产生了许多可行方案,要选择最佳方案并付诸实施,则必须进行方案的评价及选优。方案评价可以分为概略评价与详细评价。

1. 方案概略评价

在创新的方案有很多的情况下,受制于人力、财力、物力,不可能对所有的方案均制定具体的实施内容,然后再进行评价。方案概略评价就是从节省资源的目的出发,从众多的方案中选择出若干个有价值的备选方案的粗选方法。其工作步骤如下:

(1) 方案评价前的整理、筛选。方案概略评价前,为了减少工作量,可将众多方案进行整理、筛选。整理的基本内容有这样几项:一是确定各种方案的实质内容,明确其主要目标,即把各种方案中一些较抽象的概念、功能含糊的内容重新定义;二是挑选出价值提高明显的方案;三是把各个方案中的内容、构思较类似的归并为一类,从中选出较好的一种方案以备评价。

(2) 方案的概略评价。概略评价是以粗笔墨对众多的备选方案进行评比、筛选,其评价的参照物是现有的产品方案。评价是从技术性、经济性及社会性三个方面入手,分析比较新老方案在实现功能的技术上可行程度、经济效益以及社会效益的变化及差异。通过概略评价,从中选择两至三个方案,以备制定具体的实施内容。

(3) 方案的具体化,方案的具体化是赋予此方案的可操作性。其主要内容有:产品和零部件的结构设计、产品的上产流程、零部件的加工工艺及装配设计、产品及零部件的检测方法及体系、外购材料、配件及专用设备等。

为了进一步的详细评价,对新方案中设计新工艺、新材料的生产环节,应作具体的试验,以检验其是否达到预定的设计效果,如存在问题,则应及时调整或修改方案。

2. 方案详细评价

方案详细评价是对已粗选入围并具体化的若干个可行性方案进一步的评价,从中选择出最优方案,以便正式提案审批和付诸实施。详细评价的主要内容包括三个方面:技术评价、经济评价和社会评价。有时,则需在三者的基础上对方案进行综合评价。

(1) 技术评价。技术评价是评估各个方案对产品功能的实现程度及方案在技术上的可行程度的一种方法。评价是以各项技术性能指标作为标准,其评定的内容包括:产品的整体功能、安全性和可靠性;产品的使用期限及可维修性;产品工艺的可实施性;生产流程的协调性等。

(2) 经济评价。经济评价是对方案实施后经济效益的评估。通常是以各项经济指标来反映方案的投入与产出之间的关系,这些指标包括:①成本指标:单位产品生产成本、产品的维修成本、产品寿命周期成本以及成本降低率;②利润指标:单位产品毛利、产品税后利润总额、利润增长率;③投资回报指标:投资回收期、内部收益率、投资利润率等。

在经济评价中,不能只从企业的短期利益和局部利益来决定方案的优劣,应更多地兼顾企业长远发展规划,兼顾国家、厂商、用户三者之间的利益,从而确定多赢的方案。

(3) 社会评价。社会评价是指从宏观角度上来评价方案实施后对社会利益产生影响的一种方法。评价的主要内容包括：①是否符合国家和有关行政部门的政策、法规和条例；②是否符合本地区发展规划的要求；③是否影响生态环境；④是否影响周边生产资源的布局。

(4) 综合评价。综合评价是在技术评价、经济评价和社会评价基础上进行的总体评价。前述的评价方法都着眼于对方案的技术性、经济性和社会性某一方面的单项评价，实际工作中，经常会遇到若干个方案在上述三个方面各存在着优劣势，就单项指标而言，很难做出正确的选择，在这种情况下就需要对方案进行综合评价，以综合优势来定取舍。综合评价的方法有多种，常用的有下列几种：

① 优缺点列举法。优缺点列举法是对每一个方案列出其技术性、经济性及社会性等各方面的优缺点，进行综合分析评价的方法。该方法的实施是通过各方案的优缺点的对照、比较，不断筛选，直到选出最优方案。

② 加权平均法。加权平均法又称作矩阵评分法，它是在确定评分要素及权重的基础上，对各方案采用加权评分累计，从而选择最优方案的评价方法。该方法实施步骤是：首先，确定评分要素，即把重要的技术因素和经济因素列示出来；其次，根据各方案对评分要素的满足度评分，评分可采用十分制；再次，根据这些评分要素的重要程度赋予权数，并与其评分值相乘；最后，把各方案的诸要素加权评分值相加，取评分值最高的方案为最优方案。详见表 10-12。

表 10-12 加权评分计算表

评分要素	方案 A			方案 B			方案 C		
	评分值	权重	加权评分	评分值	权重	加权评分	评分值	权重	加权评分
使用性	8	0.30	2.4	9	0.30	2.7	10	0.30	3.0
维修性	9	0.10	0.9	8	0.10	0.8	7	0.10	0.7
操作性	10	0.15	1.5	8	0.15	1.2	6	0.15	0.9
适销性	3	0.20	0.6	4	0.20	0.8	5	0.20	1.0
经济性	4	0.25	1.0	6	0.25	1.5	8	0.25	2.0
合计			6.4			7.0			7.6
选择	放弃			保留			采纳		

③ 综合系数法。综合系数法是根据各方案的技术指标和经济指标的分值系数相乘之和，来确定最优方案的评分法。该方法的实施步骤如下：

首先，是确定各方案技术指标的评分标准，如表 10-13 所示。

表 10-13 评分标准

方案接近标准的程度	评分值
很好的方案	4
较好的方案	3
过得去的方案	2
勉强过得去的方案	1
不能满足要求的方案	0

其次，列出各评分对象，进行评分并计算技术价值系数。评分对象可以是产品的各项功能，也可以是各项技术指标。技术价值系数 (X) 的计算公式为

$$X = \frac{\sum_{i=1}^{n} P_i}{n \cdot P_{\max}} \tag{10-15}$$

式中，P_i——各方案三项评价对象的得分；

P_{max}——评价对象的最高得分；

n——评价对象的个数。

技术价值系数的具体计算可列表进行，如表10-14所示。

再次，计算各方案的预算成本，确定其经济价值系数(Y)。计算公式为

$$Y = \frac{C - C_1}{C} \qquad (10\text{-}16)$$

式中，C——原方案的成本；

C_1——新方案的预计成本。

表10-14 各方案评分及技术价值系数计算表

技术价值系数	A	B	C	理想方案
甲	4	3	2	4
乙	3	2	1	4
丙	3	3	3	4
丁	2	3	4	4
合计	12	11	10	16
技术价值参数(X)	0.75	0.69	0.63	1

原方案的成本通常是以现有成本作为计算依据，只有测算出新方案的预计成本，根据式(10-16)就可以计算出各方案的经济价值系数。例如，现有产品的成本为36元/个，上述各方案的预计成本及经济价值系数如表10-15所示。

表10-15 经济价值工程系数计算表

方案名称	新方案的预计成本C_1/元	原方案的成本C/元	经济价值系数Y/%
A	33	36	8
B	32	36	11
C	34	36	6

最后，计算各方案的综合系数(K)，即以上述的技术价值系数和经济价值系数作为计算依据，根据式(10-17)，算出各方案的综合系数：

$$K = \sqrt{X \cdot Y} \qquad (10\text{-}17)$$

综合系数K反映各方案的技术、经济因素相互作用下的满足程度，在多方案比较时，以K值最高的方案作为最优方案。如表10-16中，方案综合系数最高的应选作最优方案。

表10-16 综合系数计算表

方案名称	技术价值系数(X)	经济价值系数(Y)	综合系数(K)	选择
A	0.75	0.08	0.25	
B	0.69	0.11	0.28	采纳
C	0.63	0.06	0.19	

10.5 案例分析

北方某城市建筑设计院在建筑设计中用价值工程方法进行住宅设计方案优选,具体应用程序如下。

10.5.1 选择价值工程对象

某院承担设计的工程种类较多,表 10-17 是该院近三年各种建筑设计项目类别统计表。从表中可以看出住宅所占比例最大,因此将住宅作为价值工程的主要研究对象。

表 10-17 各类建筑设计项目比重统计表

工程类别	比重/%	工程类别	比重/%	工程类别	比重/%
住宅	22.19	实验楼	3.87	体育建筑	1.89
综合楼	6.86	宾馆	3.10	影剧院	1.85
办公楼	9.35	招待所	2.95	仓库	1.42
教学楼	5.26	图书馆	2.55	医院	1.31
车间	5.24	商业建筑	2.10	其他 38 类	27.06

10.5.2 资料搜集

(1) 通过工程回访,搜集广大用户对住宅的使用意见;

(2) 通过对不同地质情况和基础形式的住宅进行定期的沉降观测,获取地基方面的第一手资料;

(3) 了解有关住宅施工方面的情况;

(4) 搜集有关住宅建设的新工艺及新材料的性能、价格和使用效果等方面的信息;

(5) 分地区按不同地质情况、基础形式和类型标准统计分析近年来住宅建筑的各种技术经济指标。

10.5.3 功能分析

由设计、施工及建设单位的有关人员组成价值工程研究小组,共同对住宅的 10 个方面功能进行定义、整理和评价分析:

(1) 平面布局;

(2) 采光、通风、保温、隔热、隔声等;

(3) 层高与层数;

(4) 牢固耐用;

(5) "三防"设施(防火、防震和防空);

(6) 建筑造型;

(7) 室外装修;

(8) 室内装饰;

(9) 环境设计;

(10) 技术参数。

在功能分析中,用户、设计人员、施工人员以百分形式分别对各功能进行评分,即假设以上 10 项功能合计为 100 分,分别确定各项功能在总体功能中所占比例,然后将用户、设计人员、施工人员的评分意见进行综合,三者的权重分别为 60%、30%、10%。经整理后,各功能评分及重要性系数见表 10-18。

表 10-18 各功能评分及重要性系数

功能		用户评分		设计人员评分		施工人员评分		各功能重要性系数 ϕ_i
		得分 f_1	$60\% f_1$	得分 f_2	$30\% f_2$	得分 f_3	$10\% f_3$	
适用	平面布局	37.25	22.350	31.63	9.489	33.25	3.325	0.3516
	采光通风	17.38	10.428	14.38	4.314	15.50	1.550	0.1629
	层高层数	2.88	1.728	4.52	1.356	2.85	0.258	0.0337
安全	牢固耐用	19.15	11.490	14.25	4.275	21.63	2.163	0.1790
	三防设施	5.47	3.282	5.75	1.725	2.88	0.228	0.0529
美观	建筑造型	4.25	2.550	6.87	2.061	5.30	0.530	0.0514
	室外装修	6.12	3.672	5.50	1.650	4.97	0.497	0.0582
	室内装饰	2.75	1.650	6.24	1.872	5.89	0.589	0.0411
其他	环境设计	3.23	1.938	8.10	2.430	5.51	0.551	0.0492
	技术参数	1.52	0.912	2.76	0.828	2.22	0.222	0.0200
合计		100	60	100	30	100	10	1

各功能重要性系数计算式为

$$\phi_i = \frac{60\% f_1 + 30\% f_2 + 10\% f_3}{100} \tag{10-18}$$

10.5.4 方案设计与评价

在某住宅小区设计中,该地块的地质条件较差,上部覆盖层较薄,地下淤泥较深。根据搜集的资料以及上述功能系数的分析结果,价值工程研究小组集思广益,创造设计了 10 余个方案。在采用优缺点列举法进行定性分析筛选后,对所保留的 5 个较优方案进行定量评价优选,如表 10-19、表 10-20 和表 10-21 所示。

表 10-19 各方案成本及成本系数

方案	主要特征	单方造价/元	各方案成本系数
A	7 层混合结构,层高 3m,240 内外砖墙,预制桩基础,半地下室存储间,外装修一般,内装饰好,室内设备较好	1180	0.2284
B	7 层混合结构,层高 2.9m,240 内外砖墙,120 非承重内砖墙,条形基础(基地经过真空预压处理),外装修一般,内装饰好	920	0.1781
C	7 层混合结构,层高 3m,240 内外砖墙,沉管灌注桩基础,外装修一般,内装饰好,室内设备较好	1210	0.2342
D	5 层混合结构,层高 3m,空心砖内外砖墙,满堂基础,外装修及室内装一般,屋顶无水箱	906	0.1754
E	7 层混合结构,层高 3m,240 内外砖墙,120 非承重内砖墙,条形基础(基地经过真空预压处理),外装修一般,内装饰好	950	0.1839
合计		5166	1

注:各方案的建筑面积相同。

表 10-20　方案各功能评分

评价因素		方案各功能评分值				
功能因素	各功能重要性系数	A	B	C	D	E
平面布局	0.3516	10	10	9	9	10
采光通风	0.1629	10	9	10	10	9
层高层数	0.0337	9	8	10	9	9
牢固耐用	0.1790	10	10	9	8	10
三防设施	0.0529	8	7	8	7	7
建筑造型	0.0514	9	8	9	7	6
室外装修	0.0582	6	6	6	6	6
室内装饰	0.0411	10	8	8	6	6
环境设计	0.0492	9	8	9	8	8
技术参数	0.0200	8	10	9	2	10
各方案功能得分		9.4871	9.0948	8.928	8.2882	8.9435

表 10-21　各方案价值系数及最佳方案

方案	功能得分	功能系数	成本系数	价值系数	最佳方案
A	9.4871	0.2120	0.2284	0.9282	
B	9.0948	0.2033	0.1781	1.1415	★
C	8.928	0.1995	0.2342	0.8518	
D	8.2882	0.1853	0.1754	1.0564	
E	8.9435	0.1999	0.1839	1.0870	
合计	44.7416	1	1	—	

成本系数

$$C_k = \frac{方案成本}{各方案成本总和} \quad (10\text{-}19)$$

方案得分

$$f_k = \sum_{i=1}^{10} 重要系数\,\phi_i \times 方案功能评分值\,P_{ik} \quad (10\text{-}20)$$

功能系数

$$F_k = \frac{各方案得分\,f_k}{各方案得分之和} \quad (10\text{-}21)$$

由表 10-21 可知,方案 B 的价值系数最大,为最佳方案。

本 章 小 结

第二次世界大战期间,美国通用电气公司工程师麦尔斯为解决物资短缺而发明了价值分析这项管理技术。它通过有组织的活动,在实现产品必要功能的前提下,努力降低产品寿命周期成本,以提高产品的价值。这种思考问题和解决问题的思路,对于我们进行新产品开发、技术创新、原有产品的改造等有着很大的启迪作用。在进行价值工程活动时,应该遵循其工作程序,努力提高各环节的运作质量,才能保证顺利实施价值工程,才能取得预期的效果。

价值工程是指通过各相关领域的协作对所研究对象的功能与费用进行系统分析,不断创新,旨在提高所研究价值的思想方法和管理技术。

所谓价值工程,指的都是通过集体智慧和有组织的活动对产品或服务进行功能分析,使目标以最低的总成本(寿命周期成本),可靠地实现产品或服务的必要功能,从而提高产品或服务的价值。价值工程主要思想是通过对选定研究对象的功能及费用分析,提高对象的价值。这里的价值,指的是反映费用支出与获得之间的比例,用数学比例式表达为:价值=功能/成本。

功能分析是价值工程的核心,依靠功能分析来达到降低成本、提高价值的目的。

功能分析是价值工程的重要手段,通过功能分析可以对 VE 对象应具备的功能加以确定,并加深理解和搞清各类功能之间的关系,适当调整功能比重,使产品的功能结构更加合理。

选择价值工程对象的方法,如经验分析法、ABC 法、百分比分析法等。经过功能分析,明确了价值改善的对象,然后提出改革的设计方案,并对此进行科学的评价,最终确定方案和实施方案。

思考与练习

10-1　什么叫价值工程?什么叫价值分析?两者有何区别?

10-2　价值的含义是什么?提高价值工程对象的价值有哪些途径?

10-3　什么叫全寿命周期?什么叫全寿命周期费用?

10-4　价值工程的工作程序是什么?每个程序都解决什么问题?

10-5　选择价值工程对象的方法有哪些?各有什么优缺点?

10-6　为什么说价值工程的核心是功能分析?

10-7　方案创造的方法有哪些?各有什么特点?

10-8　某工程师针对设计院提出的某商住楼,提出了 A、B、C、D 四个方案,进行技术经济分析和专家调整后得出表 10-22 所示数据。使用价值工程选择最优方案。

表 10-22　方案功能得分及其重要度

方案功能	方案功能得分				方案功能重要程度
	A	B	C	D	
F	9	9	8	9	0.25
F	8	10	10	10	0.35
F	10	7	9	8	0.25
F	9	10	9	9	0.1
F	8	8	6	8	0.05
单位造价/元	1325	1208	1226	1215	1

附录 离散复利利息和年金表

附表1 离散复利 $i=0.5\%$

N	一次支付		等额系列			
	复利系数	现值系数	复利系数	现值系数	积累基金系数	资金恢复系数
	已知 P 求 F	已知 F 求 P	已知 A 求 F	已知 A 求 P	已知 F 求 A	已知 P 求 A
	F/P	P/F	F/A	P/A	A/F	A/P
1	1.0050	0.9950	1.0000	0.9950	1.0000	1.0050
2	1.0100	0.9901	2.0050	1.9851	0.4988	0.5038
3	1.0151	0.9851	3.0150	2.9702	0.3317	0.3367
4	1.0202	0.9802	4.0301	3.9505	0.2481	0.2531
5	1.0253	0.9754	5.0503	4.9259	0.1980	0.2030
6	1.0304	0.9705	6.0755	5.8964	0.1646	0.1696
7	1.0355	0.9657	7.1059	6.8621	0.1407	0.1457
8	1.0407	0.9609	8.1414	7.8230	0.1228	0.1278
9	1.0459	0.9561	9.1821	8.7791	0.1089	0.1139
10	1.0511	0.9513	10.2280	9.7304	0.0978	0.1028
11	1.0564	0.9466	11.2792	10.6770	0.0887	0.0937
12	1.0617	0.9419	12.3356	11.6189	0.0811	0.0861
13	1.0670	0.9372	13.3972	12.5562	0.0746	0.0796
14	1.0723	0.9326	14.4642	13.4887	0.0691	0.0741
15	1.0777	0.9279	15.5365	14.4166	0.0644	0.0694
16	1.0831	0.9233	16.6142	15.3399	0.0602	0.0652
17	1.0885	0.9187	17.6973	16.2586	0.0565	0.0615
18	1.0939	0.9141	18.7858	17.1728	0.0532	0.0582
19	1.0994	0.9096	19.8797	18.0824	0.0503	0.0553
20	1.1049	0.9051	20.9791	18.9874	0.0477	0.0527
21	1.1104	0.9006	22.0840	19.8880	0.0453	0.0503
22	1.1160	0.8961	23.1944	20.7841	0.0431	0.0481
23	1.1216	0.8916	24.3104	21.6757	0.0411	0.0461
24	1.1272	0.8872	25.4320	22.5629	0.0393	0.0443
25	1.1328	0.8828	26.5591	23.4456	0.0377	0.0427
26	1.1385	0.8784	27.6919	24.3240	0.0361	0.0411
27	1.1442	0.8740	28.8304	25.1980	0.0347	0.0397
28	1.1499	0.8697	29.9745	26.0677	0.0334	0.0384
29	1.1556	0.8653	31.1244	26.9330	0.0321	0.0371
30	1.1614	0.8610	32.2800	27.7941	0.0310	0.0360
36	1.1967	0.8356	39.3361	32.8710	0.0254	0.0304
40	1.2208	0.8191	44.1588	36.1722	0.0226	0.0276
48	1.2705	0.7871	54.0978	42.5803	0.0185	0.0235
60	1.3489	0.7414	69.7700	51.7256	0.0143	0.0193
72	1.4320	0.6983	86.4089	60.3395	0.0116	0.0166
84	1.5204	0.6577	104.0739	68.4530	0.0096	0.0146
100	1.6467	0.6073	129.3337	78.5426	0.0077	0.0127
∞				200.0000		0.0050

注:i——计息期有效利率,取值范围 0.5%~30%;N——复利期数。

附表 2　离散复利 $i=1\%$

N	一次支付			等额系列		
	复利系数	现值系数	复利系数	现值系数	积累基金系数	资金恢复系数
	已知 P 求 F F/P	已知 F 求 P P/F	已知 A 求 F F/A	已知 A 求 P P/A	已知 F 求 A A/F	已知 P 求 A A/P
1	1.0100	0.9901	1.0000	0.9901	1.0000	1.0100
2	1.0201	0.9803	2.0100	1.9704	0.4975	0.5075
3	1.0303	0.9706	3.0301	2.9410	0.3300	0.3400
4	1.0406	0.9610	4.0604	3.9020	0.2463	0.2563
5	1.0510	0.9515	5.1010	4.8534	0.1960	0.2060
6	1.0615	0.9420	6.1520	5.7955	0.1625	0.1725
7	1.0721	0.9327	7.2135	6.7282	0.1386	0.1486
8	1.0829	0.9235	8.2857	7.6517	0.1207	0.1307
9	1.0937	0.9143	9.3685	8.5660	0.1067	0.1167
10	1.1046	0.9053	10.4622	9.4713	0.0956	0.1056
11	1.1157	0.8963	11.5668	10.3676	0.0865	0.0965
12	1.1268	0.8874	12.6825	11.2551	0.0788	0.0888
13	1.1381	0.8787	13.8093	12.1337	0.0724	0.0824
14	1.1495	0.8700	14.9474	13.0037	0.0669	0.0769
15	1.1610	0.8613	16.0969	13.8651	0.0621	0.0721
16	1.1726	0.8528	17.2579	14.7179	0.0579	0.0679
17	1.1843	0.8444	18.4304	15.5623	0.0543	0.0643
18	1.1961	0.8360	19.6147	16.3983	0.0510	0.0610
19	1.2081	0.8277	20.8109	17.2260	0.0481	0.0581
20	1.2202	0.8195	22.0190	18.0456	0.0454	0.0554
21	1.2324	0.8114	23.2392	18.8570	0.0430	0.0530
22	1.2447	0.8034	24.4716	19.6604	0.0409	0.0509
23	1.2572	0.7954	25.7163	20.4558	0.0389	0.0489
24	1.2697	0.7876	26.9735	21.2434	0.0371	0.0471
25	1.2824	0.7798	28.2432	22.0232	0.0354	0.0454
26	1.2953	0.7720	29.5256	22.7952	0.0339	0.0439
27	1.3082	0.7644	30.8209	23.5596	0.0324	0.0424
28	1.3213	0.7568	32.1291	24.3164	0.0311	0.0411
29	1.3345	0.7493	33.4504	25.0658	0.0299	0.0399
30	1.3478	0.7419	34.7849	25.8077	0.0287	0.0387
36	1.4308	0.6989	43.0769	30.1075	0.0232	0.0332
40	1.4889	0.6717	48.8864	32.8347	0.0205	0.0305
48	1.6122	0.6203	61.2226	37.9740	0.0163	0.0263
60	1.8167	0.5504	81.6697	44.9550	0.0122	0.0222
72	2.0471	0.4885	104.7099	51.1504	0.0096	0.0196
84	2.3067	0.4335	130.6723	56.6485	0.0077	0.0177
100	2.7048	0.3697	170.4814	63.0289	0.0059	0.0159
∞				100.0000		0.0100

附表3 离散复利 $i=3\%$

	一次支付			等额系列		
	复利系数	现值系数	复利系数	现值系数	积累基金系数	资金恢复系数
N	已知P求F F/P	已知F求P P/F	已知A求F F/A	已知A求P P/A	已知F求A A/F	已知P求A A/P
1	1.0300	0.9709	1.0000	0.9709	1.0000	1.0300
2	1.0609	0.9426	2.0300	1.9135	0.4926	0.5226
3	1.0927	0.9151	3.0909	2.8286	0.3235	0.3535
4	1.1255	0.8885	4.1836	3.7171	0.2390	0.2690
5	1.1593	0.8626	5.3091	4.5797	0.1884	0.2184
6	1.1941	0.8375	6.4684	5.4172	0.1546	0.1846
7	1.2299	0.8131	7.6625	6.2303	0.1305	0.1605
8	1.2668	0.7894	8.8923	7.0197	0.1125	0.1425
9	1.3048	0.7664	10.1591	7.7861	0.0984	0.1284
10	1.3439	0.7441	11.4639	8.5302	0.0872	0.1172
11	1.3842	0.7224	12.8078	9.2526	0.0781	0.1081
12	1.4258	0.7014	14.1920	9.9540	0.0705	0.1005
13	1.4685	0.6810	15.6178	10.6350	0.0640	0.0940
14	1.5126	0.6611	17.0863	11.2961	0.0585	0.0885
15	1.5580	0.6419	18.5989	11.9379	0.0538	0.0838
16	1.6047	0.6232	20.1569	12.5611	0.0496	0.0796
17	1.6528	0.6050	21.7616	13.1661	0.0460	0.0760
18	1.7024	0.5874	23.4144	13.7535	0.0427	0.0727
19	1.7535	0.5703	25.1169	14.3238	0.0398	0.0698
20	1.8061	0.5537	26.8704	14.8775	0.0372	0.0672
21	1.8603	0.5375	28.6765	15.4150	0.0349	0.0649
22	1.9161	0.5219	30.5368	15.9369	0.0327	0.0627
23	1.9736	0.5067	32.4529	16.4436	0.0308	0.0608
24	2.0328	0.4919	34.4265	16.9355	0.0290	0.0590
25	2.0938	0.4776	36.4593	17.4131	0.0274	0.0574
26	2.1566	0.4637	38.5530	17.8768	0.0259	0.0559
27	2.2213	0.4502	40.7096	18.3270	0.0246	0.0546
28	2.2879	0.4371	42.9309	18.7641	0.0233	0.0533
29	2.3566	0.4243	45.2189	19.1885	0.0221	0.0521
30	2.4273	0.4120	47.5754	19.6004	0.0210	0.0510
36	2.8983	0.3450	63.2759	21.8323	0.0158	0.0458
40	3.2620	0.3066	75.4013	23.1148	0.0133	0.0433
48	4.1323	0.2420	104.4084	25.2667	0.0096	0.0396
60	5.8916	0.1697	163.0534	27.6756	0.0061	0.0361
72	8.4000	0.1190	246.6672	29.3651	0.0041	0.0341
84	11.9764	0.0835	365.8805	30.5501	0.0027	0.0327
100	19.2186	0.0520	607.2877	31.5989	0.0016	0.0316
∞				33.3333		0.0300

附表 4　离散复利 $i=5\%$

	一次支付		等额系列			
	复利系数	现值系数	复利系数	现值系数	积累基金系数	资金恢复系数
N	已知 P 求 F F/P	已知 F 求 P P/F	已知 A 求 F F/A	已知 A 求 P P/A	已知 F 求 A A/F	已知 P 求 A A/P
1	1.0500	0.9524	1.0000	0.9524	1.0000	1.0500
2	1.1025	0.9070	2.0500	1.8594	0.4878	0.5378
3	1.1576	0.8638	3.1525	2.7232	0.3172	0.3672
4	1.2155	0.8227	4.3101	3.5460	0.2320	0.2820
5	1.2763	0.7835	5.5256	4.3295	0.1810	0.2310
6	1.3401	0.7462	6.8019	5.0757	0.1470	0.1970
7	1.4071	0.7107	8.1420	5.7864	0.1228	0.1728
8	1.4775	0.6768	9.5491	6.4632	0.1047	0.1547
9	1.5513	0.6446	11.0266	7.1078	0.0907	0.1407
10	1.6289	0.6139	12.5779	7.7217	0.0795	0.1295
11	1.7103	0.5847	14.2068	8.3064	0.0704	0.1204
12	1.7959	0.5568	15.9171	8.8633	0.0628	0.1128
13	1.8856	0.5303	17.7130	9.3936	0.0565	0.1065
14	1.9799	0.5051	19.5986	9.8986	0.0510	0.1010
15	2.0789	0.4810	21.5786	10.3797	0.0463	0.0963
16	2.1829	0.4581	23.6575	10.8378	0.0423	0.0923
17	2.2920	0.4363	25.8404	11.2741	0.0387	0.0887
18	2.4066	0.4155	28.1324	11.6896	0.0355	0.0855
19	2.5270	0.3957	30.5390	12.0853	0.0327	0.0827
20	2.6533	0.3769	33.0660	12.4622	0.0302	0.0802
21	2.7860	0.3589	35.7193	12.8212	0.0280	0.0780
22	2.9253	0.3418	38.5052	13.1630	0.0260	0.0760
23	3.0715	0.3256	41.4305	13.4886	0.0241	0.0741
24	3.2251	0.3101	44.5020	13.7986	0.0225	0.0725
25	3.3864	0.2953	47.7271	14.0939	0.0210	0.0710
26	3.5557	0.2812	51.1135	14.3752	0.0196	0.0696
27	3.7335	0.2678	54.6691	14.6430	0.0183	0.0683
28	3.9201	0.2551	58.4026	14.8981	0.0171	0.0671
29	4.1161	0.2429	62.3227	15.1411	0.0160	0.0660
30	4.3219	0.2314	66.4388	15.3725	0.0151	0.0651
36	5.7918	0.1727	95.8363	16.5469	0.0104	0.0604
40	7.0400	0.1420	120.7998	17.1591	0.0083	0.0583
48	10.4013	0.0961	188.0254	18.0772	0.0053	0.0553
60	18.6792	0.0535	353.5837	18.9293	0.0028	0.0528
72	33.5451	0.0298	650.9027	19.4038	0.0015	0.0515
84	60.2422	0.0166	1184.8448	19.6680	0.0008	0.0508
100	131.5013	0.0076	2610.0252	19.8479	0.0004	0.0504
∞				20.0000		0.0500

附表 5　离散复利 $i=8\%$

N	一次支付			等额系列		
	复利系数	现值系数	复利系数	现值系数	积累基金系数	资金恢复系数
	已知 P 求 F	已知 F 求 P	已知 A 求 F	已知 A 求 P	已知 F 求 A	已知 P 求 A
	F/P	P/F	F/A	P/A	A/F	A/P
1	1.0800	0.9259	1.0000	0.9259	1.0000	1.0800
2	1.1664	0.8573	2.0800	1.7833	0.4808	0.5608
3	1.2597	0.7938	3.2464	2.5771	0.3080	0.3880
4	1.3605	0.7350	4.5061	3.3121	0.2219	0.3019
5	1.4693	0.6806	5.8666	3.9927	0.1705	0.2505
6	1.5869	0.6302	7.3359	4.6229	0.1363	0.2163
7	1.7138	0.5835	8.9228	5.2064	0.1121	0.1921
8	1.8509	0.5403	10.6366	5.7466	0.0940	0.1740
9	1.9990	0.5002	12.4876	6.2469	0.0801	0.1601
10	2.1589	0.4632	14.4866	6.7101	0.0690	0.1490
11	2.3316	0.4289	16.6455	7.1390	0.0601	0.1401
12	2.5182	0.3971	18.9771	7.5361	0.0527	0.1327
13	2.7196	0.3677	21.4953	7.9038	0.0465	0.1265
14	2.9372	0.3405	24.2149	8.2442	0.0413	0.1213
15	3.1722	0.3152	27.1521	8.5595	0.0368	0.1168
16	3.4259	0.2919	30.3243	8.8514	0.0330	0.1130
17	3.7000	0.2703	33.7502	9.1216	0.0296	0.1096
18	3.9960	0.2502	37.4502	9.3719	0.0267	0.1067
19	4.3157	0.2317	41.4463	9.6036	0.0241	0.1041
20	4.6610	0.2145	45.7620	9.8181	0.0219	0.1019
21	5.0338	0.1987	50.4229	10.0168	0.0198	0.0998
22	5.4365	0.1839	55.4568	10.2007	0.0180	0.0980
23	5.8715	0.1703	60.8933	10.3711	0.0164	0.0964
24	6.3412	0.1577	66.7648	10.5288	0.0150	0.0950
25	6.8485	0.1460	73.1059	10.6748	0.0137	0.0937
26	7.3964	0.1352	79.9544	10.8100	0.0125	0.0925
27	7.9881	0.1252	87.3508	10.9352	0.0114	0.0914
28	8.6271	0.1159	95.3388	11.0511	0.0105	0.0905
29	9.3173	0.1073	103.9659	11.1584	0.0096	0.0896
30	10.0627	0.0994	113.2832	11.2578	0.0088	0.0888
36	15.9682	0.0626	187.1021	11.7172	0.0053	0.0853
40	21.7245	0.0460	259.0565	11.9246	0.0039	0.0839
48	40.2106	0.0249	490.1322	12.1891	0.0020	0.0820
60	101.2571	0.0099	1253.2133	12.3766	0.0008	0.0808
72	254.9825	0.0039	3174.7814	12.4510	0.0003	0.0803
84	642.0893	0.0016	8013.6168	12.4805	0.0001	0.0801
100	2199.7613	0.0005	27484.5157	12.4943	a	0.0800
∞				12.5000		0.0800

注：a 小于 0.0001。

附表 6　离散复利 i＝10%

	一次支付		等额系列			
	复利系数	现值系数	复利系数	现值系数	积累基金系数	资金恢复系数
N	已知 P 求 F F/P	已知 F 求 P P/F	已知 A 求 F F/A	已知 A 求 P P/A	已知 F 求 A A/F	已知 P 求 A A/P
1	1.1000	0.9091	1.0000	0.9091	1.0000	1.1000
2	1.2100	0.8264	2.1000	1.7355	0.4762	0.5762
3	1.3310	0.7513	3.3100	2.4869	0.3021	0.4021
4	1.4641	0.6830	4.6410	3.1699	0.2155	0.3155
5	1.6105	0.6209	6.1051	3.7908	0.1638	0.2638
6	1.7716	0.5645	7.7156	4.3553	0.1296	0.2296
7	1.9487	0.5132	9.4872	4.8684	0.1054	0.2054
8	2.1436	0.4665	11.4359	5.3349	0.0874	0.1874
9	2.3579	0.4241	13.5795	5.7590	0.0736	0.1736
10	2.5937	0.3855	15.9374	6.1446	0.0627	0.1627
11	2.8531	0.3505	18.5312	6.4951	0.0540	0.1540
12	3.1384	0.3186	21.3843	6.8137	0.0468	0.1468
13	3.4523	0.2897	24.5227	7.1034	0.0408	0.1408
14	3.7975	0.2633	27.9750	7.3667	0.0357	0.1357
15	4.1772	0.2394	31.7725	7.6061	0.0315	0.1315
16	4.5950	0.2176	35.9497	7.8237	0.0278	0.1278
17	5.0545	0.1978	40.5447	8.0216	0.0247	0.1247
18	5.5599	0.1799	45.5992	8.2014	0.0219	0.1219
19	6.1159	0.1635	51.1591	8.3649	0.0195	0.1195
20	6.7275	0.1486	57.2750	8.5136	0.0175	0.1175
21	7.4002	0.1351	64.0025	8.6487	0.0156	0.1156
22	8.1403	0.1228	71.4027	8.7715	0.0140	0.1140
23	8.9543	0.1117	79.5430	8.8832	0.0126	0.1126
24	9.8497	0.1015	88.4973	8.9847	0.0113	0.1113
25	10.8347	0.0923	98.3471	9.0770	0.0102	0.1102
26	11.9182	0.0839	109.1818	9.1609	0.0092	0.1092
27	13.1100	0.0763	121.0999	9.2372	0.0083	0.1083
28	14.4210	0.0693	134.2099	9.3066	0.0075	0.1075
29	15.8631	0.0630	148.6309	9.3696	0.0067	0.1067
30	17.4494	0.0573	164.4940	9.4269	0.0061	0.1061
36	30.9127	0.0323	299.1268	9.6765	0.0033	0.1033
40	45.2593	0.0221	442.5926	9.7791	0.0023	0.1023
48	97.0172	0.0103	960.1723	9.8969	0.0010	0.1010
60	304.4816	0.0033	3034.8164	9.9672	0.0003	0.1003
72	955.5938	0.0010	9545.9382	9.9895	0.0001	0.1001
84	2999.0628	0.0003	29 980.6275	9.9967	a	0.1000
100	13 780.6123	0.0001	137 796.1234	9.9993	a	0.1000
∞				10.0000		0.1000

注：a 小于 0.0001。

附表 7　离散复利 $i=12\%$

N	一次支付			等额系列		
	复利系数	现值系数	复利系数	现值系数	积累基金系数	资金恢复系数
	已知 P 求 F F/P	已知 F 求 P P/F	已知 A 求 F F/A	已知 A 求 P P/A	已知 F 求 A A/F	已知 P 求 A A/P
1	1.1200	0.8929	1.0000	0.8929	1.0000	1.1200
2	1.2544	0.7972	2.1200	1.6901	0.4717	0.5917
3	1.4049	0.7118	3.3744	2.4018	0.2963	0.4163
4	1.5735	0.6355	4.7793	3.0373	0.2092	0.3292
5	1.7623	0.5674	6.3528	3.6048	0.1574	0.2774
6	1.9738	0.5066	8.1152	4.1114	0.1232	0.2432
7	2.2107	0.4523	10.0890	4.5638	0.0991	0.2191
8	2.4760	0.4039	12.2997	4.9676	0.0813	0.2013
9	2.7731	0.3606	14.7757	5.3282	0.0677	0.1877
10	3.1058	0.3220	17.5487	5.6502	0.0570	0.1770
11	3.4785	0.2875	20.6546	5.9377	0.0484	0.1684
12	3.8960	0.2567	24.1331	6.1944	0.0414	0.1614
13	4.3635	0.2292	28.0291	6.4235	0.0357	0.1557
14	4.8871	0.2046	32.3926	6.6282	0.0309	0.1509
15	5.4736	0.1827	37.2797	6.8109	0.0268	0.1468
16	6.1304	0.1631	42.7533	6.9740	0.0234	0.1434
17	6.8660	0.1456	48.8837	7.1196	0.0205	0.1405
18	7.6900	0.1300	55.7497	7.2497	0.0179	0.1379
19	8.6128	0.1161	63.4397	7.3658	0.0158	0.1358
20	9.6463	0.1037	72.0524	7.4694	0.0139	0.1339
21	10.8038	0.0926	81.6987	7.5620	0.0122	0.1322
22	12.1003	0.0826	92.5026	7.6446	0.0108	0.1308
23	13.5523	0.0738	104.6029	7.7184	0.0096	0.1296
24	15.1786	0.0659	118.1552	7.7843	0.0085	0.1285
25	17.0001	0.0588	133.3339	7.8431	0.0075	0.1275
26	19.0401	0.0525	150.3339	7.8957	0.0067	0.1267
27	21.3249	0.0469	169.3740	7.9426	0.0059	0.1259
28	23.8839	0.0419	190.6989	7.9844	0.0052	0.1252
29	26.7499	0.0374	214.5828	8.0218	0.0047	0.1247
30	29.9599	0.0334	241.3327	8.0552	0.0041	0.1241
36	59.1356	0.0169	484.4631	8.1924	0.0021	0.1221
40	93.0510	0.0107	767.0914	8.2438	0.0013	0.1213
48	230.3908	0.0043	1911.5898	8.2972	0.0005	0.1205
60	897.5969	0.0011	7471.6411	8.3240	0.0001	0.1201
72	3497.0161	0.0003	29 133.4675	8.3310	a	0.1200
84	13 624.2908	0.0001	113 527.4232	8.3327	a	0.1200
100	83 522.2657	a	696 010.5477	8.3332	a	0.1200
∞				8.3333		0.1200

注：a 小于 0.0001。

附表 8　离散复利 $i=15\%$

N	一次支付		等额系列			
	复利系数 已知 P 求 F F/P	现值系数 已知 F 求 P P/F	复利系数 已知 A 求 F F/A	现值系数 已知 A 求 P P/A	积累基金系数 已知 F 求 A A/F	资金恢复系数 已知 P 求 A A/P
1	1.1500	0.8696	1.0000	0.8696	1.0000	1.1500
2	1.3225	0.7561	2.1500	1.6257	0.4651	0.6151
3	1.5209	0.6575	3.4725	2.2832	0.2880	0.4380
4	1.7490	0.5718	4.9934	2.8550	0.2003	0.3503
5	2.0114	0.4972	6.7424	3.3522	0.1483	0.2983
6	2.3131	0.4323	8.7537	3.7845	0.1142	0.2642
7	2.6600	0.3759	11.0668	4.1604	0.0904	0.2404
8	3.0590	0.3269	13.7268	4.4873	0.0729	0.2229
9	3.5179	0.2843	16.7858	4.7716	0.0596	0.2096
10	4.0456	0.2472	20.3037	5.0188	0.0493	0.1993
11	4.6524	0.2149	24.3493	5.2337	0.0411	0.1911
12	5.3503	0.1869	29.0017	5.4206	0.0345	0.1845
13	6.1528	0.1625	34.3519	5.5831	0.0291	0.1791
14	7.0757	0.1413	40.5047	5.7245	0.0247	0.1747
15	8.1371	0.1229	47.5804	5.8474	0.0210	0.1710
16	9.3576	0.1069	55.7175	5.9542	0.0179	0.1679
17	10.7613	0.0929	65.0751	6.0472	0.0154	0.1654
18	12.3755	0.0808	75.8364	6.1280	0.0132	0.1632
19	14.2318	0.0703	88.2118	6.1982	0.0113	0.1613
20	16.3665	0.0611	102.4436	6.2593	0.0098	0.1598
21	18.8215	0.0531	118.8101	6.3125	0.0084	0.1584
22	21.6447	0.0462	137.6316	6.3587	0.0073	0.1573
23	24.8915	0.0402	159.2764	6.3988	0.0063	0.1563
24	28.6252	0.0349	184.1678	6.4338	0.0054	0.1554
25	32.9190	0.0304	212.7930	6.4641	0.0047	0.1547
26	37.8568	0.0264	245.7120	6.4906	0.0041	0.1541
27	43.5353	0.0230	283.5688	6.5135	0.0035	0.1535
28	50.0656	0.0200	327.1041	6.5335	0.0031	0.1531
29	57.5755	0.0174	377.1697	6.5509	0.0027	0.1527
30	66.2118	0.0151	434.7451	6.5660	0.0023	0.1523
36	153.1519	0.0065	1014.3457	6.6231	0.0010	0.1510
40	267.8635	0.0037	1779.0903	6.6418	0.0006	0.1506
48	819.4007	0.0012	5456.0047	6.6585	0.0002	0.1502
60	4383.9987	0.0002	29 219.9916	6.6651	a	0.1500
72	23 455.4898	a	156 363.2650	6.6664	a	0.1500
84	125 492.7365	a	836 611.5768	6.6666	a	0.1500
100	1 174 313.4507	a	7 828 749.6713	6.6667	a	0.1500
∞				6.6667		0.1500

注：a 小于 0.0001。

附表9　离散复利 $i=20\%$

	一次支付		等额系列			
	复利系数	现值系数	复利系数	现值系数	积累基金系数	资金恢复系数
N	已知P求F F/P	已知F求P P/F	已知A求F F/A	已知A求P P/A	已知F求A A/F	已知P求A A/P
1	1.2000	0.8333	1.0000	0.8333	1.0000	1.2000
2	1.4400	0.6944	2.2000	1.5278	0.4545	0.6545
3	1.7280	0.5787	3.6400	2.1065	0.2747	0.4747
4	2.0736	0.4823	5.3680	2.5887	0.1863	0.3863
5	2.4883	0.4019	7.4416	2.9906	0.1344	0.3344
6	2.9860	0.3349	9.9299	3.3255	0.1007	0.3007
7	3.5832	0.2791	12.9159	3.6046	0.0774	0.2774
8	4.2998	0.2326	16.4991	3.8372	0.0606	0.2606
9	5.1598	0.1938	20.7989	4.0310	0.0481	0.2481
10	6.1917	0.1615	25.9587	4.1925	0.0385	0.2385
11	7.4301	0.1346	32.1504	4.3271	0.0311	0.2311
12	8.9161	0.1122	39.5805	4.4392	0.0253	0.2253
13	10.6993	0.0935	48.4966	4.5327	0.0206	0.2206
14	12.8392	0.0779	59.1959	4.6106	0.0169	0.2169
15	15.4070	0.0649	72.0351	4.6755	0.0139	0.2139
16	18.4884	0.0541	87.4421	4.7296	0.0114	0.2114
17	22.1861	0.0451	105.9306	4.7746	0.0094	0.2094
18	26.6233	0.0376	128.1167	4.8122	0.0078	0.2078
19	31.9480	0.0313	154.7400	4.8435	0.0065	0.2065
20	38.3376	0.0261	186.6880	4.8696	0.0054	0.2054
21	46.0051	0.0217	225.0256	4.8913	0.0044	0.2044
22	55.2061	0.0181	271.0307	4.9094	0.0037	0.2037
23	66.2474	0.0151	326.2369	4.9245	0.0031	0.2031
24	79.4968	0.0126	392.4842	4.9371	0.0025	0.2025
25	95.3962	0.0105	471.9811	4.9476	0.0021	0.2021
26	114.4755	0.0087	567.3773	4.9563	0.0018	0.2018
27	137.3706	0.0073	681.8528	4.9636	0.0015	0.2015
28	164.8447	0.0061	819.2233	4.9697	0.0012	0.2012
29	197.8136	0.0051	984.0680	4.9747	0.0010	0.2010
30	237.3763	0.0042	1181.8816	4.9789	0.0008	0.2008
36	708.8019	0.0014	3539.0094	4.9929	0.0003	0.2003
40	1469.7716	0.0007	7343.8578	4.9966	0.0001	0.2001
48	6319.7487	0.0002	31 593.7436	4.9992	a	0.2000
60	56 347.5144	a	281 732.5718	4.9999	a	0.2000
72	502 400.0980	a	2 511 995.4899	5.0000	a	0.2000
84	4 479 449.7388	a	22 397 243.694	5.0000	a	0.2000
100	82 817 974.522	a	414 089 867.61	5.0000	a	0.2000
∞				5.0000		0.2000

注：a 小于 0.0001。

附表 10　离散复利 $i=25\%$

N	一次支付			等额系列			
	复利系数 已知 P 求 F F/P	现值系数 已知 F 求 P P/F	复利系数 已知 A 求 F F/A	现值系数 已知 A 求 P P/A	积累基金系数 已知 F 求 A A/F	资金恢复系数 已知 P 求 A A/P	
1	1.2500	0.8000	1.0000	0.8000	1.0000	1.2500	
2	1.5625	0.6400	2.2500	1.4400	0.4444	0.6944	
3	1.9531	0.5120	3.8125	1.9520	0.2623	0.5123	
4	2.4414	0.4096	5.7656	2.3616	0.1734	0.4234	
5	3.0518	0.3277	8.2070	2.6893	0.1218	0.3718	
6	3.8147	0.2621	11.2588	2.9514	0.0888	0.3388	
7	4.7684	0.2097	15.0735	3.1611	0.0663	0.3163	
8	5.9605	0.1678	19.8419	3.3289	0.0504	0.3004	
9	7.4506	0.1342	25.8023	3.4631	0.0388	0.2888	
10	9.3132	0.1074	33.2529	3.5705	0.0301	0.2801	
11	11.6415	0.0859	42.5661	3.6564	0.0235	0.2735	
12	14.5519	0.0687	54.2077	3.7251	0.0184	0.2684	
13	18.1899	0.0550	68.7596	3.7801	0.0145	0.2645	
14	22.7374	0.0440	86.9495	3.8241	0.0115	0.2615	
15	28.4217	0.0352	109.6868	3.8593	0.0091	0.2591	
16	35.5271	0.0281	138.1085	3.8874	0.0072	0.2572	
17	44.4089	0.0225	173.6357	3.9099	0.0058	0.2558	
18	55.5112	0.0180	218.0446	3.9279	0.0046	0.2546	
19	69.3889	0.0144	273.5558	3.9424	0.0037	0.2537	
20	86.7362	0.0115	342.9447	3.9539	0.0029	0.2529	
21	108.4202	0.0092	429.6809	3.9631	0.0023	0.2523	
22	135.5253	0.0074	538.1011	3.9705	0.0019	0.2519	
23	169.4066	0.0059	673.6264	3.9764	0.0015	0.2515	
24	211.7582	0.0047	843.0329	3.9811	0.0012	0.2512	
25	264.6978	0.0038	1054.7912	3.9849	0.0009	0.2509	
26	330.8722	0.0030	1319.4890	3.9879	0.0008	0.2508	
27	413.5903	0.0024	1650.3612	3.9903	0.0006	0.2506	
28	516.9879	0.0019	2063.9515	3.9923	0.0005	0.2505	
29	646.2349	0.0015	2580.9394	3.9938	0.0004	0.2504	
30	807.7936	0.0012	3227.1743	3.9950	0.0003	0.2503	
36	3081.4879	0.0003	12321.9516	3.9987	0.0001	0.2501	
40	7523.1638	0.0001	30 088.6554	3.9995	0.0000	0.2500	
48	44 841.5509	0.0000	179 362.2034	3.9999	0.0000	0.2500	
60	652 530.4468	0.0000	2 610 117.7872	4.0000	0.0000	0.2500	
72	9 495 567.7458	0.0000	37 982 266.983	4.0000	0.0000	0.2500	
84	138 178 696.88	0.0000	552 714 783.53	4.0000	0.0000	0.2500	
100	4 909 093 465.3	0.0000	19 636 373 857	4.0000	0.0000	0.2500	
∞				4.0000		0.2500	

注：a 小于 0.0001。

附表 11　离散复利 $i=30\%$

	一次支付		等额系列			
	复利系数	现值系数	复利系数	现值系数	积累基金系数	资金恢复系数
N	已知 P 求 F F/P	已知 F 求 P P/F	已知 A 求 F F/A	已知 A 求 P P/A	已知 F 求 A A/F	已知 P 求 A A/P
1	1.3000	0.7692	1.0000	0.7692	1.0000	1.3000
2	1.6900	0.5917	2.3000	1.3609	0.4348	0.7348
3	2.1970	0.4552	3.9900	1.8161	0.2506	0.5506
4	2.8561	0.3501	6.1870	2.1662	0.1616	0.4616
5	3.7129	0.2693	9.0431	2.4356	0.1106	0.4106
6	4.8268	0.2072	12.7560	2.6427	0.0784	0.3784
7	6.2749	0.1594	17.5828	2.8021	0.0569	0.3569
8	8.1573	0.1226	23.8577	2.9247	0.0419	0.3419
9	10.6045	0.0943	32.0150	3.0190	0.0312	0.3312
10	13.7858	0.0725	42.6195	3.0915	0.0235	0.3235
11	17.9216	0.0558	56.4053	3.1473	0.0177	0.3177
12	23.2981	0.0429	74.3270	3.1903	0.0135	0.3135
13	30.2875	0.0330	97.6250	3.2233	0.0102	0.3102
14	39.3738	0.0254	127.9125	3.2487	0.0078	0.3078
15	51.1859	0.0195	167.2863	3.2682	0.0060	0.3060
16	66.5417	0.0150	218.4722	3.2832	0.0046	0.3046
17	86.5042	0.0116	285.0139	3.2948	0.0035	0.3035
18	112.4554	0.0089	371.5180	3.3037	0.0027	0.3027
19	146.1920	0.0068	483.9734	3.3105	0.0021	0.3021
20	190.0496	0.0053	630.1655	3.3158	0.0016	0.3016
21	247.0645	0.0040	820.2151	3.3198	0.0012	0.3012
22	321.1839	0.0031	1067.2796	3.3230	0.0009	0.3009
23	417.5391	0.0024	1388.4635	3.3254	0.0007	0.3007
24	542.8008	0.0018	1806.0026	3.3272	0.0006	0.3006
25	705.6410	0.0014	2348.8033	3.3286	0.0004	0.3004
26	917.3333	0.0011	3054.4443	3.3297	0.0003	0.3003
27	1192.5333	0.0008	3971.7776	3.3305	0.0003	0.3003
28	1550.2933	0.0006	5164.3109	3.3312	0.0002	0.3002
29	2015.3813	0.0005	6714.6042	3.3317	0.0001	0.3001
30	2619.9956	0.0004	8729.9855	3.3321	0.0001	0.3001
36	12 646.2186	0.0001	42 150.7285	3.3331	a	0.3000
40	36 118.8648	a	120 392.8827	3.3332	a	0.3000
48	294 632.6763	a	982 105.5877	3.3333	a	0.3000
60	6 864 377.1727	a	22 881 253.909	3.3333	a	0.3000
72	159 926 843.68	a	533 089 475.61	3.3333	a	0.3000
84	3 725 989 217.5	a	12 419 964 055	3.3333	a	0.3000
100	247 933 511 097	a	826 445 036 985	3.3333	a	0.3000
∞				3.3333		0.3000

注：a 小于 0.0001。

参考文献

[1] 国家发展改革委,建设部.建设项目经济评价方法与参数[M].3版.北京:中国财政经济出版社,2016.
[2] 全国注册咨询工程师资格考试参数教材编写委员会.项目决策分析与评价[M].北京:中国计划出版社,科学出版社,2017.
[3] 范钦满,姜晴.工程经济学[M].南京:南京大学出版社,2016.
[4] 刘卫星,刘颖春.工程经济学[M].武汉:武汉大学出版社,2019.
[5] 范钦满,姜晴.工程经济学[M].北京:国防工业出版社,2013.
[6] 李明孝.工程经济学[M].2版.北京:化学工业出版社,2018.
[7] 隽志才.运输技术经济学[M].4版.北京:人民交通出版社,2007.
[8] 刘晓君,张炜,李玲燕.工程经济学[M].4版.北京:中国建筑工业出版社,2021.
[9] 谭大璐,赵世强.工程经济学[M].武汉:武汉理工大学出版社,2014.
[10] 王幼松.工程经济学[M].广州:华南理工大学出版社,2011.
[11] 宋国防,贾湖.工程经济学[M].2版.天津:天津大学出版社,2007.
[12] 项勇,徐娇娇,卢立宇.工程经济学[M].北京:机械工业出版社,2018.
[13] 姜慧,王扬.建设工程经济[M].北京:中国建筑工业出版社,2018.
[14] 邵晓岗,肖敏.工程经济学[M].上海:复旦大学出版社,2020.
[15] 简德三.投资项目评估[M].上海:上海财经大学出版社,2016.
[16] 何元斌,杜永林.工程经济学[M].成都:西南交通大学出版社,2016.
[17] 王贵春.工程经济学[M].重庆:重庆交通大学出版社,2016.
[18] 刘新梅.工程经济学[M].北京:北京大学出版社,2015.
[19] 刘玉明.工程经济学[M].2版.北京:北京交通大学出版社,2014.
[20] 阎波,赵秋红,杨宇杰.工程经济学[M].北京:化学工业出版社,2020.
[21] 徐兴恩.资产评估学[M].北京:首都经济贸易大学出版社,2005.
[22] 倪宣明.工程经济学[M].北京:企业管理出版社,2021.
[23] 李慧民.工程经济与项目管理[M].北京:科学出版社,2019.
[24] 王振坡,王丽艳.建设工程经济学[M].重庆:重庆大学出版社,2019.
[25] 刘宁.工程经济学[M].北京:化学工业出版社,2017.
[26] 王锋宪,李猛.建设项目经济评价[M].成都:西南交通大学出版社,2016.
[27] 杨帆,侯蕊,王珍吾.工程经济学[M].武汉:华中科技大学出版社,2016.
[28] 于立君.工程经济学[M].北京:清华大学出版社,2015.
[29] 刘蒙蒙,张璐,吴新华.工程经济学[M].北京:中国建筑工业出版社,2019.
[30] 王雪青.工程项目成本规划与控制[M].北京:中国建筑工业出版社,2011.
[31] 倪蓉,曹明东.工程经济学[M].北京:化学工业出版社,2012.
[32] 杨青.工程项目融资[M].武汉:华中科技大学出版社,2010.
[33] 鲍学英,王琳.工程经济学[M].北京:化学工业出版社,2011.
[34] 石振武,张斌.工程经济学[M].北京:科学出版社,2009.
[35] 杨晓冬.工程经济学[M].北京:机械工业出版社,2020.
[36] 李明孝,赵旭,黄湘红.工程经济学[M].北京:化学工业出版社,2017.